JN231388

試験攻略入門塾 速習！

ミクロ経済学

石川秀樹 ［著］
Ishikawa Hideki

2nd edition （セカンド）

中央経済社

講義を始める前に
—効率的に勉強するためにお伝えしたい大切なこと—

Movie 001

1. この本の目的と特徴

本書の目的は「この1冊だけで，ゼロからはじめてミクロ経済学の理解が合格レベルになること」です。そのために，超人気シリーズ『試験攻略 新・経済学入門塾』の『〈II〉ミクロ編』『〈IV〉上級ミクロ編』『〈VI〉計算マスター編』『〈VII〉難関論点クリア編』の主要論点を，本書にまとめました。『新・経済学入門塾』の「わかりやすさ」をそのままに，「最短」距離での「合格」を目指します。

> このQRコードで「講義を始めるまえに」（ガイダンス）の動画講義を見ることができます。また，本書では随所に，それぞれの動画講義のQRコードがついています！

そのために次の7つの特徴を持っています。

【1】解説講義とセットでどんどんわかる

特徴1 すべての内容を動画で解説し無料公開

独学ではわかりづらい，あるいは，長続きしないという問題を克服するためにYouTubeに動画講義*をアップしましたので，活用してください。すでに多くの人に使っていただき，300万アクセスを超えています。

＊すべての動画講義は，**フリーラーニング** のサイトから無料で視聴できます。

フリーラーニング大好評配信中!!

http://free-learning.org/

フリーラーニングは，これまでに試験攻略入門塾シリーズの 『速習！マクロ経済学／ミクロ経済学』『速習！経済学 基礎力トレーニング（マクロ＆ミクロ）』『速習！経済学 過去問トレーニング（公務員対策・マクロ）／（公務員対策・ミクロ)』『速習！憲法／民法 I・II』『速習！日商簿記3級〔テキスト編〕／〔トレーニング編〕』の無料（Free）インターネット動画講義配信しています。

フリーラーニング有限責任事業組合

Free-Learning LLP

【2】『新・経済学入門塾』の「わかりやすさ」はそのまま

経済学をしっかりと理解するために，『新・経済学入門塾』の5つの特徴を受け継ぎました。

特徴2 難解な数式を使わない

特徴3 日常会話でわかりやすく

特徴4 グラフはとことんていねいに

特徴5 人気講師が勉強方法から

特徴6 経済学の思考パターンを最初に

> だから，
> 初めてでも
> だいじょうぶ！

本書は『試験攻略入門塾　速習！ミクロ経済学』とタイトルに「試験攻略」という言葉が入っています。これは，この本を使って，学部試験，公務員試験，公認会計士試験，中小企業診断士試験，不動産鑑定士試験，証券アナリスト試験，大学院入試などを突破してほしいと強く願うからです。

しかしながら，**本書は「試験攻略」というタイトルがついているからといって，試験のテクニックを身につけることが第一目標ではなく，経済学を表面的にではなく，「なるほど！」と体感できるレベルで理解することを第一目標としています。**なぜなら，それが，経済学で合格点を取る近道だからです。

試験のための経済学といっても，試験向けに特別な経済学が存在するわけではなく，大学で習う経済学の内容と同じです。ただ，試験によって若干出題傾向が異なるだけです。ですから，この本は，大学で教えている経済学の内容を試験の出題傾向も織り込みながら，5つの特徴（特徴2〜6）によってわかりやすく説明したものです。そのためか，『新・経済学入門塾』シリーズは，実際に，いくつかの大学の講義テキストとしても利用されてきました。

その意味では，試験を受ける人も，受けない人も，経済学を効率的に勉強したいと考える皆さんに愛用いただき，「この本で勉強して，よくわかった！」と思っていただければ，これに勝る歓びはありません。

【3】「速習！」のためにミクロの主要論点を網羅した『この1冊』

特徴7 合格に必要な部分に絞った「この1冊」

従来の『新・経済学入門塾』シリーズでは，ミクロ経済学が『〈Ⅱ〉ミクロ編』と『〈Ⅳ〉上級ミクロ編』『〈Ⅶ〉難関論点クリア編』の3冊になっていましたが，1冊にまとめてほしいとの声も多くありました。そこで，『〈Ⅱ〉ミクロ編』『〈Ⅳ〉上級ミクロ編』『〈Ⅶ〉難関論点クリア編』の3冊から，試験に出題される主要論点を抜き出し，さらに『〈Ⅵ〉計算マスター編』の一部を抜き出して，短い文章でも

わかるように工夫を重ね1冊にまとめました。この1冊で主要論点を網羅しているため，試験対策として十分通用する「この1冊」です。

　主要論点を網羅したテキストは400ページを超えるものがほとんどですが，短時間でマスターするという目的を実現するために本文を382ページに収めました。

（1）短時間でマスターするためのレイアウト

　そうはいっても，この本1冊をスピードマスターすることは難しいと思います。そこで，この本では，1ページを左右2段に分けて，左側に本文，右側には，「理由」「たとえば」「落とし穴」「数学入門」「徹底解説」「用語」「補足」「試験対策」「テクニック」「グラフ化」「復習」「時事」「今後への影響」などのアイコンを用意し，さらに，アイコンが説明している本文には網掛けをすることによって，一見してわかるようにしました。

　また，本文の中でも，重要となる文は**ゴシック体**を用いて，一目でわかるようにしました。ですから，ラインマーカーで重要な部分を引きたいというときに，どこに線を引いたらよいのかわからないということはありません。

（2）試験ごとの出題可能性と難易度を掲載

　なお，試験ごとに出題可能性が違うので，試験ごとの出題可能性と難易度を次のように掲載しました。

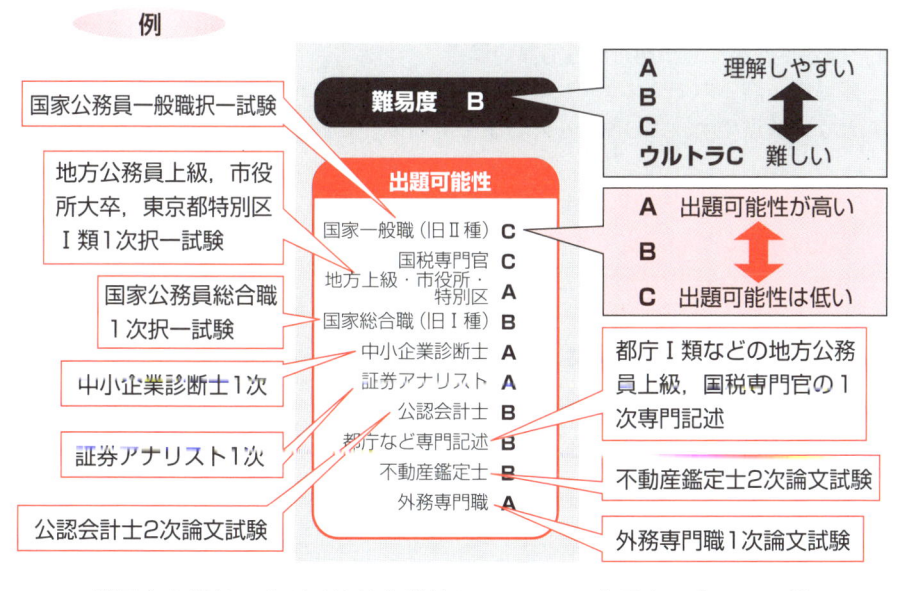

　この難易度を縦軸，出題可能性を横軸としたグラフを**図表　序－1**に描いてみましょう。すると，〈Ⅰ〉〈Ⅱ〉〈Ⅲ〉〈Ⅳ〉の4つに分けることができます。

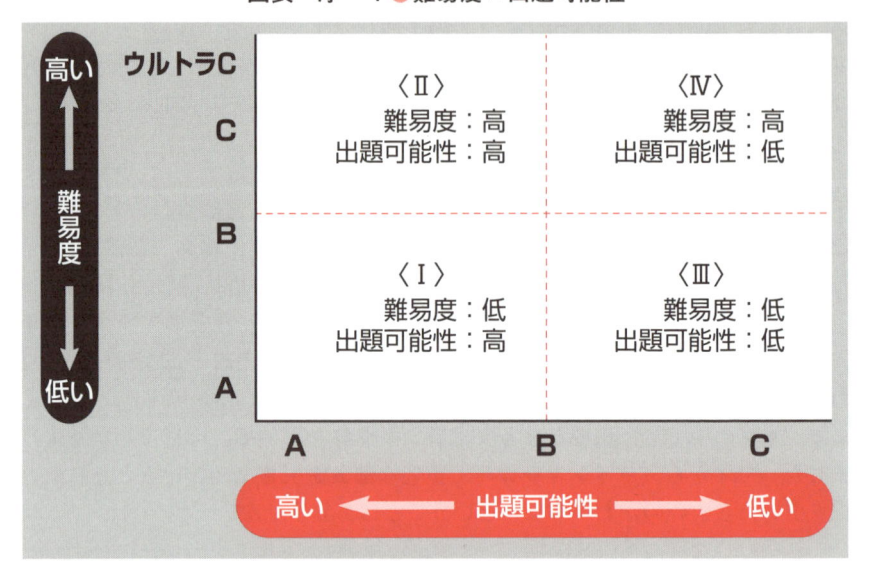

図表　序－1 ●難易度×出題可能性

〈Ⅰ〉 **難易度が低く，出題可能性が高い論点**

　難易度が低いので短時間でマスターでき，出題可能性が高いので，得点効率が高い論点です。その意味では，重要度が一番高いということができます。

〈Ⅱ〉 **難易度が高く，出題可能性も高い論点**

　難易度が高いのでマスターに時間はかかりますが，出題可能性が高いので捨てられない論点です。この部分をどこまでマスターできるかが勝負となります。

〈Ⅲ〉 **難易度が低く，出題可能性も低い論点**

　出題可能性が低い論点ですが，難易度が低いため短時間でマスターできます。ですから，得点効率はそれほど悪くありません。

〈Ⅳ〉 **難易度が高く，出題可能性が低い論点**

　難易度が高いのでマスターに時間がかかり，しかも，出題可能性が低いので得点効率が悪い分野です。時間がなく全部はできないときには，捨てるべき分野といえます。

2. タイプ別合格プラン例　あなたはどのタイプ？

　この本の目的は「この1冊だけで，ゼロからはじめてミクロ経済学の理解が合格レベルになる」ことですが，これは試験に必要な知識をマスターするということで，資格試験の世界では，「**インプット**」と呼びます。

　しかし，この「インプット」だけでは不十分で，試験に合わせて，インプットした知識を整理して，解答として表現する必要があります。たとえば，論文であれば，論文の書き方をマスターする必要がありますし，選択問題の場合，選択問題のクセをつかみ短時間で処理する必要があります。これらは「**アウトプット**」と呼ばれますが，「アウトプット」の能力を効率的に向上させるためには，『速習！経済学 過去問トレーニング（公務員対策・ミクロ）』（以下『過去トレ・ミクロ』と表記）で選択問題に共通のパターンに慣れることが重要です。その上で，自分が受けようとしている試験の過去に出題された問題（「過去問」といいます）の数年分を解くことが必要となります。

　なお，論文試験の場合には，論文の書き方を理解することが重要となりますので，時間があれば，『新・経済学入門塾　〈V〉論文マスター編』の併用をおすすめします。また，複雑な計算問題が出題される場合には，『新・経済学入門塾　〈VI〉計算マスター編』の併用をおすすめします。

＊マクロ経済学の合格プランは本書の姉妹編となる『速習！マクロ経済学』をご覧ください。

タイプ1◆公務員試験（国家公務員一般職，国税専門官，地方上級公務員，市役所職員，裁判所事務官総合職，一般職，労働基準監督官A，衆議院・参議院事務局職員総合職，一般職など）**の試験合格を目指す人**

　本書と『新・経済学入門塾』シリーズを活用することによって，上位合格レベルを実現することができます。時間がないので，効率的に合格レベルを目指す人と，時間をかけて経済学を得点源にしたいという人がいると思いますので，2つの合格プラン例を提示しておきます。

〈合格プラン例—1〉最少の時間で，経済学は合格ラインに届けばよいという人

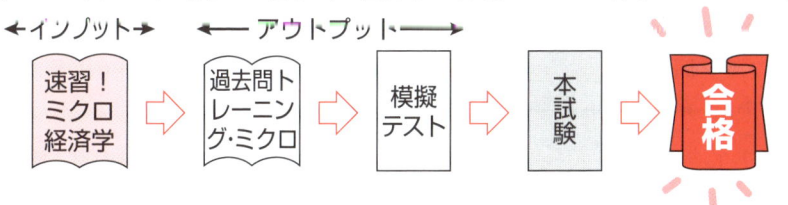

〈合格プラン例―2〉時間をかけて，経済学を得点源にして差をつけたい人

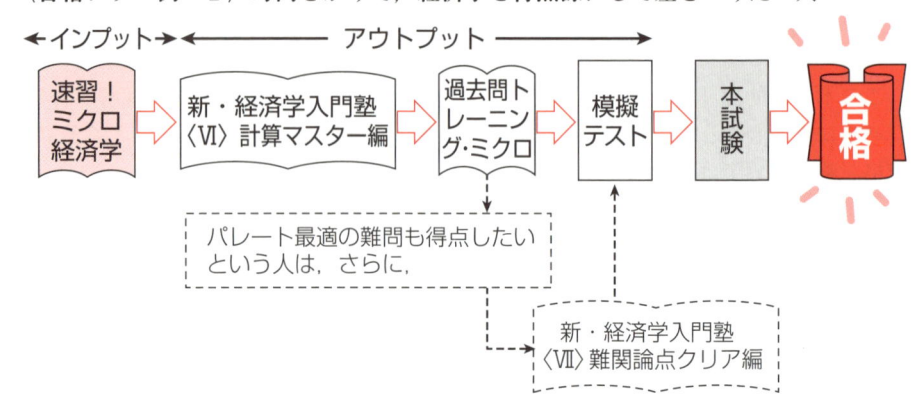

タイプ2◆中小企業診断士第1次試験合格を目指す人

　中小企業診断士第1次試験の「経済学・経済政策」は択一式ですので，論文対策は不要ですし，複雑な計算問題も少ないので，計算対策として『新・経済学入門塾　〈VI〉計算マスター編』をやる必要性も低いと思います。本書と『過去トレ・ミクロ』と診断士試験の過去問と模擬テストを繰り返し解くことによって完成度を上げていけばよいでしょう。

〈合格プラン例〉

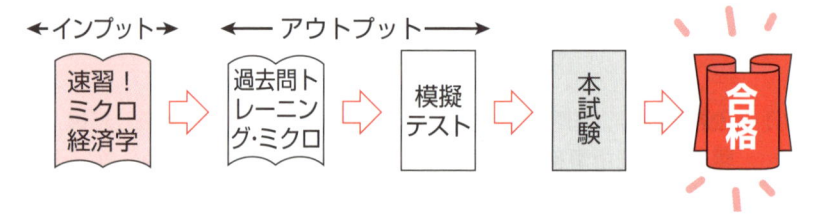

タイプ3◆東京都庁1類，北海道庁上級などを目指す人

　専門科目である経済学は専門記述しかありませんから，身につけた知識をいかに論文として表現するのかというアウトプットの練習が必要となります。論文の場合には，自分では良く書けていると思っても，専門家から見ると問題点が多いということがよくありますから，可能な限り資格学校の主催する答案練習会などに参加して，添削をしてもらうことをおすすめします。

〈合格プラン例〉

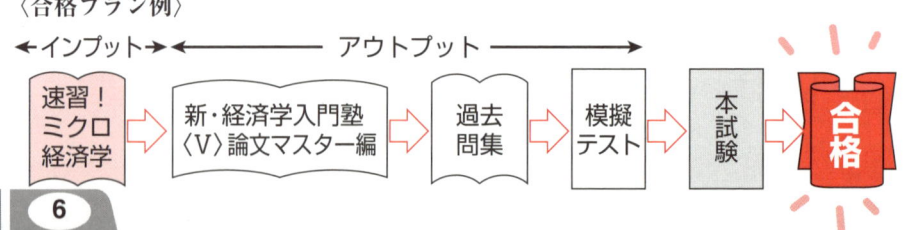

タイプ4◆不動産鑑定士試験を目指す人

　不動産鑑定士第2次試験は，上級論点が頻繁に出題される論文試験ですが，経済学は配点が低く受験生は多くの時間を割きません。その結果，難問の場合には合格点は低いというのが実情です。ですから，いたずらに難問を解いたりはせずに，まずは，本書でしっかりとインプットを行い，次に，『新・経済学入門塾〈V〉論文マスター編』で論文作成能力を向上させます。論文の場合には，自分では良く書けていると思っても，専門家から見ると問題点が多いということがよくありますから，可能な限り資格学校の主催する答案練習会などに参加して，添削をしてもらうことをおすすめします。

　また，近年，出題される論文問題2問中1問は計算問題というパターンが定着しつつあり，経済学で合格者の平均以上を目指そうとする人は，『新・経済学入門塾　〈VI〉計算マスター編』による計算対策も必要となります。

〈合格プラン例〉

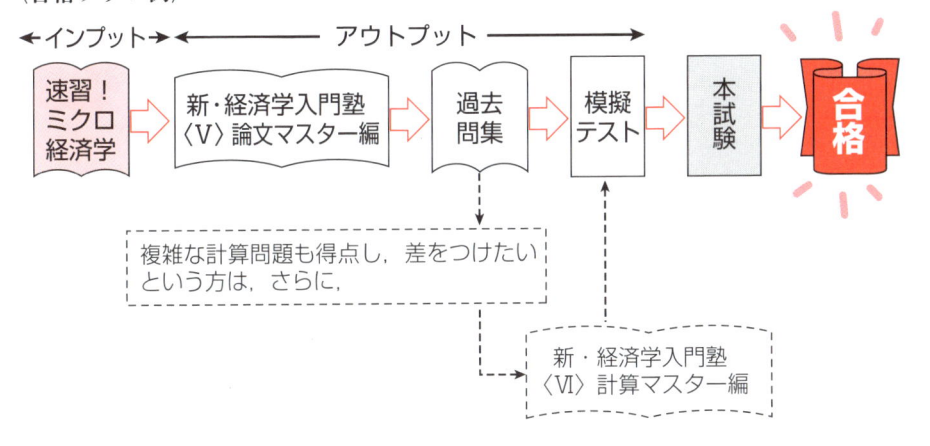

タイプ5◆外務専門職採用試験合格を目指す人

　外務専門職試験は，基本論点だけではなく，上級論点がときどき出題される論文試験ですので，本書で知識を固めて，次に，『新・経済学入門塾　〈V〉論文マスター編』で論文作成能力を向上させます。論文の場合には，自分では良く書けていると思っても，専門家から見ると問題点が多いということがよくありますから，可能な限り資格学校の主催する答案練習会などに参加して，添削をしてもらうことをおすすめします。

　なお，外務専門職採用試験は受験人数が少ないことから，あまり問題集などが出版されていませんので，都庁・国税専門官の専門記述や不動産鑑定士第2次試験の過去問集なども参考にしてみてください。

〈合格プラン例〉

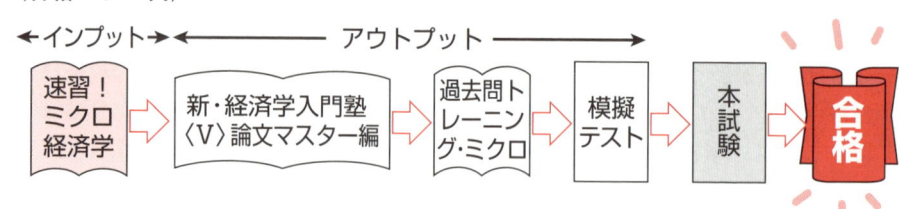

タイプ6◆証券アナリスト試験（1次）合格を目指す人

　証券アナリスト試験は出題される論点が決まっています。まずは，過去問をみてから本書を読むと，効率的に勉強できます。

〈合格プラン例〉

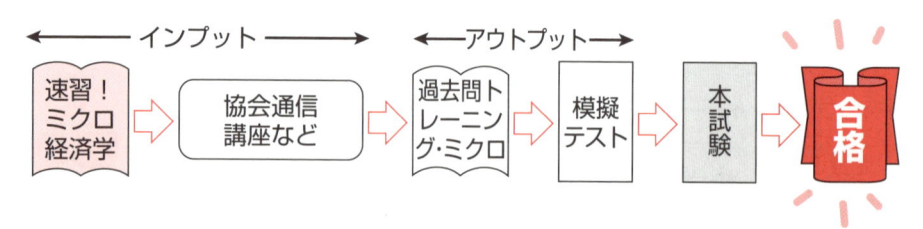

タイプ7◆国家公務員総合職（法律区分，行政区分）の試験合格を目指す人

　非常に難易度が高いものが出題されることもありますが，合格レベルを確保するということであれば，タイプ1の人と同じ勉強方法でよいでしょう。

〈合格プラン例―1〉最少の時間で，経済学は合格ラインに届けばよいという人

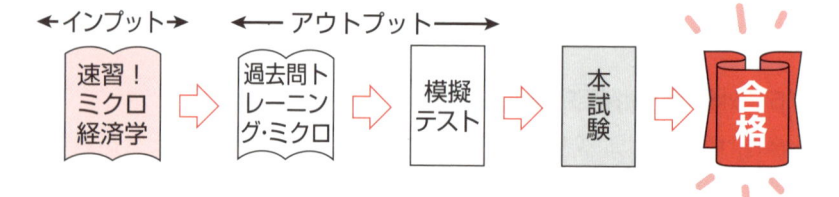

〈合格プラン例―2〉時間をかけて，経済学を得点源にして差をつけたい人

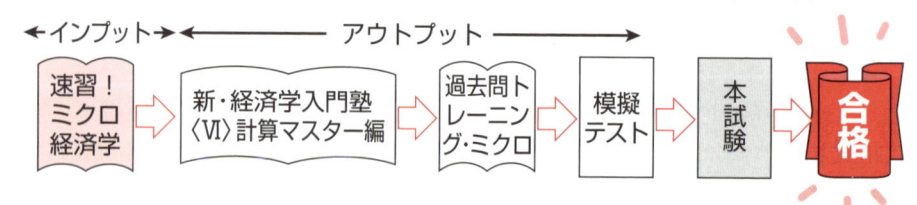

タイプ8◆公認会計士試験第2次試験の試験合格を目指す人

　数年前の試験制度改正によって，かなり難易度が低下し受験しやすくなってきました。そうはいっても，他の試験よりは難しく，『新・経済学入門塾　〈VI〉計算マスター編』による計算問題対策と，『新・経済学入門塾　〈VII〉難関論点クリア編』によるIAD-IAS分析，経済成長とパレート最適という難関論点の理解が必要です。

〈合格プラン例〉

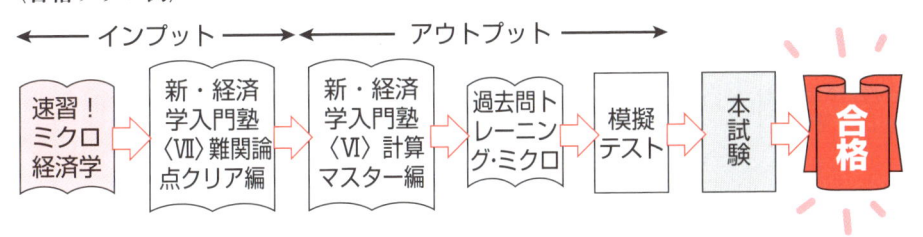

タイプ9◆国家公務員総合職（経済区分）を目指す人

　残念ながら本書だけでは合格レベルの知識を身につけることはできません。本書で合格の基礎作りを行い，過去問を見ると足りない部分がわかります。それがわかってから，試験委員の執筆したテキストなど上級テキストから必要な部分だけ読んでいく方法が効率的です。

〈合格プラン例〉

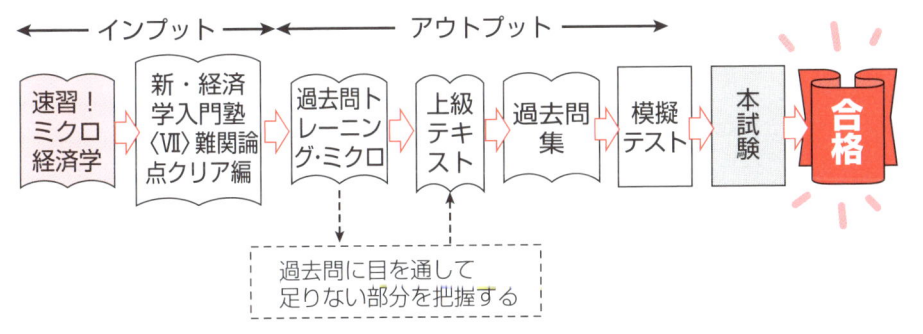

タイプ 10 ◆ 学部試験あるいは大学院入試合格を目指す人

　大学によって出題内容も，出題形式（論文式か，計算問題もあるか）も違いますので，まずは，過去の問題を集めて大まかなイメージをつかむことが重要です。

　試験問題が穴埋めや論文式であれば，以下のようなプランがよいでしょう。ただし，複雑な計算問題が多く出題されている場合には，アウトプット対策として『新・経済学入門塾　〈Ⅵ〉計算マスター編』も勉強してください。

〈合格プラン例〉

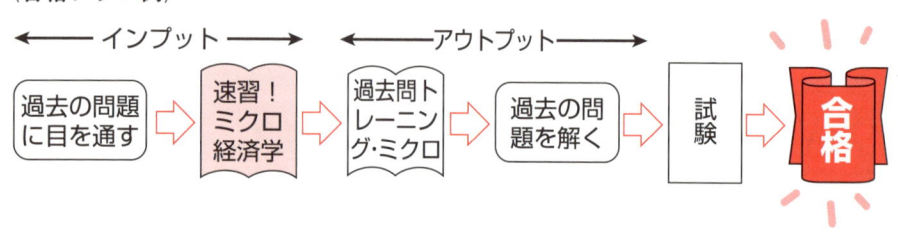

タイプ 11 ◆ 教養として経済学を身につけたい人

　本書で，標準的なミクロ経済学の論点は網羅してありますので，短時間でミクロ経済学を身につけることができます。

　なお，経済理論が生まれた背景や経済理論と現実経済との関係などを関連づけてミクロ経済学を理解したいという方には，『新・経済学入門塾　〈Ⅱ〉ミクロ編』『新・経済学入門塾　〈Ⅳ〉上級ミクロ編』もお読みになることをおすすめします。

<効率的に勉強するための7つの特徴>

1　すべての内容を動画で解説し無料公開

2　難解な数式は使わない

3　日常会話でわかりやすく

4　グラフはとことんていねいに

5　人気講師が勉強方法から

6　経済学の思考パターンを最初に

7　合格に必要な部分に絞った『この一冊』

だから，

ゼロから
短期合格！

さあ，それでは，
一緒にがんばりましょう！

【試験名の表記について】

この本では試験名については次のように表記しています。

国家公務員採用総合職試験（大卒程度）------------------→ 国家総合職
　国家公務員採用第Ⅰ種試験（現在は総合職試験に制度改定）--→ 国家Ⅰ種
国家公務員採用一般職試験（大卒程度）------------------→ 国家一般職
　国家公務員採用第Ⅱ種試験（現在は一般職試験に制度改定）--→ 国家Ⅱ種
国税専門官採用試験 ----------------------------------→ 国税専門官
労働基準監督官採用試験------------------------------→ 労働基準監督官
裁判所職員採用試験 ----------------------------------→ 裁判所職員
外務省専門職員採用試験------------------------------→ 外務専門職
地方上級公務員採用試験------------------------------→ 地方上級
地方中級公務員採用試験------------------------------→ 地方中級
市役所職員採用試験（大卒程度）----------------------→ 市役所
東京都職員採用試験１類Ｂ ----------------------------→ 東京都庁
特別区職員Ⅰ類採用試験------------------------------→ 特別区
中小企業診断士試験 ----------------------------------→ 中小企業診断士
証券アナリスト（CMA®）-----------------------------→ 証券アナリスト
公認会計士試験（論文式）----------------------------→ 公認会計士
不動産鑑定士試験（論文式）--------------------------→ 不動産鑑定士

目　　次

Part 1

Movie 002

経済学の勉強方法と全体像
―経済学がわかるコツ―

　「ミクロ」とは，英語ではMICROと書き，マイクロとも呼びます。「細かいとか，小さい」という意味です。小さいフィルムをマイクロフィルムと呼び，小さいバスをマイクロバスと呼ぶときの「マイクロ」です。ミクロ経済学とは，細かいことを分析する経済学で，個々の企業や家計の行動や，ある財・サービスの市場を分析します。これに対し，マクロ経済学は大きなことを分析する経済学で，具体的には国全体の経済を分析します。

　ミクロ経済学は，自動車とかリンゴといった特定の財の需要量・供給量と価格の関係やある企業の生産行動やある家計の消費行動などを分析します。具体的には，「消費者はどのように消費量を決めるのか」「一日何時間働くのか」「企業は生産量を何個にすべきなのか」などを考えます。

　なお，ミクロ経済学は経済学という学問の一分野であり，経済学特有の考え方（思考パターン）や説明方法がありますから，その方法に慣れることなくしては，理解することはできません。

　何事にも効率的に学ぶコツというものがあり，経済学特有の考え方（思考パターン）や説明方法こそが「経済学の効率的に学ぶコツ」なのです。第1部では，この「コツ」を伝授します。

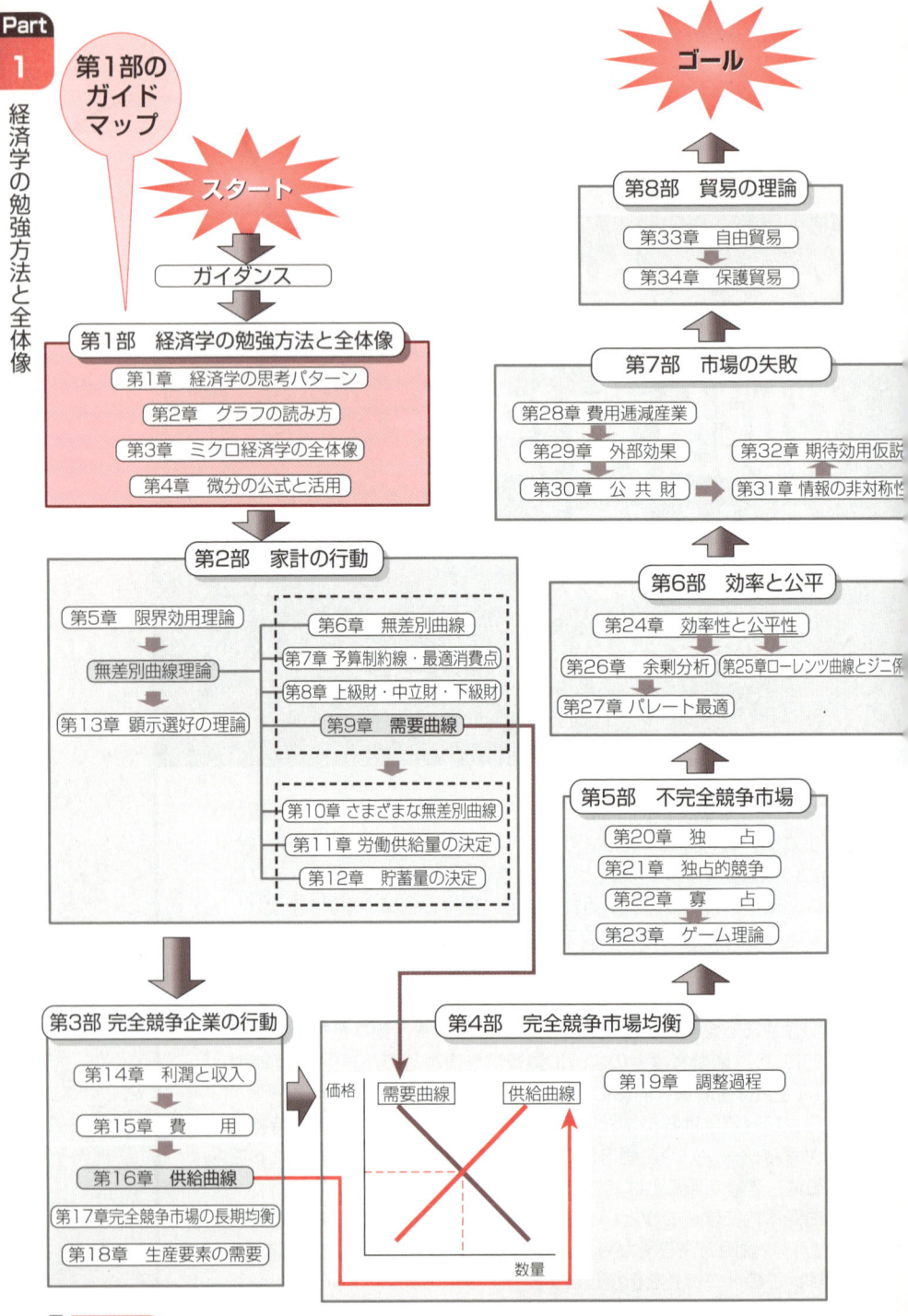

第1部のガイドマップ

スタート

ガイダンス

第1部　経済学の勉強方法と全体像
第1章　経済学の思考パターン
第2章　グラフの読み方
第3章　ミクロ経済学の全体像
第4章　微分の公式と活用

第2部　家計の行動
第5章　限界効用理論
無差別曲線理論
第13章　顕示選好の理論
第6章　無差別曲線
第7章　予算制約線・最適消費点
第8章　上級財・中立財・下級財
第9章　需要曲線
第10章　さまざまな無差別曲線
第11章　労働供給量の決定
第12章　貯蓄量の決定

第3部　完全競争企業の行動
第14章　利潤と収入
第15章　費用
第16章　供給曲線
第17章　完全競争市場の長期均衡
第18章　生産要素の需要

第4部　完全競争市場均衡
価格
需要曲線　　供給曲線
第19章　調整過程
数量

第5部　不完全競争市場
第20章　独占
第21章　独占的競争
第22章　寡占
第23章　ゲーム理論

第6部　効率と公平
第24章　効率性と公平性
第26章　余剰分析　第25章ローレンツ曲線とジニ係数
第27章　パレート最適

第7部　市場の失敗
第28章　費用逓減産業
第29章　外部効果
第30章　公共財
第31章　情報の非対称性
第32章　期待効用仮説

第8部　貿易の理論
第33章　自由貿易
第34章　保護貿易

ゴール

ミクロ経済学の登場人物とストーリー

登場人物（経済主体）

　ミクロ経済学では，家計，企業，政府，海外（外国）などが登場します。

家計：家計とは財の消費を行い，労働の供給を行う経済主体をいい，具体的には「家計簿」といわれるように，みなさんの家庭をイメージすればよいでしょう。

企業：企業とは，労働を需要し，その労働を使って財の生産・供給を行う経済主体をいいます。代表的な企業として会社をイメージするとよいでしょう。

政府：地方政府（都道府県や市町村）と中央政府（国）をひとまとめにして政府といいます。政府は財に税金をかけて税金を徴収したり，逆に，環境に優しい財には補助金を支給してくれるなど，補助金を支給することもあります。

外国（海外）：外国には，外国の家計，外国の企業，外国の政府があるのですが，それでは面倒なのでひとまとめにして「外国」とします。外国を考えると，財市場において外国が需要者となり財を外国に供給する輸出と，外国が財の供給者となり，外国の商品を需要する輸入が登場します。

> **用 語**
>
> 経済学では経済活動を行う人や組織（登場人物）を経済主体と呼びます。

> **用 語**
>
> 財とは財貨（形が残るモノ）と形が残らないサービスの合計です。
>
> 財＝モノ＋サービス

図表0-1 ● 主な舞台での登場人物の役回り

舞台	需要者	供給者
財市場	家計 海外（輸出）	企業 海外（輸入）
労働市場	企業	家計

　経済学には経済学流の考え方（思考パターン）があります。経済学の理論を効率よく理解したいと思ったら，まずは，経済学の思考パターンを理解し，そのパターンに沿って学んでいくことが大切です。まさに「郷に入りては郷に従え」というわけです。そこで，はじめの**第1章では「経済学の思考パターン」**を学びます。

　また，経済学では，グラフを用いて説明することが多いという特徴があります。ですから，グラフの読み方をきちんと身につけておく必要があります。そこで，第2章ではグラフの読み方を徹底的に基本に立ち返って復習します。

　その後，いきなり個別の論点にはいってしまうと，全体の中でどこを勉強しているかわからず「木を見て森を見ず」になってしまい，かえって効率が悪くなってしまいます。そこで，第3章では，個別の論点に入る前にミクロ経済学の全体像（森の全体的なイメージ）を理解していただきます。これからどのようなことを学ぶのかということについて，大まかなイメージをもっていただきます。

　そして，第4章では，ミクロ経済学の計算問題を解く際に時々使う「微分」という数学的知識について説明します。「微分」は計算問題を解く際のコツとなりますので，計算問題の多い試験を受ける人はしっかりとマスターしてください（計算が余り必要とされない人は読み飛ばしていただいても結構です）。

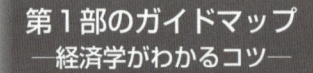

➕ 補　足

　『速習！ミクロ経済学』から読み始めた読者のために，第1章と第2章の一部は，『速習！マクロ経済学』と同じ内容を掲載しています。既に『速習！マクロ経済学』を読んで「わかった」という方は読み飛ばしても結構です。

第1部のガイドマップ
―経済学がわかるコツ―

第1章　経済学の思考パターン
―経済学のオキテ―

⬇

第2章　グラフの読み方
―経済学はグラフが命！―

⬇

第3章　ミクロ経済学の全体像
―まずは森全体をイメージしよう―

⬇

第4章　微分の公式と活用
―細かく分けて傾きを求める―

Chapter ①
経済学の思考パターン
―郷に入りては郷に従え！〈経済学のオキテ〉―

Point

1 経済学には「定義→仮定→分析→結論→長所・短所」という思考パターンがある。

Movie 003

2 経済学の思考パターンに沿って勉強すると理解しやすいので，必ず身につけよう。

難易度　A

出題可能性

試験に直接でませんが，経済学のすべての論点を学ぶ上で必要となります。

3 論文試験，専門記述試験などでは，この思考パターンに沿って答案を書く。

　経済学には経済学流の考え方（思考パターン）があります。経済学の理論を効率よく理解したいと思ったら，まずは，経済学の思考パターンを理解し，そのパターンに沿って学んでいくことが大切です。まさに「郷に入りては郷に従え」というわけです。

　また，論文や専門記述の試験についても，この思考パターンに沿って書くことが要求されますから，始めにこの思考パターンに沿って勉強しておくと，論文の作成がしやすくなります。

1. 経済学とは？
―経済学には経済学のオキテ「思考パターン」がある―

Movie 004

「経済学」とは，現実の経済を分析する学問です。ですから，まず，現実経済を観察し，それがどのような仕組みで動いているのかを分析するのです。

しかし，現実経済は複雑ですから，そのままでは分析できません。そこで，経済学は「定義→仮定→分析→結論→長所・短所」という思考パターンで理論を創り上げているのです。これを「経済学の思考パターン」と呼ぶことにしましょう。

経済学の理論が「経済学の思考パターン」に沿って創られているのですから，私たちは「経済学の思考パターン」をしっかりと理解し，このパターンに沿って経済学を勉強すれば，見違えるほどわかりやすく経済学を理解することができるのです。

ですから，経済学の具体的論点の説明に入る前に，「経済学の思考パターン」について説明することにしましょう。

用 語

経済学の定義は学者によって様々ですが，ロビンズが「経済学の本質と意義」で示した「経済学は，諸目的と代替的用途をもつ希少な諸手段に関する人間行動を研究する科学である」が有名です。なんだか難しそうな表現ですが，要するにある目的を達成するためにどの手段を選ぶのかという選択の問題を扱うということです。この定義ですと，労働，生産，所得，消費などの一般に経済問題とされるもの以外にも，結婚，友達づくりなども幅広く経済学の研究対象ということになります。

✚ 補 足

逆に言えば，長い時間をかけても経済学を理解できないという人の多くは，この「経済学の思考パターン」を身につけず，自己流で勉強しているからわからないのです。

これは，前置きなどではなく，経済学を理解する上では最も大切なことですから，しっかりと読んでくださいね。

2. 現実経済を観察する
―経済学の理論を創る上での問題点は何だろう？―

Movie 005

ある経済学者が消費の理論を考えているとしましょう。すると，まず，消費とは何かが問題となりそうです。モノを買えば消費，とは限りません。住宅を買う場合は消費ではなく投資といいます。

また，ひとくちに消費といっても，いろいろな消費パターンがあります。たとえば，150円のペットボトルのお茶を買うのは，お茶に150円以上の価値があるから買うという場合。物を買うのは，支払う金額以上の満足が得られるからというもっともな動機です。冷静かつ合理的な消費パターンです（パターン1）。

ほかにも，周りの人に対抗して物を買ったり（パターン2），おまけにつられて物を買ったり（パターン3），ブームに乗って買ったり（パターン4）することもあります。つまり，現実経済はとても複雑なのです。

このように複雑な現実経済をどのように分析するかをお話ししましょう。

図表1-1 ●現実経済は複雑

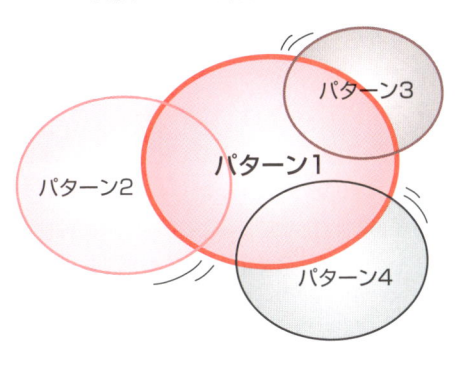

Point!

そして，パターン1からパターン4までのそれぞれの消費行動のパターンは，まったく違うものですから，これらすべてを統一的に説明する理論を創ることは不可能なのです。

Step 1 定義の明確化

まずは，言葉の意味をはっきりさせる！

「消費とはモノやサービスを買うことでしょ」と思われるかもしれませんが，モノやサービスを買っても消費だけではなく，投資もあるので，その区別が必要となります。

経済学では，消費とは，人々の欲求を満たすために財（モノやサービス）を利用することをいい，投資とは，人々が消費する財を生産・供給するための機械・建物などの設備やお店の在庫品を増加させることをいいます。

たとえば

モノを買うといっても，コンビニでおにぎりを買うのは「おにぎりを食べたい！」という欲求を満たすために買うので消費ですが，企業が機械を買うのは投資となるわけです。

なお，住宅の購入は「この家に住みたい！」という欲求を満たすと考えれば消費のように思われますが，住宅投資として投資に分類されます。住宅とは労働者が元気を回復する場所なので，「生産のために必要な建物なのだ」と考えれば，「投資とは，人々が消費する財を生産・供給するための機械・建物などの設備やお店の在庫品を増加させること」という定義とフィットします。

Step 2 仮定をおく

現実経済を単純化した模型（モデル）を創る

現実の消費行動はいろいろなパターンがあり，パターン1からパターン4までのそれぞれの消費行動のパターンは，まったく違うものですから，これらすべてを説明する理論を創ることは不可能です。

そこで，経済学者は，消費の分析に際して，パターン2から4まではないと仮定し，多いと思われるパターン1だけしかない世界（現実を単純化した「モデル」といいます）を創り，そのモデルを考えるのです。こうすることによって分析しやすくするのです。

> **用語**
>
> モデルとはプラモデルのモデルで模型という意味です。理論のために現実を単純化した模型ですので理論モデルとも呼ばれます。

> 👆**Point!**
>
> 現実経済は複雑なのでそのままでは分析できません。そこで，仮定をおいて単純化したモデルを創り分析するのです。

Step 3 単純化したモデルを分析

パターン1だけという単純なモデルであれば，頭の良い経済学者は，いろいろと分析をして，理論を創り出すことができるわけです。

Step 4 結論を導く

モデルの分析により，「消費行動はこのような仕組みで行われるのだ！」という結論が導かれます。

> ➕ **補 足**
>
> これで，1つの理論の誕生です。

Step 5 現実妥当性の確認

できあがった理論がよい理論かどうかは，現実経済を説明できるかどうかで決まります。 どんなにかっこいい理論でも，現実経済を説明できなければ意味がありません。

もし現実妥当性がない場合は，どうして現実を説明できなくなったのかという見直しを行います。現実妥当性がない原因は，仮定の設定がおかしくて，現実離れしたモデルを創ってしまったか，分析自体がおかしいかのど

> **理 由**
>
> なぜなら，経済学は，現実経済を分析する学問だからです。

> **用語**
>
> 理論が現実経済を説明できるか，つまり，現実の世界に通用するかどうかということを，「現実妥当性」といいます。

ちらかです。

**　試験にでる理論には，分析自体がおかしいという理論はありませんから，現実妥当性がないのは，仮定の設定に問題がありモデルが現実離れしていることが原因となります。**

　この章で具体的に説明した「経済学の思考パターン」を整理すると図表1－2のようになります。

図表1－2 ● 経済学の思考パターン

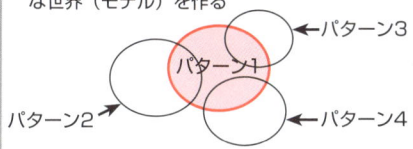

1 定義の明確化

2 仮定の設定
・現実経済─複雑すぎて，このままでは，分析が困難

　　パターン3
　　パターン1
パターン2　　　　　　　　パターン4

・仮定を設定し，現実経済を単純化し，分析可能な世界（モデル）を作る

　　パターン3
　　パターン1
パターン2　　　　　　　　パターン4

3 単純化されたモデルを分析

　　パターン1

4 結論を導く　（結　論）

5 現実妥当性の確認
・理論で現実を説明できる
　　　➡　評価される（理論の長所）
・理論で現実を説明できない
　　　➡　評価されない（理論の短所）

（1）分析がおかしい
（2）仮定の置き方に問題があり，モデルが現実離れ　　　**原因の追究**

たとえば

　もし，おまけで買うというパターン3だけを分析対象とするモデルにすると，分析の結論は，「商品の内容はどうでもよく，おまけが魅力的な商品を買う」ということになります。

　このような結論は，パターン3だけを分析対象としているのですから間違ってはいませんが，現実社会のごく一部の人にしか当てはまらず，現実の大半は説明できないので，理論としてはあまり意味のないものとなってしまいます。

Point!

　ですから，これからいろいろな理論がでてきますが，どの理論が正しいかは，常に，どの理論が現実経済をうまく説明できるかという視点で考えてください。

3. 仮定は前置きではなく，最も重要なステップ！

Movie 006

　この思考パターンで最も重要なステップが「仮定」です。「**仮定**」**をおくことによって，複雑な現実経済を単純化して分析しやすくするのですが，同時に，分析対象である理論モデルが現実離れしてしまうリスクもある**のです。ですから，経済学においては，いかにセンスのいい仮定をおくかが勝負なのです。「長い間，経済学の勉強をしているが苦手だ」という人の中には「経済学は前置きが多く，なかなか本論に入らないから好きになれない」という人がいます。どうも話をきくと「前置き」とは「仮定」のことを指していっているようなのですが，「仮定」を単なる「前置き」としか考えていないことこそ，経済学が苦手になる原因であると思います。

　「仮定」とくれば，「前置きではなく，理論の善し悪しを左右する重要なもの」と考え，「この仮定をおくことにより，どのように単純化し，分析しやすくなるだろうか」と考えるのと同時に，「この仮定による単純化で現実離れしてしまわないだろうか」と注意してください！

Chapter ❷

グラフの読み方

―経済学はグラフが命！―

Point

1 グラフは「①横軸・縦軸は何か→②曲線が何と何の関係を表すか→③それらはどのような関係か→④どうしてそのような関係になるか→⑤グラフから何がわかるのか」という5ステップでしっかりと読む。

2 曲線上の移動と曲線のシフトを混同しない。
　　曲線上の移動：縦軸（横軸）の変化による
　　　　　　　　　横軸（縦軸）の変化
　　曲線のシフト：縦軸（横軸）以外の数量の
　　　　　　　　　変化による横軸（縦軸）の変化

3 直線のグラフ：
　　　$y = ax+b$ の a が傾き，b は縦軸切片

4 傾き＝限界＝$\dfrac{縦の変化量}{横の変化量}$

5 平均＝$\dfrac{縦の全体の量}{横の全体の量}$

6 直線の交点の値は連立方程式の解

Movie 007

出題可能性

国家一般職（旧Ⅱ種）　**A**
国税専門官　**A**
地方上級・市役所・特別区　**A**
国家総合職（旧Ⅰ種）　**A**
中小企業診断士　**A**
証券アナリスト　**A**
公認会計士　**A**
都庁など専門記述　**A**
不動産鑑定士　**A**
外務専門職　**A**

いろいろな場面で必要となります。

　この章では，経済学を理解する上でとても重要なグラフの読み方と書き方をマスターします。経済学ができない主な原因の１つに，グラフをきちんと読んでいないことがあげられます。ですから，皆さんは，経済学の内容に入る前に，しっかりとグラフの読み方を理解してください。

1. グラフとは？

Movie 008

表といえば，図表2-1のAのようなものをいい，グラフといえば，図表2-1のBのようなものをいうことはご存じでしょう。

ちなみに，学部や公務員試験・資格試験レベルでのグラフは，2つの数量の関係が中心で，3つ以上の数量の関係はあまり扱いません。なぜなら，3つ以上の数量を取り扱うと，3つ以上の軸が必要となり，グラフが立体的になり複雑になってしまうからです。みなさんがこれから利用するグラフは2つの数量の関係ですから，縦軸と横軸の2つで足り，平面にきちんと書くことができます。

次に，2つの数量の関係であるグラフを図表2-1で，具体的に説明しましょう。

図表2-1のA，Bは，1個100円のキャンディーの個数と支払額の関係を，それぞれ表とグラフで表現したものです。

　支払額＝個数×100円

の関係であることはいうまでもありません。

この式は，支払額と個数の「関数」といわれます。

ここでは，互いに関係のある2つの数量とは，個数と支払額です。この2つの数量を，個数が0から増えていくにつれて，支払額がどうなるかを，整理して配列したのがAの表であり，それを，図で表したのが，Bのグラフです。

図表2-1のBのグラフでは，横軸に個数，縦軸に支払額を取っています。横軸の個数が0個のときは，支払額も0円，1個のとき100円，2個のとき200円となっていくことを表しています。つまり，グラフとは，横軸の数量と縦軸の数量の関係を表しています。ですから，**グラフを読みとるには，**

> ✚ **補 足**
>
> 　表・グラフとは何か正確に述べなさいといわれると困る人も多いのではないでしょうか。表とは，複雑な事柄を，見やすいように組織的に整理・配列して書き表したものです。**グラフとは，互いに関係ある2つ以上の数量を直線や曲線などの図で表したものです。**

図表2-1 ●表とグラフ

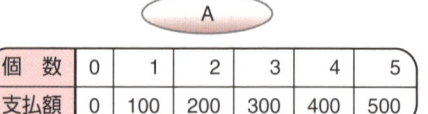

A

個　数	0	1	2	3	4	5
支払額	0	100	200	300	400	500

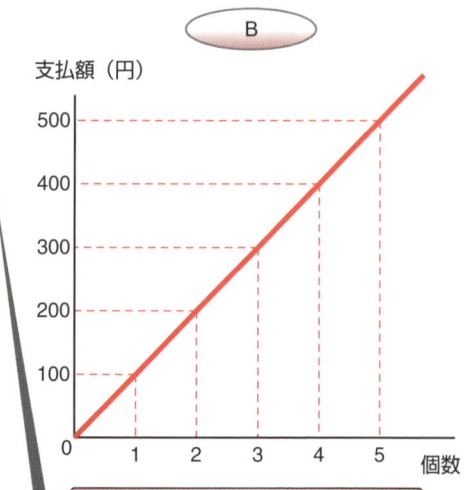

B

支払額（円）

（グラフ：横軸「個数」0〜5，縦軸「支払額」100〜500）

> **数学入門** Mathematics
>
> 　関数と聞くと，数学を思い出して頭が痛くなるかもしれませんが，要するに，**ある数とある数の関係のことです。**だから，略して，「関数」と呼んでいるだけです。

① **まず，横軸と縦軸が何の数量なのかを理解し，**

② **一方の数量が変化するにつれて，他方の数量がどのように変化するかを理解しなくてはなりません。**

それでは，次に，経済学で最も有名な需要と供給のグラフを使って，グラフを正しく読む5つのステップについて説明しましょう。

2. グラフを読む5ステップ
―ていねいに読むことが成功への道―

Movie 009

図表2－2は，ある商品の需要と供給のグラフです。経済学では，最も有名なグラフですので，ご存じの方も多いかもしれません。

＋ 補 足

需要と供給の関係は，経済学の基本であると同時に，最も重要なことですので，「知っている」だけではだめで，「完全に理解」してください。

Step 1　横軸，縦軸を確認する

横軸は数量（個数），縦軸は価格（円）です。

図表2－2●需要と供給のグラフ

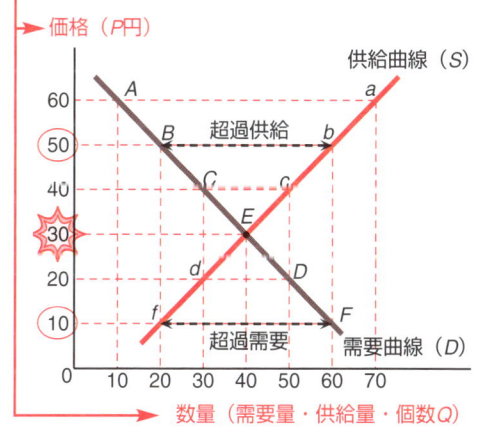

Step 2 曲線が何と何の関係なのかを確認する

　需要曲線（D）の場合，横軸の数量は，需要量を意味し，縦軸は価格ですから，需要量と価格の関係を表しています。つまり，需要曲線（D）のグラフは，横軸に数量（需要量），縦軸に価格をとって，価格と数量（需要量）という2つの数の関係を表したものです。

　供給曲線（S）の場合，横軸の数量は，供給量を意味し，縦軸は価格ですから，供給量と価格の関係を表しています。つまり，供給曲線（S）のグラフは，横軸に数量（供給量），縦軸に価格をとって，価格と数量（供給量）という2つの数の関係を表したものです。

Step 3 曲線が表す関係とはどのような関係なのかを理解する

　需要量と価格の関係を表した曲線である需要曲線（D）が右下がりになっています。右下がりということは，（60円→50円→40円→30円と）縦軸の価格が下落するにつれて，（10→20→30→40と）横軸の需要量が増えるという関係にあることがわかります。

　また，供給量と価格の関係を表した曲線である供給曲線（S）が右上がりになっています。右上がりということは，（10円→20円→30円→40円と）縦軸の価格が上昇するにつれて，（20→30→40→50と）横軸の供給量が増えるという関係にあることがわかります。

用 語

　需要量とはある価格の下で買いたい量をいいます。また，需要は英語でDemandなので，需要曲線はDと略します。

用 語

　供給量とはある価格の下で提供する（＝売りたい）量をいいます。また，供給は英語でSupplyなので供給曲線はSと略します。

補 足

　需要曲線（D），供給曲線（S）ともに，直線で描かれていますが，「曲線」と呼んでいます。これは，図表2−2では，たまたま直線に書きましたが，曲がった線になることもあるからです。なお，曲線のカーブがたまたままっすぐな線を直線と呼んでいますので，直線は曲線の特殊なケースであり，まっすぐな直線であっても「曲線」と呼んでもよいのです。

補 足

　点Eの価格30円では需要量と供給量が等しいので，超過供給，超過需要はありません。

Step 4 どうしてStep 3の関係になるのか考える

右下がりの需要曲線は，価格が下がると需要量が増えるということを意味します。大ざっぱに考えれば，価格が下がれば，お買い得になるので需要量が増えるということです。

また，右上がりの供給曲線は，価格が上がると供給量が増えるということを意味します。大ざっぱに考えれば，商品の価格が上がれば企業は今までよりもうかるので，たくさん供給しようとするだろうということです。

Step 5 グラフからわかることを理解する

右下がりの需要曲線と右上がりの供給曲線のグラフ図表2－2から，価格は，需要量と供給量が等しくなる価格，図表2－2でいえば，**需要曲線と供給曲線の交点Eの価格30円に決まる**ことがわかるのです。では，どうして，30円に決まるのかを考えましょう。

図表2－2より，価格が30円の時は，需要量も供給量も40個で等しくなっています。もし，価格が30円よりも高い50円であると，超過供給（供給量が需要量より多い状態）が生じてしまい，**50円のままでは，物が売れ残ってしまいますので，市場では価格は下がっていきます。超過供給（売れ残り，物余り）がある限り価格は下がりますから，結局，点Eの価格30円まで下がります。**

反対に，価格が30円より低い10円であるときには超過需要（需要量が供給量より多い状態）となります。このような状態では，市場では価格は上がっていきます。**超過需要（物不足）がある限り，価格は上昇しますので，超過需要がなくなる点Eの価格30円まで上昇する**ことになります。

✚ 補　足

正確にはミクロ経済学の消費の理論，生産の理論の中で説明されます。

略　語

この需要曲線（D）と供給曲線（S）の交点をEと名付けるのが通常です。なぜなら，このEとは，「Equilibrium（均衡）」の"E"で，Equal（イコール，等しい）という意味を含んでおり，この点Eの価格30円では，需要量＝供給量となるからです。

用　語

価格が50円のとき，需要量は点Bの20個に対し，供給量は点bで60個です。供給量が需要量を$60-20=40$個超過しています。このように，**供給量が需要量を上回ることを超過供給**といいます。商品を売りたい人の方が多く，財が売れ残っている状態です。

用　語

価格が10円のとき，需要量は点Fで60個ですが，供給量は点fで20個しかありません。このように需要量が供給量を上回ることを**超過需要**といいます。商品を欲しい人の方が多く，財が不足している状態です。

Point!

ここでは，「なぜ30円に決まるのか？」という問いに直接答えるのではなく，「30円でない場合には，30円に戻っていく」ことから説明していく方法です。この説明方法は，これからも頻繁に用いられるのでとても重要です。

3. 曲線上の移動と曲線のシフト

経済学の勉強方法と全体像

グラフを読むときに，間違えやすいのが，曲線上の移動と曲線そのものの移動です。

それでは，先ほどの図表2−2の需要曲線だけを取り出して，図表2−3で，これを説明しましょう。

この需要曲線（D）は，右下がりですから，価格が下落すると需要量が増えるということを表しています。つまり，価格の下落による需要量の増加は，需要曲線が表す関係ですから，点A→B→C→E→D→Fと需要曲線上の移動です。

これに対し，縦軸・横軸とは関係ない数，たとえば，不況で所得が減った場合を考えましょう。所得が減れば，通常は，同じ価格であっても，需要量が減少するでしょう。

いま，所得が減ったことにより，価格60円の時の需要量が30個から10個に減り，価格50円の時の需要量は，40個から20個に減るとします。すると，価格と需要量の関係は，AではなくA′，BではなくB′と左に移動します。同様に，CはC′へ，EはE′へ，DはD′へ，FはF′へと移動します。したがって，所得が減った後の需要曲線，すなわち，価格と需要量の関係は，ABCEDFではなく，A′B′C′E′D′F′となり，需要曲線そのものがDからD′へと左に移動します。これを「左にシフトした」といいます。

このように，**縦軸，横軸以外の数量の変化により，横軸が変化するとき，グラフ（曲線）はシフト**するのです。

用 語
曲線そのものの移動は，曲線のシフトといいます。

Point!

グラフとは，縦軸の数量と横軸の数量の関係，すなわち，縦軸の数量の変化によって横軸の数量がどう変化するかを表したものです。ですから，縦軸の価格の変化による横軸の需要量の変化は，曲線そのものです。つまり，曲線上の移動ですから，曲線自体が移動（シフト）することはありません。

図表2−3 ●曲線上の移動と曲線のシフト

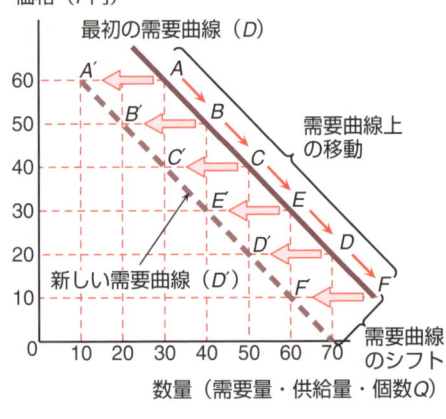

> 曲線上の移動：縦軸（横軸）の変化による横軸（縦軸）の変化
> 曲線のシフト：縦軸（横軸）以外の数量の変化による横軸（縦軸）の変化

それでは，曲線のシフトと曲線上の移動に関する問題を解きましょう。

【問題2－1】

　需要曲線がシフトする場合（A図）と，シフトせず同一需要曲線上を点が移動する場合（B図）とを区別しなければならない。B図に該当するものを下記の解答群から選べ。

Movie 011

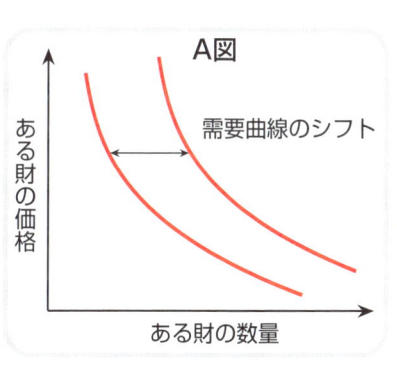

A図

ある財の価格

需要曲線のシフト

ある財の数量

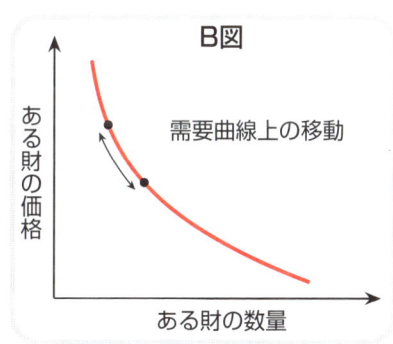

B図

ある財の価格

需要曲線上の移動

ある財の数量

　ア　他の財の価格が変化した時　　イ　財に対する好みが変化した時
　ウ　所得が増加した時　　　　　　エ　所得が減少した時
　オ　その財の価格が変化した時

（中小企業診断士）

（解説・解答）

　オの「その財の価格が変化した時」の需要量（数量）の変化は，縦軸である「ある財の価格」と横軸である「ある財の数量（需要量）」の関係です。これはまさに需要曲線が意味することであり，それは需要曲線上の移動（B図）となります。オ以外は，縦軸の「ある財の価格」以外の要因（「他の財の価格」「好み」「所得」）の変化で横軸の「ある財の数量（需要量）」が変化するので，需要曲線のシフト（A図）となります。

正　解　オ

4. 直線のグラフの書き方
―切片と傾きを押さえる―

Movie 012

ここでは，直線に限定してグラフと数式の関係を学びましょう。

みなさんは，$y=ax+b$（a，bは定数）のグラフは直線になるということを学んでいると思います。

数学では変数をx，yで表すことが多いのですが，経済学では多くの場合，変数の頭文字で表します。たとえば，消費は英語でConsumptionなのでC，所得はYieldなのでYで表します。そして，ケインズという学者は，消費と所得の関係を

$C=a+bY$（a，bは定数）としました。a，bのままだとわかりにくいので，$a=100$，$b=0.7$として，

$$C=100+0.7Y$$

という式を考えましょう。

$Y=0$のとき，$C=100+0.7×0=100$となりますから，縦軸切片は100となります（点A）。

$Y=100$のとき，$C=100+0.7×100=170$（点B）

$Y=200$のとき，$C=100+0.7×200=240$（点C）

$Y=300$のとき，$C=100+0.7×300=310$（点D）

これらの点A，B，C，Dを結ぶと$C=100+0.7Y$のグラフを描くことができます。

また，Yが0→100→200→300と100ずつ増える（横軸のYの変化量$\varDelta Y$は＋100）につれて，Cは170→240→310と70ずつ増えています（縦軸のCの変化量$\varDelta C$は＋70）。ということは，横軸のYが1増えると縦軸のCは0.7増えることを意味しており，これは，$C=100+0.7Y$と，Yの前に0.7がついているからに他なりません。

図表２－４ ● $C=100+0.7Y$のグラフ

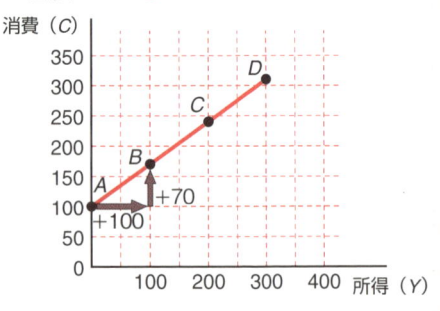

数学入門 Mathematics

縦軸切片とは線が縦軸と交わる点です。図表２－４では点Aが縦軸切片です。

補 足

$\varDelta$はデルタと読み，変化量を意味します。Yが200から300へと＋100だけ変化したときには$\varDelta Y$（Yの変化量）＝＋100と表します。

傾き：横に＋1進んだときに
　　　　縦にどれだけ変化するか

$$傾き = \frac{+70}{+100} = 0.7$$

図表2－5●傾きとは

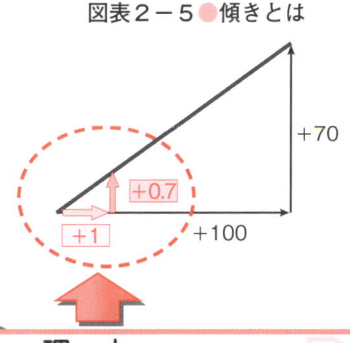

そして，経済学では，この「**横に（Yが）＋1進んだときに縦に（Cが）どれだけ変化するか**」を**傾き**と定義します。

$$C = 100 + 0.7Y$$

縦軸切片　傾き

とわかり，縦軸切片と傾きがわかれば，図表2－6のように直線のグラフを描くことができます。

── 理　由 ──

　角度だと45度，90度くらいしかわかりませんが，この方法だと表しやすくなります。たとえば，図表2－4の傾きは角度では表現できませんが，0.7と表すことはできます。

図表2－6●縦軸切片100,
　　　　　　傾き0.7のグラフ

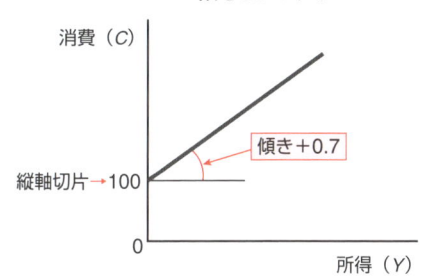

5. 限界と平均
―変化に注目するか全体（総量）に注目するか―

Movie 013

経済学では傾きを「限界」という言葉で表します。たとえば，**図表2－7**の消費と所得のグラフでは，傾き（横に＋1変化したときの縦の変化）を**限界消費性向（所得が1単位増えたときの消費量の増加分）**と呼びます。

限界と間違えやすい言葉に「平均」があります。平均とは1単位あたり平均という意味で，**図表2－7**でいうと，**所得1単位あたりの平均の消費量で平均消費性向**と呼ばれます。たとえば，点Bでは，所得は100で消費は170ですから，所得1単位あたりの消費は消費170を所得100で割ることによって1.7となります。つまり，平均の場合，消費（総量）を所得（総量）で割ればよいのであって，限界（＝傾き）のように「変化量」ではないので注意が必要です。

平均を図形で表現すると点Bと原点を結んだ直線OBの傾きとなります。

図表2－7 ● 限界と平均

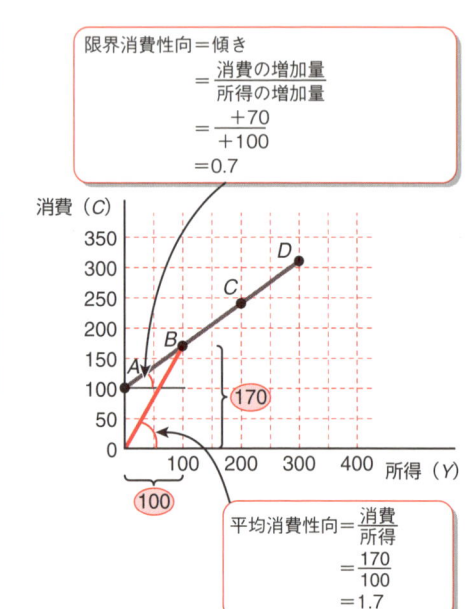

$$\text{限界＝直線の傾き}=\frac{\text{縦の変化量}}{\text{横の変化量}}$$

$$\text{平均＝原点と直線上の1点とを結んだ直線の傾き}=\frac{\text{縦の量（総量）}}{\text{横の量（総量）}}$$

✚ 補足

＋Qとは（＋1）×Qなので，横軸のQの前にかかっている数は＋1です。ですから，横にQが1増えると縦のPは＋1変化するので傾きは＋1となります。

6. グラフの交点は連立方程式の解
—重要度が高いグラフの交点—

Movie 014

では、この章の最後は、グラフの交点について説明しましょう。

たとえば、価格をP、数量をQとしたときに、

需要関数が$P=100-Q$
供給関数が$P=20+Q$

であったとしましょう。

そして、試験では、「このときの価格と取引量を求めなさい」と問われることがあります。

まず、需要関数より

$$P=\ 100\ -Q$$
縦軸切片　傾き（−1）

とわかり、需要曲線は図表2−8のDのように描くことができます。

同様に、供給関数より

$$P=\ 20\ +Q$$
縦軸切片　傾き（＋1）

とわかるので、供給曲線は図表2−8のSのように描くことができます。

すると、右下がりの需要曲線と右上がりの供給曲線は一点で交わります。この交点をEとし、点Eの価格をPe、数量をQeと呼ぶことにしましょう。

すでに、価格は需要と供給が等しくなる水準、つまり、図表2−8でいうPeに落ち着くことを知っています。そこで、このPeの値を計算で求めればよいのです。

> ＱＡＲＱ **用　語**
>
> 需要量と価格の関係は需要関数と呼ばれます。需要関数をグラフ化すると需要曲線となります。

> ＱＡＲＱ **用　語**
>
> 供給量と価格の関係は供給関数と呼ばれます。供給関数をグラフ化すると供給曲線となります。

> ✚ **補　足**
>
> −Qとは（−1）×Qなので、横軸のQの前にかかっている数は−1です。ですから、横にQが1増えると縦のPは−1変化するので傾きは−1となります。

図表2−8 ● 直線の交点

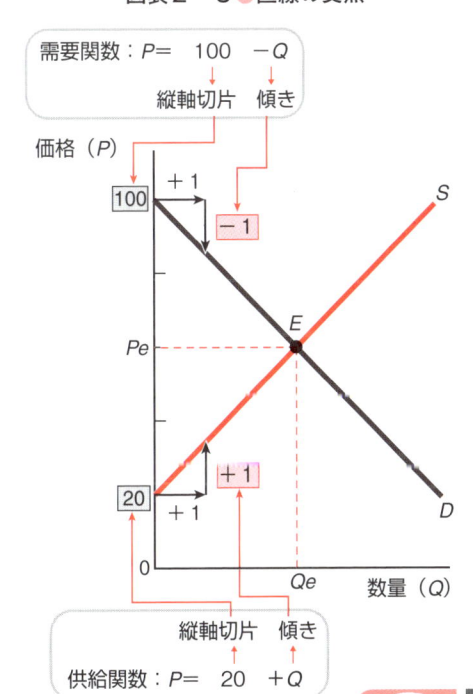

交点 E は需要曲線と供給曲線の両方を通るので，

　需要関数 $P=100-Q$　……①

と

　供給関数 $P=20+Q$　……②

の両方の式を満たします。

①と②を同時に満たす P，Q を求めればよいので，①，②の連立方程式を解けばよいのです。

①，②より，

$P=100-Q=20+Q$

$100-20=Q-(-Q)$

$80=2Q$

$Q=40$

と Qe を求めることができます。

また，①式に $Q=40$ を代入して，

$P=100-Q$

$=100-40$

$=60$

と Pe も求めることができます。

数学入門 Mathematics

　方程式とは

① ＝がついており，

② x や y のような文字（ここでは P と Q）があり，

③ その文字の値に特定の値が入る

式のことをいいます。

　そして，その方程式が２つ以上ある場合を連立方程式といいます。

　このように２つの直線の交点の値は，２つの直線の式の連立方程式を解くことによって求めることができます。

２つの直線の交点の値＝２つの直線の式の連立方程式の解

Chapter ❸
ミクロ経済学の全体像
—まずは森全体をイメージしよう—

Movie 015

Point

1 経済の基本的問題とは限りある資源を活用していかに人々の欲求に応えるかということ。

2 ミクロ経済学は個別の財や企業・家計に焦点をあて，マクロ経済学は一国経済の需要と供給など集計量を分析する。

難易度　**A**

出題可能性

国家一般職(旧Ⅱ種)	**C**
国税専門官	**C**
地方上級・市役所・特別区	**C**
国家総合職(旧Ⅰ種)	**C**
中小企業診断士	**C**
証券アナリスト	**C**
公認会計士	**C**
都庁など専門記述	**C**
不動産鑑定士	**C**
外務専門職	**C**

直接問われることは少ないのですが，いろいろな場面で必要となります。

　さて，いよいよこの章から経済学の内容に入ります。そうはいっても，いきなり個別の論点（経済学の森の1本1本の「木」に入るわけではありません。なぜなら，はじめに経済学の全体像（森の全体的なイメージ）を理解していないと，全体の中でどこを勉強しているかわからず「木を見て森を見ず」になってしまい，かえって効率が悪くなるからです。ですから，第4章からの個別論点に入る前に，ここで経済学の全体のイメージをつかんでおきましょう。

1. 経済学とは？
―キーワードは「希少性」―

Movie 016

経済の基本問題とは，
① 何を，どれだけ，
② どのような方法で，
③ 誰のために，
生産するのか，という問題です。

ではなぜ経済の基本問題が生じるかというと，図表3－1に示したように，無限の欲望があるのに対して，その欲望を満たすための資源が限られているからです。

もし，資源が欲望を満たすだけ，あり余るほど十分にあれば，これらの問題を考える必要はありません。なぜなら，あり余るほど資源があれば，何に使おうが，効率的ではない方法で資源を無駄にしようが問題にはならないからです。

また，誰のためになどと考えなくても，全員が欲しいだけ消費すればよいのです。そのような世界では，経済の基本問題は発生せず，経済学を勉強する必要もないのです。

しかし，現実の世界は違います。欲求に対して資源が少ないという現実の私たちの世界では，経済の基本問題が生まれ，経済学というものを作り出しているのです。

用語

経済学は，いろいろな問題を分析しますが，これらの経済の問題を突き詰めると経済の基本問題に行き着くといわれています。

用語

欲求に対して，それを満たすための資源が少ないことを「資源の相対的希少性」といいます。「希少性」とは少ないこと，という意味です。

用語

資源とは，経済学では生産要素のことを意味します。**生産要素とは，欲望を満たす商品の生産に必要なもので，資本・労働・土地があります。**資本とは，物的生産手段のことで，人間の生産した生産要素，具体的には工場の機械や農具などをイメージしてください。労働は人手で，土地とは，自然から与えられた生産要素を意味します。ですから，経済学で生産要素の土地とは，通常の土地だけではなく，石油や鉄鉱石などの天然資源も含みます。

2. 市場経済とは？

Movie 017

「市場」とは商品の取引が行われる場をいいます。そして，**経済の基本的問題の解決を市場にまかせる**ことを**市場経済**といいます。

たとえば，人々が必要としている物は，市場において需要量が多いので，価格が上昇し，価格が上昇することにより，企業はもうかるので，たくさん生産され供給されます。ということは，希少な資源は人々の必要が多い物に多く利用されることになります。

逆に，人々が必要としていない物は，市場において需要量が少ないので，価格が下落し，価格が下落することにより，企業はもうからないので，生産量を減らします。ということは，希少な資源は人々があまり必要としていない物にはあまり利用されないことになります。

➕ 補　足

市場にまかせるとは，人々の自発的取引を通じて，経済の基本問題を解決するということです。

📖 用　語

このようにして，価格をシグナル（信号）として，人々の需要に応じた生産が行われ，需要に応じた供給がなされ，希少な資源は人々が必要な物に多く使われるのです。これを**価格の調整機能**といいます。

図表３－１●市場経済と計画経済

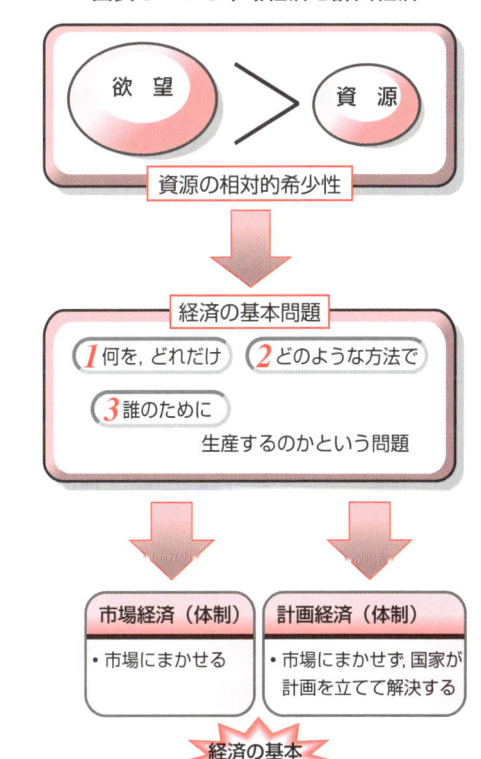

当初は，市場経済では経済問題は市場の価格の調整機能で解決されるので，政府の役割は，国防・警察・必要最小限の行政に限るべきで，経済問題には介入すべきではないと考えられていました。

ところが，19世紀になり，産業革命によって経済が飛躍的に発展するようになると，労働者は低賃金で長時間働かされ，生活は悲惨なものとなり，また，老人や病人への国家の支援もなく，いわゆる社会的弱者の生活も悲惨な状況でした。それに対して，労働者は待遇改善を求める行動を頻繁に行い，時には暴動も起こし，社会不安が増しました。

このような市場経済の問題点を解決するため，ソ連などの社会主義国では市場経済に代わり計画経済が採用されるようになりました。

もう一方で，市場経済への政府の介入を強めることによって解決しようという考えも生まれました。つまり，**市場経済を中心としつつも，弱者救済などの社会問題を解決するために，政府が経済問題に介入していくべき**だという考えです。経済は民間部門による運営を基本としつつ，部分的に国が介入し，公的部門が運営することになります。このように，**経済に民間部門と公的部門が混在することを混合経済**といいます。

私たちが勉強する経済学は，この混合経済を前提にしています。市場経済を中心としつつも，国家による経済への公的介入がある世界を分析するのです。

⌒ 用 語

このような考えを「小さな政府」とか，「安価な政府」と呼びます。このように，国家の役割を，国防・警察・必要最小限の行政に限るべきだという考えを「夜警国家観」とも呼びます。これは，政府は，夜警（ガードマン）だけやっていればよく，経済問題に介入すべきではないという意味の言葉です。国家は，経済に介入せず，経済は市場にまかせ，自由に放任しておけばよいという考えにもなりますので，「自由放任主義（レッセ・フェール）」ともいいます。

➕ 補 足

旧ソ連や北朝鮮などの社会主義国の経済は計画経済により運営されてきましたが行き詰まってしまいました。

計画経済では，国家予算だけでなく経済全部を国が計画を立てて運営するので，車や洋服などの生産も国家が計画するのです。国民の需要とかけ離れたものがたくさんできることは容易に想像できるところでしょう。

また，計画経済では，国から与えられた目標を達成すればそれ以上働いても働かなくても給料は変わりませんから，ノルマの数だけ作ればよく，良い品質のものを作ろうという意欲も，ノルマを超えて作ろうという意欲もわかないのです。

たとえば

労働者が貢献に見合った所得を得て，生活水準を向上させるために，労働者に団結して企業と交渉する権利を与え，社会的弱者（老人，病人，失業者など）には政府が救済を行うのです。政府が，老人・医療・失業対策などの社会福祉政策を行うことにより，国民の福祉（幸せの度合い）を積極的に向上させるべきと考えるのです。その結果，政府の役割は大きくなり，「小さな政府」ではなくなります。

3. ミクロとマクロ

Movie 018

ミクロ経済学とは，細かいことを分析する経済学で，**個々の企業や家計の行動や，ある財・サービスの市場を分析**します。たとえば，自動車とかリンゴといった特定の財の需要量・供給量と価格の関係，ある企業の生産行動，ある家計の消費行動などを分析します。

補足

「ミクロ」とは，MICROと綴り，マイクロとも呼びます。「細かい」とか「小さい」という意味です。小さいフィルムをマイクロフィルムと呼びます。

これに対し，**マクロ経済学**は大きなことを分析する経済学で，**国全体の経済を分析**します。たとえば，一国経済全体の物価・総需要・総供給や国民所得，失業などの関係を考えることになります。ほかにも，テレビのニュースで報道されている「円高・円安の日本経済への影響」「景気対策として経済政策を行うべきかどうか」「日本銀行の金融政策」なども日本経済全体のテーマですからマクロ経済学です。

補足

「マクロ」とは，「全体的な」「大きい」という意味です。マクロは日常の日本語ではあまり使わないようです。ですが，仕事では，「ミクロの議論ばかりではなく，もっと，マクロに考えてみなさい」といったように使われます。これは，細かいことばかり議論するのではなく，もっと，物事を全体的に広い視野でとらえなさいという意味です。

ミクロ経済学では，ある財の需要量や供給量などを考えますが，その数量の単位は，何台や何個となります。一方，マクロ経済学では，一国経済全体の生産量や需要量を考えます。では，その単位はどうなるでしょうか。

たとえば，ある国が自動車1台とリンゴ1000個を生産したとしましょう。この時自動車1台とリンゴ1000個を足した1001を生産したと表現しても意味はありません。むしろ自動車が100万円，リンゴが100円だから，

1台×100万円＋1000個×100円＝110万円

と金額で計算した方が，生産したものの価値がわかります。このように，マクロ経済学では，いろいろなものの数量の単位が違うので，金額に直してから足すことになります。そして生産量を金額に直して合計したものが国内総生産（GDP）とか，国民所得と呼ばれるものなのです。

図表3－2●マクロ経済学とミクロ経済学

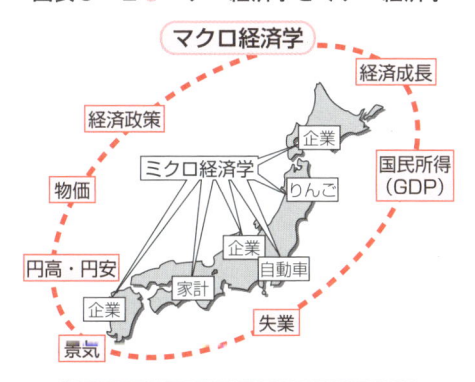

補足

国内総生産（GDP）や国民所得とは，1年間にある国の国民の作り出した（生産した）ものの金額の合計と理解してください。正確には，『速習！マクロ経済学』の「第4章　GDPと物価」でお話ししています。

4. ミクロ経済学の全体像

Movie 019

それでは，ミクロ経済学の全体像，すなわち，この本の進め方について説明しましょう。

まず，この第1部では勉強方法を説明しました。次の第2部以降では，どのような内容をどのような順序で学ぶのかを説明します。

第2部 家計の行動

右下がりの需要曲線（D）は価格が下がれば需要量が増加することを意味します。なぜ価格が下がると需要量が増加するのかを理論的に考え，需要曲線を導き出すのが「第2部 家計の行動」の一番のポイントです。

第3部 完全競争企業の行動

右上がりの供給曲線（S）は価格が上がれば供給量が増加することを意味します。なぜ価格が上がると供給量が増加するのかを理論的に考え，供給曲線を導き出すのが「第3部 完全競争企業の行動」の一番のポイントです。

第4部 完全競争市場均衡

完全競争市場という特定の市場を前提にすると，需要曲線（D）と供給曲線（S）の交点で市場は落ち着きます。経済がその点からはずれたときに，どうなるかを分析します。

第5部 不完全競争市場

実は，第4部までは完全競争市場という特定の市場を前提として企業の行動や市場均衡を説明しました。この第5部では，完全競争市場ではない市場（不完全競争市場）の企業の生産行動について学びます。

第6部 効率と公平

第6部では，望ましい経済について考えます。まずは，望ましさの基準として「効率」と「公平」について学びます。そして，公平性を測る方法としてジニ係数，効率を評価する方法として「余剰分析」と「パレート最適」

いう方法をマスターします。

第7部 市場の失敗

第7部では，市場に任せておいても効率的とはならない場合について学びます。具体的には，「電気料金にはどうして基本料金があるのか」，「地球温暖化問題への対応策」「ブランドや学歴の経済的な意義」など多数の論点を学ぶことになります。

第8部 貿易の理論

貿易を行うとどのような利益が得られるのか，どうして得意な産業と苦手な産業ができるのか，輸入品に関税をかけるとどのような経済効果があるのかなどについて学びます。

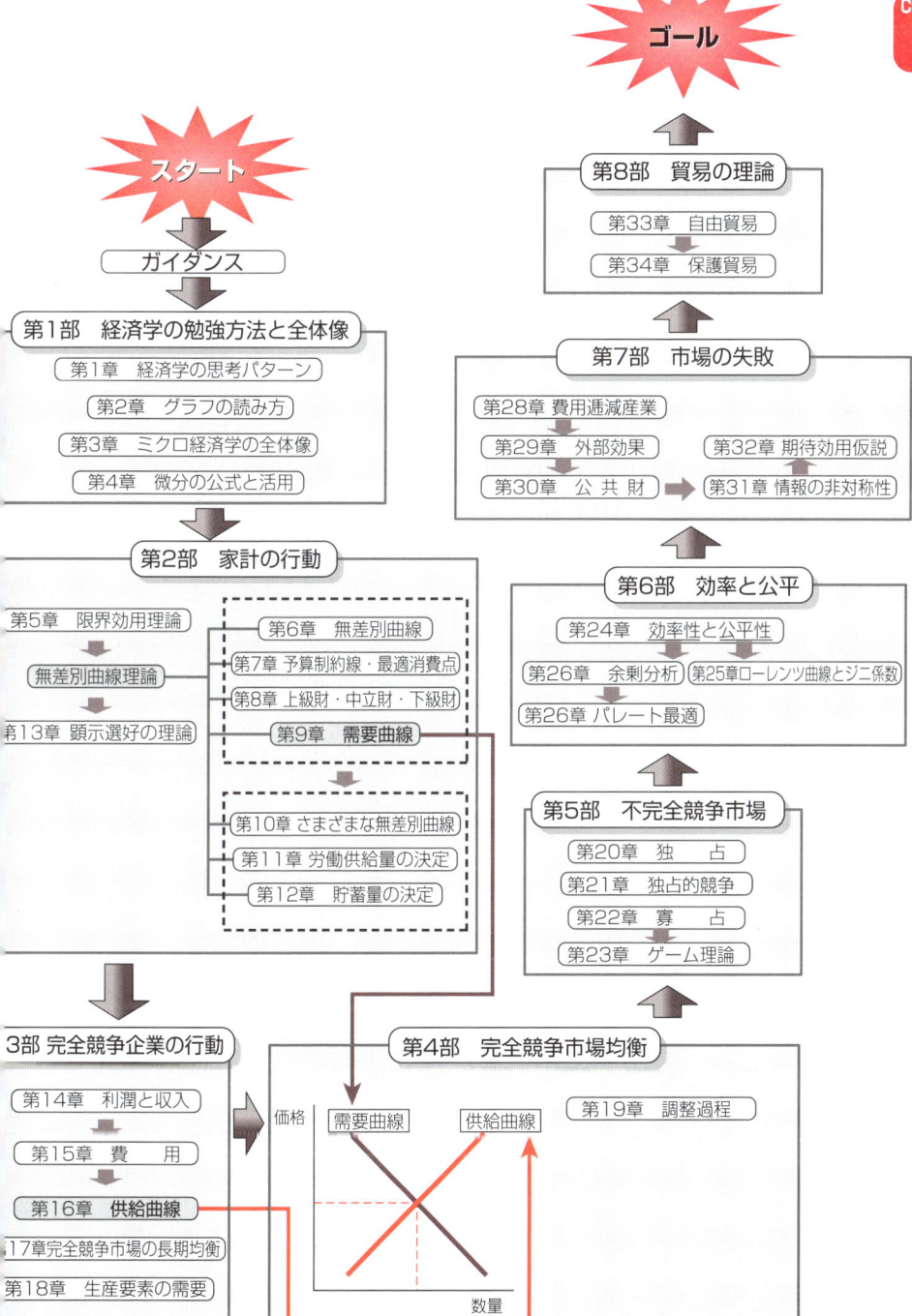

ゴール

スタート

ガイダンス

第1部　経済学の勉強方法と全体像
第1章　経済学の思考パターン
第2章　グラフの読み方
第3章　ミクロ経済学の全体像
第4章　微分の公式と活用

第2部　家計の行動
第5章　限界効用理論
無差別曲線理論
第13章　顕示選好の理論

第6章　無差別曲線
第7章　予算制約線・最適消費点
第8章　上級財・中立財・下級財
第9章　**需要曲線**

第10章　さまざまな無差別曲線
第11章　労働供給量の決定
第12章　貯蓄量の決定

3部 完全競争企業の行動
第14章　利潤と収入
第15章　費　用
第16章　**供給曲線**
17章完全競争市場の長期均衡
第18章　生産要素の需要

第4部　完全競争市場均衡
価格　　需要曲線　　供給曲線　　第19章　調整過程

数量

第5部　不完全競争市場
第20章　独　占
第21章　独占的競争
第22章　寡　占
第23章　ゲーム理論

第6部　効率と公平
第24章　効率性と公平性
第26章　余剰分析　第25章ローレンツ曲線とジニ係数
第26章　パレート最適

第7部　市場の失敗
第28章 費用逓減産業
第29章　外部効果
第30章　公　共　財　　第31章 情報の非対称性
第32章 期待効用仮説

第8部　貿易の理論
第33章　自由貿易
第34章　保護貿易

Chapter ④

微分の公式と活用
―細かく分けて傾きを求める―

Movie 020

Point

1 微分とは傾きを求めることである。

2 総○○の式を微分すると限界○○となる。

3 最大か最小のとき傾きは0。

4 x^nとはxをn回かけるという意味〈指数〉。

5 $y=ax^n$を微分すると
$\dfrac{dy}{dx}=a \times n \times x^{n-1}$ となる〈微分の公式〉。

難易度　C
（数学の苦手度合い
によります）

出題可能性	
国家一般職（旧Ⅱ種）	**A**
国税専門官	**A**
地方上級・市役所・特別区	**A**
国家総合職（旧Ⅰ種）	**A**
中小企業診断士	**B**
証券アナリスト	**B**
公認会計士	**A**
都庁など専門記述	**C**
不動産鑑定士	**A**
外務専門職	**C**

　この章では，ミクロ経済学の計算問題で使われることがある「微分」という数学の知識を学びます。まずは，「微分」とは何のために何をしようとしているのかということを，グラフと言葉で理解します。次に，微分をする際に必要となる指数について復習をします。そして，いよいよ微分の公式を学びますが，微分の公式は一つしかありませんから，公式を覚えれば，ワンパターンで公式を当てはめて計算するだけです。

　中学や高校で習った数学を復習しながら進めますから，「数学は苦手だ」という方もがんばってついてきてくださいね。もっと詳しい説明がほしいという方は，『試験攻略 新・経済学入門塾〈Ⅵ〉計算マスター編』も参考にしてください。

　もっとも，この章がわからないと，次の章からちんぷんかんぷんになるわけではありません。本書は，あくまでも数式を使わない説明を心がけていますから，微分がわからなくても理解できます。ただ，微分を使った計算問題が解けないというだけです。ですから，微分がわからないからといって途中でこの本をやめる必要はなく，どんどん読み進めてほしいと思います。

1. 微分とは？

Movie 021

ここでは，イメージをつかむために大まかな説明をします。まず，「微分」とは「こまかく分ける」という意味です。

では，何をどのような理由で細かく分けるのでしょうか？　それは，傾きを求めるためにグラフを細かく分けるのです。そうはいっても，具体例がないとイメージがわきませんから，次の例を用いて考えてみましょう。

> 微分＝細かく分ける ➡ 傾きを求める

【1】直　線

たとえば，図表４－１のような $y=2x$ の直線を考えてみましょう。この直線の傾きはいくらでしょうか？　まず，「傾き」とは，「横に＋１変化したとき，縦にはどれだけ変化するか」という意味です。

$y=2x$ のグラフを見ると，原点O，点A，点B，点Cなど，どの場所でも横に＋１だけxが増えると縦のyは＋２増加するので，傾きは２となります。したがって，$y=2x$ は常に傾きが２，つまり，傾きが一定だから直線となるのです。

> 直線 ➡ 傾き一定

補　足

「微生物」とか「微力」とか，「微」が「ごく小さい，細かい」という意味で使われます。

補　足

「イメージ」という言葉を何度も使いますが，これは，これから出てくるグラフを正確に描く必要はないという意味です。

理　由

「傾き」というと45度や90度のように角度で表すのが一般的です。しかし，角度では，45度や90度以外の角度，たとえば，$y=2x$ のグラフ（図表４－１）の傾きが何度になるかを正しく表すことが難しいのです。ですから，このような傾きの定義にしたのです。

図表４－１ ●直線の傾き

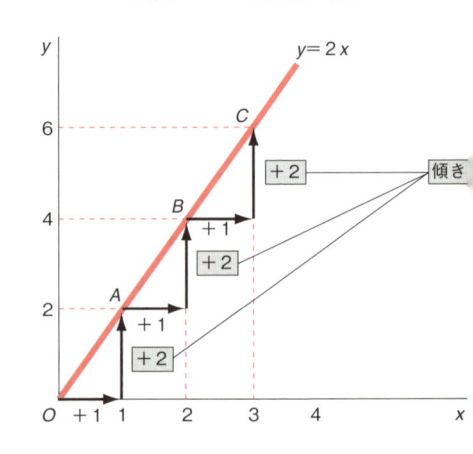

【2】曲　線

　次に，図表４－２のような曲線を考えましょう。曲線は，場所によって傾きが違います。

　ですから，ある点での瞬間の傾きを求めなくてはなりません。ある瞬間の傾きとは，接線の傾きのことです。

　図表４－２では，たとえば，点Oの瞬間の傾きとは，点Oで接する接線OA'の傾きということで，横に＋１変化すると縦に＋５変化するので，傾きは＋５です。これが，点A，点B，点Cと進むにつれ，傾きは＋２→＋１→＋0.5……と変化し，小さくなっています。つまり，曲線とは，傾きが一定ではなく変化するから，曲がるのです。

> 曲線➡傾きが一定ではない（変わる）

　この曲線の傾きを求めたい場合，場所によって傾きは異なりますから，どの部分の傾きかを特定する必要があります。たとえば，点Bの傾きであれば，図表４－２のように，「細かく分けて」点Bの部分だけ傾きを求めるのです。これが微分です。

　もっとも図表４－１の直線$y=2x$のグラフも点Bの部分だけ「こまかく分けて」点Bだけを取り出して傾きを求めてもよいのですが，直線の場合，どの場所でも傾きは一定ですので，わざわざ「こまかく分ける」必要もありません。

> 〈微分の意味〉
> 微分＝こまかく分ける＝傾きを求める
> （特に曲線の傾きを求めるときに便利）

✚ 補　足

　図表４－２のように，正確には，曲線の傾きとは接線の傾きなのですが，本書では，説明を簡単にするために，曲線の傾きを「横に＋１変化したときに，縦にどれだけ変化するか」として話を進めます。

　両者は，図表４－２で見れば少し違うことがわかります。原点での傾きは，正確には接線の傾きですから，高さA'で＋５となります。ところが，傾きを「横に＋１変化したときに，縦にどれだけ変化したか」と考えると，曲線の変化は原点からAになるので，傾きはAの高さとなり，少し小さくなってしまいます。ここではイメージをわかっていただければ充分ですので，大雑把な説明だと思ってください。

図表４－２●曲線の傾き

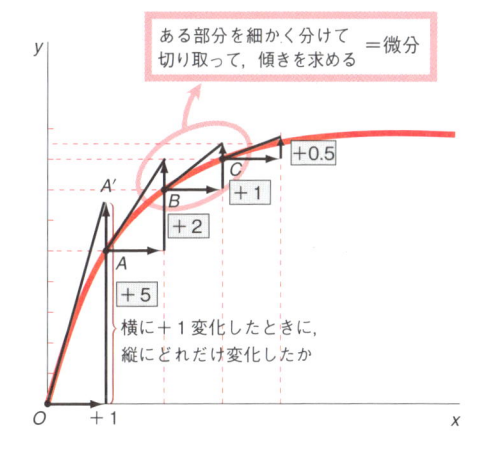

2. 微分の表し方

Movie 022

【1】微分の前に―関数の表し方

微分の表し方をお話しする前に，関数の表し方をお話ししましょう。この関数の表し方が微分を表すときの基礎となりますから，ご存知ない方は，しっかりとマスターしてください。

たとえば，$y = f(x)$ のように書いて「y は x の関数，つまり，y は x という数と関係がある」ことを意味します。これは，単に y は x と関係あり，x の値が決まれば，y の値も決まってくるということを意味するだけで，どのような関係かまではわかりません。

【2】微分の表し方

$y = f(x) = 2x$ の傾きを求めることを，「$y = f(x) = 2x$ を x で微分する」といいます。そして，「$y = f(x) = 2x$ を x で微分する」場合，次の①，②の2つの表現方法があります。

① $\dfrac{dy}{dx}$（ディーワイディーエックス）

d は「ディー」と読み「ごく少量の変化量」を意味します。ですから，$\dfrac{dy}{dx}$ とは，「x が少し変化したときに y がどれだけ変化するか」ということです。

たとえば，x が0.1増えたとき，$y = f(x) = 2x$ ですから y は0.2増えます。縦の y が0.2増えたといっても，それは x が0.1だけ増えたときのことです。したがって，「傾きとは，横の x が+1のとき，縦の y がどれだけ変化するか」ですから，「傾き」は，y の変化量+0.2を x の変化量+0.1で割って+2となります。つまり，このとき，$dx = +0.1$，$dy = +0.2$ となり，傾き $= \dfrac{dy}{dx} = \dfrac{+0.2}{+0.1} = +2$ となります。

＋ 補 足

$y = f(x)$ とは，「y は x の関数」つまり，x の値が決まれば y の値が決まるということを表しているだけです。ですから，たとえば，$y = 2x$ とか $y = x^2$ の方が $y = f(x)$ よりも，より詳しく x と y の関係を表しているということができます。

たとえば

経済学で出てくる関数には次のようなものがあります。

• 費用関数 $C = C(x)$

費用関数とは，総費用関数とも呼ばれ，総費用（C）は生産量（x）と関係があり，生産量（x）が決まれば，総費用（C）が決まるということを意味します。

• 利潤関数 $\pi = \pi(x)$

利潤関数とは，利潤（π）と生産量（x）の関係を表します。

• 収入関数 $R = R(x)$

収入関数とは，総収入関数とも呼ばれ，総収入（R）と生産量（x）の関係を表します。

• 生産関数 $Y = f(K, L)$

生産関数とは，生産量（Y）と生産要素である資本（K）と労働（L）の関係です。（ ）内に，K，L と2つあるのは，生産量（Y）が K と L の両方と関係があり，K と L が決まれば Y が決まるということを意味します。

＋ 補 足

x が1増えたときには，y の変化はその2倍の+2だろうということです。

＋ 補 足

$\dfrac{dy}{dx}$ という式自体が $y = f(x)$ の傾きを意味しているというイメージです。

② y'（ワイダッシュ），$f'(x)$ エフダッシュエックス）

$y=f(x)=2x$ を微分することを y' あるいは $f'(x)$ とも表します。

ほかにも，∂（ラウンド）という記号もあり，∂ も，d と同じようにごくわずかな少量の変化量を意味しますが，∂ は偏微分という特殊な微分のときにしか使いません。偏微分はp.41で説明します。

このように記号がたくさん出てきて，ややこしく感じるかもしれませんが，後で使っていく中で覚えていきますから，ここでは「微分の記号はいろいろあるんだな」という点を覚えていれば結構です。

😈 落とし穴 🔧

資格予備校の問題集などでは，微分の記号として $\dfrac{\varDelta y}{\varDelta x}$（デルタ$x$分のデルタ$y$）が使われることがあります。$\varDelta$ はデルタと読み，変化量を意味しますが，d のように「ごく少量の」という意味はないので，$\dfrac{\varDelta y}{\varDelta x}$ を $\dfrac{dy}{dx}$ の代わりに使うことはできません。皆さんは，微分の記号として $\dfrac{\varDelta y}{\varDelta x}$ を $\dfrac{dy}{dx}$ の代わりに使うことはやめましょう。

---

3. 微分の目的
─何のために微分して傾きを求めるのか？─

Movie 023

「微分する」とは「傾きを求める」ということですが，傾きを求めることにより，「限界○○を求める」「最大，最小を求める」ことができるようになります。それぞれについて，どのように微分が役立つかを考えてみましょう。

【1】限界○○を求める

総○○を微分して傾きを求めれば，その傾きは限界○○となります。

具体例がないとイメージがわきませんので，効用や費用などの例を用いて考えてみましょう。

① 効用を微分➡限界効用

図表4－3は効用（U）と消費量（x）の関係を表した効用曲線です。式では効用関数 $U=U(x)$ と表現するとしましょう。

この図表4－3の効用曲線の傾きは，横軸の「消費量が1単位増加したときに縦の効用がどれだけ変化するか」を意味します。「消費量が1単位増えたときの効用の増加分」は

図表4－3●限界効用＝効用曲線の傾き

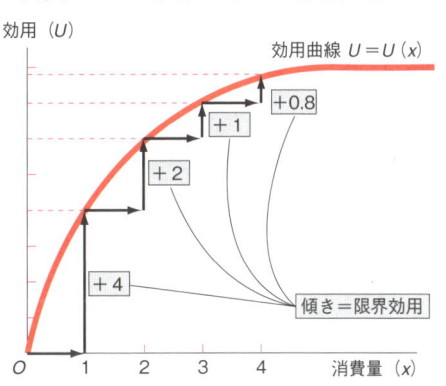

用語

効用とは満足の大きさ（満足度）を意味し，英語でUtilityなのでUと略します。

限界効用（*MU*）と呼びます。ですから，「効用関数*U*（*x*）を消費量（*x*）で微分することによって限界効用を求めることができる」といい，式では，限界効用（*MU*）$= \dfrac{dU}{dx}$（ディーユーディーエックス）と表現します。*U'*（*x*）（ユーダッシュエックス）と表現することもあります。

> **（総）効用関数（*U*）　　限界効用（*MU*）**
>
> $$U = U(x) \implies \dfrac{dU}{dx}, \quad U'(x)$$
>
> **微分＝効用曲線の傾きを求める**

② 総費用を微分➡限界費用

　図表４－４は総費用（*C*）と生産量（*x*）の関係を表した総費用曲線です。式では費用関数*C*＝*C*（*x*）と表現するとしましょう。この図表４－４の費用用曲線の傾きは，横軸の生産量が１単位増加したときに縦の総費用がどれだけ変化するか，になります。この「生産量が１単位増えたときの総費用の増加分」は限界費用（*MC*）と呼びます。ですから，「費用関数*C*（*x*）を生産量（x）で微分することによって限界費用を求めることができる」といい，式では，限界費用（*MC*）$= \dfrac{dC}{dx}$（ディーシーディーエックス）と表現します。*C'*（x）（シーダッシュエックス）と表現することもあります。

> **（総）費用関数（*C*）　　限界費用（*MC*）**
>
> $$C = C(x) \implies \dfrac{dC}{dx}, \quad C'(x)$$
>
> **微分＝（総）費用曲線の傾きを求める**

③ 総収入を微分➡限界収入

　図表４－５は総収入（*R*）と生産量（*x*）の関係を表した総収入曲線です。式では総収入関数*R*＝*R*（*x*）と表現するとしましょう。

用 語

限界効用とは，1単位（ごくわずか）消費量が増加したときの効用の増加分を意味し，英語ではMarginal Utilityなので*MU*と略します。

用 語

総費用は英語でTotal Costなので，TCあるいは*C*と略します。

用 語

限界費用とは，1単位（ごくわずか）生産量が増加したときの総費用の増加分を意味し，英語ではMarginal Costなので*MC*と略します。

図表４－４●限界費用＝総費用曲線の傾き

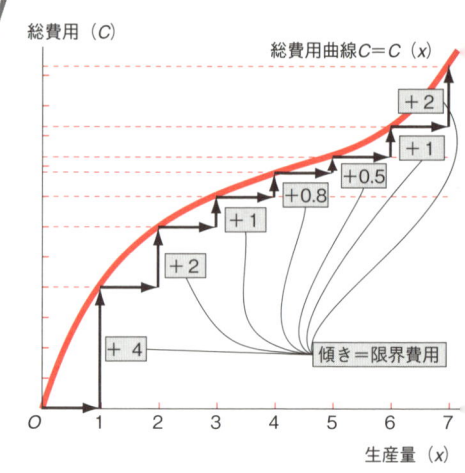

用 語

総収入は英語でTotal Revenueなので，*TR*あるいは*R*と略します。

この図表4−5の総収入曲線の傾きは，横軸の生産量が1単位増加したときに縦の総収入がどれだけ変化するか，を意味します。この「生産量が1単位増えたときの総収入の増加分」を限界収入（*MR*）と呼びます。

これは，「総収入関数$R(x)$を生産量（x）で微分することによって限界収入を求めることができる」といい，式では，限界収入（*MR*）$= \dfrac{dR}{dx}$（ディーアールディーエックス）と表現します。$R'(x)$（アールダッシュエックス）と表現することもあります。

> **総収入関数（*R*）**　　**限界収入（*MR*）**
> $$R = R(x) \implies \dfrac{dR}{dx},\ R'(x)$$
> 微分＝総収入曲線の傾きを求める

用 語

限界収入とは，1単位（ごくわずか）生産量が増加したときの総収入の増加分を意味し，英語では Marginal Revenue なので*MR*と略します。

図表4−5 ●限界収入＝総収入曲線の傾き

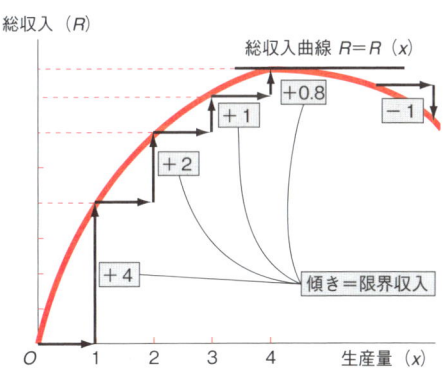

④ 生産関数（生産量）を微分➡限界生産力

図表4−6は，生産量（Y）と生産要素である労働量（L）の関係を表した生産曲線です。ここでは，単純化のため，生産要素は労働だけであり，資本は考えないこととしましょう。式では生産関数$Y = f(L)$と表現するとしましょう。

この図表4−6の生産曲線の傾きは，横軸の労働量が1単位増加したときに縦の生産量がどれだけ変化するか，を意味します。

この「労働量が1単位増えたときの生産量の増加分」を労働の限界生産力（*MPL*）と呼びます。ですから，「生産関数$f(L)$を労働量（L）で微分することによって限界生産力を求めることができる」といい，式では，限界生産力（*MP*）$= \dfrac{dY}{dL}$（ディーワイディーエル）と表現します。$Y'(L)$（ワイダッシュエル）と表現することもあります。

用 語

限界生産力はとは，1単位（ごくわずか）労働量が増加したときの生産量の増加分を意味し，英語では Marginal Product なので*MP*と略します。

図表4−6 ●限界生産力＝生産曲線の傾き

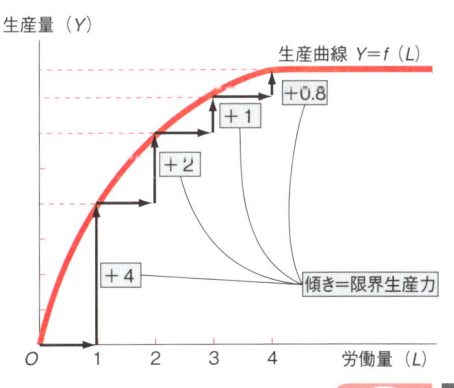

$$生産関数（Y）\qquad 限界生産力（MP）$$

$$Y = f(L) \implies \frac{dY}{dL}, \ Y'(L)$$

微分＝生産曲線の傾きを求める

⑤ 利潤関数を微分➡限界利潤

図表4−7は，利潤（π）と生産量（x）の関係を表した利潤曲線です。式では利潤関数 $\pi = \pi（x）$ と表現するとしましょう。

この図表4−7の利潤曲線の傾きは，横軸の生産量が1単位増加したときに縦の利潤がどれだけ変化するか，を意味します。

この「生産量が1単位増えたときの利潤の増加分」を限界利潤（$M\pi$）と呼びます。

これは，「利潤関数 $\pi（x）$ を生産量（x）で微分することによって限界利潤を求めることができる」といい，式では，限界利潤（$M\pi$）$= \frac{d\pi}{dx}$（ディーパイディーエックス）と表現します。$\pi'（x）$（パイダッシュエックス）と表現することもあります。

$$利潤関数（\pi）\qquad 限界利潤（M\pi）$$

$$\pi = \pi（x）\implies \frac{d\pi}{dx}, \ \pi'（x）$$

微分＝利潤曲線の傾きを求める

用 語

利潤については第14章で詳しく説明しますが，ここでは「もうけ」のことだと思ってください。英語ではProfitなので P と略したいところですが，P は価格（Price）で使うので，ギリシャ文字の P に相当する π を使います。

用 語

限界利潤とは，1単位（ごくわずか）生産が増加したときの利潤の増加分を意味し，限界のMarginal ＋ 利潤の π で $M\pi$ と略します。

図表4−7 ● 限界利潤＝利潤曲線の傾き

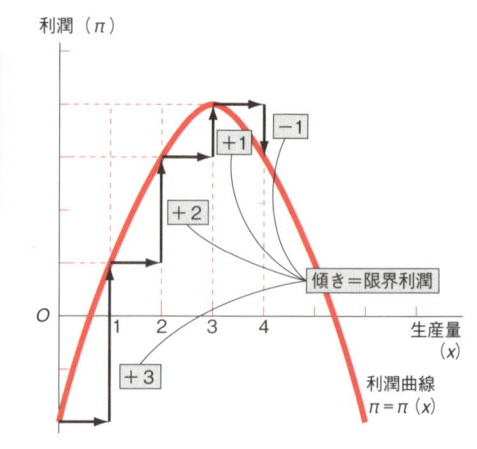

【2】 最大・最小を求める

① 最大を求める……利潤最大・効用最大

ⓐ 利潤最大

ミクロ経済学では，企業は利潤最大を目的として行動するとします。ですから，「企業の生産量を求めなさい」という問題に対しては，利潤が最大となる生産量を求めればよいことになります。

たとえば，利潤と生産量の関係を表した利潤曲線が図表4－8のようになっていたとしましょう。図表4－8では，点Aで利潤は最大となっており，そのときの生産量はx^*です。これを利潤曲線の傾きで考えると，最大値の点Aまでは，曲線は右上がり，つまり，傾きはプラスですが，点Aを超えたxでは曲線は右下がり，つまり，傾きはマイナスとなっています。

ということは，最大となる点Aでは，傾きはプラスとマイナスの間，つまりゼロとなっています。これは，最大の点Aでは，横に＋1変化しても縦には変化しておらず，水平になっていることからもわかります。

ところで，利潤曲線の傾きとは，利潤関数$\pi = \pi(x)$をxで微分したもの（限界利潤）なので，利潤が最大となる条件である傾き＝0とは，$\dfrac{d\pi}{dx} = 0$，あるいは，$\pi'(x) = 0$と表現します。

$$\dfrac{d\pi}{dx} = 0 \Longrightarrow 利潤最大$$

ⓑ 効用最大

家計の消費量も企業の生産量と同じように，「傾き＝0で最大」というルールを活用することによって求めることができます。

今，家計は限られた予算という制約の下，xとyを消費し効用を最大化させるとします。予算の制約があるので，xが増えればyは減

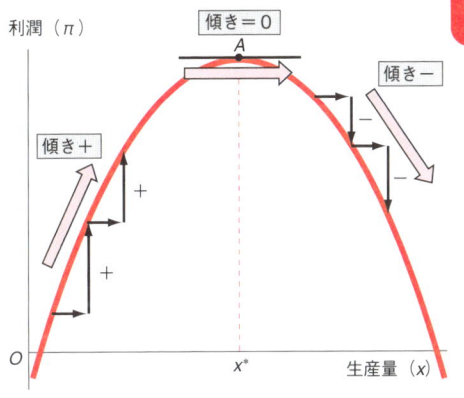

図表4－8 ●利潤最大→傾き＝0

傾き＝0

利潤（π）

A

傾き－

傾き＋

O　　　　　x^*　　　生産量（x）

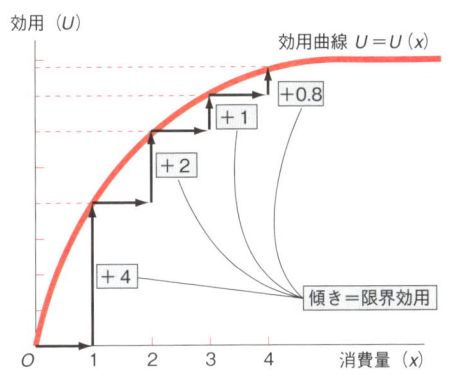

図表4－3（再掲）●限界効用＝効用曲線の傾き

効用（U）

効用曲線 $U = U(x)$

＋0.8
＋1
＋2
＋4

傾き＝限界効用

O　　1　　2　　3　　4　　消費量（x）

補　足

ミクロ経済学では，家計は効用（満足度）を最大にするように行動するという仮定を置きます。

▶▶ 徹底解説 ◀◀

図表4－3のケースは，財はXのみで予算の制約は考えていません。ですから，右に消費量（x）が増加すれば，効用（U）も増加するので右上がりでした。しかし，今回は，状況が違い，xが増えるとyは減ってしまうのです。

らさなくてはならないことになります。ちょうどよい，つまり，効用が最大となるxとyの組み合わせがあり，その量を(x^*, y^*)とします。

xの消費量と（総）効用の関係を描くと，x^*で効用最大となるので，図表4－9のようになります。

すると，効用最大となる点A（x^*）の瞬間は傾きが0です。したがって，効用関数$U=U(x)$をxで微分したもの（傾き）が0のとき効用最大となります。

$$\frac{dU}{dx} = 0 \implies \text{効用最大}$$

② 最小を求める

たとえば，最小を求める問題として，損益分岐点を求める問題があります。図表4－10においては，点Aが損益分岐点です。

損益分岐点（A）はACの最小点であるという点に注目して解くことができます。

図表4－10からわかるように，点AまではAC曲線は，右下がりなので傾きはマイナスですが，点Aより右側ではAC曲線は右上がりですので，傾きはプラスです。以上より傾きが最小の点Aでは，傾きがマイナスとプラスの間，つまり，ゼロであるとわかります。

したがって，ACの式を微分した$\frac{dAC}{dx}=0$のとき，ACは最小となり，損益分岐点となります。

$$\frac{dAC}{dx} = 0 \implies AC\text{は最小}$$

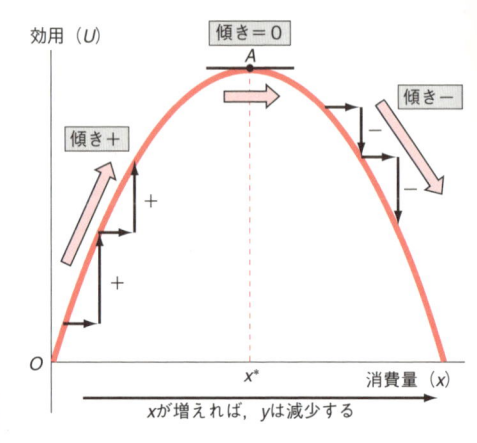

図表4－9 ●効用最大→傾き＝0

xが増えれば，yは減少する

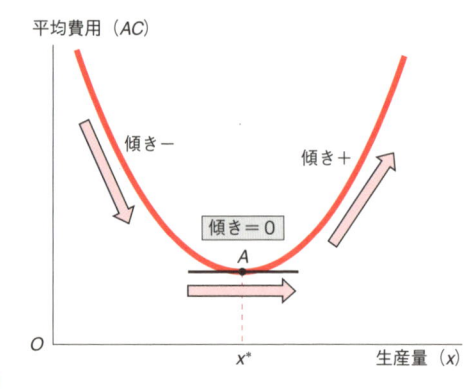

$\bigoplus$ 補 足

損益分岐点の意味や，これが平均費用曲線（AC）の最小点になることは第16章で詳しく説明します。

図表4－10 ●最小→傾き＝0

4. 微分の種類—偏微分と全微分—

Movie 024

【1】偏微分

① 意　味

　偏微分とは，2つの変数のうち，片方は動かず一定と固定して，もう一方の数だけ動かした微分をいいます。これでは，抽象的でわかりませんから，詳しくは③の具体例でお話しします。

② 表　記

　特に偏微分の場合には，d（ディー）でなく，「∂（ラウンド）」の記号を用います。d，∂といった記号の使い方は，少し面倒ですが，これは，次の③具体例の中でお話しします。

③ 具 体 例

　それでは，効用関数を偏微分して限界効用（MU）を求める例を用いて説明しましょう。

　（総）効用（U）の大きさがX財の消費量（x）の量とY財の消費量（y）の量によって決まる，$U=xy$のようなケースを考えてみましょう。（総）効用（U）は，x，yという2つの変数によって決まります。このときのX財の限界効用（MUx）とは，Y財の量（y）は一定として，xが1単位増加したときの効用の増加分です。このように，本当はx，y両方とも変化する変数なのですが，片方は動かず一定と固定して，もう一方の数だけ動かしたときのUの変化を見る方法を「偏微分」といいます。片方しか変化させないので「偏った」微分ということです。

$$U=x\boxed{y} \qquad MUx=\frac{\partial U}{\partial x}$$

yを定数扱いとして

（xが少し変化したときのUの変化）

　逆にyの限界効用を求めるときには，今度はxを一定として，

たとえば

　$U=xy$とは，
$x=1$個，$y=1$個のとき，
効用（U）$=1×1=1$
$x=2$個，$y=1$個のとき，
効用（U）$=2×1=2$
$x=2$個，$y=2$個のとき，
効用（U）$=2×2=4$
と変化するということです。

用語

　効用（U）がxだけではなくyによっても決まる，つまり，複数の変数によって決まる関数を多変数関数といいます。

理　由

　X財の限界効用を求めるときに，Y財の消費量も変化してしまったら，効用の増加分がX財の消費量の増加によるものなのかどうかわからなくなってしまいます。そこで，Xの限界効用を求めるときには，Y財の消費量（y）は一定で変化しないものとするのです。

Point!

〈偏微分〉

　片方の変数は一定と定数扱いにして，もう一方の変数で微分します。

　記号はd（ディー）ではなく，∂（ラウンド）を用います。

$$U = \boxed{x}\, y \qquad MUy = \frac{\partial U}{\partial y}$$

↑
xを定数扱いして
（yが少し変化したときのUの変化）

【2】全 微 分

効用関数U= xyのようなケースで，xとy の両方が変化するときのUの変化を全微分といいます。

全微分を使わなければ解けないという問題はありませんから，省略します。

> **＋ 補 足** [:□:]
>
> これは，偏微分のように片方だけではなく，両方の変数が動くので，ややこしくなります。

> **＋ 補 足** [:□:]
>
> 全微分に関心がある方は，『新・経済学入門塾〈Ⅵ〉計算マスター』p.24〜28を参照ください。

5. 指　　数

Movie 025

微分の公式を説明する前に，微分の計算を行う際に必要となる指数についてマスターしましょう。

【1】指数とは

指数とは「何回かけるか」を表す数です。

> **指数＝○乗＝何回かけるか**

> **── たとえば ──▷**
>
> 2^3は「2の3乗」と読み，2を3回かけた2×2×2です。このときの「3」が指数です。

このことは，ご存知の方が多いと思いますが，重要なことは，例外がないということです。たとえば，1乗です。2^1は2を1回かけるので2です。つまり，1乗のときは，わざわざ指数の1乗はつけません。

> $$x^1 = x$$

次に0乗です。2^0はいくらでしょうか？「2の0乗→2を0回かける」ということは，2を1回もかけないということです。

$$x \times 2^0 = x \cdots\cdots ①$$

ということは$2^0 = \frac{x}{x} = 1$となります。

> $$x^0 = 1$$

> **── たとえば ──▷**
>
> xに2^0をかけるとは，「xに2という数字を0回かける」つまり，1回もかけないということになり，xとなります。

では，2^{-2}つまり，2の−2乗はどうでしょうか。

マイナスとは，通常，「逆，反対」という

イメージです。「－2乗は－2回かける」という意味ですが，「－2回かけるとは2回割る」ということなのです。つまり，$2^{-2}=\dfrac{1}{2^2}$です。

$$x^{-a}=\frac{1}{x^a}$$

次に分数を考えましょう。$2^{\frac{1}{2}}$，つまり，2の$\dfrac{1}{2}$乗はどうでしょうか。これは，2を$\dfrac{1}{2}$回かけた数ということです。これも，直接説明しにくいので，$2^{\frac{1}{2}}$ を2回かけてみます。すると，$2^{\frac{1}{2}} \times 2^{\frac{1}{2}}$ となり，2を合計$\dfrac{1}{2}+\dfrac{1}{2}=1$回かけたことになるので，$2^{\frac{1}{2}} \times 2^{\frac{1}{2}} =2^{\frac{1}{2}+\frac{1}{2}}=2^1=2$となります。

なお，$\dfrac{1}{2}$乗は0.5乗と同じなので，$2^{\frac{1}{2}} =2^{0.5}$です。小数乗の場合にも，「何回かけるか」という指数の意味は変わりません。

【2】 指数法則

① $x^a \times x^b = x^{a+b}$

$x^a \times x^b$はxをa回かけて，さらにxをb回かけるので，結局xを$a+b$回かけることになり，x^{a+b}となります。

② $x^a \div x^b = x^{a-b}$

$\div x^b$とは，xでb回割るという意味で，xを$-b$回かける，つまり，$\times x^{-b}$と表すこともできます。ですから，

$x^a \div x^b = x^a \times x^{-b}$

となり，xをa回かけてさらに $-b$回かけるので合計$a-b$回かけたことになり，x^{a-b}となります。

$$x^a \div x^b = x^a \times x^{-b} = x^{a-b}$$

③ $(x^a)^b = x^{ab}$

たとえば，$(2^2)^3$は，$(2\times2)^3=(2\times2)\times(2\times2)\times(2\times2)=2^{2\times3}=2^6$となります。

補 足

$2^{\frac{1}{2}}$ とは，2回かけて2になるもの，つまり，$\sqrt{2}$であるとわかります。同じように，
$4^{\frac{1}{2}} =\sqrt{4}=2,$
$9^{\frac{1}{2}} =\sqrt{9}=3,$ となります。

たとえば

$2^2 \times 2^3$は$(2\times2)\times(2\times2\times2)$ですので，2を2回と3回かけるので，合計$2+3=5$回かけるとわかります。

たとえば

たとえば，$2^5 \div 2^3$は
$$\frac{2\times2\times2\times2\times2}{2\times2\times2}$$

ですから，
$$\frac{2\times2\times2\times2\times2}{2\times2\times2}$$
と上と下で消し合うものを除いた残りとなり，$2\times2=2^2$と計算します。

これは，2^5は2を5回かけて，2^3では2で3回割るので，最終的に2を$5-3$回かけて，$2^{5-3}=2^2$となります。これは，$2^5 \div 2^3$の$\div 2^3$とはマイナス乗であり割り算であったことを思い出すと，$\div 2^3=\times 2^{-3}$となるので，$2^5 \div 2^3=2^5 \times 2^{-3}=2^{5-3}=2^2$と，2を5回と$-3$回かけることになり，合計$5-3$回かけるので，$2^{5-3}=2^2$とわかります。

$$(x^a)^b = x^{ab}$$

以上で，指数の計算ルールである指数法則は終わりです。要するに，指数とは「何回かけるか」という意味を理解していればわかるのです。

〈指数法則〉

$$x^a \times x^b = x^{a+b}$$
$$x^a \div x^b = x^a \times x^{-b} = x^{a-b}$$
$$(x^a)^b = x^{ab}$$

6. 微分の公式

Movie 026

n乗がころがって，n−1乗となる！

$y = ax^n$をxで微分したもの（傾き）はn乗がころがって掛け算となり，その結果，$n-1$乗となります。この微分の公式も，うれしい事に例外はありません。ただし，この公式は証明が面倒なので，暗記してしまいましょう！

〈微分の公式〉

$$y = ax^n \rightarrow y' = \frac{dy}{dx} = a \times n \times x^{n-1}$$

① ころがって ②1減る

とはいえ，これではわかりにくいので，具体例で微分の公式を説明しましょう。

例題1 $y = x^2$ をxで微分しなさい。

法則にしたがって，2乗ですから，2が転がって掛け算となり，2−1乗になります。

$$y' = \frac{dy}{dx} = 2 \times x^{2-1} = 2x^1 = 2x$$

さて，ここで，「微分する」とは「傾きを求める」ことですから，$y = x^2$の傾きは$2x$であるということになります。

では，$y = x^2$の傾きが，本当に微分の公式で求めた$2x$になっているかを図表4−11で確認しておきましょう。

▶▶ **徹底解説** ◀◀

　傾きが$2x$とxがついていると気持ち悪いと思うかもしれません。しかし，$y = x^2$は曲線なので，場所が変われば，すなわちxの値が変化すれば傾きも変わるはずで，傾きにxがついていないとおかしいのです。

図表4−11●$y = x^2$の傾き

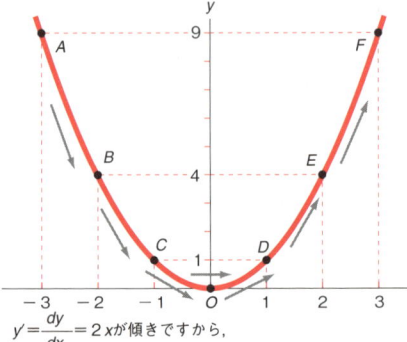

$y' = \dfrac{dy}{dx} = 2x$が傾きですから，

x	-3	-2	-1	0	1	2	3
傾き（$2x$）	-6	-4	-2	0	2	4	6
点	A	B	C	O	D	E	F

となり，グラフの点A,B,C,O,D,E,Fの接線の傾きとなっていま

✚ **補　足** ⋯ □

　$y = x^2$の傾き$= \dfrac{dy}{dx} = 2x$なので，xがマイナスのときには傾き$= 2x$もマイナス，すなわちグラフは右下がりとなり，xがプラスのときには傾き$= 2x$がプラスなのでグラフは右上がりとなります。

例題2 $y = x^3$ を x で微分しなさい。

法則にしたがって，3乗ですから，3が転がって掛け算となり，3−1＝2乗になります。

$$y' = \frac{dy}{dx} = 3 \times x^{3-1} = 3x^2$$

ここでも，微分した $y' = \frac{dy}{dx} = 3x^2$ が本当に傾きになっているかを図表4−12で確認しておきましょう。

例題3 $y = 5x$ を x で微分しなさい。

$5x$ は $5x^1$ なので

$$y' = 5 \times 1 \times x^{1-1} = 5x^0 = 5$$

ただ，このように微分の公式を使わなくても，$y = 5x$ は直線なので，x が1増えたとき y は常に5だけ増加するので傾きは5とわかります。

$$y = ax \implies y' = \frac{dy}{dx} = a$$

例題4 $y = 5$ を微分しなさい。

もちろん，このときにも微分の公式を使うことができます。$y = 5$ とは，x をかけていない（＝0回かける）ので，x^0 です。$y = 5 = 5x^0$ とすれば，微分をすると，$y' = 5 \times 0x^{0-1} = 5 \times 0 \times x^{-1} = 0$ となります。

しかし，わざわざ微分の公式を使わなくても，$y = 5$ は x が変化しても，$y = 5$ で変化しませんから，x が少し変化（dx）したとき，y はまったく変化しません。

このように，$y = a$（a は定数）を x で微分すると，x が変化しても y は変化しないから $dy = 0$ となり

$$y' = \frac{dy}{dx} = \frac{0}{dx} = 0$$ となります。

$$y = a \implies y' = \frac{dy}{dx} = 0$$

図表4−12 $y = x^3$ の傾き

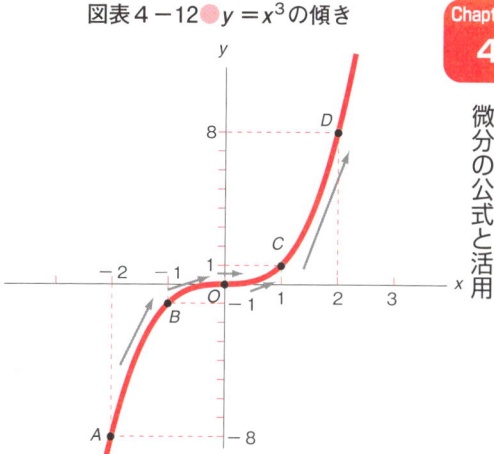

$y = \frac{dy}{dx} = 3x^2$ が傾きですから，

x	-2	-1	0	1	2
傾き（$3x^2$）	12	3	0	3	12
点	A	B	O	C	D

となり，グラフの点 A, B, O, C, D の接線の傾きとなっています。

➕ **補　足**

$y = x^3$ の傾き＝$\frac{dy}{dx} = 3x^2$ と2乗なので傾きはマイナスにはなりません。ですから，グラフは右下がりにはならないのです。

➕ **補　足**

「0乗＝0回かける＝かけない」ということなので，$ax^{1-1} = ax^0 = a$ となり，定数だけが残ります。

図表4−13 $y − a$（定数）の傾き

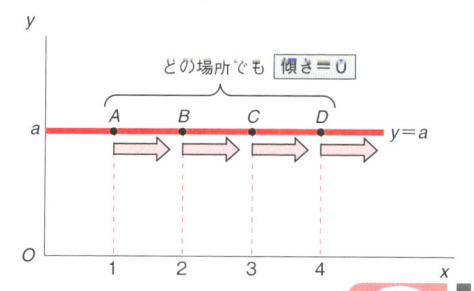

例題5 $y = x^{-3}$ を微分しなさい。

－3乗の－3がころがって－3乗が－3－1＝－4乗となります。

$$y' = \frac{dy}{dx} = -3\,x^{-3-1} = -3x^{-4}$$

例題6 $y = x^{\frac{1}{2}}$ を微分しなさい。

$\frac{1}{2}$乗の$\frac{1}{2}$がころがって$\frac{1}{2}$乗が$\frac{1}{2}-1 = -\frac{1}{2}$乗となります。

$$y' = \frac{dy}{dx} = \frac{1}{2}\,x^{\frac{1}{2}-1} = \frac{1}{2}\,x^{-\frac{1}{2}}$$

xの－3乗（マイナス乗）であっても，$\frac{1}{2}$乗（分数乗）であっても微分の公式には変わりありません。

例題7 $y = 5x^3 + 3x^2 + 4x + 5 + 6x^{-2}$ を微分しなさい。

このようになっている場合には，$5x^3$，$3x^2$，$4x$，5，$6x^{-2}$のそれぞれの部分の変化を合計します。それぞれをxで微分すると，

$5x^3 \Rightarrow 5 \times 3x^{3-1} = 15x^2$

$3x^2 \Rightarrow 3 \times 2x^{2-1} = 6x$

$4x \Rightarrow 4 \times 1x^{1-1} = 4x^0 = 4$

$5 \Rightarrow 0$

$6x^{-2} \Rightarrow 6 \times (-2) \times x^{-2-1} = -12x^{-3}$

以上の合計なので，

$$y = 5x^3 + 3x^2 + 4x + 5 + 6x^{-2}$$

$$y' = \frac{dy}{dx} = 15x^2 + 6x + 4 \qquad -12x^{-3}$$

足し算でつながっている式（多項式といいます）の微分は，それぞれの部分を微分して足し合わせます。

例題8 $U = xy$ を x で偏微分しなさい。

「xで偏微分」といっているので「yは一定で変化しないとの前提の下，xが少し変化したとき，yがどれだけ変化するか」が問われています。yは一定という前提，つまりyは定数扱いとする偏微分となります。したがって，$U = xy$のうち，yは定数扱いなので，xだけを微分すればよいということです。したがって，

偏微分の場合には，定数扱いしていない変数で微分します。微分は，通常の微分の公式を使います。

$U = xy$　定数扱い

微分

$$\frac{\partial U}{\partial x} = 1 \times x^{1-1}\,y = x^0 y = y$$

それでは，この章の最後に，公務員試験の問題を解いてみましょう。

【問題 4 − 1】

いま，X月Y日に 1 回だけ行われるコンサートの入場券が3,000 枚あり，これをp円で売るとする。市場の需要曲線が$q = 5,000 - p$のとき，売上高を最大にするには価格はいくらにすればよいか。

Movie 027

1. 2,000
2. 2,500
3. 3,000
4. 3,500
5. 2,500 から3,500

（地方上級）

（問題文の記号について）

「市場の需要曲線が$q = 5,000 - p$」とあり，「p円で売る」とあるので，pは価格です。qについては説明がありませんが，需要量（チケットを買いたい枚数）です。なぜなら，需要曲線は，価格と需要量の関係を表しているからです。

戦　略

価格（p）を変えることにより，売上高（TR）を最大にするので，図表 4 − 14 のようなイメージになります。

売上高（総収入 TR）は，価格（p）にチケットの枚数（q）をかけたものなので，

$TR = p \cdot q$ ……①

ここで，需要曲線$q = \boxed{5,000 - p}$ を①に代入し，

$TR = p \cdot q$

$\quad = p \, (\boxed{5,000 - p})$　代入

$\quad = 5,000p - p^2$

となります。

売上高最大の条件は，図表 4 − 14より，

$\dfrac{dTR}{dp} = 5,000 - 2p = 0$　微分

よって，売上最大の価格は，$p = 2,500$ となります。

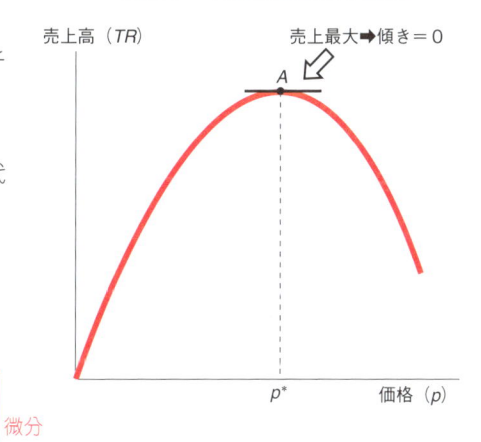

図表 4 −14 ● 売上最大の価格

売上高（TR）　　　　売上最大➡傾き＝0

A

p^*　　　　価格（p）

正　解　2

Part 2

Movie 028

家計の行動

—どれだけ働き，何を買うのか？—

　この部では，労働を供給することによって所得を得て，その所得を使って財を消費する家計の行動を分析します。具体的には，「消費者はどのように消費量を決めるのか」「1日何時間働くのか」などを考えます。

　そうはいっても，現実経済のままでは複雑すぎてよくわからないので，仮定をおいて，単純化した理論モデルを創り，そのモデルを分析します。第1部で学んだように，仮定をおいて単純化すると分析しやすくなりますが，現実離れしてしまうおそれがあります。この点に注意を払いながら，勉強するようにしてください。

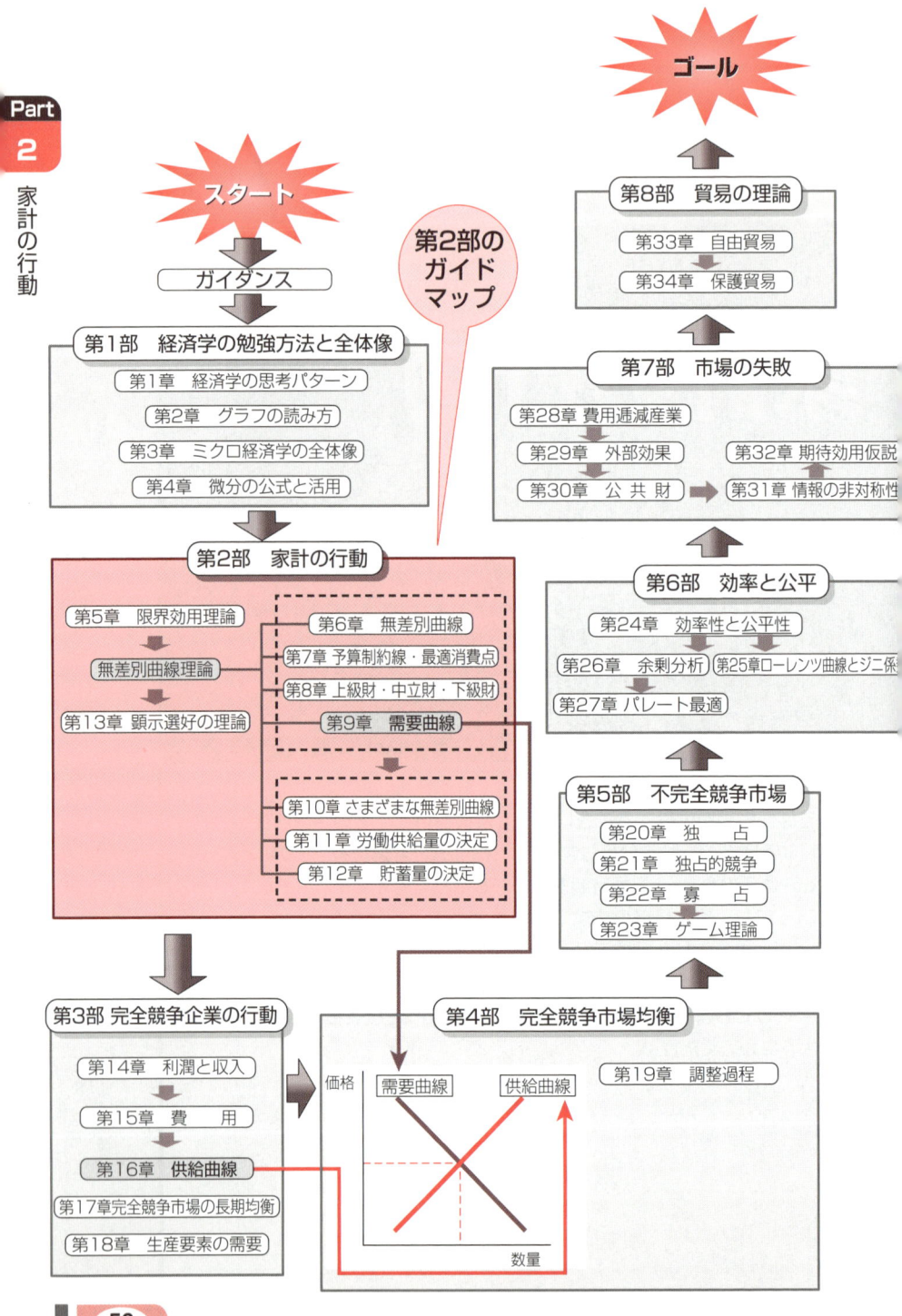

ゴール

スタート

第2部の
ガイド
マップ

ガイダンス

第8部　貿易の理論
　第33章　自由貿易
　第34章　保護貿易

第1部　経済学の勉強方法と全体像
　第1章　経済学の思考パターン
　第2章　グラフの読み方
　第3章　ミクロ経済学の全体像
　第4章　微分の公式と活用

第7部　市場の失敗
　第28章　費用逓減産業
　第29章　外部効果　　　第32章 期待効用仮説
　第30章　公共財　➡ 第31章 情報の非対称性

第2部　家計の行動
　第5章　限界効用理論　　第6章　無差別曲線
　無差別曲線理論　　　第7章 予算制約線・最適消費点
　　　　　　　　　　　第8章 上級財・中立財・下級財
　第13章　顕示選好の理論　第9章　需要曲線

　　　　　　　　　　第10章 さまざまな無差別曲線
　　　　　　　　　　第11章 労働供給量の決定
　　　　　　　　　　第12章 貯蓄量の決定

第6部　効率と公平
　第24章　効率性と公平性
　第26章　余剰分析　第25章ローレンツ曲線とジニ係
　第27章　パレート最適

第5部　不完全競争市場
　第20章　独　　占
　第21章　独占的競争
　第22章　寡　　占
　第23章　ゲーム理論

第3部 完全競争企業の行動
　第14章　利潤と収入
　第15章　費　　用
　第16章　供給曲線
　第17章完全競争市場の長期均衡
　第18章　生産要素の需要

第4部　完全競争市場均衡
価格　　需要曲線　　供給曲線

　　　　　　　　第19章　調整過程

数量

第2部の登場人物・舞台とストーリー

登場人物（経済主体）

第2部では，ミクロ経済学での登場人物である，家計，企業，政府，海外（外国）のうち，家計だけに焦点を当てます。

家計：家計とは財の消費を行い，労働の供給を行う経済主体をいい，具体的には「家計簿」といわれるように，みなさんの家庭をイメージすればよいでしょう。

用語

経済学では経済活動を行う人や組織（登場人物）を経済主体と呼びます。

用語

財とは財貨（形が残るモノ）と形が残らないサービスの合計です。
財＝モノ＋サービス

図表0－1（再掲）●主な舞台での登場人物の役回り

舞台	需要者	供給者
財市場	家計 海外（輸出）	企業 海外（輸入）
労働市場	企業	家計

舞　台

現実経済

コンビニでお昼ご飯を選んでいます。パン，うどん，そば，パスタ……などたくさんの種類があります。飲み物やデザートも何十種類とあります。

いろいろ買いたいのですが，好きなだけ買っていると今月の家計が苦しくなるので，ある程度我慢もしなくてはなりません。

つまり，限られた予算の中で，おいしいお昼ご飯を選ばなくてはならないのです。

商品がたくさんあると複雑になってしまいます。

今日だけではなく，明日以降のことも考えると複雑になってしまいます。

単純化した理論モデル

財は X 財と Y 財の2つしかないと仮定します。

現在の消費によってのみ効用を生むと仮定し，将来のためにお金を残しても効用は生まないとします。なお，現在消費するか，貯めておいて将来消費するかという問題は，「第12章 貯蓄量の決定」で分析します。

家計には予算の制約があります。

家計は効用（満足度）を最大化するように行動すると仮定します。

前提（仮定）

すでに第1部で説明したように，一口に消費といっても，おまけにつられて買う人や，お隣に対抗して買う人など，いろいろなパターンがあり，それらを統一的に説明することは，到底無理な話です。そこで，分析できるように単純化するために，家計は効用を最大化するように行動するという仮定をおきます。

また，家計は財の消費によってのみ効用を得ると仮定します。ですから，おまけにつられて買ったり，人に対抗して満足感を得るというようなことはないということになります。

> **仮定1 家計は効用を最大化するように行動する。**

> **仮定2 家計は財の消費によってのみ効用を得る。**

仮定1と仮定2は消費の理論の分析に際して通常使われる仮定です。

また，現実には，私たちは数多くの財を比べて，その中からあるものを買うのですが，それでは複雑すぎますので，本書では，私達の買う財は2種類しかないという仮定をおき，財が2種類の単純な世界を分析しましょう。

> **仮定3 財は，*X*，*Y* の2種類のみ。**

以上，仮定1から仮定3までは，第5章の限界効用理論，第6章から第9章の無差別曲線理論，第13章の顕示選好理論に共通した仮定となります。

— 理 由 —

現実経済はいろいろな消費パターンの人がいるので，そのままでは複雑すぎて分析できませんが，このように，合理的な家計しかいない世界を理論モデルとして作り上げることにより分析が可能になります。

＋ 補 足

効用とは，満足度のことです。つまり，家計は，常に自分の満足度を最大にするように消費を行うと考えるわけです。

用 語

仮定1は，家計の行動についての大前提となるもので，「家計の効用最大化原則」とか，「家計の行動原理」と呼ばれます。この行動原理とは，家計の行動は，すべて，効用最大化という目的を達成するために行われ，効用最大化は，家計の行動の指針となるものであるという意味です。

＋ 補 足

仮定3は，消費の理論の分析に際して単純化のために必ず必要というわけではありません。しかし，大学学部レベルの経済学では，財の種類が3種類以上になるとわかりにくくなってしまうので，財を2種類に単純化することが多いのです。ですから学部のテストや資格試験でも，財は2種類と単純化したモデルでの出題がほとんどですので，本書でもそのように仮定して，議論を進めていきます。

＋ 補 足

特に断りがない限り，*X* 財の消費量は *x*，*Y* 財の消費量は *y* と表すことにします。

この部の最大の目的は，家計の消費行動から需要曲線を導くことです。家計の消費行動を分析する理論には，限界効用理論，無差別曲線理論，顕示選好理論の３つがあります。

まず，第5章で限界効用理論の説明をしますが，この理論は大きな問題点があり，それを克服した無差別曲線理論が試験によく出題されます。ですから，無差別曲線理論については，第6章から9章までじっくり学び，需要曲線を導出します。

次に，「家計は何時間働くか」「どれだけ消費し，どれだけ貯蓄するのか」などの応用論点を無差別曲線理論を使って分析します（第10章〜12章）。

そして，最後に，無差別曲線理論の問題点を克服しようと考えられた顕示選好理論について学びます（第13章）。

補　足

ただし，顕示選好理論では詳細な分析ができないので，試験でもたまにしか問われません。

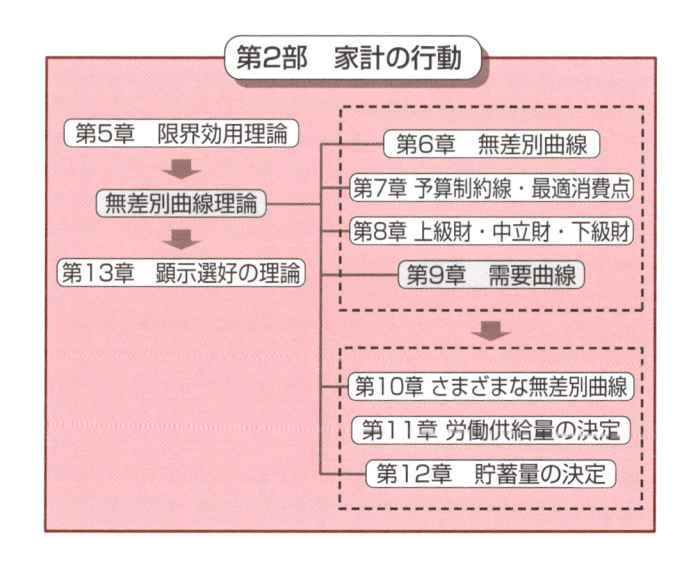

第2部　家計の行動

- 第5章　限界効用理論
  - ↓
- 無差別曲線理論
- 第13章　顕示選好の理論

- 第6章　無差別曲線
- 第7章 予算制約線・最適消費点
- 第8章 上級財・中立財・下級財
- 第9章　需要曲線

↓

- 第10章 さまざまな無差別曲線
- 第11章 労働供給量の決定
- 第12章　貯蓄量の決定

Chapter ⑤
限界効用理論
—あのお店，値段の割においしい！—

Movie 029

Point

1 「ある財の消費量を1単位増やすことにより得られる総効用の増加分」である限界効用は，消費量と共に徐々に減少することが多い【限界効用逓減の法則】。

2 各財の1円あたりの限界効用を加重限界効用といい，これが等しいとき，消費者の効用は最大化している【加重限界効用均等の法則】。

難易度　B

出題可能性

国家一般職（旧Ⅱ種）	C
国税専門官	C
地方上級・市役所・特別区	B
国家総合職（旧Ⅰ種）	C
中小企業診断士	C
証券アナリスト	B
公認会計士	C
都庁など専門記述	C
不動産鑑定士	C
外務専門職	C

　この章では，家計の消費行動を説明する理論の1つである限界効用理論を学びます。限界効用理論は問題点があり，その問題点を克服した無差別曲線理論という新しい理論があります。ですから，出題は無差別曲線理論が中心となっており，限界効用理論が単独で出題されることは稀です。そのため，受験生の手薄となりがちな論点ですが，論文試験，択一試験ともに，無差別曲線理論の問題の中で加重限界効用均等の法則が問われることがあるので注意が必要です。

1. 効用と限界効用

Movie 030

効用とは，「**ある量の財を消費することによって得られる**満足度（満足感）」です。効用は総効用といわれることもあります。

これに対し，**限界効用**とは，「**ある財の消費量を１単位増やすことにより得られる効用の増加分**」です。

なお，限界効用理論では「４杯目をおかわりしたことにより，効用は，100から110へ10だけ増加」というように，効用の大きさを100とか110と表します。これらの数字は大きさ自体に意味があります。このように**数字の大きさに意味のある数字**を**基数**（基数的概念の数字）といいます。

限界効用理論は，効用を基数的に測ることができると仮定しているので，たとえば，あなたの効用は50だが，私の効用は100だから，私の効用はあなたの効用の２倍だとわかることになります（他人との効用比較可能）。しかし，他人と満足度をはっきりと比較することなど，現実にはできません。したがって，**効用の基数的可測性の仮定は非現実的であり，大きな問題点**の１つとなります。

結局，私たちは，物を買うときに，「あっちより，こっちの方がすごくいい」とか，「おなじくらい」といった程度しかわかりません。ということは，私たちは，効用を，基数的にではなく，序数的に測りながら消費を行っていることになります。

> 限界効用理論は，
> 効用の基数的可測性を仮定➡非現実的

略 語

効用は，英語でUtility といい，総効用は，Total Utility といいます。ですから，よく，（総）効用を TU とか，単に U と略します。

たとえば

ビールを３杯飲んで，100の満足度を得られたときに，ビール３杯飲んだときの効用は100です。また，ビールを３杯飲んでいて，４杯目をおかわりしたときに，効用が110に増えたとします。４杯目をおかわりしたことにより，効用は，100から110へ10 だけ増加しています。この「＋10」を「限界効用」といいます。

略 語

「限界」は，英語でMargin（Marginal）といい，これは，ワープロなどを印刷するときの余白を意味するマージンです。余白は，紙の縁（ふち）ですから，紙の限界だということです。効用は Utility というので，限界効用は，Marginal Utility といい，よく，MU と略します。そして，X財の消費量を１単位増やしたときに得られる効用の増加分，すなわち，X財の限界効用を MU_X と表現します。

用 語

効用の基数的可測性といいます。

✚ 補 足

これに対し，**順序しかわからない数字**を**序数**（序数的概念の数字）といいます。これは，１番とか，２番という数字です。

この序数的概念の数字は，第６章の無差別曲線理論で用いられます。

2. 限界効用逓減の法則

限界効用とは，ある財の消費量を1単位増やすことによって得られる効用の増加分のことでした。「逓減」とは，次第に（徐々に）減っていくということです。ですから，限界効用逓減とは，おかわり1杯により増える満足度は，たくさん消費するにつれて徐々に減っていくものだということです。

ほとんどの財で限界効用は逓減しますので，このことを「限界効用逓減の法則」といいます。したがって，**限界効用逓減の法則とは，通常，消費量が増加するにつれて，限界効用（消費量を1単位増やしたときの効用の増加分）は次第に小さくなっていくものだという法則**です。

しかし，この法則が理論的に必ず成り立つという保証もありません。私の場合，日本酒は，1杯目はにおいが強く，あまりおいしいとは思えません（限界効用は小さい）が，2杯，3杯と飲むと，においにも慣れて，1杯目よりおいしくなります。これは，限界効用が，1杯目より2杯目の方が大きくなっており，限界効用逓減の法則の例外です。しかし，**限界効用理論では，限界効用逓減の法則が成立することを仮定**し，このような例外は考えないこととします。

> **限界効用理論は限界効用逓減を仮定**

たとえば

1杯目のビールはすごくおいしいが，2杯目，3杯目と飲んでいくと，おかわりした1杯から得られる満足感の増加（限界効用）が減っていくということです。

> ✚ 補 足
>
> 徐々に増加することは「逓増」といいます。

 **Point!**

> 経済学の法則には，
> ① 理論的にそうなるという法則と，
> ② 多くの場合そうなるというだけの経験則
> の2つがあります。限界効用逓減の法則の場合，②の経験則です。

3. 加重限界効用均等の法則

加重限界効用とは，限界効用を価格で割ったものです。X財の限界効用をMU_X，X財の価格をP_X，Y財の限界効用をMU_Y，Y財の価格をP_Y，とすると，X財の加重限界効用とは

> ✚ 補 足
>
> 価格は英語でPriceなので，多くの場合，X財の価格はP_X，Y財の価格はP_Yと表します。

$\dfrac{MU_X}{P_X}$，Y財の加重限界効用とは，$\dfrac{MU_Y}{P_Y}$を意味します。この**加重限界効用は，1円あたりの限界効用に他なりません**。これを図表5－1の具体例で考えてみましょう。

今，ある人がデザートにみかんかメロンを買おうとしているとします。なお，メロンは1個5,000円の超高級メロンとしましょう。

みかん1個の価格P_Xは50円，限界効用MU_Xは100，メロン1個の価格P_Yは5,000円，限界効用MU_Yは5,000とします（図表5－1）。

1個買ったときの満足（限界効用）からいえば，多くの人はメロンの方が大きいでしょう。

しかし，現実には，メロンを買う人は少ないのです。それは，価格が高いからです。つまり，多くの人が，みかんとメロンしかなければ，みかんを買うのは，価格と，満足度の両方を比べて，みかんを選ぶからです。

図表5－1の例でいえば，超高級メロンは，みかんに比べて，価格は100倍ですが限界効用は50倍しかありません。ということは，ありがたさ（限界効用）は，価格ほどには大きくないことを意味します。そこで加重限界効用を用いると，メロンの加重限界効用は1で，みかんの加重限界効用2より小さいことがわかります。

加重限界効用は1円あたりの限界効用ですから，同じ1円を支出したとき，メロンでは1円あたり1しか効用は増加しませんが，みかんは1円あたり2だけ効用が増加するということです。同じ1円を使うならメロンよりみかんの方が有利となります。これは，**メロンよりみかんが価格の割にはよいということ**です。ですから，この家計は，メロンではなく，加重限界効用の大きいみかんを買うことを選択することになるのです。

たとえば

X財の価格P_Xが50円で，限界効用MU_Xが100だとすると，X財の加重限界効用は，$\dfrac{MU_X}{P_X}=\dfrac{100}{50}$円＝2となります。つまり，50円出して100の限界効用を得ているということは，1円あたりでは平均2だけ限界効用が得られているということを意味します。

図表5－1 ● 加重限界効用とは？

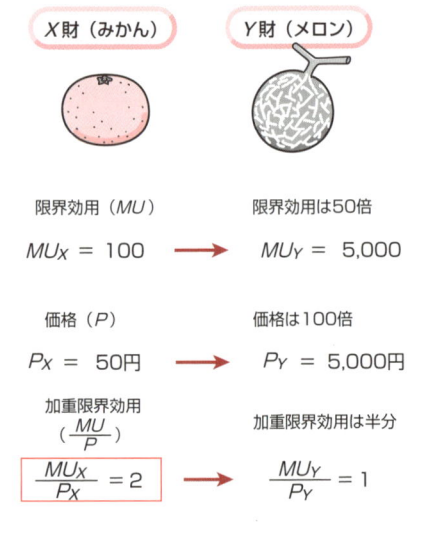

▶▶ 徹底解説 ◀◀

この「価格の割には」というのが，限界効用を価格で割った加重限界効用に他なりません。よく，「あのお店，値段（価格）の割にはおいしいよ」ということがあります。これは，単に「おいしい（限界効用MUが大きい）」のではなくて，きちんと価格で割って，$\dfrac{MU}{P}$（加重限界効用）が大きいよといっているのです。

$$\text{加重限界効用} = \frac{MU}{P} \text{（限界効用を価格で割ったもの）}$$

$$= 1\text{円あたりの限界効用}$$

➡要するに,「値段（価格）の割によい,よくない」の意味

さて，加重限界効用の意味がわかったところで，加重限界効用均等の法則を説明しましょう。**加重限界効用均等の法則**とは，「**各財の加重限界効用が等しいとき，消費者の効用は最大化している**」という法則です。

では，なぜ，各財の加重限界効用が等しいとき，効用が最大となるのかを考えます。

今，図表5−1のようにX財の加重限界効用 $= \frac{MU_X}{P_X} = 2$ で，Y財の加重限界効用 $= \frac{MU_Y}{P_Y} = 1$ より大きいとします。加重限界効用は1円あたりの限界効用ですから，Yに支出した1円をやめて，代わりにXに1円支出すれば，同じ予算で，1の限界効用を失う代わりに，2の限界効用を得ますので，＋1だけ効用が増加します。

このように効用が増加するということは，効用が最大化されていないことの証拠です。しかし，YをやめてXに1円を振り替えていくと，限界効用逓減の法則を仮定していますので，消費量が減るYの限界効用 MU_Y は大きくなっていき，消費量が増えるXの限界効用 MU_X は小さくなっていきます。そして，やがて，X財の加重限界効用（$\frac{MU_X}{P_X}$）とY財の加重限界効用（$\frac{MU_Y}{P_Y}$）は等しくなります。

加重限界効用が等しくなると，Yをやめて，Xに1円を振り替えても，1円あたりの限界効用である加重限界効用が同じですので，もうこれ以上，効用を増やすことはできません。つまり，効用は最大化しているということになります。

補 足

これが，限界効用理論の結論です。消費者である家計は効用を最大化するように行動すると仮定しているのですから，家計は，各財の加重限界効用が等しくなるように消費を行うことになります。

補 足

ここでは，直接，各財の加重限界効用が等しいとき，効用が最大となるという説明は難しいので，「各財の加重限界効用が等しくないとき，効用は最大ではない，したがって，各財の加重限界効用が等しいとき，効用が最大だ」という方法で説明をします。図表5−1を見ながら読んでください。

たとえば

X財の加重限界効用もY財の限界効用も1.5になったとしましょう。このとき，Y財を1円減らしX財を1円増やしても効用は変わりません。なぜならば，Y財を1円減らし1.5だけ効用が減り，X財を1円増やすと1.5だけ効用が増えるので，最終的には効用は変わらないからです。

4. 需要曲線

Movie 033

では，最後に，限界効用理論の加重限界効用均等の法則から需要曲線を導きましょう。

まず，はじめに，消費者は，効用を最大化するように行動し，XとYの加重限界効用は等しいとします。そして，Yの価格P_Yや所得は変わらず，P_Xだけが下落したとします。

このとき，P_Xの下落により，Xの加重限界効用$\frac{MU_X}{P_X}$は大きくなり，Yの加重限界効用は変わりませんから，$\frac{MU_X}{P_X} > \frac{MU_Y}{P_Y}$となります。すると，$Y$を1円やめてその1円を$X$に支出する（$Y$をやめて$X$に振り替える）と，同じ予算で効用が増えますから，**Yの消費量を減らし，代わりにXの消費量を増やし**効用を増やそうとします。

以上より，Xの価格P_XがP_0からP_1へと下落すると，Xの需要量がX_0からX_1へと増えることがわかり，図表5−2のような**右下がりの需要曲線**が求まります。ただし，これは一家計（個別家計）の需要曲線であって，市場で価格を決める需要曲線と供給曲線というときの市場の需要曲線ではありません。市場の需要曲線は，多くの個別家計の需要量を足し合わせたものなので，図表5−3のように，個別家計の需要曲線を横に足し合わせることによって求めることができます。

5. 限界効用理論の問題点

Movie 034

すでに説明したように，効用を10，15と数えることができるという**効用の基数的可測性の仮定は非現実的**です。

また，加重限界効用均等の法則に基づくと，価格が下がった財の需要量は必ず増加するこ

図表5−2 ●個別家計の需要曲線

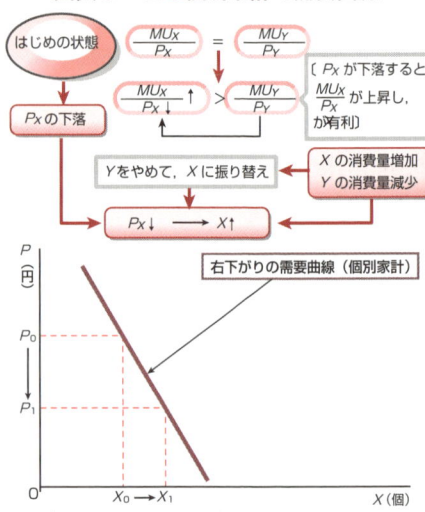

図表5−3 ●市場の需要曲線

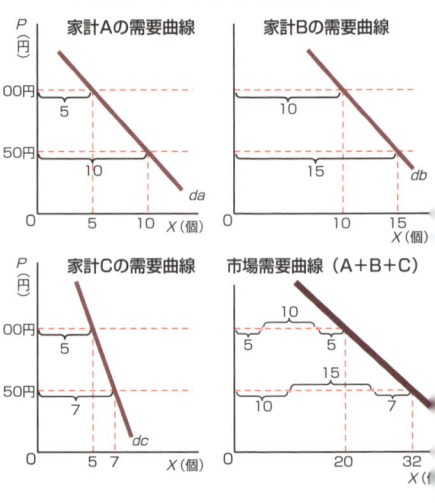

とになり，**価格が下がるとかえって需要量が減るというギッフェン財という特殊な財の説明ができません。**

理　由

X財の価格$P_X \downarrow$ ➡ $\frac{MU_X}{P_X \downarrow} \uparrow$ ➡ X財の需要量 $\uparrow$
となるからです。

Chapter 6

無差別曲線
—満足度の同じ点を結んでいくと……—

Movie 035

Point

1 無差別曲線とは，「効用水準の等しい（無差別な）X の消費量（x）とY の消費量（y）の組み合わせの集合」。

2 無差別曲線は4つの仮定（①完全性の仮定，②不飽和の仮定，③推移性の仮定，④限界代替率逓減の仮定）をおくことによって，5つの性質（①無数に描ける，②右下がり，③右上方のものほど効用が大きい，④互いに交わらない，⑤原点に凸）を持つ。

難易度　B

出題可能性	
国家一般職（旧Ⅱ種）	C
国税専門官	C
地方上級・市役所・特別区	C
国家総合職（旧Ⅰ種）	C
中小企業診断士	B
証券アナリスト	A
公認会計士	C
都庁など専門記述	B
不動産鑑定士	B
外務専門職	B

　この章では，無差別曲線の意味と形状について学びます。通常，無差別曲線は5つの性質（①無数に描ける，②右下がり，③右上方のものほど効用が大きい，④互いに交わらない，⑤原点に凸）を持つものとして描かれます。そこで，かなりの数の人が「無差別曲線とはそのようなものなんだ」と思い込んでしまいます。

　しかし，そのような5つの性質を満たさない例外的な無差別曲線が問われることもあります。例外的なものは第10章で説明しますが，例外的なものを理解するためには，通常の無差別曲線の5つの性質がどのような仮定から導かれるのかということを，しっかりと理解する必要があります。

1. 無差別曲線理論の概要

Movie 036

無差別曲線理論は，限界効用理論の問題点を克服した理論です。すなわち，効用の基数的可測性を仮定せず，**効用の大きさの順序だけがわかる序数的可測性を仮定**し，また，**ギッフェン財についても，説明**しています。

> ✚ **補 足**
>
> ギッフェン財については第9章で詳しく説明します。

◎限界効用理論の問題点	◎無差別曲線理論の長所
1．効用の基数的可測性は非現実的 →	効用の序数的可測性を仮定
2．ギッフェン財を説明できない →	ギッフェン財を説明できる

無差別曲線理論は，効用の序数的可測性の仮定の下に描かれた無差別曲線と，予算制約を表す予算制約線を用いて，最適消費点という結論を導きます。この章では，まず，無差別曲線について学びます。

無差別曲線（本章）┐
　　　　　　　　　├─最適消費点（第7章）
予算制約線（第7章）┘

2. 無差別曲線とは？

Movie 037

無差別曲線とは，**効用水準の等しい（無差別な）Xの消費量（x）とYの消費量（y）の組み合わせの集合**です。

たとえば，図表6−1のように，横軸にx，縦軸にyをとります。そして，xとyの組み合わせを(x, y)と表現します。ある家計は，x1個とy10個の組み合わせ点$A(1, 10)$，x2個とy8個の組み合わせ点$B(2, 8)$，x3個とy6個の組み合わせ点$C(3, 6)$のときの効用（満足度）は同じと考えているとします。これらの効用の同じxとyの組み合わせ（点）を結んだ線が無差別曲線です。当然，同一無差別曲線上のどの2点を比較しても，効用は等しいということになります。

図表6−1 ● 無差別曲線とは？

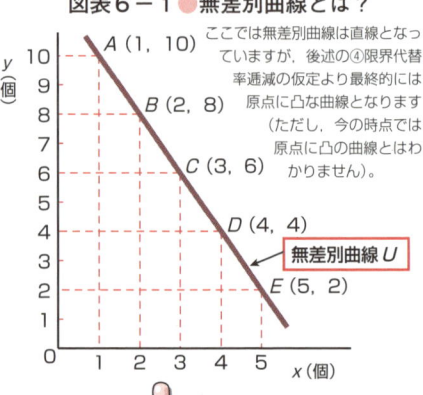

ここでは無差別曲線は直線となっていますが，後述の④限界代替率逓減の仮定より最終的には原点に凸な曲線となります（ただし，今の時点では原点に凸の曲線とはわかりません）。

> 👆 **Point!**
>
> ここでは，効用の序数的可測性を仮定しているので，2つの異なるxとyの組み合わせを比較し，より効用が大きい，より効用が小さい，効用が同じという順序はわかります。

> 📖 **用 語**
>
> 効用が無差別な（＝等しい）点（＝消費量の組み合わせ）の集合を表しているので，無差別曲線と呼びます。英語で，Indifferent Curve というので，Iと略したり，効用のUtility のUで略したりします。

3. 4仮定5性質

Movie 038

多くの場合、4つの仮定をおくことによって、5つの性質を持った無差別曲線を前提に議論を進めます。

仮定1 完全性の仮定

　完全性の仮定とは、**いかなる消費量の組み合わせも、他の組み合わせと効用水準を比較できるという仮定**です。

　これは、（1，1）と（1億，1億）の効用の比較や、（1.1，2.9）と（1.05，2.95）の効用の比較など、どのような数量の組み合わせの比較も可能だということです。xとyのあらゆる組み合わせについて効用の大小を比較できるということです。

仮定2 不飽和（単調性）の仮定

　不飽和の仮定とは、X，Y両財ともに常に**正の限界効用を与える（goodsである）という仮定**です。

　goods（グッズ）とは、**正（プラス）の限界効用の財**です。正（プラス）の限界効用とは、消費量を1個増やすと、効用が増加する、つまり、好ましいものです。これに対し、**負（マイナス）の限界効用の財**、つまり、消費量を1個増やすと、効用が減少する、つまり、ゴミのように好ましくないものを**bads（バッズ）**といいます。

　ここで、「常に正の限界効用を与える」の「常に」が重要です。ビールのように、1杯目2杯目はありがたいのでgoodsでも、3杯目は、もう気持ち悪いので、効用が低下してしまいbadsに変わることがあります。しかし、この「不飽和（単調性）の仮定」においては、「常に」とは、このように、途中でgoodsからbadsに変わることがないという意味です。これは、goodsのままワンパターーンなので、**単調性の仮定**とも呼ばれます。

性質1 無差別曲線は無数存在する

　完全性の仮定により、いかなる消費量の組み合わせも、他の組み合わせと効用水準を比較できます。ですから、どの点（消費組み合わせ）でも、その組み合わせと同じ効用となるような他の組み合わせの点を探すことができ、これらの点を結ぶと無差別曲線を描くことができます。したがって、**無差別曲線は、無数に存在する**ことになります。

性質2 無差別曲線は右下がり

　不飽和の仮定より、X，Y両財ともに常に正の効用を与えるため、X財1単位が増え図表6-2のA'になると、Xはgoodsですから、効用は増加し、元の効用に戻るには、goodsであるY財の消費量を減らして、効用を減らさなければなりません。

　このように、点Aと効用が同じ点Bは右下に存在するので、効用が同じ点の集合である**無差別曲線は、**点Aと点Bを結び、**右下がり**となります。

図表6-2 ●無差別曲線は右下がり

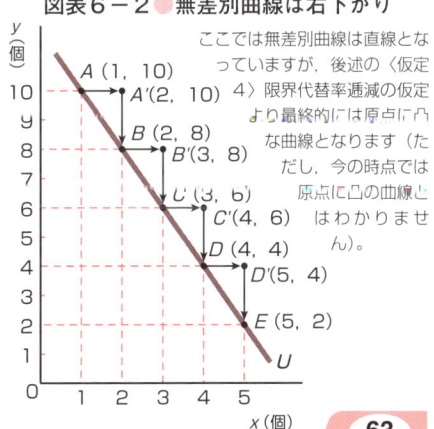

ここでは無差別曲線は直線となっていますが、後述の〈仮定4〉限界代替率逓減の仮定より最終的には原点に凸な曲線となります（ただし、今の時点では原点に凸の曲線とはわかりません）。

仮定2 不飽和（単調性）の仮定

図表6－3 ●原点から遠いほど効用大

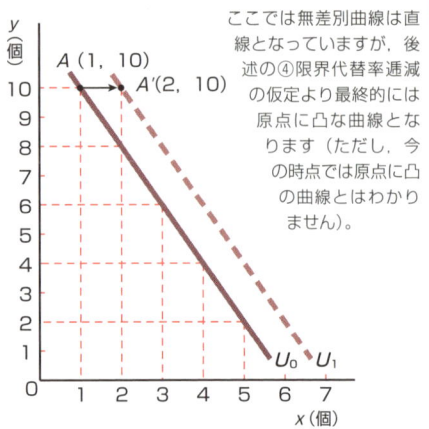

ここでは無差別曲線は直線となっていますが，後述の④限界代替率逓減の仮定より最終的には原点に凸な曲線となります（ただし，今の時点では原点に凸の曲線とはわかりません）。

仮定3 推移性の仮定

推移性の仮定とは，**消費者は合理的であり，効用の大きさに関して$A＝B$，$A＝C$であるならば$B＝C$であると判断するという仮定**です。これは，消費者が，$A＝B$，$A＝C$と考えているのに，$B＞C$などと矛盾した順位付けを行うことはないということです。

図表6－4 ●交わると矛盾が起きる

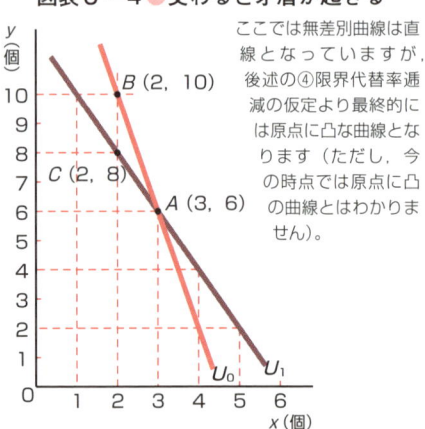

ここでは無差別曲線は直線となっていますが，後述の④限界代替率逓減の仮定より最終的には原点に凸な曲線となります（ただし，今の時点では原点に凸の曲線とはわかりません）。

性質2 無差別曲線は右下がり（前ページ）
性質3 原点から遠いほど効用大

図表6－3において，原点から遠い（右上方）にある無差別曲線U_1上の点A'は原点に近い（左下方）の無差別曲線U_0上の点Aに比べ，Yの量は10個で同じですが，Xの量が2個と，Aの1個より多く，不飽和の仮定よりXはgoodsなので，A'はAより効用は大きくなります。ということは，U_0上の点は，Aと効用が等しく，U_1上の点はA'と効用が等しいのですから，U_1はU_0より効用が大きいとわかります。以上のことから，**不飽和の仮定より，無差別曲線は原点から遠い（右上方）にあるほど効用が大きい**とわかります。

性質4 無差別曲線は互いに交わらない

無差別曲線が交わらないということを直接説明することは困難ですので，「交わるとおかしい，だから，交わらない」という説明をします。このように，Aだということを説明するのに，「Aではないと矛盾する，だから，Aだ」という説明方法を背理法といいます。

図表6－4のように，無差別曲線U_0，U_1が交わる場合を考えてみましょう。BとCはXの消費量は2個で等しく，かつ，BはCに比べてYの消費量は10個とCの8個より多くなっています。したがって，不飽和の仮定より，Yはgoodsなので，効用の大きさは，$B＞C$となります。

一方，A，Bはともに同一無差別曲線U_0上にあることから，効用水準は，$A＝B$。また，A，Cはともに同一無差別曲線U_1上にあることから，効用水準は等しく$A＝C$。したがって，$A＝B$で$A＝C$ですので，推移性の仮定より，$B＝C$となり，先ほどの$B＞C$と矛盾してしまいます。つまり，不飽和の仮定と推移性の仮定を同時におき，無差別曲線

が交わるケースを想定すると矛盾が起こってしまうのです。

したがって，背理法により，**不飽和の仮定および推移性の仮定から，無差別曲線は互いに交わらない**と説明できます。

仮定4 限界代替率逓減（の法則）を仮定 ➡

限界代替率とは，*X*財が1単位増えたときに，元の効用水準に戻るために減らなくてはならない*Y*財の量のことをいいます。限界代替率逓減とは，*X*の消費量を1単位増やし，同じ効用水準に戻るように*Y*の消費量を減らしていくにつれて限界代替率は次第に小さくなっていくということです。多くの場合，限界代替率は逓減するので，限界代替率逓減の法則ともいいます。

たとえば，**図表6−5**の点*A*のように*X*財が少量で*Y*財が多量の組み合わせの*A*のときは，*X*財は少量であるので貴重ですが*Y*財は多量であり貴重ではなく，*X*財1単位得たときに*Y*財は4個と多量に放棄しないと元の効用水準に戻れないとしましょう。ところが，次第に，*X*財が増え*Y*財が減る組み合わせになるにつれて，*X*財の貴重さは薄れ，*Y*財が次第に貴重になってきますから，*X*財1単位増えたときの効用の増加はそれほど大きくなく，かつ，*Y*が少なくなり貴重になりますので，元の効用水準に戻るために放棄しなくてはならない*Y*財の量は，4個（−4），2個（−2），1個（−1）と，だんだん減っていくということです。限界代替率は，4，2，1と逓減しています。

性質5 無差別曲線は原点に凸

図表6−5で点*A*，*B*，*C*，*D*は効用が等しい点なので，これらを結ぶと無差別曲線（*U*）を描くことができます。

限界代替率逓減の仮定より，無差別曲線は原点に出っ張った曲線になります。これを「原点に凸」といいます。

図表6−5 ●原点に凸な無差別曲線

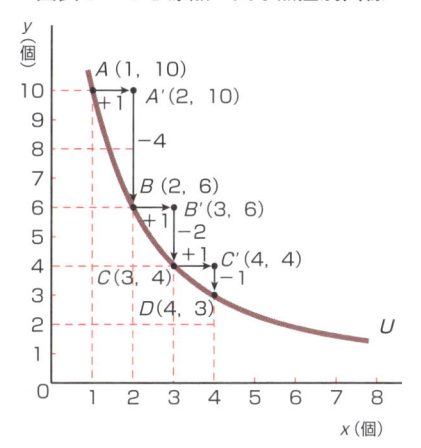

4 仮定		5 性質
①完全性の仮定	→	①無数に描ける
②不飽和の仮定	→	②右下がり
③推移性の仮定	→	③右上方ほど効用大
④限界代替率逓減	→	④互いに交わらない
（の法則）を仮定		⑤ 原点に凸

このように4仮定をおくことで，5つの性質が導かれ，無差別曲線は図表6-6のように描くことができます。

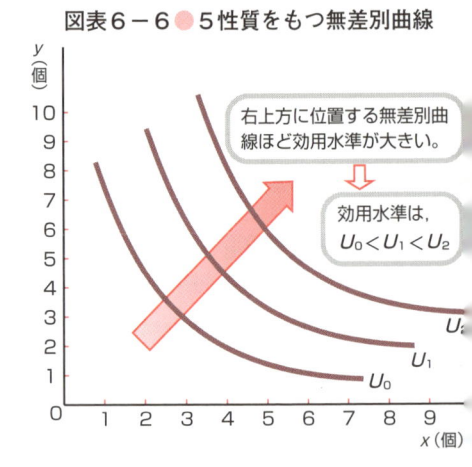

図表6-6 ●5性質をもつ無差別曲線

右上方に位置する無差別曲線ほど効用水準が大きい。

効用水準は，$U_0 < U_1 < U_2$

【問題6-1】

　正の限界効用を持つ2財 X，Y の無差別曲線に関する記述として，妥当なのはどれか。

Movie 039

1．無差別曲線は，X，Y に対するある人の選好の組合せを示す曲線であり，曲線上の任意の点における接線の傾きは，その人の限界消費性向を表す。

2．無差別曲線は，右下がりであるが，これは，X の消費量の減少に伴って変化する効用水準を維持するために，Y の消費量が減少するからである。

3．無差別曲線は，通常，原点に向かって凸の形状をとるが，これは，限界代替率逓減の法則が成立することを表している。

4．無差別曲線は，左下方に位置するほど対応する効用水準が高く，右上方に位置するほど効用水準が低い。

5．2つの無差別曲線は，通常，交わることはないが，X，Y のいずれかが下級財の性質を有する場合には交わる。

（地方上級）

（解説・解答）

1．×　無差別曲線の傾き＝－限界代替率であって，限界消費性向とは関係ないので誤りです。

2．×　X 財が減少した場合，効用を維持するためには Y 財は「減少」ではなく「増加」しないと右下がり（左上がり）の無差別曲線にはならないので誤りです。

3．○　正しい記述です（→p.65）。

4．×　右上方ほど効用は「低い」ではなく「高い」なので誤りです。

5．×　下級財について第8章で学びますが，下級財でも交わらないので誤りです。

正　解　3

Chapter **7**

予算制約線・最適消費点

Point

1 予算（*M*）で最大限購入できる*X*財の消費量（*x*）と*Y*財の消費量（*y*）の組み合わせの集合である予算制約線は以下の数式となる【予算制約式】。

$M = P_x x + P_y y$

2 予算制約線と縦軸，横軸に囲まれた三角形が入手可能領域となる。

3 家計は入手可能領域内で効用最大，つまり最も原点から離れた無差別曲線上の点を選ぶ【最適消費点】。通常は予算制約線と無差別曲線の接点となる。

4 最適消費量は①予算制約式を*y*＝〜，あるいは*x*＝〜と変形し，②効用関数に代入し，*x*か*y*を消去し，*y*か*x*だけの式にして，③効用最大となる，微分して求めた傾き＝0の式を立てて解く。

Movie 040

難易度　B

出題可能性

国家一般職（旧Ⅱ種）　A
国税専門官　A
地方上級・市役所・特別区　A
国家総合職（旧Ⅰ種）　A
中小企業診断士　B
証券アナリスト　B
公認会計士　A
都庁など専門記述　A
不動産鑑定士　A
外務専門職　B

　この章では，まず，予算によって消費できる限界を表す予算制約線について学びます。そして，この予算制約線と第6章の無差別曲線を用いることによって，予算制約の中で効用最大となる最適消費点を求めます。この最適消費点が無差別曲線理論の結論ですから，しっかりと理解してください。さらに，第4章で学んだ「微分」を使って，最適消費点の消費量を計算する方法をマスターします。

1. 予算制約線

Movie 041

【1】 予算制約線とは？

予算制約線とは，**予算（*M*）を使って最大限購入できる*X*財の消費量（*x*）と*Y*財の消費量（*y*）の組み合わせの集合**です。

所得は*M*で一定，*X*，*Y*の価格P_X，P_Yは市場で決まり一定，と仮定すると，予算制約線は次のような数式で表すことができます【予算制約式】。

> $$M = P_X x + P_Y y$$
> $$X への支出額 + Y への支出額,$$
> 予算 ＝ 総支出額

それでは，予算制約式と予算制約線を具体例で考えてみましょう。いま，所得*M*＝10,000円，P_X＝2,000円，P_Y＝1,000円とすると，予算制約式は，

10,000＝2,000*x*＋1,000*y*

となります。この式は*X*と*Y*の購入に予算をすべて使い切るような，*X*の消費量と*Y*の消費量の組み合わせの集合です。

ですから，点*A*（0，10）は，消費額＝2,000×0＋1,000×10 ＝ 10,000ですから，ちょうど予算を使い切っており，予算制約線上にあります。*B*（5，0）も，消費額＝2,000×5＋1,000×0 ＝ 10,000ですから，ちょうど予算を使い切っており，予算制約線上にあります。同様に，点*C*（1，8）も消費額＝2,000×1＋1,000×8 ＝ 10,000，点*D*（2，6）も消費額＝2,000×2＋1,000×6 ＝ 10,000と，ちょうど予算を使い切っており，予算制約線上にあります。以上より，点*A*と点*B*と結んだ直線*AB*が予算制約線であることが確認できます。

補　足

予算は所得と呼ばれることもあります。どちらも同じ意味です。所得（予算）は*M*と書かれることが多いのですが，これはMoney の略です。

用　語

「ちょうど予算を使い切るような*X*財の消費量（*x*）と*Y*財の消費量（*y*）の組み合わせの集合」は予算線と呼ばれます。予算制約の下で最大限購入できるときには，ちょうど予算を使い切っているはずですので，予算制約線と予算線は同じ線となります。

図表7－1 ● 予算制約線と入手可能領域（数値例）

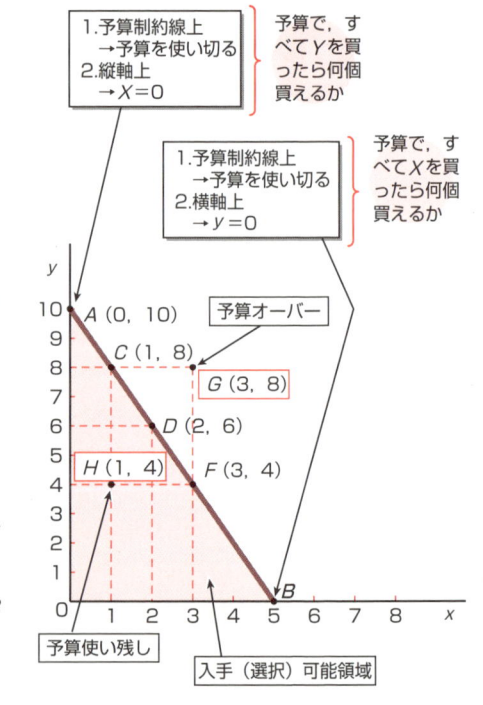

1. 予算制約線上
　→予算を使い切る
2. 縦軸上
　→*X*＝0

予算で，すべて*Y*を買ったら何個買えるか

1. 予算制約線上
　→予算を使い切る
2. 横軸上
　→*y*＝0

予算で，すべて*X*を買ったら何個買えるか

A（0，10）　予算オーバー
C（1，8）　*G*（3，8）
D（2，6）
H（1，4）　*F*（3，4）
B

予算使い残し

入手（選択）可能領域

Part
2

家計の行動

【2】入手可能領域

次に，図表7－1で予算制約線の右上方の点と，左下方の点について考えます。

点H（1，4）は，予算制約線上の点C（1，8）より，下方にあり，点Cに比べ，xの量は同じですが，yの量が4個と少なく，予算は余っています。このように，予算線の下方（左方）の点は，予算が余る（使い残す）消費量の組み合わせであるとわかります。

それに対して，点G（3，8）は，予算制約線上の点F（3，4）より上方にあり，点Fに比べ，xの量は同じですが，yの量が8個と多く，予算をオーバーしています。このように，予算制約線の上方（右方）の点は，予算を超えた消費量の組み合わせであるとわかります。

したがって，**予算**10,000**円で，入手可能（選択可能）な消費量の組み合わせ（点）の範囲**は，縦軸・横軸・予算制約線に囲まれた△OAB内の点であるとわかります。この縦軸・横軸・予算制約線に囲まれた△OAB内の点を**入手可能領域**といいます。

以上の話を，図表7－2を用いて一般化して考えましょう。今度は，予算がM円，Xの価格がP_X，Yの価格がP_Yとします。まず，予算線ABが縦軸，横軸と交わる点（これを切片といいます）に注目しましょう。

すると，予算制約線の縦軸切片Aは，予算制約線AB上にあるので予算を使い切っており，かつ，横軸はx＝0でX財を買いません。ですから，点Aの高さ（y）は，予算をすべて使い切りYだけ買ったときのYの個数なので，$\frac{M}{P_Y}$個です。

また，予算制約線の横軸切片Bは，予算制約線AB上にあるので予算を使い切っており，かつ，縦軸はy＝0でY財を買いません。

＋ **補 足**

あるいは，点H（1，4）は，予算制約線上の点F（3，4）より，左方にあり，点Fに比べ，yの量は同じですが，xの量が1個と少なく，予算は余っているということもできます。

＋ **補 足**

あるいは，点G（3，8）は，予算制約線上の点C（1，8）より，右方にあり，点Cに比べ，yの量は同じですが，xの量が3個と多く，予算をオーバーしているということもできます。

用 語

選択可能領域，消費可能集合ともいいます。

図表7－2 ● 予算制約線と入手可能領域

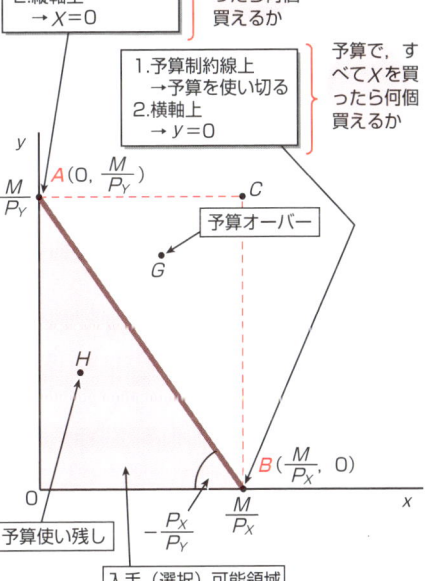

1. 予算制約線上
　→予算を使い切る
2. 縦軸上
　→X＝0

予算で，すべてYを買ったら何個買えるか

1. 予算制約線上
　→予算を使い切る
2. 横軸上
　→y＝0

予算で，すべてXを買ったら何個買えるか

$A(0, \frac{M}{P_Y})$

$\frac{M}{P_Y}$

C

予算オーバー

G

H

$B(\frac{M}{P_X}, 0)$

$-\frac{P_X}{P_Y}$

$\frac{M}{P_X}$

予算使い残し

入手（選択）可能領域

ですから，点Bの横（x）は，予算をすべて使い切りXだけ買ったときのXの個数なので，$\frac{M}{P_X}$個です。このABを結んだ線が予算制約線となり，この予算制約線ABと縦軸，横軸に囲まれた△OABが入手可能領域となります。

ですから，入手可能領域△OAB内で，予算制約線の内側（左下方）の点Hは予算を使い残しており，予算制約線の右上方の点Gは，予算オーバーとなります。

この予算制約線の傾きは$-\frac{P_X}{P_Y}$となります。

2. 最適消費点

Movie 042

すでにお話ししたように，不飽和の仮定をおくことによって，無差別曲線は原点から遠ざかるほど，効用が大きいという性質を持ちます。ということは，消費者は，効用を最大化するように行動するので，最も原点から遠い無差別曲線上の点（組み合わせ）を選択するはずです。ですから，予算の制約がなければ，はるか彼方の右上方にある無差別曲線上の点（組み合わせ）を選択しようとするでしょう。ところが，現実の消費者は，そのような組み合わせは選択しません。それは，もちろん，予算の制約があるからです。

つまり，**消費者は，予算という制約の下，いいかえれば，入手可能領域内の点のうちで，最も効用が大きい，すなわち，最も原点から遠い無差別曲線上の点（組み合わせ）を選択する**のです。

図表7－3でいえば，**入手可能領域△OAB内で，最も，右上方の無差別曲線上にある点は，U_1上の点E（x_e, y_e）です。**

したがって，予算制約線ABと無差別曲線の接点である点Eが，**予算制約内で効用が最**

✚ 補 足

予算制約線は，$M = P_X x + P_Y y$ですから，これを$y = \sim$に変形し，

$$y = -\frac{P_X}{P_Y}x + \frac{M}{P_Y}$$

〈傾き〉
この式から，xが1増加したときにyは$-\frac{P_X}{P_Y}$だけ変化し，傾きは$-\frac{P_X}{P_Y}$とわかります。

〈縦軸切片〉
横軸のx=0のとき，$y = -\frac{P_X}{P_Y} \times 0 + \frac{M}{P_Y} = \frac{M}{P_Y}$と縦軸のyの高さは$\frac{M}{P_Y}$となり，これが縦軸切片であるとわかります。

理 由

はるか彼方の右上方にある無差別曲線上の点（組み合わせ）は入手可能領域を超えており，予算オーバーですから，選択不可能なのです。

理 由

点Gは，U_1より右上方の無差別曲線U_2上にありますので，点Eより効用は大きいのですが，入手可能領域内にないので，予算オーバーで，実現不可能です。

また，点Hは，入手可能領域内なので，実現可能ですが，U_1より左下方の無差別曲線U_0上にあるので，点Eより効用が小さいことがわかります。

図表7－3●最適消費点

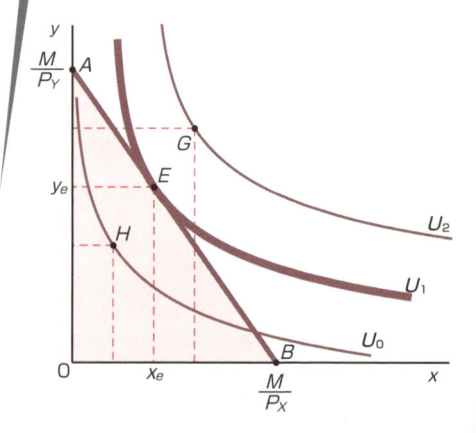

大となる点（組み合わせ）であり，このような点を**最適消費点（最適消費計画）**といいます。

〈無差別曲線理論のロジックの流れ〉

無差別曲線 ➡ 原点から離れるほど効用大

予算制約線 ➡ 入手可能領域

予算制約内で効用最大＝ 最適消費点

ところで，図表7－3をみると，最適消費点である接点 E では，「無差別曲線 U_1 の傾き＝予算制約線の傾き」となっています。

ここで，無差別曲線 U_1 の傾きとは，横に x が1増えたときに，縦に y がどれだけ変化するかということで，限界代替率にマイナスをつけたものとなります。

これに対し，予算制約線の傾きは，$-\dfrac{P_X}{P_Y}$ なので，

「無差別曲線 U_1 の傾き＝予算制約線の傾き」

$$- 限界代替率 = -\frac{P_X}{P_Y}$$

となり，両辺のマイナスをとると，

$$限界代替率 = \frac{P_X}{P_Y} \quad ……①$$

となります。

ところで，限界代替率 $=\dfrac{MU_X}{MU_Y}$ ……② という関係があるので，②を①に代入すると，

$$\frac{MU_X}{MU_Y}=\frac{P_X}{P_Y}$$

これを変形すると，

$$\frac{MU_X}{P_X}=\frac{MU_Y}{P_Y}$$

となり，**予算制約線と無差別曲線が接する最適消費点では，限界効用理論の効用最大化条件である加重限界効用均等の法則が成り立つ**ことがわかります。

理由はけっこうややこしいし問われることは少ないので，結論を覚えておこう！

▶▶ 徹底解説 ◀◀

図表7－4の無差別曲線 U は点 A から，横に x は1増えると y は－2変化しているので傾きは－2です。これは，x が1個増えると，同じ無差別曲線上，つまり，元の効用に戻るためには y が－2個変化しなくてはならないということですから，点 A では限界代替率は2となります。このように無差別曲線の傾きからマイナスをとったものが限界代替率となるのです。

図表7－4 ● 限界代替率

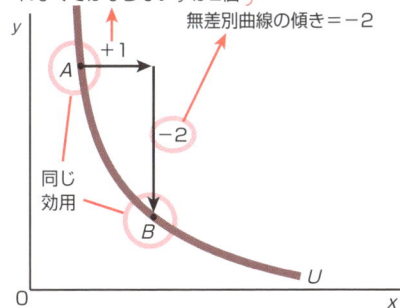

x が1個増えたときに元の効用に戻るために減らされなくてはならない y は2個 ➡ 限界代替率＝2

無差別曲線の傾き＝－2

同じ効用

▶▶ 徹底解説 ◀◀

たとえば，限界代替率が2，つまり，x が1個増えたときに，元の効用水準に戻るためには y が2個減らなくてはならないケースを考えましょう。どうして，x 1個に対して y が2個減らなくてはならないかというと，X 財の方が Y 財に比べ1個あたりの価値（限界効用）が2倍だからです。つまり，

$$限界代替率 = 2 = \frac{MU_X}{MU_Y}$$

という関係にあるのです。

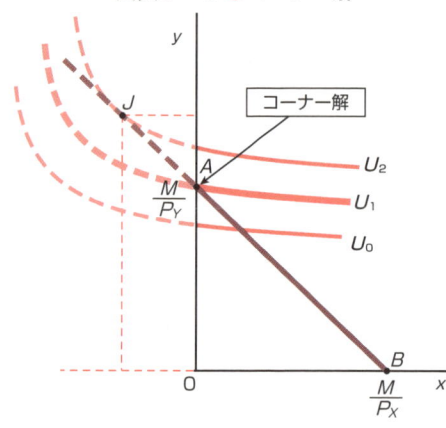

図表7-5 ●コーナー解

コーナー解

これは，無差別曲線理論は限界効用理論と異なるアプローチをしていますが，最終的な結論（最適消費点）は限界効用理論と本質的には同じことをいっているということです。

しかし，例外的なケースとして，無差別曲線が4仮定をおき，5性質を満たしても，図表7-5のような位置にあるときには，入手可能領域△OAB内で，最も右上方にある無差別曲線上にある点（組み合わせ）は，点Aとなります。このとき，点Aでは，予算制約線と無差別曲線は接していないので，両者の傾きが異なり加重限界効用均等の法則は成立しません（このときの接点は，入手可能領域外の点Jです）。

このようなケースは，**最適消費点が入手可能領域のコーナーの点A**となることから，**コーナー解**と呼ばれます。コーナー解とは，要するに，XとYのどちらか一方の財しか買わない状態のことです。図表7-5のようなコーナー解では，最適消費点（コーナー点A）では無差別曲線の傾きと予算制約線の傾きは等しくありませんので，加重限界効用均等の法則は成立しません。

なお，コーナー解の場合においては，無差

	最適消費点	無差別曲線と予算線の傾き	加重限界効用均等の法則
通　常	無差別曲線と予算線の接点	無差別曲線の傾き＝予算線の傾き	成　立
コーナー解	接点とは限らない	等しいとは限らない	成立するとは限らない

別曲線と予算制約線の延長線上との接点は点Jとなります。しかし点JはXがマイナスであり，入手可能領域△OAB外ですので実現不可能です（マイナスの消費はできません）。

3. 最適消費量の計算

Movie 043

この章の最後に，最適消費量を求める計算方法をマスターしましょう。

鉄則1-1　最適消費量の計算①
Step 1　予算制約式を作る。
Step 2　予算制約線を$x=$〜か$y=$〜に変形
Step 3　効用関数に代入し，効用関数をxかyだけの式にする。
Step 4　$\dfrac{dU}{dx}=0$か$\dfrac{dU}{dy}=0$より効用最大となるxかyを求める。

鉄則1-1の他に次の方法もあります。

鉄則1-2　最適消費量の計算②
Step 1　予算制約式を作る。
Step 2　X財とY財の限界効用を計算する。
Step 3　加重限界効用均等の式を作る。
Step 4　予算制約式と加重限界効用均等の式の連立方程式を解く。
効用最大のx, yを求める。

それでは，これらの鉄則を使って，問題を解いてみましょう。

【問題7－1】（過去トレ・ミクロ p.21 問題1－13より）

　ある消費者の効用関数を$U=xy$とする。Uは効用，xはX財の消費量，yはY財の消費量を示す。X財の価格が100円，Y財の価格が200円，消費者の所得を1万円とするとき，X財，Y財の最適消費量の組合せとして妥当なのはどれか。

Movie 044

	X財	Y財
1.	60	20
2.	50	25
3.	40	30
4.	30	35
5.	20	40

（市役所）

〈解法1〉鉄則1-1を使う

Step 1 予算制約式を作る。
予算制約式は$10,000=100x+200y$……①

Step 2 予算制約線を$x=\sim$か$y=\sim$に変形
予算制約式から$y=\boxed{50-0.5x}$……②

Step 3 効用関数に代入し，効用関数をxかyだけの式にする
②を効用関数に代入し，yを消去し，
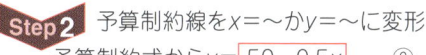
$U=xy=x(\boxed{50-0.5x})$
$=50x-0.5x^2$

Step 4 $\dfrac{dU}{dx}=0$より効用最大となるxを求める。
$\dfrac{dU}{dx}=50-0.5\times2x^{2-1}$
　　$=50-x=0$
　$x=50$

〈解法2〉鉄則1-2を使う

Step 1 予算制約式を作る。
予算制約式は$10,000=100x+200y$……①

Step 2 X財とY財の限界効用を計算する。
$MUx=\dfrac{\partial U}{\partial x}=y,\ MUy=\dfrac{\partial U}{\partial y}=x$

Step 3 加重限界効用均等の式を作る。

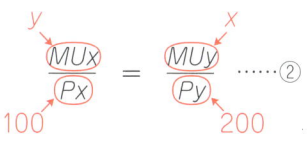

$$\frac{MUx}{Px} = \frac{MUy}{Py}\quad……②$$
$$\ \ 100 \qquad\qquad 200$$

$MUx=y,\ MUy=x,\ Px=100,\ Py=200$を②式に代入し，

$$\frac{y}{100} = \frac{x}{200}$$

$$y = \boxed{\frac{1}{2}x}\cdots③$$

③を予算制約式①に代入し，
$10,000=100x+200y$

$$=100x+200\times\frac{1}{2}x$$
$$=200x$$

$$x=\frac{10,000}{200}=50$$

〈解法3〉 鉄則2を使う

効用関数が$U=x^a y^b$の形のときには，**鉄則2**の公式で効用最大となる最適消費量x，yを求めることができます。

> **鉄則2　$U=x^a y^b$のときの消費量の計算**
>
> 所得をM，xの価格をP_x，yの価格をP_yとすると
>
> $U=x^a y^b$のとき，$\quad x = \dfrac{M}{P_x} \times \dfrac{a}{a+b}$
>
> $\qquad\qquad\qquad y = \dfrac{M}{P_y} \times \dfrac{b}{a+b}$

$U=xy=x^1 y^1$なので，**鉄則2**の$a=1$，$b=1$のケースとなります。問題文より所得$(M)=10{,}000$，$P_x=100$，$P_y=200$なので，

$$x = \frac{M}{P_x} \times \frac{a}{a+b} = \frac{10{,}000}{100} \times \frac{1}{1+1} = 50$$

したがって，正解は2。

正　解　2

Chapter 8

上級財・中立財・下級財
―お給料が増えるとたくさん買うとは限らない―

Point

1 所得（M）が増えると予算制約線は平行に右上にシフトする。

2 所得が増加したときに，需要量が増える財を上級財（正常財），需要量が変わらない財を中立財（中級財），需要量が減る財を下級財（劣等財）という。

3 所得が1%増えたときに需要量が何%増加するかを需要の所得弾力性という。需要の所得弾力性が1以上の財を奢侈財，1未満の財を必需財という。

Movie 045

難易度　A

出題可能性

国家一般職（旧Ⅱ種）	B
国税専門官	B
地方上級・市役所・特別区	B
国家総合職（旧Ⅰ種）	B
中小企業診断士	B
証券アナリスト	B
公認会計士	A
都庁など専門記述	B
不動産鑑定士	B
外務専門職	C

この章では，まず，所得（予算）の変化によって消費量がどのように変化するかを学びます。所得の変化に対する需要量の変化によって，上級財・中立財・下級財に分類されます。この分類はよく問われ，また，次の第9章でも必要となるので，しっかり理解するようにしてください。

1. 上級財・中立財・下級財

Movie 046

ここでは，財の価格P_X，P_Yは一定の下で，所得（M）の変化に伴い，最適消費点がどのように変化するかを考えましょう。

さて，所得が当初のM_0からM_1，M_2へと増加したときに，最適消費点がどのように変化するかを考えましょう。

無差別曲線は，効用の等しい消費量の組み合わせの集合ですから，その家計の好みを表しており，また，予算の変化により，好みは変わらないので，変化しません。**予算の変化により，変化するのは，予算制約線**です。所得がM_0からM_1，M_2へと増加したときの，予算制約線の変化を，以下のように分析します。

●点A

所得Mを使い切り，すべてYを買ったときのYの個数を表します。所得がM_0からM_1，M_2と増えれば，当然，$\frac{M_0}{P_Y}$個から，$\frac{M_1}{P_Y}$個，$\frac{M_2}{P_Y}$個と増えA'，A''と上へ移動します。

●点B

所得Mを使い切り，すべてXを買ったときのXの個数を表します。所得がM_0からM_1，M_2と増えれば，当然，$\frac{M_0}{P_X}$個から，$\frac{M_1}{P_X}$個，$\frac{M_2}{P_X}$個と増えB'，B''と右へ移動します。

●予算制約線AB の傾き

P_X，P_Yは不変のため，傾き$=-\frac{P_X}{P_Y}$は不変です。

したがって，予算制約線は，図表8－1のようにABから，$A'B'$，$A''B''$へと変化（シフト）します。P_X，P_Yが不変ですので，予算制約線の傾きは，変わりません。ですから，AB，$A'B'$，$A''B''$は傾きが同じなので，平行です。

復習

予算制約線とは，最大限消費する，つまり，所得（M）をすべて使い切る状態で，図表8－1の直線ABのように描くことができ，予算制約線は，その下方（左方）の部分，すなわち，図表8－1の$\triangle OAB$においてのみ選択可能であるということを示します（入手可能領域）。この入手可能領域$\triangle OAB$において，効用が最大の（無差別曲線が一番上方にある）点は，予算制約線（図表8－1のAB）と無差別曲線U_0が接する点Eです。点Eは，一定の所得（M）の下で，効用が最大という意味で「最適」であり，最適消費点と呼ばれます。ここまでは，今までの復習です。

図表8－1●所得－消費曲線①

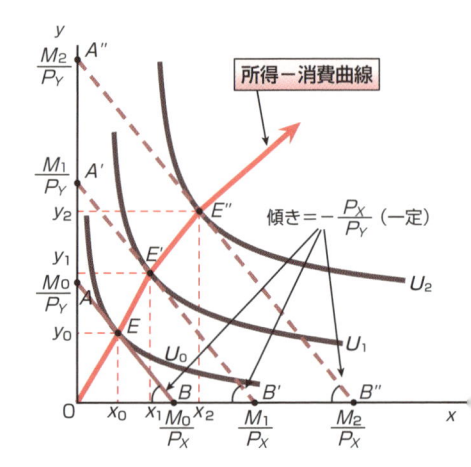

それにともない，入手可能領域も，△OABから，△OA'B'，△OA"B"へと，拡大します。この入手可能領域の拡大は，所得の増加により，より多くの消費の組み合わせが実現可能になったことを意味しています。

その結果，入手可能領域内で効用最大となる点である最適消費点は，点E（x_0，y_0）から，点E'（x_1，y_1），点E''（x_2，y_2）へと変わります。このような，所得の変化に伴い変化する最適消費点を結んだ曲線を所得－消費曲線といいます。

図表8－1では，所得が$M_0 \rightarrow M_1 \rightarrow M_2$と増えるにつれて，$X$の消費量も$x_0 \rightarrow x_1 \rightarrow x_2$と増加し，$Y$の消費量も$y_0 \rightarrow y_1 \rightarrow y_2$と増加しています。このように，**所得の増加により，消費量が増加する財**を**上級財（正常財）**といいます。ですから，図表8－1では，XもYも上級財のケースということになります。一方，**所得の増加により，消費量が変わらない財**を**中立財（中級財）**，**所得の増加により，消費量が減少する財**を**下級財（劣等財）**といいます。

図表8－2では，所得が増加して，予算制約線が右上方に平行にシフトするにつれて，最適消費点は$E \rightarrow E_1 \rightarrow E_2 \rightarrow E_3 \rightarrow E_4$と変化しています。これは，所得の増加に伴い，$X$の消費量は$x_0 \rightarrow x_1 \rightarrow x_2 \rightarrow x_3 \rightarrow x_4$と増加し，常に上級財であることがわかります。

しかし，Yの消費量は$y_0 \rightarrow y_1 \rightarrow y_2 \rightarrow y_2 \rightarrow y_1$と変化しており，$y_0 \rightarrow y_1 \rightarrow y_2$と増加している部分では上級財ですが，$y_2 \rightarrow y_2$の部分では，変化しないので中立財となり，$y_2 \rightarrow y_1$の部分では減少しているので下級財となっています。

> **＋ 補 足**
>
> なお，所得－消費曲線は，所得がゼロのときは，必ず（0，0）の組み合わせを選択するので，原点Oを出発点とした曲線となります。

図表8－2 ●所得－消費曲線②

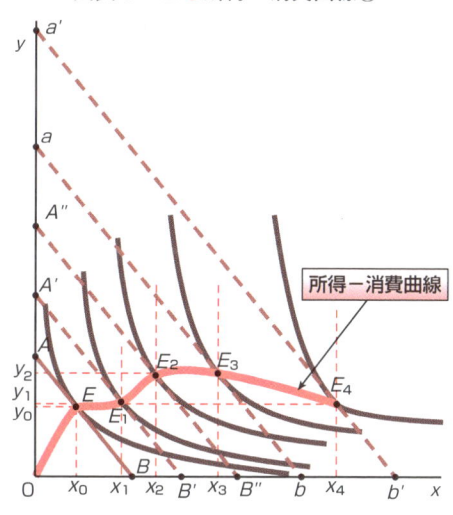

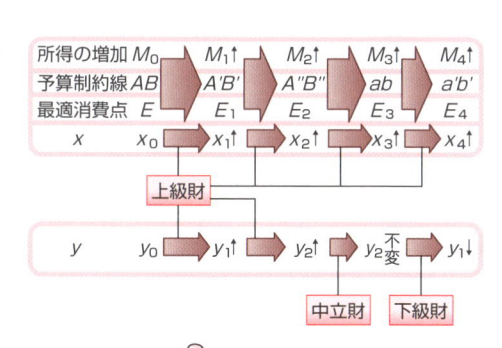

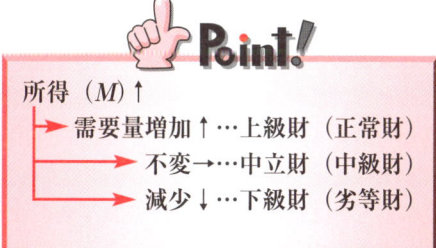

2. 需要の所得弾力性

Movie 047

所得（M）が１％増加したときに，需要量（X）が何％増加するかを**需要の所得弾力性**（e_{xm}）といいます。

所得をM，所得の変化量をΔM，需要量をx，需要量の変化分をΔxとすると，所得の変化率$=\dfrac{\Delta M}{M}$，需要量の変化率$=\dfrac{\Delta x}{x}$ですから，

需要の所得弾力性（e_{xm}）$= \dfrac{\dfrac{\Delta x}{x}}{\dfrac{\Delta M}{M}}$

この需要の所得弾力性は，上級財（正常財）ならば，所得が１％増えれば，需要量は増加するので，需要量の変化率はプラスとなり，需要の所得弾力性＞０です。

中立財ならば，所得が１％増えても，需要量は変化しないので，需要量の変化率はゼロとなり，需要の所得弾力性＝０です。

下級財ならば，所得が１％増えたとき，需要量は減少するので，需要量の変化率はマイナスとなり，需要の所得弾力性＜０です。

なお，上級財（正常財）のうち，**需要の所得弾力性≧１の財，つまり，所得が１％増加すると需要量が１％以上増加するような財を奢侈財**といいます。これは，所得が増えるにつれて所得の増加率以上に消費量が増える財です。一般に，教養，娯楽・レジャー，洋服などが奢侈財といわれています。

一方，**需要の所得弾力性＜１の財，つまり，所得が１％増加すると需要量が増加するが，１％未満しか増加しないような財を必需財**といいます。これは，所得が増えてもそれ程消費量は増えず，逆に，所得が減ってもそれほど消費量を減らすことができない財なので，必需財と呼ばれます。一般に，主食である米，鍋・釜などの日用品，光熱水道費，医療費，

略語

弾力性は英語でelasticityというので e と略すことが多いのです。

たとえば

所得が100万円から５万円増え105万円になったとき，需要量が10個から１個増えて11個に増加したとします。このとき，所得は $\dfrac{+5万円}{100万円} = 0.05 = +5\%$ 変化しており，需要量は $\dfrac{+1個}{10個} = +0.1 = +10\%$ 変化しています。所得が１％増加ではなく，その5倍の５％も増加しています。需要の所得弾力性は所得が１％増加したときの需要量の増加比率なので，+10％という需要量の変化率を所得の変化率5％で割って，$\dfrac{10\%}{5\%} = +2$ となります。この+2が需要の所得弾力性です。

補足

奢侈とは「しゃし」と読み，「ぜいたく」の意味。

補足

必需財の定義については，需要の所得弾力性（e_{xm}）を０から１の間とし，上級財に限るとする学者と，需要の所得弾力性（e_{xm}）を１未満とし，中立財と下級財も必需財とする学者がいますので注意が必要です。この本では，必需財を「需要の所得弾力性（e_{xm}）を０から１の間と上級財に限る」と定義しておきましょう。

などが必需財といわれています。

需要の所得 弾力性（e_{xm}）>0	上級財 （正常財）	奢侈財： 　需要の所得 　弾力性（e_{xm}）$\geqq 1$ 必需財： 　$0<$ 需要の所得 　　　弾力性（e_{xm}）<1
需要の所得 弾力性（e_{xm}）$=0$	中立財	中立財・下級財は 必需財に含まれる とする立場もある。
需要の所得 弾力性（e_{xm}）<0	下級財	

3. エンゲル曲線

Movie 048

　エンゲル曲線とは，所得とある財の消費量
の関係を表したグラフです。ここでは，所得
（M）を横軸，X財の消費量（x）を縦軸とし
て図表8－3に描きましょう。

・点Oから点B：右上がり

　エンゲル曲線が右上がりのとき，横軸の所
得が増加すれば縦軸のX財の消費量も増加す
るという関係ですから，X財は上級財です。

・点Bから点C

　点Bから点Cではエンゲル曲線は水平で，
横軸の所得が増加しても縦軸のX財の消費量
は変化しないのでX財は中立財です。

・点Cから点D

　点Cから点Dではエンゲル曲線は右下がり
で，横軸の所得が増加したとき縦軸のX財の
消費量は減少するのでX財は下級財です。

図表8－3 ● 3エンゲル曲線①

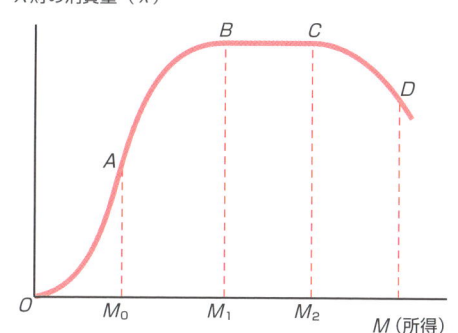

さらに，点 O から点 B の右上がりの部分を詳しく見ると，点 O から点 A は下に膨らんでいます（下に凸）。逆に，点 A から点 B の部分では上に膨らんだ（上に凸な）曲線となっています。エンゲル曲線が下に凸な場合と，上に凸な場合を図表８－４でより詳しく考えましょう。

まず，上に凸のエンゲル曲線を直線のエンゲル曲線と比較してみましょう。まず，$X=2M$という直線のエンゲル曲線（OAC）を描きます。直線ということは，所得が10から20へ2倍となると，X財の消費量も20から40へと2倍になります。つまり，所得の変化率と消費量の変化率が同じですから，所得が1％増加したときには消費量が1％増加するので需要の所得弾力性は1です。

これに対し，上に凸なエンゲル曲線（OAB）は，右上がりですので所得が増加すれば消費量は増加するのですが，だんだん消費量の増加は頭打ちになってくるということになります。具体的な数字でいえば，所得が10から20と2倍になっても，消費は20から25にしか増えず，2倍未満です。つまり，所得が増加したとき消費量も増加しますが，所得の増加率ほど変化しないことになり，所得が1％増加したとき消費量は1％未満しか増加しませんから，需要の所得弾力性は1未満です。つまり，必需財となります。

次に，下に凸なエンゲル曲線（OAD）を考えましょう。このエンゲル曲線も右上がりですので所得が増加すれば消費量は増加するのですが，消費量は直線のときよりも大幅に増加しています。つまり，需要の所得弾力性が1である直線のときよりも消費が大きく増加するのですから，需要の所得弾力性は1より大きいことになります。つまり，奢侈財です。

図表８－４ ●３ エンゲル曲線②

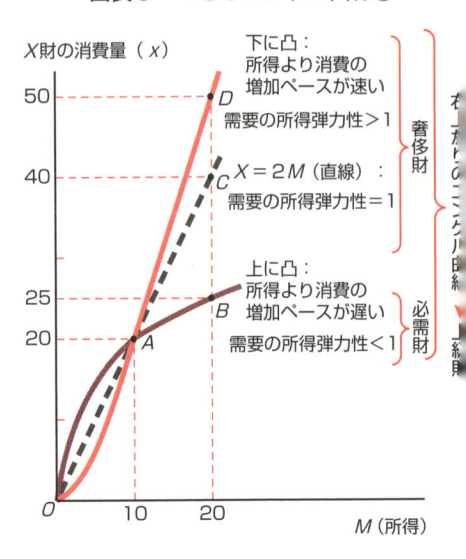

復習

必需財とは需要の所得弾力性が0より大きく1未満の財です。

たとえば

具体的な数字でいえば，所得が10から20と2倍になったとき，消費は20から50へと，2倍にあたる40よりも消費量は増加します。

復習

奢侈財とは需要の所得弾力性が1以上の財です。

Chapter 9

需要曲線
―バーゲンセールにお客が殺到するワケ―

Movie 049

Point

1 財の価格が変化すると予算制約線が変化する。

2 X財の価格が下がったときに，価格の下落したXの方がYに比べ相対的に安くなるのでYをやめてXを買おうという効果【代替効果】と，余った予算をどう使おうかという効果【所得効果】がある。

3 X財の価格が上がったときには，価格の上がったX財の方がY財に比べ相対的に高いのでX財をやめてY財を買おうという効果【代替効果】と，予算が足りなくなったのでどうしようかという効果【所得効果】がある。

4 上級財・中立財・下級財は代替効果は同じだが所得効果が違う。

5 価格が下がると需要量がかえって減るというギッフェン財は，下級財であり，かつ，代替効果よりも所得効果が大きい。

6 価格が1％下落したときに需要量が何％増加するかを需要の価格弾力性という。

難易度　B

出題可能性

国家一般職（旧Ⅱ種）	A
国税専門官	A
地方上級・市役所・特別区	A
国家総合職（旧Ⅰ種）	A
中小企業診断士	A
証券アナリスト	A
公認会計士	A
都庁など専門記述	A
不動産鑑定士	A
外務専門職	A

　この章では，価格の変化によって需要量がどのように変化するかを学びます。価格の変化に対する需要量の変化は，代替効果と所得効果に分けて分析されます。代替効果と所得効果を使って需要量の変化を，まずは言葉で説明できるようにします。そして，次に，グラフを使って分析できるようにします。

　どの試験でも非常によく出題される論点ですから，しっかりとマスターしましょう。

1. 需要曲線

Movie 050

P_YとMは一定の下で、X財の価格（P_X）の変化に伴い、最適消費点がどのように変化するかを考えます。

さて、X財の価格（P_X）がP_{X0}、P_{X1}と下落したときに、最適消費点がどのように変化するかを考えましょう。

P_Xの変化（下落）により、変化するのは、予算制約線です。予算制約線の変化は、次のように分析します（図表9－1）。

●点A

所得Mを使い切り、すべてY財を買ったときのYの個数を表します。P_Xが下落しても、Y財しか買っていないのですから、当然、$\dfrac{M}{P_Y}$個は変化せず点Aは移動しません。

●点B

所得Mを使い切り、すべてX財を買ったときのX財の個数。P_Xが$P_{X0} \to P_{X1}$と下落したとき、$\dfrac{M}{P_{X0}} \to \dfrac{M}{P_{X1}}$と、買える個数は増加し点$B'$と右へ移動します。

●予算制約線ABの傾き

P_Xが$P_{X0} \to P_{X1}$と下落したとき、P_Yは不変のため、傾き$= -\dfrac{P_X}{P_Y}$は、$-\dfrac{P_{X0}}{P_Y} \to -\dfrac{P_{X1}}{P_Y}$と傾きは緩やか（絶対値は小さく）になります。

したがって、予算線は、ABから、AB'へと変化（シフト）します。それにともない、入手可能領域も、$\triangle OAB$から、$\triangle OAB'$へと、拡大します。この、入手可能領域の拡大は、**実質所得の増加**により、より数量の多い組み合わせが実現可能になったことを意味しています。

その結果、入手可能領域内で効用最大となる点である最適消費点は、点$E(x_0, y_0)$から、点$E'(x_1, y_1)$へと変わります。

復習

予算制約線とは、所得（M）をすべて使い切るようなX財、Y財の消費量の組み合わせの集合で、図表9－1のABのように描くことができ、予算制約線（図表9－1のAB）は、その下方（左方）の部分、すなわち、図表9－1の$\triangle OAB$においてのみ選択可能であるということを示します（入手可能領域）。

＋ 補足

無差別曲線は、効用の等しい組み合わせの集合ですから、その家計の好みを表しており、価格の変化により、好みは変わらないので、変化しません。

▶▶ 徹底解説 ◀◀

所得（M）が一定であっても、X財、Y財の2つしか財がない世界においては、X財の価格が下落すると、今までと同じ消費量で予算は余り、今まで以上にたくさん消費できることになります。これは、実質的には所得が増えたのと同じですので、「実質所得の増加」と呼びます。

このような，**価格の変化に伴い変化する最適消費点を結んだ曲線を価格―消費曲線**といいます。なお，価格―消費曲線は，P_Xが極めて高く，所得M以上のときには，X財は1個も買えずY財だけを買うので，点A（0，$\frac{M}{P_Y}$）を選択しますので，点Aを出発点とします。

価格の変化による最適消費点の変化を，xとyではなく，xとP_Xのグラフで表現すると，図表9－1下図のようなP_Xとxの関係を表す需要曲線（d）を描くことができます。また，図表9－1上図の価格－消費曲線が右側にのびていると，図表9－1下部のように右下がりの需要曲線（d）になります。

なお，この需要曲線（d）は個別の家計の需要曲線ですから，市場全体の需要曲線（D）は，市場に存在する個別家計の需要曲線を横に足し合わせたものになります。これは，図表5－3と同じ方法です。個別家計の需要曲線が右下がりであれば，それらを横に足した市場の需要曲線も右下がりの需要曲線になります。

図表9－1 ●需要曲線①上級財

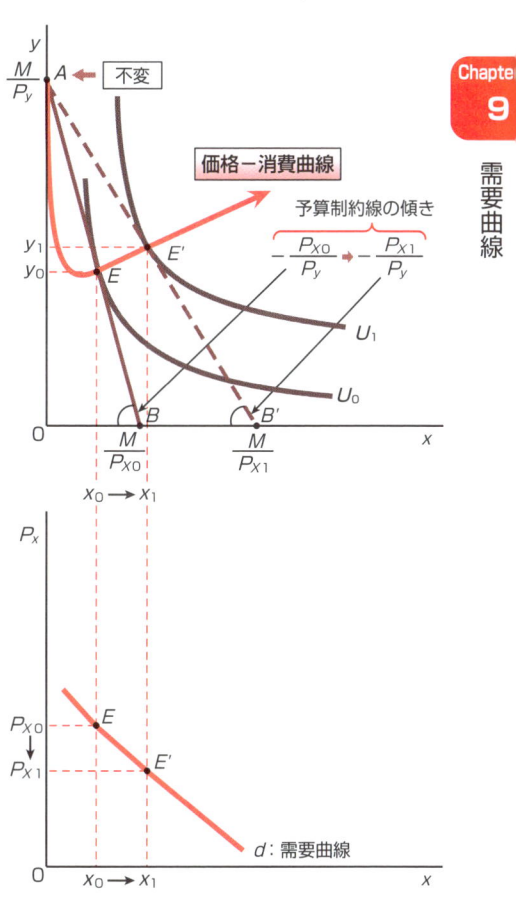

ギッフェン財

無差別曲線理論では、**価格が下がると需要量がかえって減少する、逆にいえば、価格が上がると需要量が増加する**という右上がりの需要曲線（**ギッフェン財**と呼ばれる特殊ケース）は、図表9−2を用い、次のように説明されます。

予算制約線は、P_Xの下落により、ABからAB'へと変化（シフト）します。それにともない、入手可能領域も、$\triangle OAB$から、$\triangle OAB'$へと拡大します。その結果、入手可能領域内で効用最大となる点である最適消費点は、点E（x_0, y_0）から、点E'（x_1, y_1）へと変わります。P_Xが下落するにつれて、xはx_0からx_1へと減少しています。価格P_Xが下落したとき、消費量xが減少していますので、ギッフェン財となっています。

価格の変化による最適消費点の変化を、xとyではなく、xとP_Xのグラフで表現すると、右上がりの需要曲線を描くことができます。図表9−2の価格−消費曲線は左側にのびている（$E \rightarrow E'$）ので、右上がり（左下がり）の需要曲線になるのです。

しかし、以上の説明では、グラフから右上がりの需要曲線になることは図形的にわかっても、どうして価格が下がるとかえって需要量が減るのかが、いまひとつしっくりとわかりません。

そこで、価格の変化による需要量の変化を代替効果と所得効果という2つの効果に分けて説明することにしましょう。

図表9−2 ● 需要曲線②ギッフェン財

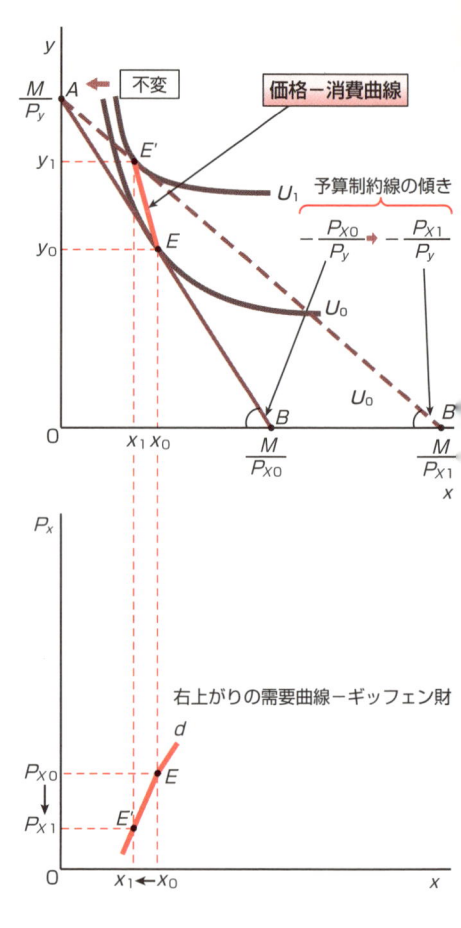

右上がりの需要曲線−ギッフェン財

🖉 用 語

スルツキーが考えたので、スルツキー分解と呼ばれます。

2. 代替効果と所得効果

① 言葉による説明

X財，Y財の2財しかない世界を仮定しましょう。一方のX財の価格P_Xが下落すると，私たちは，**価格の下落したX財の方が，Y財に比べ相対的に安くなるので，Y財をやめてX財を買おう**という気持ちがでてくるでしょう。これが**代替効果**です。

同時に，今までと同じ消費量であれば，**P_X下落により予算が余りますので，実質的に所得が増えたのと同じ効果があり，余った予算をどう使おう**かと考えるでしょう。これが，所得効果です。X財の価格P_Xが下落すると実質所得は増加しますので，X財が上級財であれば所得増加により需要量は増加しますが，中立財であれば所得増加により需要量は変わらず，下級財であれば所得増加により需要量は減少します。このように，**所得効果**は，X財が上級財か中立財か下級財かによって異なってきます。

X財の価格P_Xが下落したときに，最終的にX財の需要量がどのように変化するかは，代替効果と所得効果の合計となります。この合計の効果（＝最終的な効果）を全部効果とか価格効果と呼びます。

私たちの常識では，価格が下落したX財の需要量は当然増えるであろうという感覚ですが，これは，代替効果だけを考えているからです。ですから，**ギッフェン財**のように，**価格が下落すると，かえって需要量も減少し，価格が上昇すると需要量が増加する財**に違和感を覚えるのです。

では，次に，代替効果と所得効果を使ってギッフェン財を説明しましょう。

▶▶ 徹底解説 ◀◀

代替とは「代わりに」という意味で，Y財をやめて，代わりに，割安となったX財の消費を増やすことで効用を高める効果です。ですから，価格が下落したXは割安になりますので，代替効果では，割安になったX財の需要量は増加します。

➕ 補 足

所得の金額自体は変わっていないので名目所得は一定です。しかし，実質的には値下がりによって予算が余り豊かになるので「実質所得が増加」といいます。「実質」とは表面的な金額ではなく，「モノ何個分」という意味と考えてください。つまり，実質所得とは，モノ何個買える分の所得かということです。

📝 用 語

19世紀にイギリスの経済学者ギッフェンが，アイルランドの飢饉のときに，ジャガイモの価格が上昇したときに，ジャガイモの需要量が増加したという事実を発見したことに由来します。なお，当時のアイルランドは貧しく，主食であるジャガイモは所得が増えると需要量は減るという下級財でした。

ギッフェン財の説明

　ジャガイモ（X財）の価格下落により，ジャガイモ（X財）が牛肉（Y財）より割安になるので，牛肉（Y財）をやめてジャガイモ（X財）の需要量を増やします【代替効果】。

　しかし，同時に，ジャガイモ（X財）の価格下落により実質所得が増加するので，下級財であるジャガイモ（X財）の需要量は減少します。これは，余裕ができたのだから，ジャガイモをやめて牛肉（Y財）を買おうという行動です【所得効果】。

　そして，**割安になったジャガイモ（X財）の需要量を増やそうという代替効果よりも，実質所得が増えたので，ジャガイモ（X財）をやめて牛肉（Y財）にしようという所得効果が大きく働くことにより，価格の下落したジャガイモ（X財）の需要量が減少することを説明できます【代替効果＜所得効果】。**

　ギッフェン財のように，価格が下落するとかえって需要量が減少してしまう場合や，価格が下落したときに需要量が変化しない場合には，需要の法則は成立しません。図表9－3に，需要法則との関係も整理しておきましょう。

> ▶ **用 語**
>
> 　厳密に表現すると，**代替効果**とは価格変化による実質的な所得変化（効用水準の変化）を取り除いた純粋な価格比の変化のみの消費行動に与える影響をいい，効用水準一定という条件の下，価格比（相対価格）の変化が最適消費点に与える効果と定義できます。

> ▶ **用 語**
>
> 　厳密に表現すると，**所得効果**とは，価格比は不変という条件の下での実質所得の変化が最適消費点に与える効果と定義できます。

> ▶ **用 語**
>
> 　**価格が下落すれば需要量が増えること，つまり，右下がりの需要曲線となることを，需要の法則**といいます。

図表9－3 ●価格効果＝代替効果＋所得効果（価格下落のケース）

ケース	図表	代替効果 ($E \to E_1$)	所得効果 ($E_1 \to E'$)	価格効果合計の効果 ($E \to E'$)	需要の法則
1　上級財	9－4	増加↑	増加↑	増加↑	成　立
2　中立財	9－5	増加↑	不変→	増加↑	成　立
3　下級財 代替効果がより大	9－6	増加↑	減少↓	増加↑	成　立
4　下級財 両効果が等しい	9－7	増加↑	減少↓	不変→	不成立
5　下級財 所得効果がより大	9－8	増加↑	減少↓	減少↓	不成立〈ギッフェン財〉

＊ E, E_1, E' は，図表9－4，5，6，7，8 の最適消費点を意味します。

② 図による説明 〈ケース１〉 上級財の価格が下落したケース●図表９－４

それでは，図を使って代替効果，所得効果について考えましょう。ここで，図表９－４において，X財の価格がP_{X0}からP_{X1}へと下落し，予算制約線がABからAB'へシフトし，最適消費点もEからE'に変化したとします。

ここで，最初の最適消費点Eを通る無差別曲線U_0に接し，かつ価格変化後の新しい価格比（$-\frac{P_X}{P_y}$，よって予算制約線AB'と平行）の補助線abを描きます。U_0とabの接点をE_1（x_1，y_1）とすると，EからE_1への変化が代替効果，E_1からE'への変化が所得効果です。

この補助線abは，現実には存在しないのですが，所得効果と代替効果を考えるために作った仮想の予算制約線です。

代替効果（$E \to E_1$）は，E，E_1ともに，同じ無差別曲線U_0上にあるので，効用水準が同じ（一定）です。その効用一定という条件の下で，価格比が変われば，この場合，P_Xが下落するため，補助線abの傾きが緩やかになるので，無差別曲線の形状が右下がりで，原点に対し凸であれば，X財の価格下落により，E_1は必ずEより右下に位置し，X財の消費量xは必ず増加します。

これに対し，所得効果（$E_1 \to E'$）は，補助線abからAB'への変化であり，予算制約線が平行にシフトしているので，所得が増加した効果（p.76 図表８－１）と同じです。X財が上級財であれば，X財の価格下落は実質所得増加となり需要量が増加するので，E'はE_1より右側となります。

価格の変化による需要量の変化は，代替効果と所得効果の合計ですから，$E \to E_1 \to E'$です。つまり，**代替効果でx_0からx_1へと増加し，所得効果でx_1からx'へと増加し，最終的にはx_0からx'と大きく増加**します。

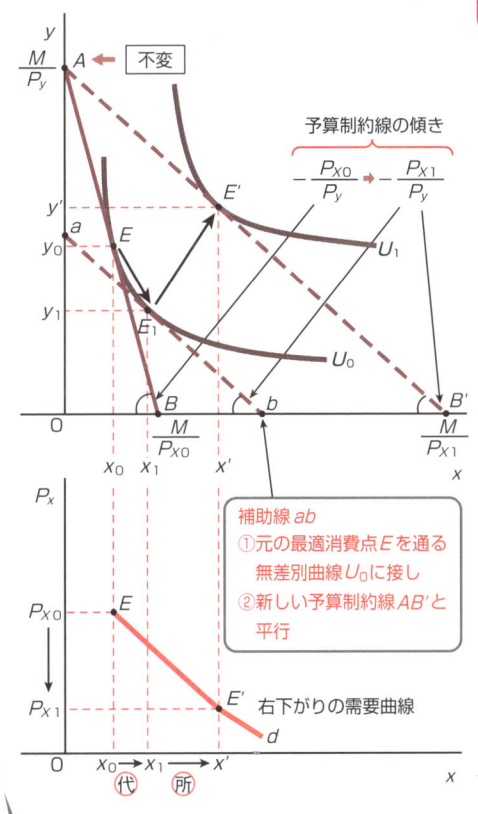

図表９－４●代替効果と所得効果
（価格下落，上級財のケース）

補助線 ab
①元の最適消費点Eを通る無差別曲線U_0に接し
②新しい予算制約線AB'と平行

右下がりの需要曲線

➕ 補　足

代替効果は上級財，中立財，下級財による差はありません。

➕ 補　足

X財が中立財であれば所得効果では消費量は不変であり，下級財であれば逆にX財の消費量は減少しますが，後ほど詳しく説明します。

〈ケース２〉中立財の価格が下落したケース●図表９−５

今度は，X財が中立財であるケースを図表９−５で説明しましょう。

まず，元の最適消費点Eを通る無差別曲線U_0に接し，かつ，新しい予算制約線AB'と平行な補助線abを引き，abとU_0の接点をE_1とします。すると，$E \to E_1$ が代替効果，$E_1 \to E'$ が所得効果です。

代替効果はEからE_1へと最適消費点が変化し，これはX財の需要量はx_0からx_1へ増加し，Y財の需要量はy_0からy_1へ減少していることがわかります。つまり，P_Xの下落により，Yに対してXは相対的に割安となったので，Y財を減らし代わりにX財を増やしていることがわかります。

次に，E_1からE'は，補助線abから予算制約線AB'への変化ですから，平行に予算制約線がシフトしており，所得が増加したときと同じです。P_Xの下落により，実質的には所得が増加したことを意味しています。右上図では，E_1からE'へと真上へ移動していますから，実質所得の増加により，X財の需要量はx_1のままであり，Y財の需要量はy_1からy'に増加しています。これは，X財は中立財であり，Y財は上級財としているからです。

つまり，**X財が中立財のときには，P_Xが下落すると，X財の需要量は，代替効果では増加しますが，所得効果では不変ですので，合計した価格効果は需要量を増加**させます。これを，横軸にX財の需要量，縦軸に価格P_Xを取って，P_XとXの需要量の関係，つまり，需要曲線を右下に描くと，P_{X0}のときには需要量はx_0ですが，P_{X1}に下落すると需要量はx_1に増加するので，右下がりの需要曲線を描くことができます。

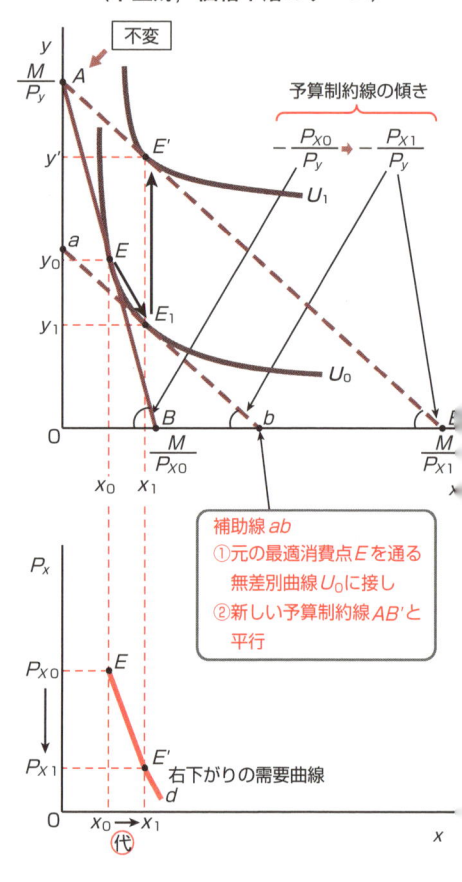

図表９−５●代替効果と所得効果（中立財，価格下落のケース）

補助線 ab
① 元の最適消費点Eを通る無差別曲線U_0に接し
② 新しい予算制約線AB'と平行

右下がりの需要曲線

《ケース3》下級財で代替効果＞所得効果のケース●図表9−6

　今度は，X財は下級財であり，代替効果が所得効果を上回るケースを図表9−6を使って説明しましょう。

　まず，元の最適消費点Eを通る無差別曲線U_0に接し，かつ，新しい予算制約線AB'と平行な補助線abを引き，abとU_0の接点をE_1とします。すると，$E \to E_1$が代替効果，$E_1 \to E'$が所得効果です。

　代替効果はEからE_1へと最適消費点が変化し，X財の需要量はx_0からx_1へ増加し，Y財の需要量はy_0からy_1へ減少しています。つまり，P_Xの下落により，Y財に対してX財は相対的に割安となったので，Y財を減らし代わりにX財を増やしていることがわかります。

　そして，E_1からE'は，補助線abから予算制約線AB'への変化ですから，平行に予算制約線がシフトしており，所得が増加したときと同じです。P_Xの下落により，実質的には所得が増加したことを意味しています。右上図では，E_1からE'へと左上へ移動していますから，実質所得の増加により，X財の需要量はx_1からx'へ減少し，Y財の需要量はy_1からy'に増加しています。これは，X財は下級財であり，Y財は上級財としているからです。

　つまり，**X財が下級財のときには，P_Xが下落すると，X財の需要量は代替効果では増加しますが，所得効果で減少しますので，合計した価格効果は代替効果と所得効果の大きさによります。**

　ここでは，代替効果の方が大きいと仮定しているので，右下図に需要曲線を描くと，P_{X0}のときには需要量はx_0ですが，P_{X1}に下落すると需要量はx'に増加するので，右下がりの需要曲線を描くことができます。

図表9−6●代替効果と所得効果
（下級財，代替効果＞所得効果のケース）

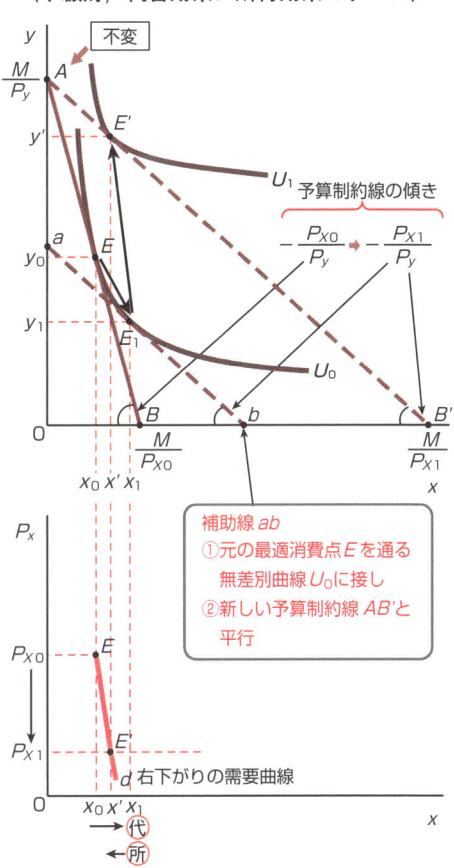

補助線 ab
①元の最適消費点Eを通る
　無差別曲線U_0に接し
②新しい予算制約線AB'と
　平行

〈ケース４〉下級財で，代替効果と所得効果の大きさが同じケース●図表９－７

X 財が下級財で，代替効果と所得効果の大きさが同じケースを図表９－７を使って説明しましょう。

まず，元の最適消費点 E を通る無差別曲線 U_0 に接し，かつ，新しい予算制約線 AB' と平行な補助線 ab を引き，ab と U_0 の接点を E_1 とします。すると，$E → E_1$ が代替効果，$E_1 → E'$ が所得効果です。

代替効果は E から E_1 へと最適消費点が変化し，これは，X 財の需要量は x_0 から x_1 へ増加し，Y 財の需要量は y_0 から y_1 へ減少していることがわかります。これは**ケース１～３**と同じです。

そして，E_1 から E' は，補助線 ab から予算制約線 AB' への変化ですから，平行に予算制約線がシフトしており，所得が増加したときと同じです。P_X の下落により，実質的には所得が増加したことを意味しています。右上図では，E_1 から E' へと左上へ移動していますから，実質所得の増加により，X 財の需要量は減少し x_1 から x_0 へ戻ってしまい，Y 財の需要量は y_1 から y' に増加しています。これは，X 財は下級財であり，Y 財は上級財としているからです。

つまり，X 財が下級財のときには，P_X が下落すると，X の需要量は代替効果では増加しますが，所得効果で減少するのです。

ここでは，代替効果と所得効果の大きさは同じと仮定しているので，代替効果と所得効果を合計した最終的な変化はゼロとなります。これを需要曲線で表現すると，P_{X0} のときには需要量は x_0 で P_{X1} に下落しても需要量は x_0 のままで変わらないので，垂直な需要曲線となります。

図表９－７●代替効果と所得効果
（下級財，代替効果＝所得効果のケース）

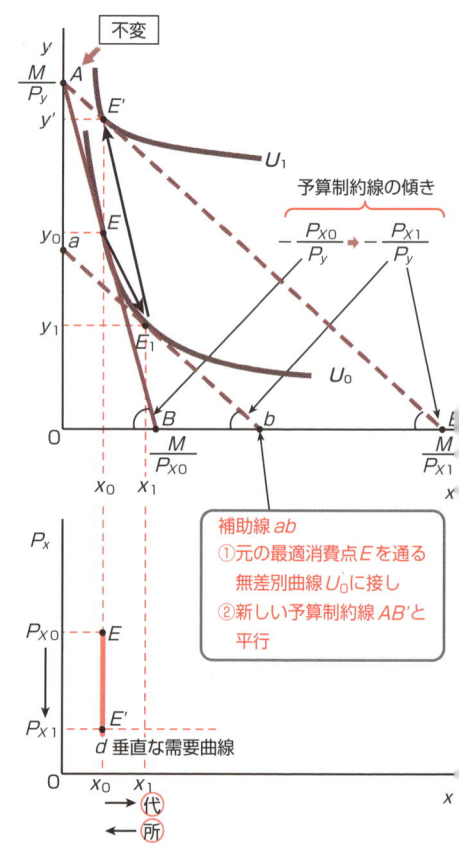

〈ケース5〉 下級財で代替効果＜所得効果のケース（ギッフェン財）　●図表9－8

　X財が下級財，Y財が上級財であり，代替効果より所得効果が大きいケースを図表9－8で説明しましょう。

　まず，元の最適消費点Eを通る無差別曲線U_0に接し，かつ，新しい予算制約線AB'と平行な補助線abを引き，abとU_0の接点をE_1とします。すると，$E→E_1$が代替効果，$E_1→E'$が所得効果です。

　代替効果はEからE_1へと最適消費点が変化し，X財の需要量はx_0からx_1へ増加し，Y財の需要量はy_0からy_1へ減少しています。これは，**ケース1～4**と同じです。

　そして，E_1からE'は，補助線abから予算制約線AB'への変化ですから，平行に予算制約線がシフトしており，所得が増加したときと同じです。P_Xの下落により，実質的には所得が増加したことを意味しています。右上図では，E_1からE'へと左上へ移動していますから，実質所得の増加により，X財の需要量はx_1からx'へ減少し，Y財の需要量はy_1からy'に増加しています。これは，X財は下級財であり，Y財は上級財としているからです。つまり，X財が下級財のときには，P_Xが下落すると，Xの需要量は代替効果では増加しますが，所得効果で減少します。

　ここでは，所得効果の大きさが代替効果より大きいと仮定しているので，代替効果と所得効果の合計である最終的な需要量は減少します。これを需要曲線で表現すると，P_{X0}のときには需要量はx_0ですが，P_{X1}に下落すると需要量はx'に減少しますので，右上がり（左下がり）の需要曲線となります。

図表9－8 ●代替効果と所得効果
（下級財，代替効果＜所得効果のケース）

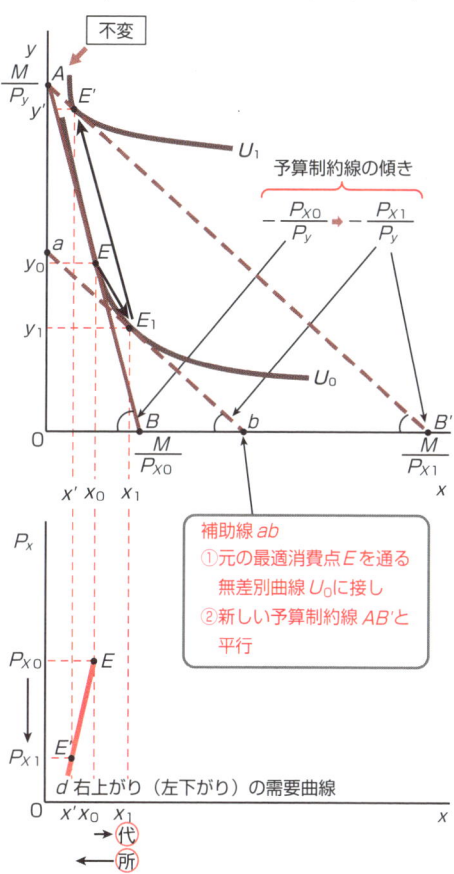

補助線ab
① 元の最適消費点Eを通る無差別曲線U_0に接し
② 新しい予算制約線AB'と平行

【問題9-1】

図は，1カ月に1万円を紅茶とコーヒーの購入に充てている個人の予算制約線と無差別曲線を描いたものである。

いま，紅茶の値段は100グラム当たり500円のまま変わらないが，コーヒーの値段が100グラム500円から1,000円になった。

このときの個人の紅茶とコーヒーの最適消費量の組合せ（最適消費点）の変化に関する次の記述のうち，妥当なのはどれか。

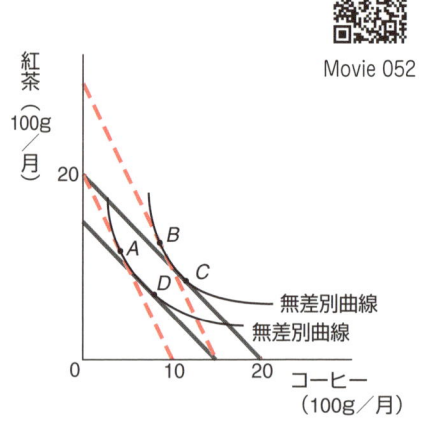

Movie 052

1．紅茶とコーヒーの最適消費点は点Cから点Dへと移動する。所得効果による減少分が代替効果による増加分を上回った結果，紅茶の消費量は減少した。

2．紅茶とコーヒーの最適消費点は点Dから点Aへ移動する。結果的には，コーヒーの値上がりによってコーヒーの消費量が減少した。これを一般的に価格上昇による所得効果と言う。

3．紅茶とコーヒーの最適消費点の点Cから点Aへの移動の結果，コーヒーの消費量が減り紅茶の消費量が増えた。紅茶については，点Cから点Dへの代替効果による減少分を点Dから点Aの所得効果による増加分が上回ったためである。

4．紅茶とコーヒーの最適消費点は点Aから点Cへ移動するが，これは点Aから点Dへの移動と点Dから点Cへの移動に分けて考えることができる。したがって，コーヒーと紅茶の関係は純代替財であると言える。

5．紅茶とコーヒーの最適消費点は点Cから点Aへ移動する。代替効果は点Cから点Bへの移動で所得効果は点Aへの移動であり，コーヒーについては，代替効果，所得効果ともにその消費量を減らす方向に働いている。

(国税専門官)

| グラフの理解に必要な知識

代替効果と所得効果

| 戦　　略

Step 1 まず，当初の予算制約線と新しい予算制約線をみつけます。

Step 2 代替効果と所得効果に分解するための補助線をみつけます。

Step 3 選択肢を検討します。

解　法

Step 1　予算制約線のシフト

　当初は予算制約線がFGでしたが，コーヒーの価格上昇によってFG'へとシフトします。その結果最適消費点は，CからAへと移動します。

Step 2　補助線ab

　次に最適消費点の変化（$C→A$）を代替効果と所得効果に分解するための補助線abを引きます。

　補助線abは

①元の最適消費点Cを通る無差別曲線（U_0とします）に接し，かつ

②新しい予算制約線（FG'）と平行に引きます。

　そして，そのabとU_0の接点は問題文よりBと名付けられています。

　すると，$C→A$の変化を$C→B$，$B→A$と分解でき，abとFG'が平行であることから，実質所得減少とわかるので，$B→A$が所得効果とわかり，残りの$C→B$が代替効果となります。

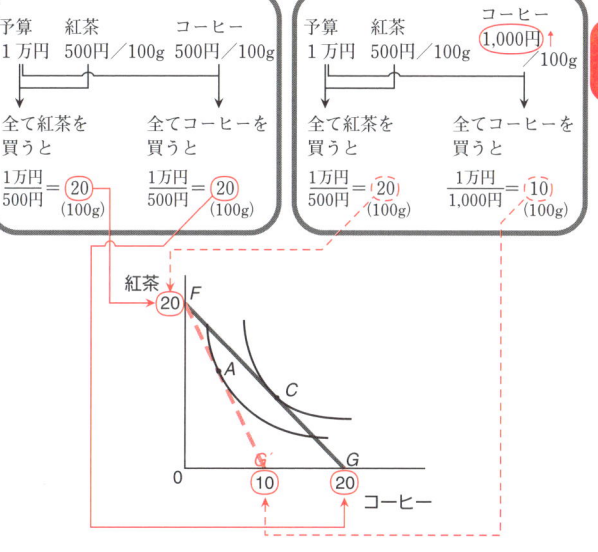

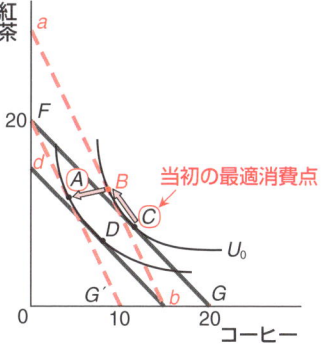

Step 3　選択肢の検討

1．×　最適消費点はCからDではなくCからAなので誤りです。

2．×　最適消費点はDからAではなくCからAなので誤りです。

3．×　最適消費点がCからAと左上に変化したことによって，コーヒーの消費量が減り紅茶の消費量が増えているので，1行目は正しい記述です。紅茶については，代替効果は$C→D$ではなく$C→B$であるし，また，代替効果によって消費量は「減少」ではなく「増加」するので，2行目は誤りです。また，所得効果は$D→A$ではなく$B→A$であるし，また所得効果で紅茶の消費量は「増加」ではなく「減少」する点で3行目も誤りです。

4．×　最適消費点は$A→C$ではなく$C→A$であるので誤りです。

5．○　最適消費点は$C→A$と変化し，コーヒーの消費量は代替効果（$C→B$），所得効果（$B→A$）ともに減少することから正しい記述です。

正　解　5

3. 需要の価格弾力性

Movie 053

価格（P_X）が1％下落したときに，需要量（x）が何％増加するかを**需要の価格弾力性（e_P）**といいます。

価格をP_X，価格の下落分をΔP_X，需要量をx，需要量の変化分をΔxとすると，価格の下落率＝$\dfrac{\Delta P_X}{P_X}$，需要量の変化率＝$\dfrac{\Delta x}{x}$

$$需要の価格弾力性（e_P）＝-\frac{\dfrac{\Delta x}{x}}{\dfrac{\Delta P_X}{P_X}}$$

となります。

需要の価格弾力性の式を，分数を2段の式に変形すると次のようになります。

$$需要の価格弾力性（e_P）＝-\frac{\dfrac{dx}{x}}{\dfrac{dP}{P}}＝-\frac{\dfrac{dx}{x}\times\dfrac{P}{dP}}{\dfrac{dP}{P}\times\dfrac{P}{dP}}$$

$$＝-\frac{dx}{x}\times\frac{P}{dP}$$

$$＝-\frac{P}{x}\times\boxed{\frac{dx}{dP}}$$

↑ xをPで微分

この$\dfrac{dx}{dP}$は，$x＝\sim$の式をPで微分した数になります。つまり，微分を使うことにより$\dfrac{dx}{dP}$がすぐにわかり，需要の価格弾力性（e_P）を計算できるのです。そのことを問題を解きながら説明しましょう。

たとえば

価格P_Xが1000円から50円だけ減少し950円になったとき，需要量が10個から1個増えて11個に増加したとします。このとき，価格は，$\dfrac{-50円}{1000円}＝-0.05＝-5％変化$しており，5％の下落です。一方，需要量は$\dfrac{+1個}{10個}＝+0.1＝+10％変化$していますので，10％の増加です。したがって，需要の価格弾力性は，価格が1％下落したときの需要量の増加比率なので，$\dfrac{-10％}{-5％}＝+2$となります。この＋2が需要の価格弾力性で，1％価格が下落すれば，需要量が2％増えることを意味します。

落とし穴

需要の価格弾力性は需要の所得弾力性と名称は似ていますが，「価格が変化したときに需要量がどれだけ変化するか」ということと，「所得が変化したときに需要量がどれだけ変化するか」という全く違うものですから混同しないように注意しましょう。

補足

この需要の価格弾力性は，右下がりの需要曲線であれば，価格が下落すると需要量は増えるので，需要の価格弾力性＞0，ギッフェン財のように，右上がりの需要曲線であれば，価格が下落すると需要量は減少するので，需要の価格弾力性＜0となります。

【問題9－2】（過去トレ・ミクロ p.28 問題1－28より）

　ある財の需要曲線と供給曲線が，それぞれ以下のように与えられている。

　　$D = 120 - 3p$

　　$S = 2p$

Movie 054

　ただし，Dは需要量，Sは供給量，pは価格である。このとき，均衡点における需要の
価格弾力性（絶対値）はいくらか。

> 1.　0.5
> 2.　1
> 3.　1.5
> 4.　2
> 5.　3

（国家一般職）

グラフの理解に必要な知識

需要の価格弾力性
需要の価格弾力性の計算

戦　略

1．まず，需要の価格弾力性の計算式を書き，**鉄則3**のように変形します。

鉄則3　需要の価格弾力性の計算

$$ed = -\cfrac{\dfrac{dD}{D} \times \dfrac{P}{dP}}{\dfrac{dP}{P} \times \dfrac{P}{dP}} = -\frac{dD}{D} \times \frac{P}{dP} = -\boxed{\frac{P}{D}} \times \boxed{\frac{dD}{dP}}$$

パーツ① パーツ②

分子・分母に$\dfrac{P}{dP}$をかける　　$D = \sim P$の式をPで微分

2．需要の価格弾力性（ed）の式を2つのパーツ（部品）に分けて考えます。パーツ①のP
とDは交点の値を連立方程式で計算すれば出します。パーツ②は$D - 120 - 3P$をPで微分す
ることで求めることができます。

Step 1　需要の価格弾力性の計算式を書く

$$ed = -\frac{\frac{dD}{D}}{\frac{dP}{P}} = -\frac{P}{D} \times \frac{dD}{dP} \cdots ①$$

Step 2　$\frac{dD}{dP}$ を求める

$D=120-3P$をPで微分すると，

$$\frac{dD}{dP} = -3 \cdots ②$$

Step 3　連立方程式を解いて D，P を求める

均衡点では　$D=S$

$$120-3P=2P$$

$$120=2P+3P=5P$$

$$P=\frac{120}{5}=24 \cdots ③$$

③を$D=120-3P$に代入し，

$$D=120-3\times24=120-72=48 \cdots ④$$

Step 4　②，③，④を①に代入し，需要の価格弾力性を求める

①より

$$ed=-\frac{P}{D} \times \frac{dD}{dP} = -\frac{24}{48}\times(-3) = \frac{3}{2}=1.5$$

したがって，正解は3。

正　解　3

4. 無差別曲線理論の問題点

　以上，無差別曲線理論の説明をしましたが，無差別曲線理論には，次のような問題点もあります。

【1】 完全性の仮定の非現実性

　無差別曲線理論は，完全性の仮定（いかなる消費量の組み合わせ（点）も他の組み合わせと比較できるという仮定）をおくことにより，無差別曲線は無数に描くことができるという性質が導き出されます。

　この性質があるので，コーナー解のような例外的なケースを除けば，必ず，予算制約線に接する無差別曲線を描くことができます。なぜなら，もし無差別曲線が限られた有限の数しかないとすれば，予算制約線に接する無差別曲線が必ずあるという保証はなくなってしまうからです。

　ところで，現実経済をみると，私たち消費者は，xとyが（1個，1個）（0.1個，0.8個）（1億個，10万個）…とすべての消費組み合わせを考えて，消費行動を行っているわけではありません。せいぜい，過去の経験をふまえて，数通りの組み合わせを基に判断しているのが現実でしょう。とすれば，完全性の仮定は非現実的ということができます。この点が，無差別曲線理論の第1の問題点です。

【2】 無差別曲線の計測困難性

　また，無差別曲線は，効用の等しい点の集合ですので，人々の心の中にあり，外から経済学者が実際に観察することはできません。したがって，無差別曲線理論を用いて現実経済を分析しようとしても，まず，人々の心の中が見えないので，無差別曲線がわからず，現実を分析できないという問題点もあります。

> **＋ 補 足**
>
> 　これらの点を，考慮した理論として，顕示選好理論という新しい理論があります。これは第13章で学びます（ただし，ここでいう「新しい」理論とは無差別曲線理論より「新しい」という意味で，最近考えだされたという意味ではありません）。

Chapter 10

さまざまな無差別曲線
―もらってうれしくないモノもある―

Point

1 4仮定を満たさない無差別曲線は5つの性質を満たす通常の形状になるとは限らない。

2 X財，Y財がバッズとグッズの場合には無差別曲線は右上がりとなる。

3 X財，Y財が完全代替のときには限界代替率が一定となり，無差別曲線は右下がりの直線となる。

4 X財，Y財が完全補完のときには，無差別曲線はL字型となる。

5 ある財の価格が1％上昇したときに，他の財の需要量が何％増加するかを需要の交差弾力性という。

6 需要の交差弾力性がプラス，つまり，他の財の価格が上昇したときに需要量が増加する財を粗代替財という。

7 需要の交差弾力性がマイナス，つまり，他の財の価格が上昇したときに需要量が減少する財を粗補完財という。

Movie 056

難易度　B

出題可能性

国家一般職（旧II種）	B
国税専門官	C
地方上級・市役所・特別区	C
国家総合職（旧I種）	B
中小企業診断士	B
証券アナリスト	C
公認会計士	C
都庁など専門記述	C
不動産鑑定士	B
外務専門職	C

　　　この章では，第6章で学んだ通常の無差別曲線とは違うさまざまな無差別曲線を学びます。また，代替財と補完財，需要の交差弾力性という概念を理解します。

1. 不飽和の仮定を満たさないケース

Movie 057

不飽和の仮定とは，X財，Y財ともに常に goods（プラスの限界効用の財）という仮定です（p.63）。この仮定より，無差別曲線は右下がりという性質が導かれました。もし，この不飽和の仮定を満たさないと，<u>無差別曲線が右下がりとはなりません</u>。そのことを，不飽和の仮定を満たさないケースをいくつか挙げて説明しましょう。

① X財がbads，Y財goodsのケース→右上がり

bads（バッズ）であるX財は騒音，goods（グッズ）であるY財は補助金としましょう。図表10－1において，当初は点A（10回，5万円）であったとしましょう。今，騒音が20回へと増加し点A′となると，badsである騒音が増えたわけですから点A′の効用は点Aよりも減少しているはずです。ですから，点A′から元の点Aの効用水準に戻るためにはgoodsである補助金（Y財）が増加すればよいので，点Bのように上方の点で元の点Aと同じ効用水準となります。

したがって，効用水準は点Aと点Bが等しいですから，これらを結んだ線ABは無差別曲線となり，**無差別曲線は右上がり**となります。

また，点A′を通る無差別曲線U₁も右上がりになり，点A′は点Aよりも効用水準が低いので，点A′を通るU₁は点Aを通るU₀よりも効用水準が低いことになります。つまり，$U_0 > U_1$となり，左上方の無差別曲線ほど効用が大きいことになります。これは，左，つまりbadsであるX財が減少し，上，つまり，goodsであるY財が増加すれば効用が増加するということを表しているのです。

🔴 **補　足**

その結果，通常のケース（p.70，図表7－3の点E）のように予算制約線と無差別曲線の接点が最適消費点とはならなくなってしまいます。

🔴 **補　足**

bads（バッズ）とはマイナスの限界効用の財，つまり，消費量が1単位増加したときの効用の増加分がマイナスという意味です。要するに，消費量が増えると効用が低下してしまうのです。

たとえば

たとえば，X財が騒音，Y財が補助金のようなケースです。空港や線路の付近では騒音が発生します。これを経済学ではbadsを消費すると考えます。ほかには，正確には財ではありませんが，badsであるX財にはリスク，goodsであるY財は収益率という例が試験に出ることがあります。

図表10－1 ●右上がりの無差別曲線

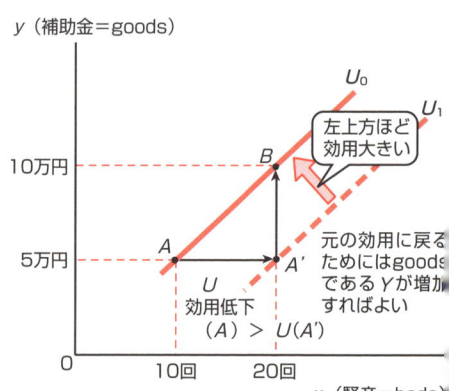

② X財がgoods，Y財の限界効用がゼロのケース

今度はX財はgoodsで，Y財は限界効用ゼロのケースを考えます。限界効用がゼロとは消費量が1単位増加したときの効用の増加がゼロ，すなわち，効用が変化しないということです。つまり，Y財の消費量（y）が増えても減っても家計の効用には無関係だというケースです。

図表10−2において，当初は点A（5個，5個）であったとしましょう。

今，Y財が10個へと増加し点A′となっても，Y財の限界効用はゼロですから効用は点Aと変わりません。つまり，効用水準は点Aと点A′は等しいので，これらを結んだ線AA′が無差別曲線となり，**無差別曲線（U_0）は垂直**となります。

また，点AからXの消費量（x）が10個へと増加して点Bとなると，X財はgoodsですから効用は増加します。そして，点BからY財が10個へと増加し点B′となっても，Y財の限界効用はゼロですから効用は点Bと変わらず，効用水準は点Bと点B′は等しいので，これらを結んだ線BB′も無差別曲線（U_1）となります。

そして，点Bは点Aよりも効用水準が高いので，点Bを通るU_1は点Aを通るU_0よりも効用水準が大きいことになります。つまり，右方の無差別曲線ほど効用が大きいことになります。これは，右，つまりgoodsであるX財が増加すれば効用が増加するということを表しているのです。

たとえば

X財はみかん，Y財はりんごとしましょう。しかし，この家計はみかんは好き，つまりgoodsと考えますが，りんごはそれほど好きではなく，りんごがあってもなくても効用が変わらないようなケースです。

図表10−2 ● 垂直な無差別曲線

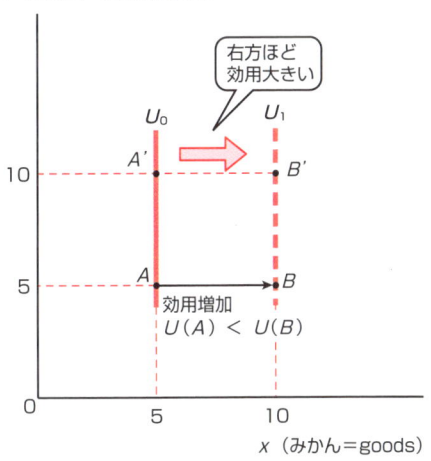

y（りんご＝限界効用ゼロ）

右方ほど効用大きい

$U(A) < U(B)$

効用増加

x（みかん＝goods）

2. 限界代替率逓減の仮定を満たさないケース

Movie 058

限界代替率逓減の仮定とは，*X*財の消費量を増やし，同じ効用に戻るように*Y*の消費量を減らすにつれて限界代替率が次第に減っていくという仮定です。そして，この仮定より，無差別曲線は原点に凸な無差別曲線になりました（p.65）。では，この限界代替率逓減の仮定を満たさないと無差別曲線の形状はどうなるのでしょうか。

① 限界代替率一定のケース（完全代替）

まず，限界代替率一定のケースから考えてみましょう。たとえば，**限界代替率が一定で2というケース**を考えてみましょう。通常の財であれば，*X*財の量が少なければ*X*財が貴重となり，*Y*財の量が少なければ*Y*財の方が貴重となりますから，*X*財と*Y*財の消費量によって限界代替率は変わってきます。しかし，1000円札を*X*財，500円玉を*Y*財とすると，1000円札（*X*財）が1枚増えると，元の効用に戻るために500円玉（*Y*財）は2枚減ればよいので，限界代替率は常に2です。この家計は，1000円札1枚と500円玉2枚は**完全にどちらでも構わないという関係**なので「**完全代替**」とも呼ばれます。

図表10－3において，当初は500円玉4枚だけの点*A*₁（0，4）であったとしましょう。*A*₁から横に1000円札が1枚増加すると，500円玉（*Y*財）が2枚減った*A*₂であれば*A*₁と同じ効用となります。さらに，*A*₂から横に1000円札が1枚増加すると，500円玉（*Y*財）が2枚減った*A*₃であれば*A*₂と同じ効用となります。ですから，効用の同じ点，*A*₁，*A*₂，*A*₃を結んだ線が無差別曲線となりますが，この**無差別曲線は傾きが－2で一定なので直線**となります。

復　習

*X*財が1単位増加したとき元の効用水準に戻るために失わなくてはならない*Y*財の量のことです。

▶▶ 徹底解説 ◀◀

限界代替率が常に2とは，*X*財が1単位増加したときに，常に，*Y*財が2単位減少すれば元の効用に戻る，いいかえれば，*X*財1単位と*Y*財2単位の効用が常に等しいという場合です。

図表10－3 ●右下がりの直線となる無差別曲線

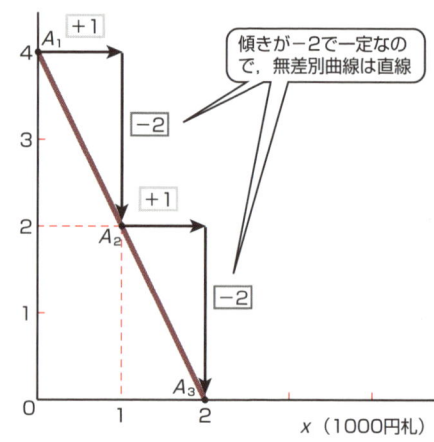

傾きが－2で一定なので，無差別曲線は直線

✚ 補　足

このように無差別曲線が直線となってしまうと，右下がりの予算制約線と接しなくなるので，通常のケースのように予算制約線と無差別曲線の接点（p.70図表7－3の点*E*）が最適消費点といえなくなってしまいます。

② 限界代替率逓増のケース →右上に凸（原点に凹）

次に，**限界代替率逓増のケース**を考えてみましょう。限界代替率逓増とは，図表10－4のように，X財を1単位増加させ同じ効用にするために代わりにY財を減少させていくと，たんだん，減らすべきY財の量が多くなるということです。このケースは，X財が増加するにつれて限界代替率は大きい，つまり，X財1単位の代わりのY財の量はたくさん必要となりX財が貴重になるという直感的にはわかりにくいケースで，**右上に凸（原点に凹）な無差別曲線**になります。そこで，考え方を変えて原点に凸な通常の無差別曲線と比較しつつ考えてみましょう。

通常の原点に凸の無差別曲線（図表10－5のA）の場合，同じ予算制約線AB上であっても，X財だけが多い点DやY財だけが多い点Cよりも，X，Y財の消費量のバランスよい点Eの方が効用が大きくなっています。これは，点Cと点Dを通るU_0よりも，点Eを通るU_1の方が右上方にあることからわかります。

これに対して，右上に凸（原点に凹）の無差別曲線（図表10－5のB）の場合，同じ予算制約線AB上であっても，X，Y財の消費量のバランスのよい点EよりY財だけ消費する点Aの方が効用が大きくなっています。それは，点Eを通るU_1よりも点Aを通るU_0の方が右上にあることからわかります。

図表10－5のBではX財を日本酒，Y財を焼酎とし，この家計は日本酒と焼酎をちゃんぽんで飲む点Eよりも，焼酎だけを飲む点Aを好むということになります。つまり，最適消費点は予算制約線と無差別曲線の接点Eではなく，点Aとコーナー解になります。

グラフ化　graph

このとき，図表10－4からわかるように，無差別曲線は「右上に凸」あるいは，原点に対してはへこんでいますので「原点に凹（おう）」といいます。

図表10－4 ●限界代替率逓増

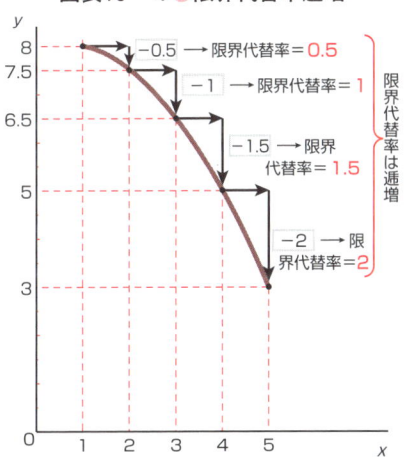

図表10－5 ●原点に凸と凹の無差別曲線

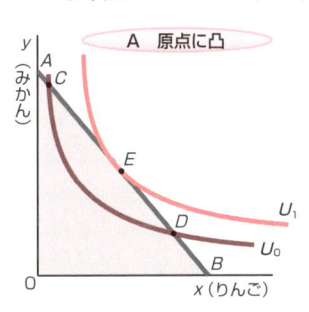

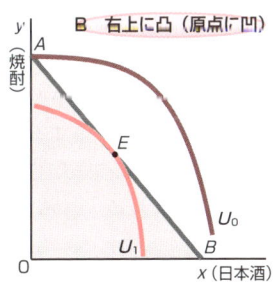

3. その他の特殊な形状の無差別曲線

Movie 059

① L字型無差別曲線（完全補完）

今度は図表10−6のようなL字型の無差別曲線を考えましょう。これは，X財とY財が**セットになっていなければ効用を生まない**というケースで**完全補完**と呼ばれます。

点A_0（1，1）から，X財だけが2個，3個と増加し点A_1，点A_2となっても，X財とY財は1組しかありませんから効用は増加しません。同様に，点A_0（1，1）から，Y財だけが2個，3個と増加し点A'，点A''となっても，1組しかありませんから効用は増加しません。したがって，点A_0，点A_1，点A_2，点A'，点A''は効用は同じままですから，これらを結んだ無差別曲線はU_AとL字型となります。

次に，点A_0（1，1）からX財，Y財ともに2個に増加し点B_0（2，2）になった場合には，X財とY財が2組に増加しますから効用は増加します。そして，U_Aのときと同様にして，点B_0を通る（頂点とする）L字型の無差別曲線U_Bを描くことができます。効用の大きさは点B_0を通るU_Bの方がU_Aより大きくなっています。

② 円形の無差別曲線（飽和点）

次に，図表10−7のような円形の無差別曲線を考えましょう。この家計にとってはX財が5個，Y財が3個という点V（5，3）が効用が最大となるとします。そして，その点Vから離れるにつれて，XやYが増加しようが減少しようが効用は減少するというケースを考えます。すると，点Vの周囲にあるU_1は点Vより効用が小さく，さらにU_1より外側にあるU_2は，U_1よりも点Vから離れているので効用はU_1よりも小さくなります。

> ## たとえば
>
> ボルトとナットや右の靴と左の靴が挙げられます。これらは，セットで効用を生むのであって，ボルトだけ，あるいは右の靴だけというように片方だけ増加しても効用は増加しません。

図表10−6●L字型無差別曲線（完全補完）

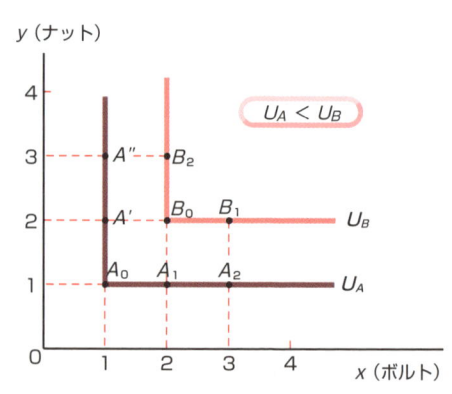

図表10−7●円形の無差別曲線

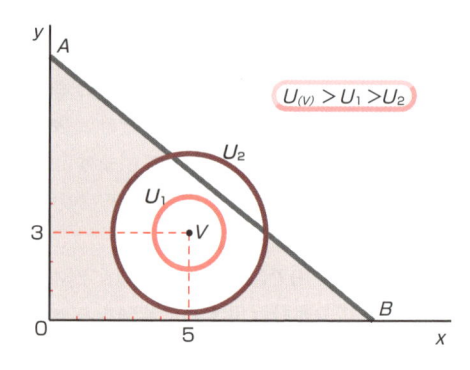

今，ここで，予算制約線がABで入手可能領域が$\triangle OAB$であれば，この家計は$\triangle OAB$内で効用が最大の点Vを選択します。

【問題10－1】

　ある消費者の2財XとYについての無差別曲線の形状と最適消費に関する次の記述のうち，妥当なものはどれか。ただし，2財XとYの価格は変わらないものとし，図のように予算制約線AB，A′B′が示されるものとする。

Movie 060

1．無差別曲線の形状が原点Oに対して凸の曲線の場合，無差別曲線と予算制約線ABとの交点が2つあるとしても，それぞれの交点におけるXとYの組合せは予算制約線ABの下での効用を最大にする。

2．無差別曲線の形状が原点Oに対して凹の曲線の場合，無差別曲線と予算制約線ABとの接点におけるXとYの組合せは予算制約線ABの下で効用を最大にする。

3．無差別曲線の形状が右下がりの直線の場合，予算制約線ABの下でも予算制約線A′B′の下でも効用を最大にするXとYの組合せは存在しない。

4．無差別曲線の形状がL字型で，その頂点が原点Oを通る右上がりの半直線上にある場合，予算制約線がABからA′B′に変化しても効用を最大にするXとYの比率は一定である。

5．無差別曲線の形状がL字型で，その頂点が原点Oを通る右上がりの半直線上にある場合，予算制約線がABからA′B′に変化しても効用を最大にするXとYの組合せは存在しない。

(国税専門官)

➕　補　足

　このときにも，予算制約線と無差別曲線の接点が最適消費点とはなりませんが，このケースは無差別曲線が円形をしており，右下がりではない部分があるので，実は不飽和の仮定を満たしていないケースの1つなのです。

解答・解説

1. × 無差別曲線が原点に対して凸な場合で，予算制約線との交点が2つある場合とは図1の点C，Dのようなケースです。このとき，入手可能領域△OAB内で，より右上方の無差別曲線上の点，つまり，より効用が大きい点Eがあります。これは，Eを通るU_1がC，Dを通るU_0より右上方にあることからわかります。

　　したがって，点CやDのようなケースでは効用を最大にしないので誤りです。

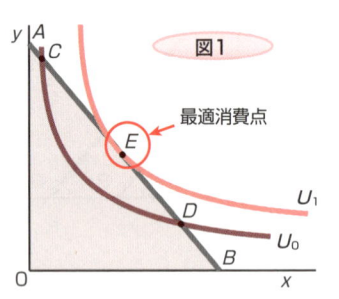

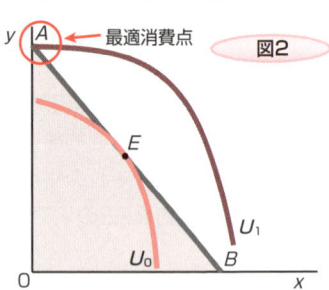

2. × 原点に凹な無差別曲線と予算制約線ABの接点は図2のEのようになります。入手可能領域△OAB内で点Eを通るU_0よりも点Aを通るU_1の方が右上方にあり効用は大きいので，接点では効用最大という記述は誤りです。

3. × 予算制約線がABのときの入手可能領域△OAB内で最も右上方にあり効用が大きい無差別曲線は図3のU_3なので効用最大の点（xとyの組み合わせ）は点Aです。

　　同様に，予算制約線$A'B'$のときの入手可能領域△$OA'B'$内で最も右上方にある無差別曲線はU_4なので，効用最大の点はA'と決まります。

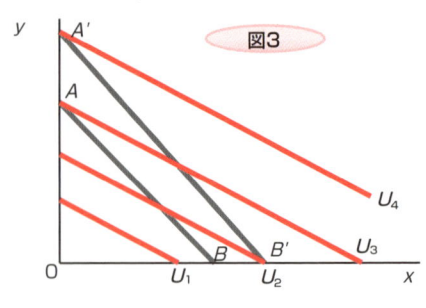

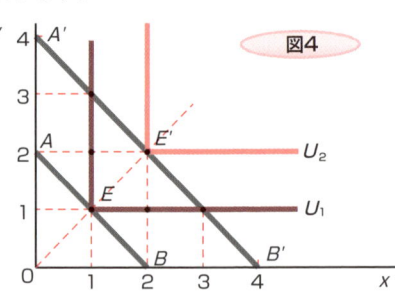

選択肢5を先に検討し，次に選択肢4を検討しましょう。

5. × 図4のようにL字型の無差別曲線のとき，入手可能領域△OAB内で効用最大，つまり最も右上方の無差別曲線（U_1）上の点はEになります。入手可能領域が△$OA'B'$へと広がると効用最大，つまり，最も右上方の無差別曲線（U_2）上の点はE'となります。

4. ○ 5で検討したように最適消費点はL字型の頂点となります。

　　頂点ではx1個とy1個で1セット，x2個とy2個で2セットのように，xとyの比率は1：1で一定です。よって，正しい記述です。

正 解 4

4. 需要の交差弾力性

ある財（X財）の価格（P_X）が１％上昇したときに他の財（Y財）の需要量が何％増加するかを**需要の交差弾力性**といいます。式では

$$\text{需要の交差弾力性}（e_c）=\dfrac{\boxed{\dfrac{\varDelta y}{y}}\ \ y\text{の変化率}}{\boxed{\dfrac{\varDelta P_X}{P_X}}\ \ P_X\text{の変化率}}$$

と表されます。

そして，この**需要の交差弾力性がプラスとなる財**を**粗代替財**と呼びます。

ここで，需要の交差弾力性がプラスとは，X財の価格（P_X）が上がればY財の需要量が増えるという状況です。

これは，

$$P_X\uparrow \Rightarrow x\text{やめて代わりに}y\text{へ}$$
$$x\downarrow \Rightarrow y\uparrow$$

という行動なので代替財と考えるのです。なお，粗代替財と粗がついているのは，P_X上昇による所得効果も含んで考えているという意味です。

逆に，**需要の交差弾力性（e_c）がマイナスの財**は**粗補完財**と呼びます。

ここで，需要の交差弾力性がマイナスとは，X財の価格（P_X）が上昇するとY財の需要量（y）は減るという状況です。

これは，

$$P_X\uparrow \Rightarrow x\downarrow \Rightarrow x\downarrow \text{とともに}y\downarrow$$

ということなので，xが減るとyも減る，つまりX財とY財はセットで使われる補完財だということです。

たとえば

X財の価格が100円から102円に２円値上がりしたとき，Yの需要量が200個から208個に増加したとしましょう。

このとき，$P_X=100$，$\varDelta P_X$（P_Xの変化量）$=+2$，$y=200$，$\varDelta y$（yの変化量）$=+8$です。ここで，P_Xの変化率$=\dfrac{\varDelta P_X}{P_X}=\dfrac{+2}{100}=+0.02$（＋２％）となり，$y$の変化率$=\dfrac{\varDelta y}{y}=\dfrac{+8}{200}=+0.04$（＋４％）となります。そして，需要の交差弾力性（$e_c$）$=\dfrac{\dfrac{\varDelta y}{y}}{\dfrac{\varDelta P_X}{P_X}}=\dfrac{+4\%}{+2\%}=2$となります。これは$P_X$が２％上昇したとき$y$が４％増加するので，$P_X$が１％上昇したときには$y$は２％増加するということを表しているのです。

✚ 補 足

$Px\uparrow \Rightarrow$ いままでの消費量でお金が足りなくなる〈実質所得↓〉

↓

Y財が上級財ならばyが減少するという所得効果も働いているのですが，ここでは，所得効果と代替効果を分けずに考えているということです。

Chapter 11

労働供給量の決定
―バイトか遊びか，経済学ではこう考える！―

Movie 062

Point

1 労働供給量は，余暇と所得の選択のモデルで考える。

2 予算制約式は，$Y = W(24 - L_e)$
Y：所得，W：賃金率，L_e：余暇時間

3 予算制約線と無差別曲線の接点が最適消費点となる。

4 賃金率が上昇すると，余暇を消費するのがもったいないので余暇を止めて働こうという代替効果と，所得が増えたのだから余暇をもっと消費しようという所得効果が働くので，余暇需要量・労働供給量が増えるかどうかはわからない。

5 賃金率が低いとき，代替効果が所得効果より大きいので賃金率が上昇すると労働供給量が増加する（右上がりの労働供給曲線）。ところが，賃金率が高くなると，所得効果が代替効果より大きいので賃金率が上昇すると労働供給量が減少する（左上がりの労働供給曲線）【後方屈曲型労働供給曲線】。

難易度　B

出題可能性

国家一般職（旧Ⅱ種）	B
国税専門官	B
地方上級・市役所・特別区	B
国家総合職（旧Ⅰ種）	B
中小企業診断士	B
証券アナリスト	B
公認会計士	B
都庁など専門記述	B
不動産鑑定士	A
外務専門職	B

この章では，今まで学んだ無差別曲線理論によるX財とY財の消費量の決定のモデルを使って労働供給量の決定を考えます。応用論点として択一試験，論文試験ともに出題されるので，しっかりとマスターしてください。

1. 考 え 方

Movie 063

ここでは，家計が労働供給量をどのように決定するかを，無差別曲線理論を用いて考えます。「無差別曲線理論は消費の理論でしょ？」「どうして，労働供給量の決定が説明できるの？」といわれそうですね。

しかし，視点を変えると，労働供給量の決定とは余暇の消費量の決定に他なりません。つまり，働く時間を決めるとは，働かない時間を決めることと同じなのです。

今，労働供給時間を労働量（L），働かない時間を余暇（L_e）と呼ぶとし，家計は，1日24時間を，余暇にするか労働にするかの選択を行うと考えてみましょう。

「さあ，縦軸は労働量，横軸は余暇だ！」と焦らないように！　余暇はgoodsですが，労働はbadsでしょう。ですが，おなじみの無差別曲線にするには，2つともgoodsにしなくてはなりません。そこで，労働量ではなく，代わりにgoodsである所得を縦軸とし，横軸を余暇とします。

このときの予算は，所得ではなく，24時間という時間が保有資源です。つまり，**所得（M）でどのようにX，Yを消費するかというパターンを，24時間で労働所得と余暇をどのように消費（選択）するかと考える**のです。

2. 無差別曲線

Movie 064

家計は，余暇と所得によってのみ効用を得るものと仮定します。そして，余暇と所得の無差別曲線は，①完全性の仮定，②不飽和の仮定，③推移性の仮定，④限界代替率逓減の仮定をおくことにより，①無数に

┌─ 用 語 ─┐

余暇とは，積極的に何かをするということではなく，労働しないことです。

┌─ 略 語 ─┐

LはLabor（労働），LeはLeisure（余暇）の省略です。

▶▶ 徹底解説 ◀◀

労働量は増えると効用が低下するので，限界効用はマイナスでbadsとなります。

➕ 補 足

不飽和の仮定をおくのですから，両方goodsでなければ，私たちおなじみの4仮定5性質の無差別曲線で最適消費点を求めることができません。

図表11－1 ●余暇と所得の無差別曲線

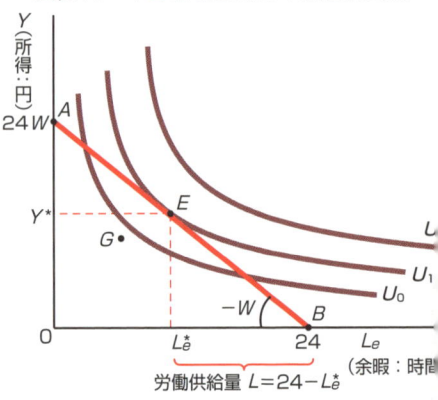

労働供給量 $L=24-L_e^*$

描ける，②右下がり，③右上方の無差別曲線ほど効用が大きい，④原点に凸，⑤互いに交わらない，という性質をもち，図表11－1のU_0，U_1，U_2のように描けます。

3. 予算制約線

Movie 065

いま，**賃金率（単位時間あたりの賃金）** をWとします。いま，単位は時間ですので，Wは時給です。

例によって，切片ABから考えます。Bは予算制約線上の点で，縦軸の所得がゼロですから労働がゼロ，つまり，24時間すべてを横軸の余暇に消費するのですから，24（時間）です。一方，Aは予算制約線上の点で，横軸の余暇が0で，24時間をすべて所得を選択するのですから，労働時間は24時間で，所得$=24W$です。このABを結んだ直線が予算線です。傾きは$-W$です。

ところで，XとYの分析のときの予算制約線の傾きは$-\dfrac{P_X}{P_Y}$と$-\dfrac{横軸の価格}{縦軸の価格}$でした。ここでも，傾きは同じようにして求めることができます。

横軸の余暇の価格はW円で，縦軸の所得の価格は1円なので，予算制約線の傾き$=-\dfrac{横軸の価格}{縦軸の価格}=-\dfrac{W}{1}=-W$となります。

この**予算制約線ABを式で表現すると，$Y=W（24-L_e）$** となります。これは，L_eは余暇ですから，時給に$（24-L_e）$すなわち労働時間をかけたものが所得（Y）という意味です。

そして，**この予算制約線ABと縦軸，横軸に囲まれた$\triangle OAB$が入手可能領域**です。

4. 最適消費点

Movie 066

入手可能領域$\triangle OAB$内で，最も効用が大きい，すなわち，最も右上方にある無差別曲線上にある点は，予算制約線ABとU_1の接点Eであり，そのときの余暇の消費量は

用 語

賃金とは労働により得た金額をいい，賃金率とは1時間とか1ヵ月というように単位時間あたりの賃金です。たとえば，時給1000円で5時間働けば5000円もらえます。この5000円という総額が賃金であり，時給1000円は賃金率にあたります。

択一試験では，ときどき時給を賃金率ではなく賃金と呼んでいる問題もあり，あまり厳密には区別されない場合もありますが，論文試験でみなさんが書くときにはきちんと区別した方が無難です。

理 由

時給W円のとき，余暇を1時間消費すると，時給W円を失ってしまうので，このW円が余暇を消費したときのコストになるので，余暇の価格と考えることができるからです。

理 由

なぜなら，価格とはそのものの最小単位の値段，つまり車1台が100万円なら「100万円」，りんご1個が100円なら「100円」ということですが，所得の最小単位は1円で，1円の価格は1円だからです。

▶▶ 徹底解説 ◀◀

1日は必ず24時間使い切ってしまうので，予算を使い切る予算制約線ABしか選択できないので，入手可能領域は予算制約線ABのみとなりそうです。しかし，もらった所得の一部を放棄する（たとえば時給1000円なのに自分は800円でよいと200円分断る）ことによって下の点に移動できますから，入手可能領域はABとその下の部分，すなわち$\triangle OAB$となります。

L_e^*，所得はY^*です。**したがって，効用が最大となる労働供給量は$24-L_e^*$となり，そのときの所得$Y^*=（24-L_e^*）W$です。**

5. 賃金率の変化による労働供給量の変化

Movie 067

では，次に，**賃金率（時給）が W_0 から W_1 に上昇したとき**，労働供給量がどう変化するかを考えましょう。

すでにお話ししましたが，賃金率は余暇の価格であることを思い出してください。また，通常，所得が増えるほど余暇の消費量は増加するので，**余暇は上級財**です。ですから，賃金率の上昇は，余暇の価格の上昇により余暇の需要量をどのように変化させるかと考えることができ，代替効果と所得効果に分けて分析することができます。

① 言葉による説明

余暇の価格である賃金率が上昇すると，代替効果は，割高になった余暇の需要を必ず減少させます。また，余暇の消費量が同じであっても，賃金率の上昇により所得は増加します。余暇は上級財ですから，所得が増加したことにより余暇の需要量は増加します。これが所得効果です。

ですから，賃金率が上昇すると，代替効果で余暇の需要量が減少しますが，所得効果で余暇の需要量が増加します。したがって，代替効果と所得効果の合計の価格効果（全部効果）により，**余暇の需要量が増加するか減少するかは，代替効果と所得効果のどちらが大きいかによって変わってきます。**

② 図による説明

図表11−2を利用して考えます。

賃金率の変化により，予算制約線がシフトするのですが，これは，予算制約線の切片 A と B がわかればよいのです。

まず，点 B は，24時間をすべて余暇に消費する場合なので，賃金率が変わっても24（時間）のまま変化しません。

〈賃金率上昇と労働供給量〉

〈代替効果〉

賃金率上昇 → 余暇の価格上昇 → 割高となった余暇を減らす

賃金率上昇 → 実質所得上昇 → 上級財の余暇の消費増加

〈所得効果〉

代替効果が大きい → 余暇が減少 → 労働供給量増加

所得効果が大きい → 余暇が増加 → 労働供給量減少

➕ 補 足

ところで，私たちは，賃金率 W が上昇すると余暇が減少し労働供給量は増加すると思いがちですが，これは代替効果を中心に考えているからです。しかし，所得効果をも同時に考えることで，賃金率 W が上昇するとかえって労働供給量が減少してしまうという状況を，うまく説明できるのです。

図表11−2 ●賃金率の上昇と労働供給量

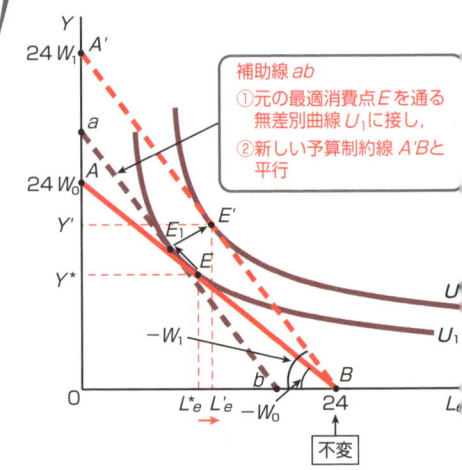

補助線 ab
① 元の最適消費点 E を通る無差別曲線 U_1 に接し，
② 新しい予算制約線 $A'B$ と平行

一方，点Aは，24時間働いたときの所得ですので，$24W_0$から$24W_1$へと上方のA′へ移動します。このA′Bが新しい予算制約線となります。

最適消費点は，点E′へ移動し，余暇はL_e′へと増え，所得はY′へと増えています。したがって，この図では，労働供給量は，$24-L_e$′となり，$24-L_e$*より減少しています。

以上の賃金率（W）の上昇による最適消費点の変化（E→E′）はE→E_1が代替効果，E_1→E′が所得効果と分解できます。

では，図表11−2を詳しく説明しましょう。最初の最適消費点Eのある無差別曲線U_1に接し，かつ新しい予算制約線A′Bと平行な補助線abを描きます。U_1とabの接点をE_1とすると，EからE_1への変化が代替効果，E_1からE′への変化が所得効果です。

賃金率（W）の上昇により，余暇の価格が上昇するので，代替効果は必ず価格が上昇し割高となった余暇の消費量を減少させます。

所得効果は，通常，余暇は上級財ですので，余暇の消費量を増加させ，その大きさは，無差別曲線の位置によります。

図表11−2では，代替効果より所得効果の方が大きいケースで，最終的には所得効果が勝り，余暇の需要量L_eは増加しています。

6. 労働供給曲線

Movie 068

図表11−2においくは，賃金率がW_0からW_1へ上昇すると，余暇はL_e*からL_e′に増加し，労働供給量は$24-L_e$*から$24-L_e$′に減少しています。これを，縦軸に賃金率，横軸に労働供給量で表すと，家計の労働供給曲線Lsが求まります（図表11−3）。

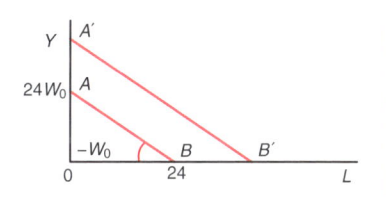

落とし穴

多くの受験生が「賃金率の上昇＝所得の増加だから，予算制約線は下図のように，平行に右上にシフトする」と間違えてしまいます。

これでは，点Bの24時間がB′と増えています。点Bは24時間を余暇（L）だけに消費したときの余暇時間なので24時間です。賃金率が上昇しても変わらないはずです。きちんと切片Bを確認していればこのようなミスは防ぐことができます。

また，予算制約線の傾きからも上図は間違いと気づくはずです。予算制約線の傾きは−賃金率ですから，賃金率が上昇すれば，予算制約線の傾きは$-W_0$から$-W_1$へと変化するので，予算制約線は平行にシフトしないはずです。

図表11−3 ●個別家計の労働供給曲線

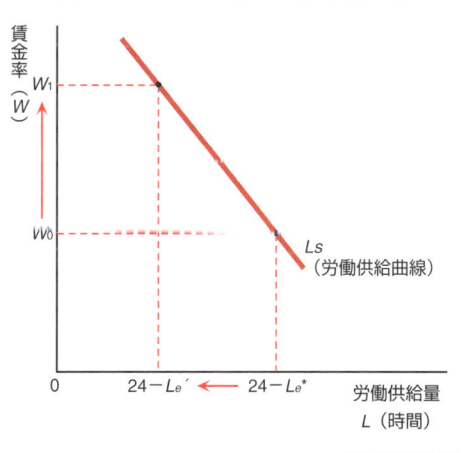

市場の労働供給量は各家計の労働供給量を合計したものです。したがって，市場の労働供給曲線は各家計の労働供給曲線を横に足すことで求められます。

以上のようにして右下がりの労働供給曲線を描くことができます。しかし，**現実の労働供給曲線は，図表11－4のような後方屈曲型をしている**といわれます。

① 賃金率W_0以下では，右上がりの労働供給曲線です。

これは，賃金率Wの上昇により，余暇価格が上昇するので余暇を減らそうとする代替効果の方が，所得増加により余暇をたくさん消費しようという所得効果を上回るので，最終的に余暇の消費量は減少し，労働供給量が増加するケースです。

② 賃金率W_0以上では，右下がり（左上がり）の労働供給曲線です。

これは，賃金率Wの上昇により，所得が増加し余暇をたくさん消費しようという所得効果の方が，余暇価格が上昇するので余暇を減らそうとする代替効果を上回るので，最終的に余暇の消費量は増加し，労働供給量が減少するケースです（**図表11－3**）。

図表11－4 ● 後方屈曲型労働供給曲線

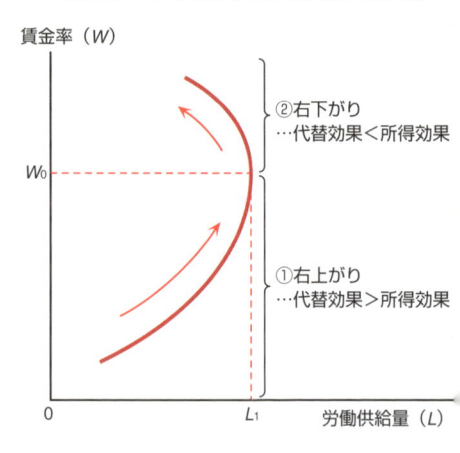

賃金率（W）

② 右下がり
…代替効果＜所得効果

① 右上がり
…代替効果＞所得効果

労働供給量（L）

➕ 補 足

　後方屈曲型労働供給曲線は「賃金率が低い低所得国では，賃金率が上昇すると労働供給量が増加するが，賃金率の高い高所得国では，賃金率が上昇すると労働時間の短縮の要求が強まる」という事実を説明できます。

【問題11－1】

　ある人の労働供給曲線に関し，下図のように表されている。A点とB点における所得効果と代替効果の関係として適切なものを下記の解答群から選べ。

Movie 069

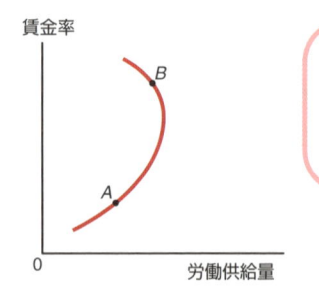

賃金率

労働供給量

ア	A：所得効果＞代替効果	B：所得効果＜代替効果
イ	A：所得効果＞代替効果	B：所得効果＞代替効果
ウ	A：所得効果＜代替効果	B：所得効果＞代替効果
エ	A：所得効果＜代替効果	B：所得効果＝代替効果

（中小企業診断士）

解 法

　点Aでは右上がりの労働供給曲線なので，賃金率の上昇によって，価格の上昇した余暇を止めて働こうという代替効果の方が賃金率上昇によって所得が増えたので余暇を増やし働くのを止めようという所得効果より大きいことがわかります。反対に，点Bでは左上がりの労働供給曲線なので，賃金率の上昇によって，価格の上昇した余暇を止めて働こうという代替効果の方よりも賃金率上昇によって所得が増えたので余暇を増やし働くのを止めようという所得効果の方が大きく働くことがわかります。

正　解　ウ

【問題11－2】（過去トレ・ミクロ p.37 問題１－44より）

　ある人の効用関数Uが次の式で表されている。

$$U = 2YL + 6L - W^2$$

　　　Y：1日当たりの所得，L：1日当たりの余暇（単位：時間），
　　　W：1日当たりの労働（単位：時間）

Movie 070

　1日の時間を余暇と労働のみに充てるとし，労働時間1時間当たりの賃金率が1である場合，この人の効用が最大となる1日当たりの労働時間は何時間か。

1. 7時間
2. 7時間20分
3. 7時間40分
4. 8時間
5. 8時間20分

（裁判所職員）

計算に必要な知識

余暇と所得の選択による労働供給量の決定

鉄則4　余暇－所得モデルの予算制約式

$$Y = W (24-L) + 不労所得$$

所得　賃金率　　余暇時間
　　　（時給）
　　　　　　労働時間

効用最大化の計算 →鉄則1-1（p.72）

戦　略

Step 1　鉄則4に沿って予算制約式をつくります。

Step 2　鉄則1-1を用い効用最大となるLを計算します。

Step 3　労働時間を計算します。

> **解 法**

鉄則4を用いて予算制約式をたて，$\dfrac{dU}{dL}=0$として解きます。

> **解説・計算**

Step 1　**予算制約式をつくる**

鉄則4より，$Y=W\,(24-Le)$＋不労所得なので

$$Y=1\,(24-\underset{\text{余暇}L}{L})+\ 0\ =24-L\ (L\text{は余暇})\cdots①$$

Step 2　$\dfrac{dU}{dL}=0$より効用最大の L（余暇）を求める

①を効用関数に代入すると，

$$U=2YL-6L-W^2$$

←労働時間（W）$=24-$余暇（L）

$$=2\,(24-L)\,L+6L-\,(24-L)^2$$

$$=2\times24L-2L^2+6L-(24^2-2\times24L+L^2)$$

$$=2\times24L-2L^2+6L-24^2+2\times24L-L^2$$

$$\dfrac{dU}{dL}=2\times24-2\times2L^{2-1}+6+2\times24-2L^{2-1}$$

$$=2\times24-4L+6+2\times24-2L$$

$$=4\times24+6-6L=0$$

$$L=\dfrac{4\times24+6}{6}=17$$

Step 3

労働時間$=24-$余暇時間（L）$=24-\boxed{17}=\underline{7}$

したがって，正解は1。

正 解　1

Chapter 12

貯蓄量の決定
―消費か貯蓄か，経済学ではこう考える！―

Point

1 貯蓄量は，現在の消費と将来の消費という異時点間の消費選択のモデルで考える。

2 予算制約式は，
$$C_2 = Y_2 + (1+i)(Y_1 - C_1)$$
より，
$$C_2 = -(1+i)C_1 + (1+i)Y_1 + Y_2$$
（C_1：現在の消費，C_2：将来の消費，Y_1：現在の所得，Y_2：将来の所得，i：利子率）

3 予算制約線と無差別曲線の接点が最適消費点となる。

4 利子率が上昇すると，現在の消費を減らし貯蓄しようという代替効果とは別に，所得効果が働く。プラスの貯蓄の家計は所得が増加しマイナスの貯蓄（借り入れ）の家計は所得が減るという違いが出てくる。

Movie 071

難易度　C

出題可能性

国家一般職（旧Ⅱ種）	C
国税専門官	B
地方上級・市役所・特別区	B
国家総合職（旧Ⅰ種）	B
中小企業診断士	A
証券アナリスト	A
公認会計士	B
都庁など専門記述	B
不動産鑑定士	B
外務専門職	B

　この章では，今まで学んだ無差別曲線理論によるX財とY財の消費量の決定のモデルを使って貯蓄の決定を考えます。前章の労働供給に比べると出題頻度は落ちますが，中小企業診断士，証券アナリストでは頻出です。

1. 考 え 方

　この章では，無差別曲線理論を用いて，貯蓄の決定について考えます。**貯蓄＝所得－消費**ですから，所得を消費するか貯蓄するのかの選択の問題です。ただし，貯蓄は貯蓄自体に効用があるのではなく，将来消費するために貯蓄するというのが普通です。貯蓄は将来その貯蓄を使って消費をしてはじめて効用が得られるのであって，貯蓄それ自体はgoodsではないと考えられますので，貯蓄を縦軸や横軸にすると，不飽和の仮定をおくことができなくなり，おなじみの分析ができなくなってしまいます。

　そこで，貯蓄の変わりにgoodsである将来の消費を使います。「消費するか，貯蓄するか」の問題を，「現在消費するか，将来消費するか」の問題だと考えるのです。

　なお，分析を簡単にするために，次の仮定をおきます。

(1) 現在と将来の2つの時点しかない。

(2) 家計は，現在の消費と将来の消費によってのみ効用を得る。

(3) 貯蓄も借り入れも利子率は，同じ i 。

　そして，今期の所得 Y_1，来期の所得 Y_2，今期の消費 C_1，来期の消費 C_2 としましょう。

> ✚ **補　足** 　［・:▢］
>
> 　ですから，これを異時点間の消費配分の問題（異なる時点での消費をどう割り振るか）ともいいます。また，貯蓄が決まれば，現在の消費量も決まりますので，考案者である新古典派のフィッシャーにちなんで，新古典派の（フィッシャーの）消費理論と呼ばれます。

> ✚ **補　足** 　［・▢］
>
> 　この2つの仮定より，効用を最大化するためには，所得をすべて現在の消費か将来の消費で使い切ることになります。

2. 無差別曲線

　現在の消費（C_1）と将来の消費（C_2）の無差別曲線は，①完全性の仮定，②不飽和の仮定，③推移性の仮定，④限界代替率逓減の仮定をおくことにより，①無数に描ける，②右下がり，③右上方の無差別曲線ほど効用が大きい，④原点に凸，⑤互いに交わらない，という性質をもち，図表12－1の U_0，U_1，U_2 のように描けます。

3. 予算制約線

すでに予算制約線は直線になるとわかっていますから，図表12-1のABのように予算制約線が描けるとしましょう。では，予算制約線の理解のポイントとなる切片A，Bについて考えましょう。

点A　点Aは予算制約線AB上にあるのでY_1とY_2を使い切っており，かつ，$C_1 = 0$の点です。つまり，**すべての所得を将来消費する（＝全部貯蓄する）ケース**です。将来においては，現在の所得Y_1には利子がつき，$(1+i) Y_1$となります。またY_2は将来得られるものなので預金することはできず，利子はつきません。

したがって，将来時点における所得の合計は$(1+i) Y_1 + Y_2$となります。ここで，$C_1 = 0$なので，すべて将来消費するので$C_2 = (1+i) Y_1 + Y_2$となり，点Aは$(0, (1+i) Y_1 + Y_2)$となります。

点B　点Bは，予算制約線AB上にあるので，Y_1とY_2を使い切っており，かつ，$C_2 = 0$の点です。つまり，**現在の所得と将来の所得のすべてを現在消費するケース**ですが，将来の所得は現在では得ていません。したがって，この将来もらうはずの所得（Y_2）を現在消費するためには，将来の所得による返済を約束して借金することになります。

なお，銀行は，将来Y_2円の所得を得る人には，$\dfrac{Y_2}{1+i}$円しか貸しません。なぜなら，現在$\dfrac{Y_2}{1+i}$円を貸し出せば，将来は利子がつくので$(1+i)$倍となり，$\dfrac{Y_2}{1+i} \times (1+i) = Y_2$となるからです。したがって，所得のすべてを現在消費するときの量は，$Y_1 + \dfrac{Y_2}{1+i}$となり，点Bは$\left(Y_1 + \dfrac{Y_2}{1+i}, 0\right)$となるのです。

図表12-1 ●貯蓄の決定（プラスの貯蓄）

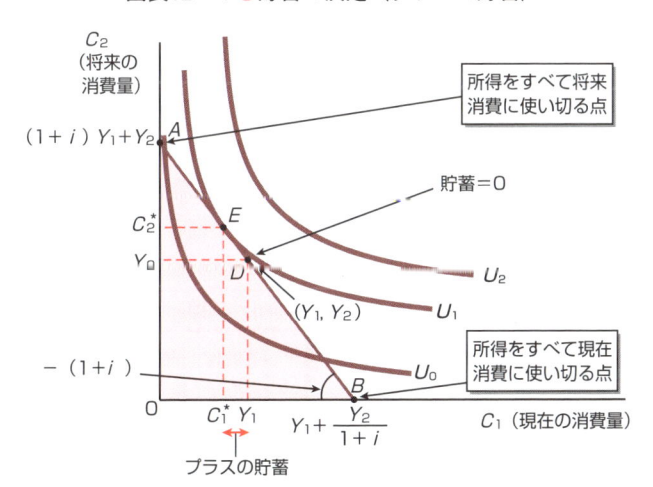

このABを結んだ直線が予算制約線です。なお，この予算制約線上には点D（Y_1，Y_2）が必ずあります。この点Dは現在もらった所得をちょうど現在使い切ってしまうので，貯蓄は0です。

この予算制約線ABを式で求めてみましょう。ちょうど予算Y_1，Y_2を使い切るような将来の消費（C_2）とは，将来の所得（Y_2）に，貯蓄（$Y_1 - C_1$）に利子が付いた分です。ですから，

$$C_2 = Y_2 + (1+i)(Y_1 - C_1)$$

となり，これを変形すると，

$$C_2 = -(1+i)C_1 + (1+i)Y_1 + Y_2$$

となります。

そして，この予算制約線ABと縦軸，横軸に囲まれた△OABが入手可能領域です。

理　由

この点D（Y_1，Y_2）とは，現在の消費量（C_1）がY_1で将来の消費量（C_2）がY_2ということです。つまり，現在もらった所得をちょうど現在使い切ってしまい，将来もらう所得は将来使い切ってしまう点ですので，必ず，所得を使い切っているので予算制約線上にあります。

グラフ化　graph

横軸のC_1が1増えると縦軸のC_2は$-(1+i)$変化するので予算制約線の傾きは$-(1+i)$となります。これは，現在1円消費をやめて貯蓄をすれば将来は利子がついて$1+i$円消費できるということですから，横に現在の消費（C_1）が1円増えると，縦に将来の消費（C_2）が$-(1+i)$円変化する（$1+i$円減少する）ことになるということです。

---

4. 最適消費点

Movie 075

図表12－1では，入手可能領域△OAB内で，最も効用が大きい，すなわち，最も右上方にある無差別曲線上にある点は，予算線ABとU_1の接点Eであり，現在の消費量はC_1^*，将来の消費はC_2^*となります。

したがって，効用が最大となる貯蓄＝$Y_1 - C_1^*$となります。最適消費点Eが貯蓄0となる点Dより左にあるケースなので，点Dより現在の消費が少なくプラスの貯蓄をしているとわかります。

しかし，無差別曲線の位置が図表12－2のような場合には，予算制約線ABとU_1の接点はEであり，現在の消費量はC_1^*，将来の消費はC_2^*となります。したがって，効用が最大となるときの貯蓄＝$Y_1 - C_1^* < 0$となり，マイナスの貯蓄となります。

理　由

これは，最適消費点Eが貯蓄が0となる点Dより右にあるケースなので，点Dより現在の消費が多く，マイナスの貯蓄（＝借入）をしているとわかります。

以上より，同じ所得で予算制約線が同じで
あっても，貯蓄をする人（図表12－1）と，
借り入れをする人（図表12－2）の違いは，
その人の無差別曲線の位置，つまり，好みの
差によるということがわかります。

図表12－2 ●貯蓄の決定（マイナスの貯蓄）

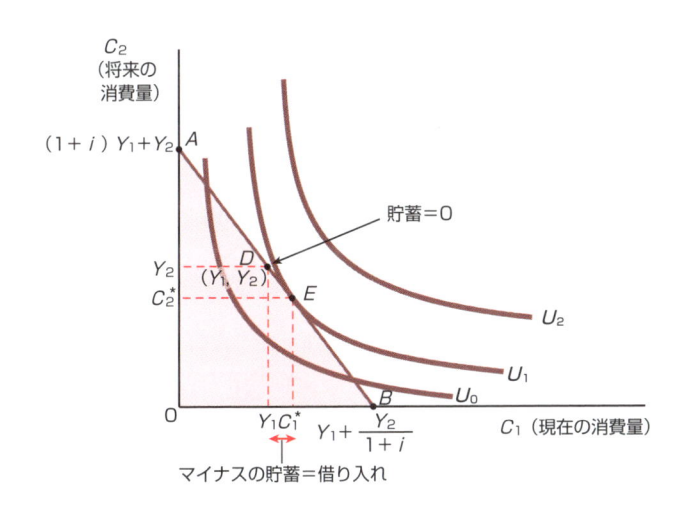

5. 利子率の変化

Movie 076

Part 2 家計の行動

では，次に，**利子率が i_0 から i_1 へ上昇**した場合を考えましょう。このときの予算制約線の変化を切片である点A，点Bの動きから考えましょう。

●点A

図表12-3の点Aは現在の消費（C_1）がゼロですべて将来消費（C_2）する点ですから，現在の所得（Y_1）はすべて貯蓄し将来の消費に回します。ですから，利子率が上昇すれば貯蓄によって得られる利子が大きくなるので，その分将来の消費も増加するので点A'と上方へ移動します。

●点B

次に，点Bは反対に，将来の消費（C_2）がゼロですべて現在消費（C_1）する点ですから，将来の所得（Y_2）をあてに借金して現在消費します。将来の所得（Y_2）で借りた金額（元本）と利子を払わなくてはなりませんので，利子率が上昇すれば支払うべき利子が多くなるので借り入れることができる金額（元本）は少なくなります。ですから，現在の所得だけではなく，将来の所得をあてに借金してすべて現在消費できる量は小さくなるので点Bは点B'と左に移動してしまいます。

●傾き

したがって，予算制約線はABから$A'B'$へとシフトします。予算制約線の傾きは－（$1+i$）ですから，利子率がi_0からi_1へと上昇すれば，予算制約線の傾きは－（$1+i_0$）から－（$1+i_1$）へと険しく（マイナスがついているので「小さく」）なります。

> ➕ **補 足**
>
> これは，点Aの高さが$(1+i_0)Y_1+Y_2$ですから，iが上昇すれば$(1+i_1)Y_1+Y_2$が増加するということからもわかります。

> ➕ **補 足**
>
> これは，点Bの横軸の大きさが$Y_1+\dfrac{Y_2}{1+i}$より，iが上昇すれば$Y_1+\dfrac{Y_2}{1+i}$は減少することからも点Bは点B'と左に移動するとわかります。

図表12-3 ●利子率上昇による予算制約線のシフト

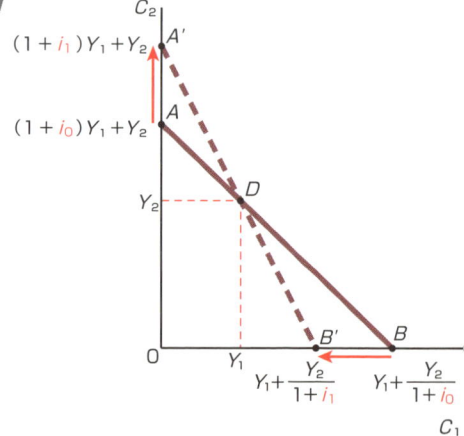

① 予算制約線の交点

予算制約線がABから$A'B'$へとシフトすると，図表12－4の点Dのような交点ができます。この交点Dが（Y_1，Y_2）つまり，現在の所得は現在すべて消費し，将来の所得は将来すべて消費する点です。なぜなら，このとき，利子率がi_0だろうがi_1だろうが何％であろうが必ず所得を使い切っているので，利子率の変化によって予算制約線がシフトしても，すべての予算制約線上にあるはずだからです。

ですから，利子率がさらに上昇しても必ず点Dは通ります。

② 予算制約線が交わる意味

「予算制約線が交わるなんて気持ちが悪い！」という人がいるかもしれません。そこで，予算制約線が交わっていることの意味を考えましょう。

まず，図表12－4において，点Dは現在の消費（C_1）と現在の所得（Y_1）が同じですから貯蓄＝0です。この点Dよりも左側，つまり現在の消費が少ない灰色の領域はプラスの貯蓄領域です。逆に，点Dよりも右側，つまり現在の消費が多い赤色の領域は借金をする，つまりマイナスの貯蓄領域となります。

利子率が上昇することによって，灰色の貯蓄をしている（貯蓄プラスの）領域では入手可能領域はDAA'だけ拡大し，逆に，赤色の借金をしている（貯蓄マイナスの）領域では入手可能領域はDBB'だけ減少しています。

図表12－4 ●利子率上昇による入手可能　領域の変化

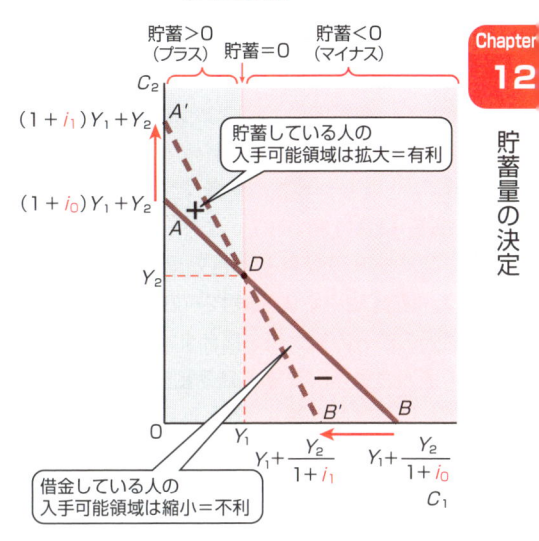

▶▶ 徹底解説 ◀◀

これは，利子率の上昇は貯蓄している人には有利でも，借金をしている人には不利だという私たちの常識と一致しています。逆に言えば，この常識と一致するためには，予算制約線は交わらなくてはならないのです。

③ 利子率上昇による貯蓄の変化

次ページ図表12－5において，当初は最適消費点は点E^*（C_1^*，C_2^*）で，$Y_1 - C_1^*$分だけプラスの貯蓄であったとしましょう。そして，利子率の上昇によって予算制約線が$A'B'$となり，最適消費点が点E'（C_1'，C_2'）となり，現在の消費（C_1）が増加した結果，貯蓄は減少しています。

これを代替効果と所得効果で考えましょう。図表12－6に図表12－5の最適消費点付近の部分の拡大図を描きます。そして，元の最適消費点E^*を通る無差別曲線U_0に接し，新しい予算制約線$A'B'$と平行な仮の予算制約線abを補助線として引き，その補助線とU_0の接点をE_1とします。すると，E^*からE_1が代替効果，E_1からE'が所得効果となります。

●代替効果（点E^* →点E_1）

利子率の上昇によって現在の消費が割高になります。その結果，代替効果は割高になった現在の消費（C_1）は減らして代わりに将来の消費（C_2）を増やすので，現在の消費（C_1）が減る分，貯蓄が増加します。

●所得効果（E_1 →E'）

図表12－5，図表12－6は**当初プラスの貯蓄をしているケースなので受け取る利子が増えるので所得が増加します。現在の消費（C_1），将来の消費（C_2）ともに上級財なので増加します。現在の消費（C_1）が増加すると貯蓄は減少**します。

●全部効果（E^* → E'）

代替効果が現在の消費を減らすので貯蓄を増加させますが，所得効果は当初プラスの貯蓄であるため，実質所得の増加によって現在の消費を増やし貯蓄を減らします。**結局，どちらの効果が強いかによって最終的な貯蓄が増えるか減るかが決まります。**

╋ 補　足

　このケースでは，利子率の上昇にともない現在の消費C_1が増加し貯蓄が減少していますが，U_1の位置がU_0の右上ではなくやや左上にあれば，現在の消費量がむしろ減少し貯蓄が増加することもあります。

━ 理　由

　利子率が上昇すると，現在1万円を消費せず貯蓄すれば将来利子がたくさんもらえてその分将来の消費も増えます。つまり，利子率が上昇すると，現在消費するのがもったいないということになるのです。

╋ 補　足

　なお，当初，マイナスの貯蓄（借金）をしている場合には，利子率上昇で実質所得が減少するので，所得効果でも現在の消費（C_1）は減少し貯蓄が増加します。

▶▶ 徹底解説 ◀◀

　所得が増加していることは，abから$A'B'$へと予算制約線が右上に平行に移動していることからわかります。

図表12－5 ●利子率上昇による貯蓄量の変化

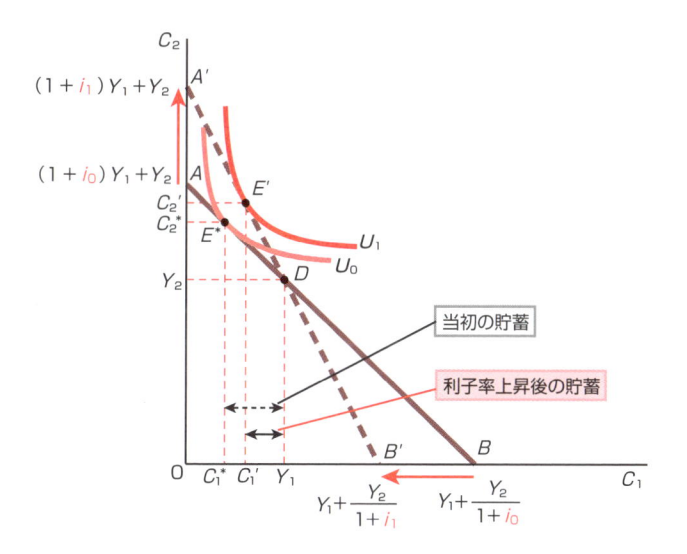

図表12－6 ●代替効果と所得効果（当初プラスの貯蓄）

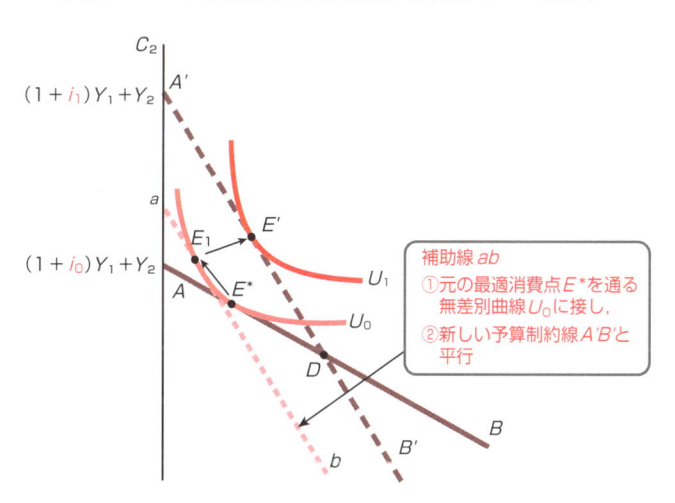

　それでは，当初プラスの貯蓄をしている場合と，マイナスの貯蓄をしている場合も含めて，利子率の上昇により貯蓄が増加するかどうかを代替効果と所得効果を用いて整理しておきましょう。

図表12－7 ●代替効果と所得効果（言葉による説明）

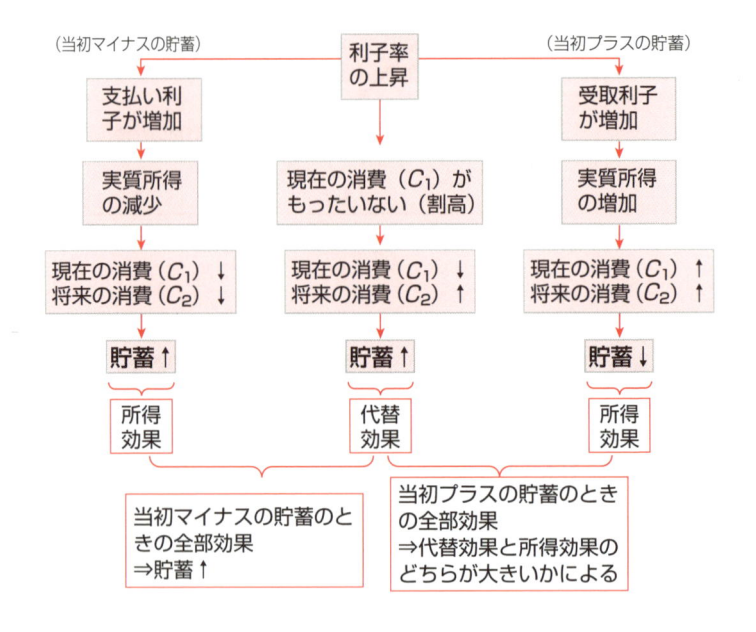

それでは，過去問を解きながら，貯蓄の計算問題の解法を説明しましょう。

【問題12−1】

　ある消費者の今期の所得は100であり，来期の所得は121であるとする。効用関数が，$U = C_1 C_2$ [C_1：今期の消費，C_2：来期の消費] で表されるとすると，この人は今期いくら貯蓄あるいは借入れをするか次の1から5より妥当なものを選べ。ただし，利子率は10％であるとする。

Movie 077

> 1. 5だけ貯蓄する。
> 2. 10.5だけ貯蓄する。
> 3. 15だけ貯蓄する。
> 4. 5だけ借入れする。
> 5. 10.5だけ借入れする。

（国家Ⅰ種）

戦　略

　まず，現在の消費C_1を求め，次に，貯蓄S＝現在の所得Y_1－現在の消費C_1から，貯蓄を求めます。なお，貯蓄がマイナスの場合には，現在の所得Y_1よりも現在の消費C_1が多いので，借入れ（借金）状態です。

　予算制約式がポイントとなり，**鉄則5**を活用します。

　あとは，**鉄則1-1**効用最大⇔微分して0，を計算します。

鉄則5　現在の消費（C_1）と将来の消費（C_2）の選択

　現在の所得をY_1，将来の所得をY_2，利子率をrとすると，予算制約式は，

$$C_2 = (1+r)\underbrace{(Y_1 - C_1)}_{貯蓄} + Y_2$$

　これは，将来の消費（C_2）は，貯蓄した分（これは利子がつくので（$1+r$）倍になる）と将来の所得（Y_2）の合計だけ可能であることを意味する。

計　算

鉄則5より，予算制約式は

$C_2 = (1+r)(Y_1-C_1)+Y_2$

$\quad = (1+0.1)(100-C_1)+121$

$\quad = 231-1.1C_1$

$U = C_1 C_2 = C_1(231-1.1C_1) = 231C_1-1.1C_1{}^2$

効用最大の条件は $\dfrac{dU}{dC_1}=0$ なので，$U=231C_1-1.1C_1{}^2$ を C_1 で微分したものが0。よって，

$\dfrac{dU}{dC_1} = 231-1.1\times2C_1 = 0$

$C_1 = \dfrac{231}{1.1\times2} = 105$

貯蓄$S = Y_1-C_1 = 100-105 = -5$

正　解　4

Chapter 13

顕示選好の理論
―人の好みはどうわかる？―

Movie 078

Point

1 家計の好みを表す無差別曲線は観察することができない。代わりに，個人の過去の購買実績から好みを判断しようというのが顕示選好理論。

2 A，B両方購入できるときにAを選択した家計が，別の機会にAではなくBを選択したとしたら，それは，そのときの予算と価格の下ではAが購入できなかったからだ【顕示選好の弱公準】。

難易度　B

出題可能性

国家一般職（旧Ⅱ種）	**B**
国税専門官	**C**
地方上級・市役所・特別区	**B**
国家総合職（旧Ⅰ種）	**B**
中小企業診断士	**B**
証券アナリスト	**C**
公認会計士	**C**
都庁など専門記述	**C**
不動産鑑定士	**C**
外務専門職	**C**

　　　この章では，無差別曲線理論の問題点を克服するために考案された顕示選好理論を学びます。顕示選好理論は細かな分析ができないので無差別曲線理論に取ってわかるものとはなっておらず，試験でも，無差別曲線理論ほどは出題されません。国家総合職（旧Ⅰ種）試験など難関試験の択一試験では従来より時々出題されていましたが，最近では，地方上級試験，国税専門官試験，国家一般職（旧Ⅱ種）試験や中小企業診断士試験でも出題されるようになっていますので注意が必要です。なお，論文試験としての問題は作成しにくいのであまり出題されません。

1. 概　要

Movie 079

この章では，消費の理論の第三の理論としてサミュエルソンの考えた顕示選好理論をお話ししましょう。

無差別曲線理論の問題点は，無差別曲線はその人以外にはわからず，経済学者が実際の消費行動が無差別曲線理論に基づいて予算制約線と無差別曲線の接点である最適消費点で行われているかどうかを確認することはできないということでした（無差別曲線の計測困難性）。

現実世界では，私たちが「あの人はこういう好みだ」と判断できるのは，その人の過去の購買実績を知っている場合です。ですから，**この顕示選好の理論は，過去に購入した実績がその家計の表に現れた（顕示された）好み（選好）であり，そこから消費行動を考えようとするもの**です。

そして，この顕示選好理論には「顕示選好の弱公準」というものがあります。それは，「あるとき，A，B両方購入できるときにAを選択した家計が，別の機会にAではなくBを選択したとしたら，それは，そのときの予算と価格の下ではAが購入できなかったからだ」というものです。

これは，「A，B両方購入できるときにAを選択した」ということは，この家計にとってはAのときの効用$U（A）$の方がBのときの効用$U（B）$よりも大きいからAを選択したのです。つまり，効用の大きさは$U（A）＞U（B）$です。ですから，その家計がAとBの両方を購入できるのであれば効用の大きいAを選択するはずであり，その家計がAではなくBを選択したということは，そのときAを選択することができなかった，つまり，Aは予

> **補　足**
>
> 「顕示選好理論」の「顕示」とは自己顕示欲というときの「顕示」，すなわち，表に顕れるという意味です。また，「選好」とは好みを意味するので，「顕示選好」とは「表にあらわれた好み」のことを意味します。

Point!

もし，この顕示選好の弱公準を満たさずに，この家計がAもBも購入可能であるのにAではなくBを選択したとなると，今度はBの方をAよりも好むことになってしまい，はじめにAをBより好んだという事実と矛盾が生じてしまいます。

この顕示選好理論を用いて，家計の選好（好み）が矛盾しているか否かということと，AとBのどちらが効用が大きいかを判断することができます。具体的には図表13－1，図表13－2，図表13－3で説明します。

算オーバー（予算制約外）だったということです。

2. 顕示選好の弱公準を満たすケース

それでは，図表13－1のケースを説明しましょう。ある家計が，予算制約線がαのときには点Aを選択し，予算制約線βのときにはBを選択したとします。

まず，予算制約線αのとき，この家計はA，Bともに選択可能領域△OCD内ですから選択可能です。A，Bともに選択可能なときにAを選択したので，この家計はBよりもAを好むことがわかります。効用の大きさはU(A) > U(B) です。

次に，予算制約線βのときには，この家計はAではなくBを選択していますが，これはAが入手可能領域△OFG外で，選択不可能であったことがわかります。つまり，このケースは，好み（選好）に矛盾がなく，「あるとき，A，B両方購入できるときにAを選択した家計が，別の機会にAではなくBを選択したとしたら，それは，Aがそのときの予算と価格の下では購入できなかったからだ」という顕示選好の弱公準を満たすケースであることがわかります。

▶▶ 徹底解説 ◀◀

点A，点BはX財とY財の消費量の組み合わせであり，予算制約線のαからβへの変化は，所得と財の価格が同時に変化することによって起こります。

図表13－1 ●顕示選好の弱公準を満たすケース

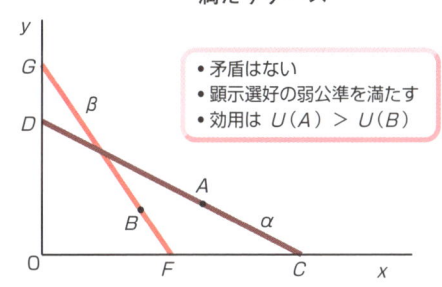

- 矛盾はない
- 顕示選好の弱公準を満たす
- 効用は U(A) > U(B)

3. 顕示選好の弱公準と無関係なケース

では次に，図表13－2のようなケースを考えてみましょう。このケースは，予算制約線αのときAを選択していますが，Bは入手可能領域△OCD外ですから選択できません。ですから，BではなくAを選択したのは，BよりもAを好むからなのか，そうではなくBの方を好みながら，予算オーバーとなるので仕方なくAを選択したのかがわかりません。つまり，AとBのどちらを好むかはわかりません。

図表13－2 ●顕示選好の弱公準と無関係なケース

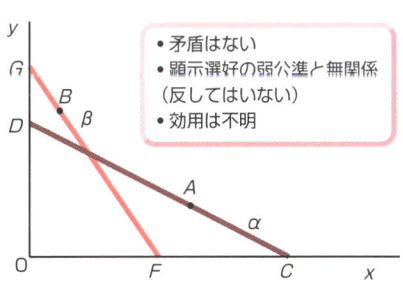

- 矛盾はない
- 顕示選好の弱公準と無関係（反してはいない）
- 効用は不明

同様に，予算制約線βのときBを選択していますが，このときAは入手可能領域△OFG外ですからやはり選択できません。ですから，AではなくBを選択したのは，AよりもBを好むからなのか，そうではなくAの方を好みながら，予算オーバーとなるので仕方なくBを選択したのかがわかりません。つまり，AとBのどちらを好むかはやはりわかりませ

ん。

以上のケースは，なんら矛盾している点はありませんが，A，Bのどちらを好むかに関しては何もわかりません。また，このケースは顕示選好の弱公準とは無関係であり，公準を満たすものではありませんが，公準と矛盾するものでもありません。

4. 顕示選好の弱公準に反するケース

Movie 082

では，次に，**図表13－3**のようなケースを考えましょう。予算制約線αのときにはA，Bともに入手可能領域△OCD内なので選択できる状況でAを選択し，予算制約線βでもA，B とも入手可能領域△OFG内なので選択できる状況でBを選択しています。これでは，予算制約線αのときはBよりもAを好み，予算制約線βのときはAよりもBを好むことになってしまい矛盾してしまいます。つまり，このケースは顕示選好の弱公準に反していることになります。

図表13－3 ●**顕示選好の弱公準に反するケース**

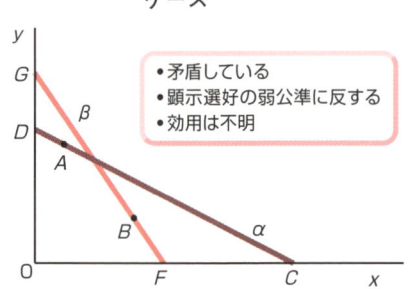

- 矛盾している
- 顕示選好の弱公準に反する
- 効用は不明

5. 評価（長所と問題点）

Movie 083

以上のように顕示選好理論は，実際に観察できる家計の購入実績を用いることによって，家計の消費行動についてある程度理解することができます。

しかし，この理論は，無差別曲線理論のような詳細な分析はできません。ですから，無差別曲線理論にとって代わる理論という位置づけのものではないのです。

たとえば

無差別曲線理論のように「家計は無差別曲線と予算制約線の接する点E（x_e, y_e）に決定する」というほど明確に消費行動を説明することはできません。

Part 3

完全競争企業の行動

―どれだけ雇い，どれだけ生産すれば良いのだろうか？―

Movie 084

　この部では，労働や機械などの資本を需要し財を生産する企業の行動を分析します。具体的には，「財を何個生産すればよいのか」「労働者を何人雇えばよいのか」などを考えます。ミクロ経済学の全体像という視点から考えると，前の第2部では家計の消費行動から需要曲線を導きましたが，この第3部では企業の生産行動から供給曲線を導きます。

　そうはいっても，現実経済のままでは複雑すぎてよくわからないので，仮定をおいて，単純化した理論モデルを創り，そのモデルを分析します。第1部で学んだように，仮定をおいて単純化すると分析しやすくなりますが，現実離れしてしまうおそれがあります。この点に注意を払いながら，勉強するようにしてください。

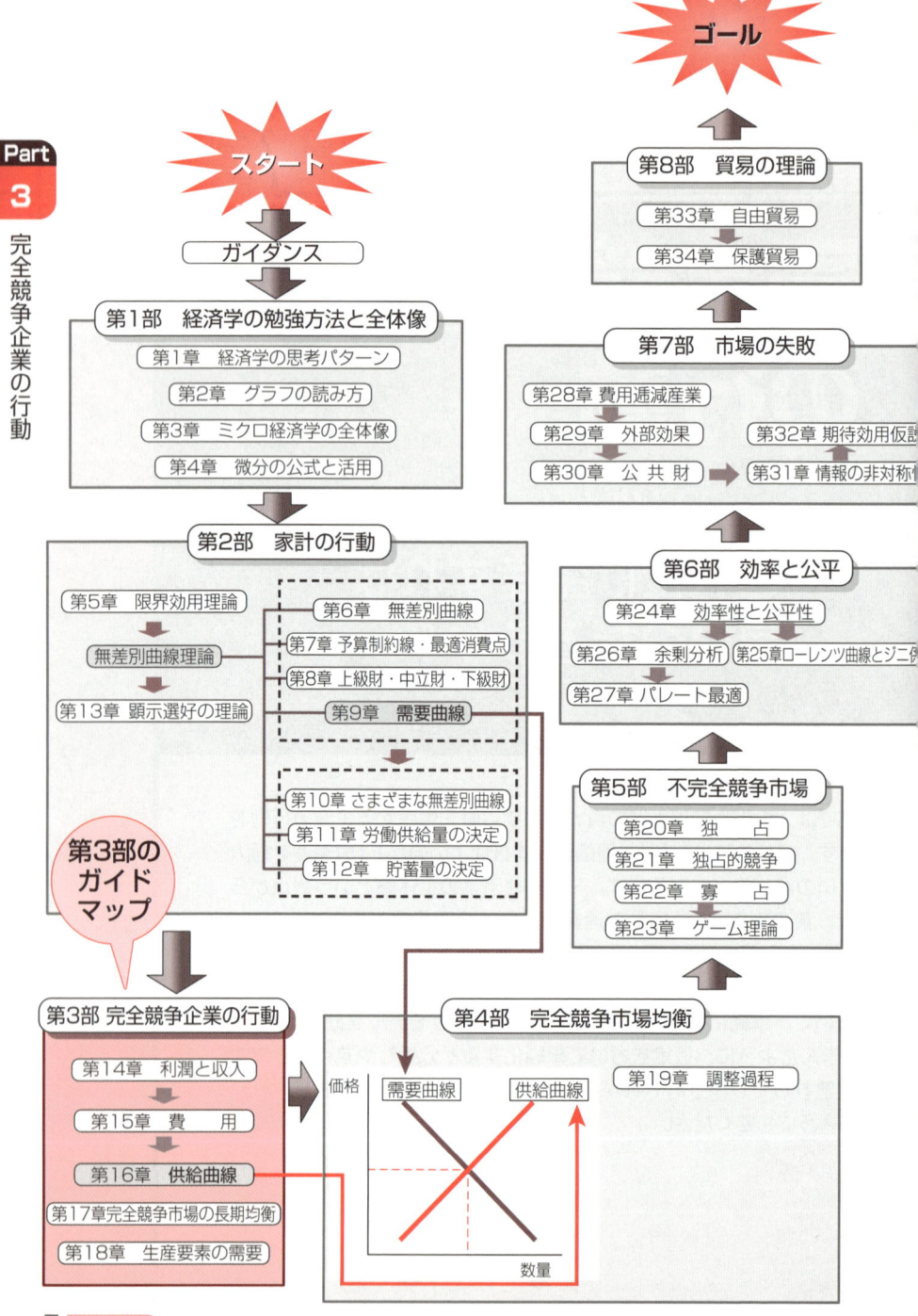

第3部の登場人物・舞台とストーリー

登場人物（経済主体）

第3部では，ミクロ経済学での登場人物である，家計，企業，政府，海外（外国）のうち，企業だけに焦点を当てます。

企業：企業とは労働や資本などの生産要素を需要し，財を生産し供給する経済主体をいい，具体的には会社をイメージすればよいでしょう。

> **復　習**
>
> 経済学では経済活動を行う人や組織（登場人物）を経済主体と呼びます。

> **用　語**
>
> 資本とは人が生産した物的生産要素で，具体的には機械などの設備をイメージしてください。

図表０－１（再掲）●主な舞台での登場人物の役回り

舞台	需要者	供給者
財市場	家計 海外（輸出）	企業 海外（輸入）
労働市場 資本市場	企業	家計

舞　台

現実経済

健太くんの家はお弁当屋さんです。幕の内弁当のような和食の他に中華弁当，ハンバーグ弁当なども作って売っています。

近くに競争相手のお店があるので，健太くんのお父さんとお母さんは「とても値上げできないから，無駄をなくして経費を削減しないとね」といつもいっています。

忙しいお昼どきだけ，アルバイトの人を1人雇っています。そして，毎日「今月は黒字だった」とか「赤字だった」と一喜一憂し，来月は何個作ろうか考えています。

商品がたくさんあると複雑になってしまいます。

単純化した理論モデル

- 健太くんのお弁当屋さんは，お弁当という財を生産し供給するので，経済学でいう「企業」にあたります。
- 商品は1種類しかないと仮定します。
- 競争相手は多数あり，同じお弁当を作っている（商品は同質）という仮定をおきます。商品の質が違うモデルは第21章独占的競争で学びます。
- 価格と費用がポイントとなります。
- 労働をどれだけ需要するのかという「生産要素の需要量の決定」の問題です。
- 企業は利潤最大化を目的とすると仮定します。
- どれだけ生産するかという「生産量の決定」の問題です。

全体像の中での位置づけ

経済学では，企業が生産を行うと考えます。企業は，資本や労働サービスなどの生産要素を生産要素市場から調達し，その資本と労働を用いて，財（生産物）を生産し，市場に供給することにより収入を得ます。その収入から，生産に貢献した家計に，給料や配当金を支払います。配当金とは，企業の利潤を企業の所有者である株主に支払うお金です。この部では，このような一連の経済活動の中で，企業の生産行動について取り上げて考えます。

ところで，この生産の理論は，第3章の全体像（右図）のどこにあたるかというと，供給曲線に当たります。ですから，これから勉強することは，どうして，ある財の供給量と価格の間には，通常，価格が上がれば供給量が増えるという関係があるのか，つまり，右上がりの供給曲線ができるのかを考えることです。

図表2－2 ● 需要と供給のグラフ（再掲）

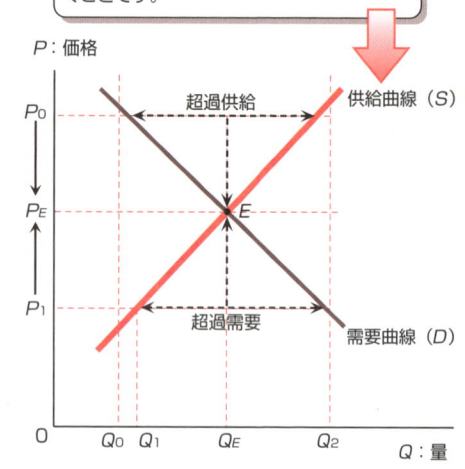

生産の理論とは，ある財の供給曲線が，どうして，下図のように描けるのかを考えていくことです。

前提（仮定）

ミクロ経済学では通常，**企業は利潤を最大化するように行動するという仮定**をおきます。つまり，企業は，常に自分の利潤を最大にするように生産を行うと考えるわけです。これは利潤最大化原理と呼ばれる非常に重要な前提です。

> **仮定1．企業は利潤を最大化するように行動する（利潤最大化原理）**

さらに，本書では，議論を単純化するために，**企業は1つの財しか生産しないと仮定**します。

これら2つの仮定により，ある1つの財について，生産により得られる収入と生産によ

➕ **補 足** `:·□·:`

ですから，企業は，特定の社員や社長の利益のために行動するわけではないということになります。

➕ **補 足** `:·□·:`

行動原理とは，企業の行動は，すべて，利潤最大化という目的を達成するために行われ，利潤最大化は，企業の行動の指針となるものであるという意味です。

➕ **補 足** `:·□·:`

この仮定は，応用問題では外され，企業が2つの財を生産することもあります。

ウ被る費用からどれだけの利潤を得るかを冷静に検討し，自己の利潤を最大化するように行動するという，きわめて合理的な企業を検討することになります。

仮定2．企業は，1つの財しか生産しない

時間：短期と長期

生産要素のうち，数量を変えることができる生産要素を可変的生産要素（Variable factor），数量を変えることができない生産要素を固定的生産要素（Fixed factor）といいます。

可変的生産要素しか存在しない一定期間を長期（Long-run）といい，固定的生産要素が存在する期間を短期（Short-run）といいます。通常，機械や工場はすぐには増やせませんから，短期では固定的生産要素です。それに対し，すべてが可変的生産要素である長期とは，機械や工場を増やすことができる期間のことをいいます。機械や工場を増やすことができる期間は，産業によって違いますので，一概に何年ということはできません。

では，なぜ，短期と長期という，2つの期間に分けて考えるかというと，期間によって企業の行動が違ってくるからです。

なお，生産理論では特に断わりがなければ短期を前提にすることが多いようです。

短期：固定的生産要素が存在する一定期間
長期：固定的生産要素が存在せず，すべてが可変的生産要素である一定期間

復　習

生産に必要なものを生産要素といい，通常，経済学では，資本（機械）と労働（人手）を考えます。

たとえば

ラーメン店なら資本にあたるのはお店と調理設備なので数ヶ月で変えることができます。つまり，数ヶ月で長期になるのです。これに対し，電力会社の資本にあたるのは発電所ですから，環境評価，地元の合意，用地買収，発電所建設と10年とか20年かかります。そうなると，電力会社にとっての長期とは10年とか20年ということになります。

たとえば

注文が急増したときに，短期では，機械は増やせませんから，今の機械で，なんとか，アルバイトなどを雇い労働力を増やして対応するしか方法はありません。しかし，長期では，注文の増加に応じて，機械の数量を増やすこともできます。このように，短期と長期では，企業の行動パターンが違うので，分けているのです。

この部の最大の目的は，企業の生産行動から供給曲線を導くことです。

経済学では，企業は利潤を最大化するように行動するという前提をおいて分析します。そこで，まず，第14章では，私たちが通常つかう「利益」と経済学の「利潤」の違いを説明します。この利潤は総収入から総費用を差し引くことによって求めることができます。そこで，収入についても第14章で学び，第15章では費用について学びます。そして，第16章では，企業がどのように利潤が最大となるような生産量を決めるかを学びます。

実は，以上は短期の議論でして，長期では話が変わってきます。第17章では，長期における企業の生産行動について学びます。

そして，最後の第18章では，商品の生産量の決定ではなく，商品の生産のために必要な生産要素の需要量をいかに決めるのかということについて学びます。

> 利潤＝総収入－総費用

復　習

長期では資本（工場や機械）の量を変えることができます。

復　習

生産要素とは商品（財）の生産に必要なものという意味です。ミクロ経済学では，労働と資本の2種類だけと単純化します。

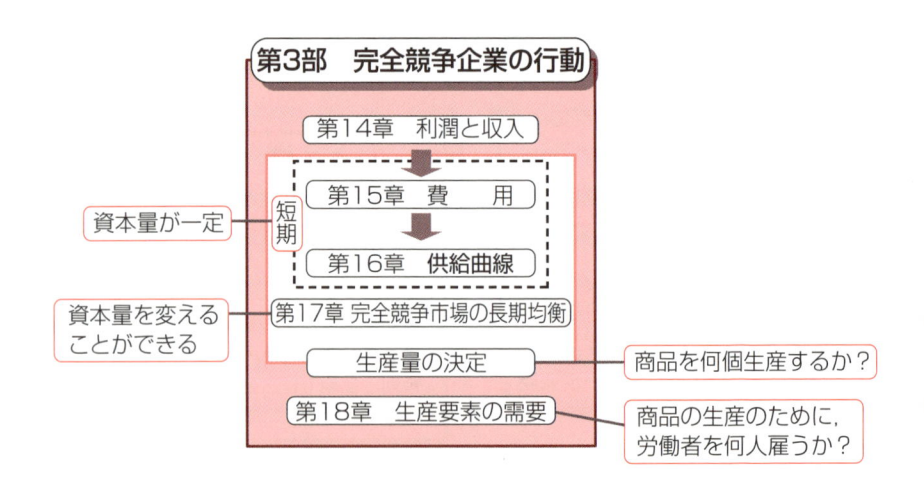

Part 3 完全競争企業の行動

Chapter **14**

利潤と収入
—利潤と利益はどうちがう？—

Movie 085

難易度　A

Point

1 企業は利潤が最大となるように行動すると仮定する【利潤最大化原理】。

2 利益＝総収入－（支払ったという意味での）総費用，利潤＝総収入－（機会費用という意味での）総費用。機会費用とはあることを行ったときに失ったものすべて。

3 利潤0とは利益0ではなく他の産業と同じ利益。

4 限界利潤とは生産量を1単位増やしたときの利潤の増加分，限界収入とは生産量を1単位増やしたときの収入の増加分。

出題可能性

国家一般職（旧Ⅱ種）	**C**
国税専門官	**B**
地方上級・市役所・特別区	**C**
国家総合職（旧Ⅰ種）	**C**
中小企業診断士	**C**
証券アナリスト	**B**
公認会計士	**C**
都庁など専門記述	**C**
不動産鑑定士	**C**
外務専門職	**C**

　この章では，利潤と収入の意味について学びます。この章の論点自体はそれほど出題されませんが，今後の企業の行動の分析で必要となる基礎知識です。特に，限界利潤と限界収入は第16章の生産量の決定の際にキーワードとなるので確実に理解しましょう。

1. 利　潤

Movie 086

【1】 利潤と利益はどう違う？

　まず，企業の行動目的である「利潤最大化」の「利潤」の言葉の意味を利益と比べながら説明します。

　利潤とは，**総収入から総費用を差し引いたもの**です。利潤は，よく，π（「パイ」と読みます）と略します。経済学の「利潤」は，通常私たちが用いる「利益」とは少し違います。「利潤」を求めるときの費用には，単に**支払った費用のみならず，あることを行ったことにより失った利益をも，費用に加える**のです。たとえば，講義を受けたら，10万円のアルバイトができなかったというのならば，講義に出ることにより10万円を失ったわけですから，この講義の費用には，受講料などの支払った金額の他にこの10万円を加えたものが含まれます。

　このように，**あることを行ったことにより失った利益**は，利益を得る機会を犠牲にしたということで費用に加えますので，**機会費用**といいます。

　私たちが通常用いる「利益」とは，総収入−総費用で求まり，一見すると「利潤」と同じように見えますが，総費用はかかった費用だけであり，機会費用ではありません。この点が，「利益」と「利潤」の違いです。

利益＝総収入−総費用

　　　　↑

かかった費用，支払った費用だけ

利潤＝総収入−総費用 　｝経済学の

　　　　↑

　 ---- 機会費用 　　　　考え方

あることを行ったときに失ったものすべて

━ たとえば ━▷

　ある自動車会社の総収入＝100億円，支払ったという意味での総費用＝80億円としましょう。すると，利益＝総収入−総費用＝100億円−80億円＝20億円と計算されます。

　ここで，この自動車会社が，自動車会社ではなく他の事業を行っていたならば，やはり20億円の利益を得ることができたとします。すると，この自動車会社は，ほかの事業を行っていたならば得られた20億円を犠牲にして，自動車会社を営んでいることになり，この20億円は機会費用として総費用に加えられます。したがって，利潤＝総収入−総費用（機会費用）＝100億円−（80億円＋20億円）＝0となります。つまり，利潤ゼロとは，利益ゼロではなく，他の産業と同じ利益であることを意味します。

　次に，この会社が他の産業を行っていたならば30億円の利益が得られた企業を考えましょう。他の産業を行っていたならば得られる30億円を失ったので，機会費用として総費用に含まれ，利潤は20億円の利益から30億円の機会費用を差し引いて−10億円となります。このように利潤がマイナスとは，他の産業よりも利益が小さいということです。

　また，この会社が他の産業を行っていたならば5億円の利益が得られたとしましょう。他の産業を行っていたならば得られる5億円を失ったので，機会費用として総費用に含まれ，利潤は20億円の利益から5億円の機会費用を差し引いて＋15億円となります。このように利潤がプラスとは，他の産業よりも利益が大きいということです。

ではなぜ，経済学では，通常私たちが使う「利益」ではなく「利潤」を用いるのでしょうか。それは利潤がプラスであれば，他の産業より利益が大きいので，その産業を行うべき，利潤がゼロであれば，他の産業と同じ利益，利潤がマイナスであれば，他の産業より利益が少ないので，その産業をやめるべきと，はっきりわかるからです。

【2】平均利潤（$A\pi$）

　平均利潤とは，**生産量1単位あたりの平均利潤**です。平均はAverageですので，$A\pi$と略します。

　平均利潤（$A\pi$）$=\dfrac{\pi}{q}$と，利潤πを生産量qで割ることにより求めることができます。たとえば，生産量が10個で利潤が100万円であれば，平均利潤（$A\pi$）$=\dfrac{100万円}{10個}=10$万円で，1個あたり平均で10万円の利潤があるとわかります。

【3】限界利潤（$M\pi$）

　限界利潤とは，**生産量を1単位増加させたときの利潤の増加分**です。利潤はπ，限界はMarginalですので，$M\pi$と略します。

　限界利潤（$M\pi$）$=\dfrac{\varDelta\pi}{\varDelta q}$と，利潤の増加分$\varDelta\pi$を生産量の増加分$\varDelta q$で割ることにより求めることができます。

たとえば

　生産量を5個増加させたとき，利潤の増加分が100万円であれば，1個生産量を増やしたときの利潤の増加分は，100万円を5個で割った20万円とわかります。このケースでは，

　$\varDelta q=+5$個，$\varDelta\pi=+100$万円なので，

限界利潤（$M\pi$）$=\dfrac{\varDelta\pi}{\varDelta q}$

　　　　　　　$=\dfrac{+100万円}{+5個}=20$万円

と計算をします。

$$限界利潤（M\pi）=\dfrac{\varDelta\pi}{\varDelta q}$$

2. 収　入

では，利潤＝総収入−総費用のうち，収入について説明しましょう。

Movie 087

【1】 総収入（TR, R）

総収入とは，**生産により得られる収入の合計**です。

ところで，単純化のため，企業は1つの財しか生産していないと仮定しているので，総収入（TR）＝価格（P）×供給量（q）となります。

総収入（TR）＝価格（P）×供給量（q）

【2】 平均収入（AR）

平均収入とは，**生産量1単位あたりの平均収入**です。平均収入（AR）$= \dfrac{TR}{q}$と，総収入（TR）を生産量のqで割ることにより求めることができます。総収入（TR）$= P \times q$ですから，平均収入（AR）$= \dfrac{TR}{q} = \dfrac{P \times q}{q} = P$となります。

平均収入（AR）＝価格（P）

【3】 限界収入（MR）

限界収入とは，**生産量を1単位増加させたときに得られる総収入の増加分**です。限界収入はMarginal Revenue ですので，MRと略します。限界収入（MR）$= \dfrac{\Delta TR}{\Delta q}$と，総収入の増加分$\Delta TR$を生産量の増加分$\Delta q$で割ることにより求めることができます。

たとえば

生産量を5個増加させたとき，総収入の増加分が500万円であれば，1個生産量を増やしたときの総収入の増加分は，500万円を5個で割った100万円とわかります。このケースでは，$\Delta q = +5$ 個，$\Delta TR = +500$万円なので，

限界収入（MR）$= \dfrac{\Delta TR}{\Delta q}$

$= \dfrac{+500万円}{+5個} = 100万円$

と計算します。

限界収入（MR）$= \dfrac{\Delta TR}{\Delta q}$

Chapter 15

費　用
―企業の費用にもいろいろある―

Movie 088

難易度　C

Point

1 MC←U字型と仮定

2 MCはAVCの最小点で
下から上へ突き抜ける

3 AFCは減少する

4 差がAFC

5 MCはACの最小点で
下から上へ突き抜ける

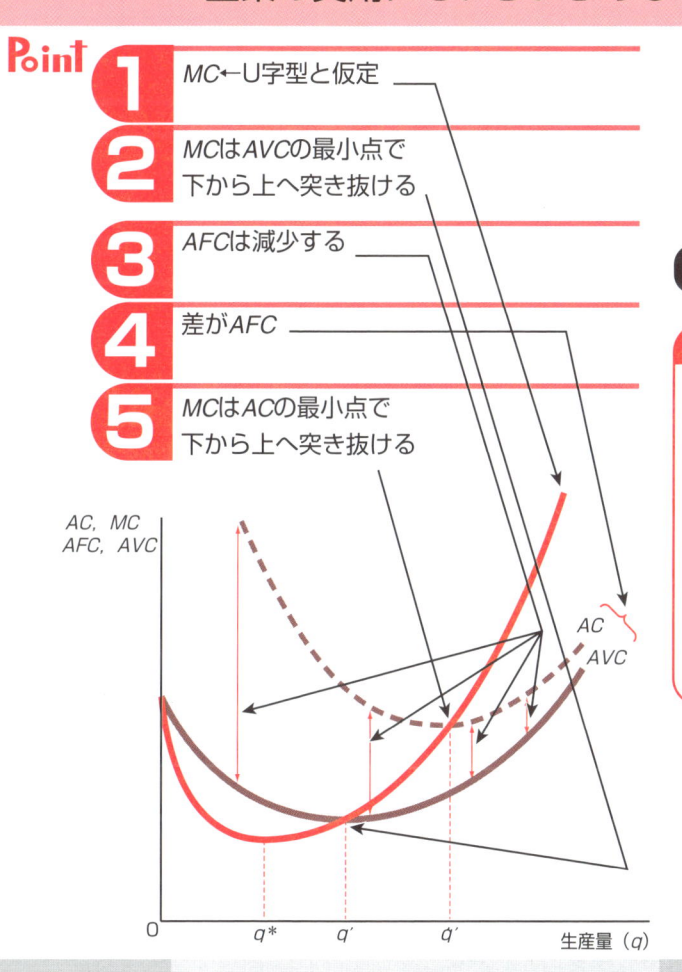

出題可能性

国家一般職（旧Ⅱ種）	B
国税専門官	C
地方上級・市役所・特別区	B
国家総合職（旧Ⅰ種）	B
中小企業診断士	B
証券アナリスト	B
公認会計士	B
都庁など専門記述	C
不動産鑑定士	C
外務専門職	C

　この章では，企業の費用について学びます。
上図の費用曲線は第16章の生産量の決定と
供給曲線に不可欠な知識です。5つのポイン
トを押さえて正確に作図できるようにしまし
ょう。

143

この章では，利潤＝総収入－総費用のうち，費用について説明しましょう。

【1】総費用（*TC*，*C*）

総費用とは，**生産にかかった費用の合計**です。

ところで，生産要素には，固定的生産要素と，可変的生産要素があります。そして，**固定的生産要素にかかる費用を固定費用（*FC*：Fixed Cost）といい，可変的生産要素にかかる費用を可変費用（*VC*：Variable Cost）**といいます。生産要素は，必ず，固定的生産要素か可変的生産要素に分けられますので，費用も固定費用と可変費用に分けられ，総費用＝固定費用＋可変費用となります。

総費用		固定費用	＋	可変費用
TC	$=$	FC	$+$	VC

【2】平均費用（*AC*）

平均費用とは，**生産量1単位あたりの平均費用**です。平均費用はAverage Costですので，*AC*と略します。

平均費用（*AC*）$= \dfrac{TC}{q}$と，総費用（*TC*）を生産量qで割ることにより求めることができます。総費用（*TC*）＝固定費用（*FC*）＋可変費用（*VC*）ですから，

$$平均費用（AC）= \frac{TC}{q}$$
$$= \frac{FC+VC}{q}$$
$$= \frac{FC}{q} + \frac{VC}{q}$$

となります。

$\dfrac{FC}{q}$は，**平均固定費用**（Average Fixed Cost）といい*AFC*と略し，$\dfrac{VC}{q}$は**平均可変費用**（Average Variable Cost）といい，*AVC*と略します。

略語

総費用は，Total Cost ですから，*TC* あるいは，単に*C*と略します。

補足

すでに説明したように，この費用には，あることを行ったことにより失った利益は，利益を得る機会を犠牲にしたということで費用に加えます（機会費用）。

👆 Point!

文脈から短期か長期かを読み取る

ここでは，長期・短期とは明言していませんが，固定費用・可変費用とあることから短期の費用の話をしているとわかります。なぜなら，長期では固定的生産要素はなく，すべては可変的生産要素ですから，固定費用はなく，可変費用しかないからです。

一方，第17章の長期の理論では，固定費用や可変費用は出てこず，総費用と平均費用しか出てきません。

平均費用（*AC*）$= \dfrac{TC}{q}$

　　　$=$ 平均固定費用 ＋ 平均可変費用

　　　$\left(AFC = \dfrac{FC}{q}\right)$　$\left(AVC = \dfrac{VC}{q}\right)$

【3】限界費用（MC）

　限界費用とは，**生産量を1単位増加させたときに被る総費用の増加分**です。

　限界費用（MC）$=\dfrac{\varDelta TC}{\varDelta q}$ と，総費用の増加分$\varDelta TC$を生産量の増加分$\varDelta q$で割ることにより求めることができます。

　生産量を1単位増加させたときに被る「総費用」の増加は，「総費用」ですので，可変費用と固定費用があるはずです。しかし，固定費用は，生産量とともに変わりませんので，生産量を1単位増加させたときの固定費用の増加分はゼロです。したがって，**限界費用（MC）は，生産量を1単位増加させたときに被る「総費用」の増加分ですが，その中身はすべて可変費用**なのです。

$$\text{限界費用（}MC\text{）}=\dfrac{\varDelta TC}{\varDelta q}$$

Chapter 15

費用

たとえば

　生産量が2個増えた（$\varDelta q=+2$）ときに総費用が200円増えた（$\varDelta TC=+200$）とすると，限界費用$=\dfrac{\varDelta TC}{\varDelta q}=\dfrac{+200}{+2}=100$と計算できます。つまり，生産量が2個増えたときに200円総費用が増えるということは，生産量が1個増えたときには総費用は半分の100円だけ増えるだろうというわけです。

総費用（TC）：生産にかかった費用の合計 $TC=FC+VC$
固定費用（FC）：固定的生産要素にかかる費用
可変費用（VC）：可変的生産要素にかかる費用
平均費用（AC）：1個当たり平均の総費用 $AC=AFC+AVC$
平均固定費用（AFC）：1個当たり平均の固定的生産要素にかかる費用
平均可変費用（AVC）：1個当たり平均の可変的生産要素にかかる費用
限界費用（MC）：生産量を1単位増加させたときに被る総費用の増加分

【4】限界費用，平均可変費用，平均費用の関係

　では，今まで説明した各費用について，生産量とともにどのように変化していき，どのような特徴を持つかを考えましょう。

　なお，これから説明する平均可変費用曲線（AVC）と限界費用曲線（MC）の関係（図表15−2，3，4）と平均費用曲線（AC）と限界費用曲線（MC）の関係（図表15−7，15−8）は大変ややこしく，各種試験の合格者でもよくわからないという人が多いところです。

Point!

　これらの点は，結論だけを押さえるだけで，試験対策上は大丈夫でしょうから，よくわからない人も図表15−9の5つのポイントを押さえて次へ進むようにしてください。

　図表15−9のグラフを正確に作図できることが重要です！

① 限界費用曲線（*MC*）U 字型の仮定

まず，限界費用（*MC*）は，ある生産量q^*まで逓減し，q^*からは逓増すると仮定します。すると，**図表15－1**のように，限界費用曲線（*MC*）はU字型となります。このような仮定をおくのは，以下のような経済状態を前提としているからです。

短期においては，固定的生産要素が存在しますが，通常，この固定的生産要素は資本（機械）です。機械の数量が一定な短期では，可変的生産要素である労働の量を調節して生産量を増減させます。機械には最適な労働との組み合わせがありますから，生産量がq^*になるまでは，労働を増やすと機械と労働の最適な組み合わせに近づいていき効率がよくなり限界費用（*MC*）は減少し続けます。しかし，機械と労働の最適な組み合わせを超えて，つまり，生産量がq^*を超えると，労働が機械に比べて多くなりすぎますから，効率が悪くなり，限界費用は増加し続けます。

このように，限界費用曲線（*MC*）がU字型となるとの仮定は，固定的生産要素と可変的生産要素との最適バランスとなる生産量q^*があると考えることに他なりません。

② 限界費用曲線（*MC*）は平均可変費用曲線（*AVC*）の最小点を下から上へ突き抜ける

限界費用は生産量とともに増える費用ですから，実は，その中身は可変費用です。したがって，可変費用は生産量1個目からの限界費用の合計となります。

よって，平均可変費用（*AVC*）は，限界費用の合計である可変費用を生産量qで割った平均です。つまり，平均可変費用とは限界費用の平均なので，平均限界費用とでもいうべきものなのです。

図表15－1 ●U字型の限界費用曲線（*MC*）

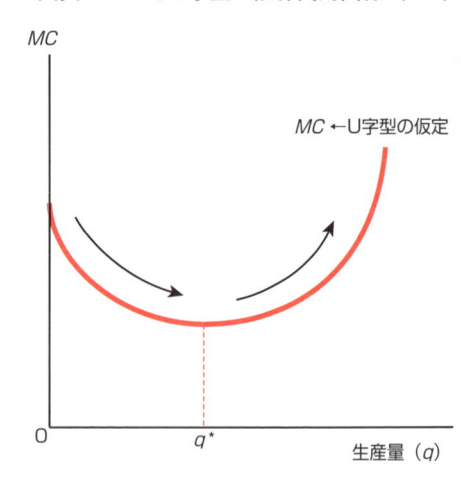

図表15－2 ●限界費用（*MC*）と平均可変費用（*AVC*）の関係

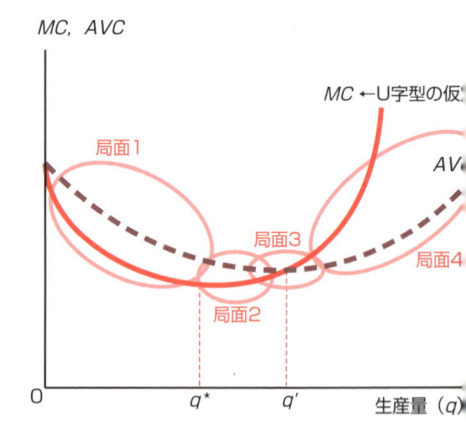

では，図表15−2においてAVCを4つの局面に分けて説明しましょう。

● 局面1：

MCが減少していく局面では，平均であるAVCは遅れて減少していきます。ですから，AVCはMCに遅れて右下がりとなります。

● 局面2：

q^*を超えて，MCが増加しても，MCが平均であるAVC以下である限り，平均であるAVCは減少するので，AVCは右下がりとなります。

● 局面3：

q^*を超えて，MCが増加していくと，右下がりのAVCとやがて一致します（q'）。

● 局面4：

q'を超えて生産すると，MCがAVCより大きくなるので，平均であるAVCは遅れて増加しますので，AVCは右上がりになります。

以上より，q'でMCとAVCが交差すると同時に，q'では，AVCが最小となっていることがわかります。

以上，限界費用と平均可変費用の関係を説明しましたが，抽象的でよくわからないかもしれません。そこで，具体例で考えてみましょう。

今，図表15−3のように，生産量を1個，2個，3個と増やすと，限界費用が170円，130円，95円と減少していき，6個で65円と最小になり，7個以上に生産量を増加させると，70円，80円，95円と増加していくと仮定します（MCがU字型であると仮定）。

このとき，可変費用は限界費用の合計ですから，生産量の増加とともに，170円，300円，395円……と増加していきます。そして，平均可変費用は可変費用を生産量で割ったものなので，生産量の増加とともに，170円，

図表15−3 ● 限界費用と平均可変費用の関係（表）

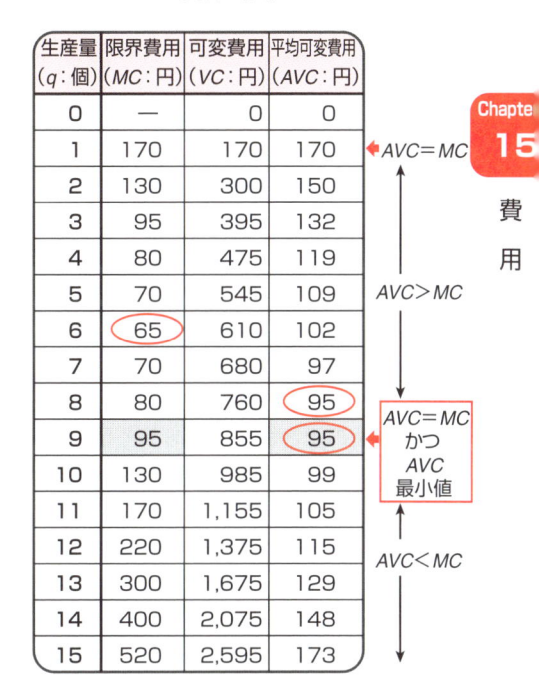

生産量 (q：個)	限界費用 (MC：円)	可変費用 (VC：円)	平均可変費用 (AVC：円)	
0	—	0	0	
1	170	170	170	◆$AVC=MC$
2	130	300	150	
3	95	395	132	
4	80	475	119	
5	70	545	109	$AVC>MC$
6	65	610	102	
7	70	680	97	
8	80	760	95	
9	95	855	95	◆ $AVC=MC$ かつ AVC 最小値
10	130	985	99	
11	170	1,155	105	
12	220	1,375	115	$AVC<MC$
13	300	1,675	129	
14	400	2,075	148	
15	520	2,595	173	

150円，132円，119円と下落していき，8個と9個のとき95円で最小となります。

そして，10個目以上になると，生産量の増加とともに，99円，105円，115円，129円，……と増加していきます。

図表15－3より，生産量8個までは，平均可変費用（AVC）が限界費用（MC）より大きく，9個で両者は等しくなり，10個より限界費用（MC）の方が，平均可変費用（AVC）より大きくなります。したがって，MCとAVCの交点は生産量が9個のときとわかります。

しかも，平均可変費用（AVC）をみると，生産量9個のときが最小であるとわかります。したがって，図表15－3を図示すると図表15－4のように，MCはAVCの最小点でAVCを突き抜けることがわかります。

③ 平均固定費用（AFC）は生産量の増加とともに逓減する

$AFC = \dfrac{FC}{q}$ であり，FCは生産量qにかかわらず一定ですから，$AFC = \dfrac{FC}{q}$ は，qの増加につれて減少しますので，図表15－5の平均固定費用曲線（AFC）のように右下がりとなります。

④ 平均費用（AC）と平均可変費用（AVC）の差が，平均固定費用（AFC）

平均費用（AC）＝平均可変費用（AVC）＋平均固定費用（AFC）ですから，図表15－4で描いた平均可変費用（AVC）に図表15－5で求めた平均固定費用（AFC）を足せば平均費用（AC）を求めることができます。

グラフでは，AVCにAFCだけ縦に足すことによってACとなります（図表15－6）。

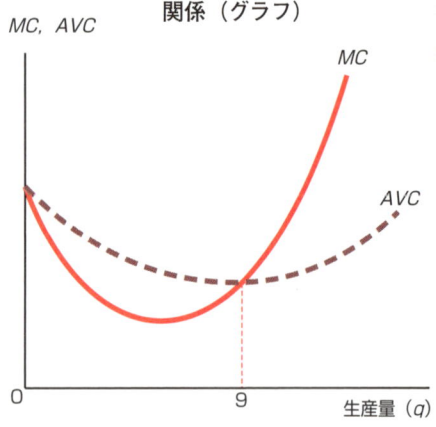

図表15－4 ● 限界費用と平均可変費用の関係（グラフ）

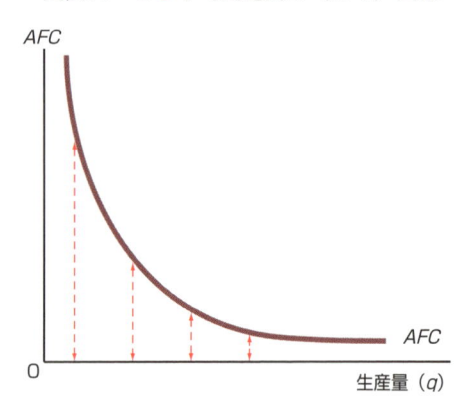

図表15－5 ● 平均固定費用（AFC）曲線

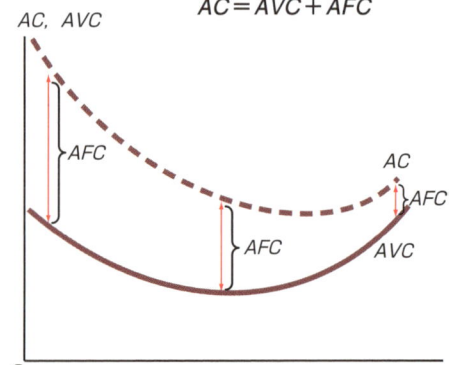

図表15－6 ● 平均費用（AC）曲線
$AC = AVC + AFC$

なお，平均費用（*AC*）と平均可変費用（*AVC*）の差の平均固定費用（*AFC*）は生産量の*q*が増加するにつれて減少します。

⑤ 限界費用曲線（*MC*）は平均費用曲線（*AC*）の最小点で下から上に突き抜ける

限界費用（*MC*）と総費用（*TC*）の平均である平均費用（*AC*）の関係は非常にややこしいのですが，結果的には*MC*と*AVC*の関係と同じようになります。

そのことを，**図表15－7**の具体例で考えましょう。これは**図表15－3**に平均固定費用を加えたものです。固定費用を710円とすると，平均固定費用は固定費用を生産量で割ったものですので，生産量を1個，2個，3個と増やすと，710円，355円，237円と減少していきます。平均費用（*AC*）は平均可変費用（*AVC*）と平均固定費用（*AFC*）を足すことにより求めることができます。

図表15－7より，生産量10個までは，平均費用（*AC*）が限界費用（*MC*）より大きく，11個で両者は等しくなり，12個より限界費用（*MC*）の方が，平均費用（*AC*）より大きくなります。したがって，*MC*曲線と*AC*曲線の交点は生産量（*q*）が11個のときとわかります。

しかも，平均費用（*AC*）をみると，生産量11個のときが最小であるとわかります。したがって，**図表15－8**のように，*MC*は*AC*の最小点で*AC*を突き抜けることが確認できます。

以上説明した費用曲線のポイントを図表15－9にまとめました。費用曲線を描くときには，必ずこれらのポイントを意識して作図するようにしてください。

図表15－7 ●限界費用と平均費用（数値例）

生産量 （*q*:個）	限界費用 （*MC*:円）	可変費用 （*VC*:円）	平均可変費用 （*AVC*:円）	平均固定費用 （*AFC*:円）	平均費用 （*AC*:円）
0	—	0	0	—	—
1	170	170	170	710	880
2	130	300	150	355	505
3	95	395	132	237	368
4	80	475	119	178	296
5	70	545	109	142	251
6	65	610	102	118	220
7	70	680	97	101	199
8	80	760	95	89	184
9	95	855	95	79	174
10	130	985	99	71	170
11	170	1,155	105	65	170
12	220	1,375	115	59	174
13	300	1,675	129	55	183
14	400	2,075	148	51	199
15	520	2,595	173	47	220

AC>*MC*

AC=*MC*
かつ
AC
最小値

AC<*MC*

図表15－8 ●限界費用の平均費用（グラフ）

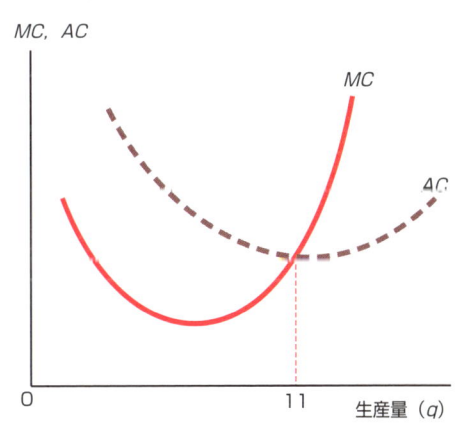

MC, *AC*

MC

AC

0　　　　　　　11　　生産量（*q*）

図表15－9 ●各種費用曲線と５つのポイント

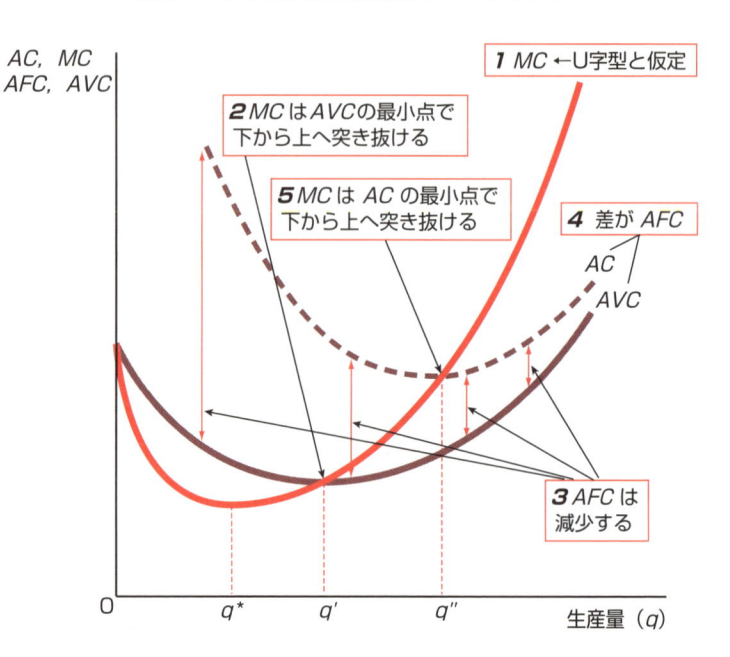

AC, MC
AFC, AVC

1 *MC* ←U字型と仮定

2 *MC* は *AVC* の最小点で
下から上へ突き抜ける

5 *MC* は *AC* の最小点で
下から上へ突き抜ける

4 差が *AFC*

AC

AVC

3 *AFC* は
減少する

0   q^* q' q'' 生産量（*q*）

　それでは，みなさんも図表15－9を参考にして，以下の空欄に*MC*→*AVC*→*AC*の順に各種費用曲線を描いてみてください。くれぐれも５つのポイントに気をつけて！

【5】 総費用曲線と限界費用曲線

それでは，まず，総費用曲線，固定費用曲線，可変費用曲線の関係を図表15－10で表しましょう。今回は生産量をqではなくxで表しています。企業の生産量はq，x，yなど，どの記号で表してもよいのです。他の本や試験ではq以外の記号が使われることもあるので，q以外の記号にも慣れていただこうというわけです。

生産量に関係なく一定である固定費用を表す固定費用曲線は点Aの高さで水平な直線となります。ところで，総費用（TC）＝固定費用（FC）＋可変費用（VC）という関係ですから，その固定費用曲線に可変費用を加えたものが総費用曲線となります。

ここでは，可変費用がはじめは傾きが＋4（点A），＋3（点B），＋2（点C）と小さくなっていきますが，点Fを超えると＋1（点F），＋2（点G），＋3（点H）と傾きは大きくなるケースを想定しています。このとき，可変費用曲線はＳの字を逆にしたような形状をするので逆Ｓ字型と呼びます。可変費用曲線が逆Ｓ字型であれば，総費用曲線も逆Ｓ字型となります。

そして，**総費用曲線（TC）の（接線の）傾きは「横に生産量が1単位増加したときの縦の総費用の増加量」なので限界費用に他なりません。** そこで，図表15－10の総費用曲線と，限界費用曲線との関係を図表15－11に描きましょう。図表15－11に図表15－10の逆S字型総費用曲線を前提とした限界費用曲線（MC）を描くと次のようになります。図表15－10の点Aから点Fまで（生産量0からx_Fまで）の総費用曲線の傾き，すなわち限界費用は減少しています。ですから，図表15－11の限界費用曲線（MC）は生産量0からx_Fまでは右下がりとなっています。

図表15－10●逆Ｓ字型総費用曲線

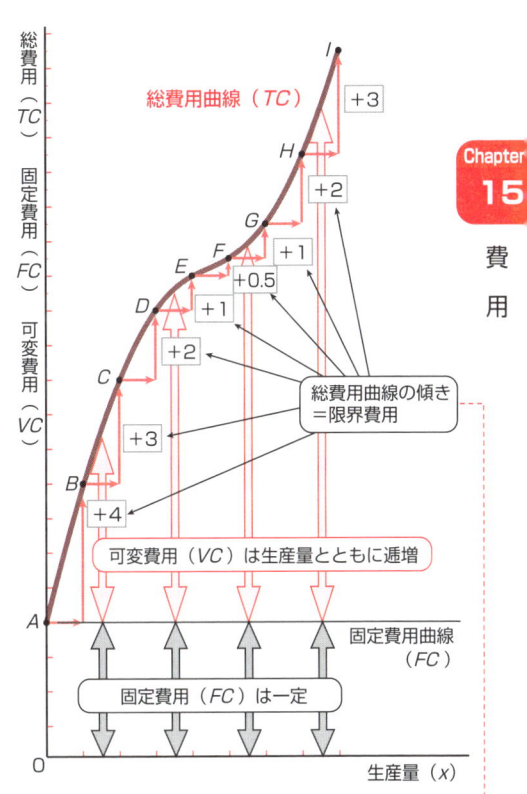

図表15－11●Ｕ字型限界費用曲線

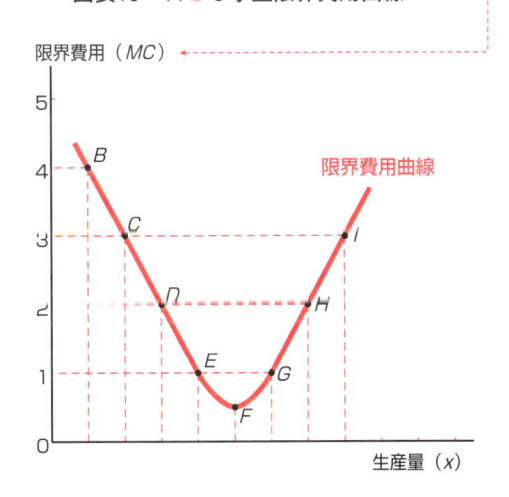

次に，点Fから（生産量がxf以上）は総費用曲線の傾き，すなわち限界費用は大きくなっていますから，**図表15-11**の限界費用曲線（MC）は生産量xf以上では右上がりとなっています。そして，総費用曲線で傾きが減少から増加に変わる点Fで傾きは最小となるので，**図表15-11**の限界費用曲線ではMCの最小点となっています。

以上より，逆S字型総費用を仮定することはU字型限界費用曲線を仮定したことと同じことなのだとわかります。

> 逆S字型総費用曲線の仮定
> ＝U字型限界費用曲線の仮定

Chapter **16**

供給曲線

―企業は一番もうかるように生産量を決める―

Point

1 企業は限界収入（*MR*）＝限界費用（*MC*）のとき限界利潤が０となり利潤最大となるので，そのときの生産量に決定する。

2 完全競争企業はプライステーカーであり，限界収入＝価格となる。

3 完全競争市場とは，
① 供給者・需要者とも多数存在
② 商品は同質（差別化されていない）
③ 市場の参入・退出は長期的には自由
④ 取引に必要な情報は完全
などの条件を満たす市場。

Movie 089

難易度　B

出題可能性

国家一般職 (旧Ⅱ種)	B
国税専門官	B
地方上級・市役所・特別区	B
国家総合職 (旧Ⅰ種)	B
中小企業診断士	B
証券アナリスト	A
公認会計士	B
都庁など専門記述	B
不動産鑑定士	A
外務専門職	B

　いよいよこの章では企業の生産行動について学びます。企業といってもさまざまですので，この章では，市場で決まった価格を受け入れるだけで自分では価格を設定できない企業（完全競争企業）を考えます。計算，グラフの問題ともに出題される論点ですからしっかりとマスターしましょう。

この章では，完全競争企業というタイプの企業がどのように生産量を決定するのかについて考えます。

1. 完全競争企業の収入

Movie 090

完全競争企業とは**完全競争市場に存在する企業**です。完全競争企業は，小さな存在であり，他社と同じ商品を供給しているので，市場価格に影響を与えることができず，市場価格を受け容れる存在となります。このことを，**プライステーカー**（価格受容者）といいます。

完全競争企業は，図表16－1のAにおいて，市場で価格がP_0と決まれば，いくらでもP_0で常に需要してもらえます。このことを，**完全競争企業の直面する需要曲線（d）は水平**といいます（図表16－1のB）。

したがって，総収入（TR）は，$TR = P_0 \times q$（qは1企業の生産量），平均収入（AR）$= \dfrac{TR}{q} = P_0$，限界収入（MR）も，**生産量の1単位増加により，P_0円だけ収入が増加するので，$MR = P_0$です。**ですから限界収入曲線（MR）はP_0で水平な直線となり完全競争企業の直面する需要曲線（d）と同じになります。

```
用 語
```

完全競争市場とは，以下の4つの条件などを満たす市場をいいます。
① 供給者・需要者とも多数存在
② 商品は同質（差別化されていない）
③ 市場の参入・退出は長期的には自由
④ 取引に必要な情報は完全

```
理 由
```

完全競争企業は「① 供給者・需要者とも多数存在する」ことにより，市場においては小さな存在にすぎず市場価格に影響を与えることはできません。また，「② 商品は同質である」かつ「④ 情報は完全である」ことから，市場で決まる価格より高く売ろうとしても，需要者は市場価格より高いとわかり誰もその企業のものを買いませんので，結局，市場価格でしか売れません。

```
▶▶ 徹底解説 ◀◀
```

市場全体の需要曲線（D）は右下がり（図表16－1 A）ですが，企業の直面する需要曲線（d）は水平（B）です。この違いは横軸の数の単位が違うことによります。つまり，企業の生産量は個数単位ですから，生産量を10倍にしても，市場全体の数量は横軸が億個単位ですから，影響を与えないということです。

図表16－1 ●完全競争企業の直面する需要曲線

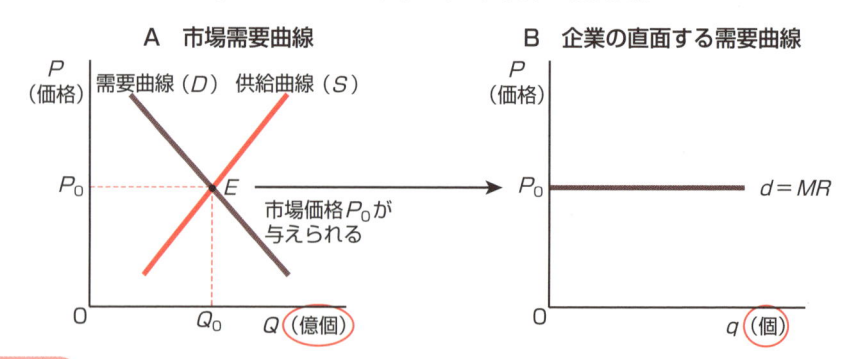

2. 生産量の決定と供給曲線の導出

Movie 091

〔1〕利潤最大となる生産量

それでは，利潤最大となる生産量について，図表16－2で具体的に考えましょう。

まず，0個から1個に生産量を1個増やすと，限界収入＝100円で100円だけ総収入は増えますが，限界費用＝80円で総費用は80円だけ増加します。ということは，生産量を1個増やしたときの利潤の変化分である限界利潤＝限界収入－限界費用＝100円－80円＝20円となり，20円利潤が増加します。

同様に，2個目を生産すると，限界収入は100円に対し限界費用は70円なので100－70＝30円だけ利潤が増加します。8個目で限界収入と限界費用が100円で等しくなるまでは，生産量を増加させると利潤が増加し続けます。

8個目になると，限界費用＝100円となり，限界収入＝100円と同じになります（MR＝MC）。ということは，生産量を1個増やしても，利潤の増加はゼロです（限界利潤＝0）。つまり，生産量を1個増加させても，もうこれ以上利潤は増加しないという状況です。

この8個を超えて生産量を9個目に増やすと，限界費用＝130円，限界収入＝100円ですから，利潤は30だけ減少します（限界利潤＝－30）。つまり，MR＝MCとなる点Eの生産量8個を超えて生産すると，利潤は減少してしまうのです。

以上より，**利潤最大となる生産量はMR＝MCとなる点Eの生産量**8個であることがわかります。ここで，企業は利潤最大を目指して行動するのですから，生産量は利潤最大となる生産量8個に決定します。

➕ 補 足

まず，限界費用曲線（MC）はU字型と仮定します。そして，完全競争企業なのでプライステーカーであり，市場価格100円でいくらでも買ってもらえるとします。これは，直面する需要曲線（d）が100円で水平ということであり，生産量の1個増加により常に収入は100円増加するので，限界収入（MR）も100円で水平な直線となります。

図表16－2 ●利潤最大となる生産量

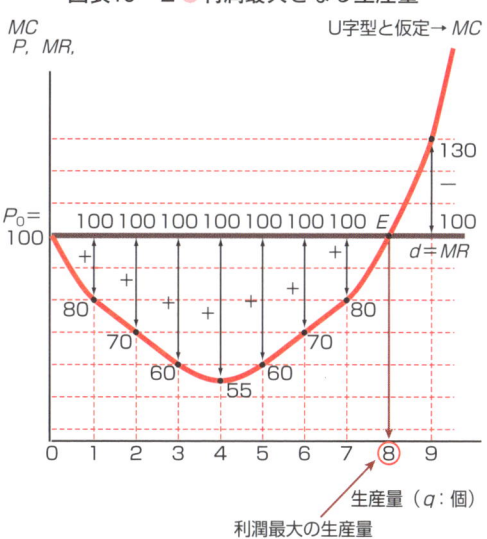

利潤最大の生産量

利潤最大 ⟺ 限界利潤ゼロ ⟺ MR＝MC

限界利潤	限界収入	限界費用	
$M\pi$	$= MR$	$- MC$	$=0$

〈もうこれ以上利潤が増えない＝利潤最大〉

⬇

限界収入	限界費用
MR	$= MC$

【2】 利潤の大きさの求め方

　利潤最大となる生産量は$MR＝MC$になる生産量であることがわかりました。それでは，最大となった利潤がどれだけの大きさかを図表16－3で求めましょう。

　市場価格がP_0円であるとすると，完全競争企業はプライステーカーですのでP_0円でいくらでも需要してもらえます。したがって，限界収入＝P_0となり，限界収入曲線（MR）は市場価格P_0で水平となります。

　企業は利潤最大となる$MR＝MC$の生産量を決定するので，図表16－3では，点Eの生産量q_eに決定します。では，生産量がq_eのときの利潤を求めましょう。

　価格P_0で売れるので1個につき平均でP_0の収入があります。これに対し，平均費用（AC）は図より，q_eのときの平均費用曲線（AC）の高さ点Fです。この平均費用（AC）は価格P_0より小さいので，1個につき平均で，$P_0－AC$の分，すなわち，EFだけもうかっている（プラスの平均利潤がある）とわかります。EFが1個あたりの平均利潤であれば，利潤は平均利潤×生産量で求まります。生産量はq_eでHEと同じです。ですから，利潤＝平均利潤×生産量＝$EF×HE$となり，長方形の面積$EFGH$とわかります。

【3】 損益分岐点と操業停止点

　今度は，図表16－4において，市場価格が，P_0，P_1，P_2，と変化したときの，企業の生産量を考えましょう。

　市場価格がP_0のとき，限界収入曲線はP_0で水平なMR_0となり，企業は利潤最大となる$MR_0＝MC$となる点Fの生産量であるq_0に決定します。

　市場価格がP_1に下落すると，限界収入曲線はP_1で水平なMR_1となり，企業は利潤最

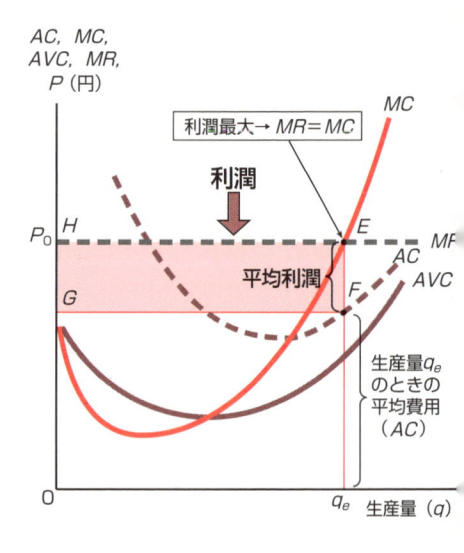

図表16－3 ●利潤の大きさ

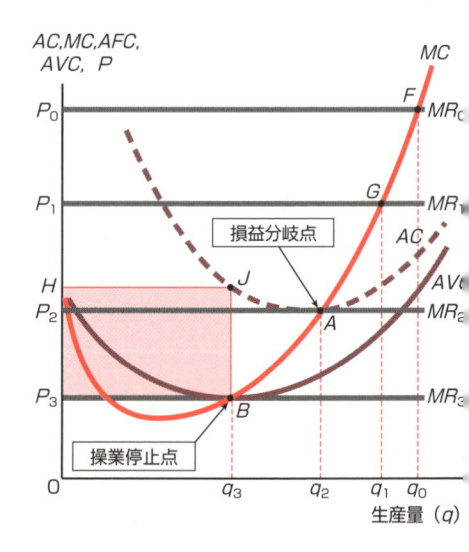

図表16－4 ●損益分岐点と操業停止点

大となる$MR_1 = MC$になる点Gの生産量であるq_1に決定します。

さらに市場価格がP_2に下落すると、限界収入曲線はP_2で水平なMR_2となり、企業は利潤最大となる$MR_2 = MC$となる点Aの生産量であるq_2に決定します。ただし、生産量がq_2のとき、平均費用はACよりAの高さで、市場価格がP_2と同じです。したがって、100円の価格のものを作るのに、平均費用が100円という状態であり、1個あたりの平均利潤は0です。当然、全体の利潤も0となります。

このように、**利潤が0のときの価格と生産量の組み合わせの点Aを損益分岐点**と呼びます。

以上より、ACとMCの交点Aの高さの価格水準P_2になると、企業は利潤最大になる生産量（q_2）に決定しても利潤は0となります。

しかし、利潤が0だからといって、操業（生産）を停止してしまうわけではありません。操業を停止するかどうかを判断するためには、操業を停止したときの利潤を知る必要があります。操業を停止した場合、生産量＝0ですから、総収入＝0となりますが、費用の方は、可変費用は変えることができるので0とできますが、固定費用は変えることができないので残ります。

したがって、

利潤＝総収入－総費用＝価格×生産量－（固定費用＋可変費用）

＝0－（固定費用＋0）＝－固定費用、

となります。つまり、操業を停止したときの利潤＝－固定費用です。

損益分岐点は利潤＝0ですから、操業を停止したときの利潤＝－固定費用よりはましですので、操業は継続します。

> ✚ **補 足**
>
> 損益分岐点とは、損（利潤がマイナス）と益（利潤がプラス）との分かれ目の点という意味で、利潤0の点を意味しています。この損益分岐点は、ACとMCの交点Aとなります（ACの最小の点ともいえます）。

> ✚ **補 足**
>
> 固定費用は固定的生産要素、すなわち、量を変えることができない生産要素にかかった費用であることを思い出してください。
>
> 「量を変えることができない」とは、増やすことができないだけでなく、減らすこともできないということです。

> **たとえば**
>
> オーブンを100万円で買ってパン屋をはじめたケースを考えましょう。さしあたりオーブンの量は変えられないので固定的生産要素としましょう。操業（生産）を停止すると、総収入＝0で、費用は、オーブンの費用100万円なので、利潤＝－100万円。一方、利潤＝0とは、少なくとも生産を続けることによって、オーブンの費用100万円の赤字は穴埋めできているということです。

では，どの価格になると操業を停止するのでしょうか。それはP_3の価格です。市場価格がP_3にさらに下落すると，限界収入曲線はP_3で水平なMR_3となり，企業は利潤最大となる$MR_3 = MC$となる点Bの生産量であるq_3に決定します。

ただし，生産量がq_3のとき，平均費用はACよりJの高さで，市場価格はP_3とBの高さです。したがって，<mark>JBだけ平均費用は価格を上回っており</mark>，JBだけマイナスの平均利潤が発生しています。

ところで，このJBはACとAVCの差にあたりますので，平均固定費用（AFC）を意味しています。したがって，平均固定費用（$AFC = JB$）だけマイナスの平均利潤が発生していることになります。

利潤は，平均利潤×生産量ですから，マイナスの平均利潤JBに生産量HJを掛けたものとなり，長方形の面積$HJBP_3$となります。面積$HJBP_3$だけマイナスの利潤が発生しています。このマイナスの利潤は「マイナスの平均利潤JBに生産量HJを掛けた」ので，「平均固定費用JB×生産量＝固定費用」の大きさになります。つまり，「面積$HJBP_3$だけマイナスの利潤が発生」とは利潤＝ー固定費用であるということがわかります。

市場価格がP_3のとき，企業は利潤最大になる生産量のq_3を選択しても，利潤＝ー固定費用となり，操業停止と同じ状況になります。

このように，<mark>利潤＝ー固定費用のときの価格と生産量の組み合わせの点Bを操業停止点</mark>と呼びます。

たとえば

100円の価格のものを作るのに，平均費用が120円もかかるというような状態です。

図表16－4（再掲）●損益分岐点と操業停止点

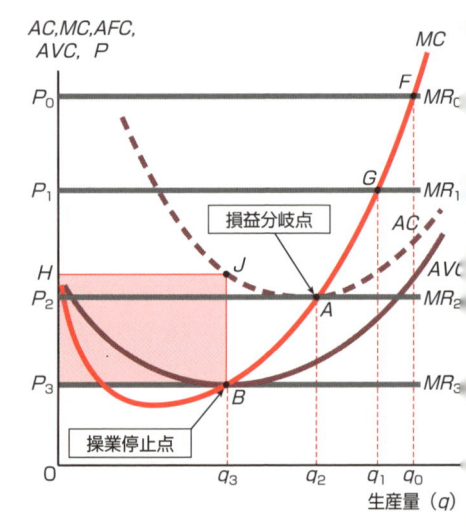

✚ 補 足

操業停止点とは，操業を停止してもしなくても同じ利潤の点で，それ以上価格が下落した場合には操業を停止した方が利潤が大きくなるような点です。

この操業停止点は，AVCとMCの交点Bとなります（AVCの最小の点ともいえます）。

【4】 完全競争企業の供給曲線の導出

図表16−5において，市場価格がP_0のときの生産量は点Fの生産量であるq_0，市場価格がP_1のときの生産量は点Gの生産量であるq_1，市場価格がP_2のときの生産量は点Aの生産量であるq_2となり，**価格と供給量の関係，すなわち供給曲線は，点F，点G，点A，点Bと限界費用曲線（MC）と同じです。**

しかし，市場価格がP_3まで下落すると，点Bの生産量であるq_3にしても操業停止と利潤は同じです。ということは，利潤最大化の観点からは，生産量はq_3でも0（操業停止）でもどちらでも同じということになります。そして，市場価格がP_3よりさらに低いと，生産を継続したときの利潤＝−固定費用より悪化しますので，操業を停止して利潤＝−固定費用とした方が得になります。つまり，利潤最大の生産量＝0となります。

したがって，**価格がP_3以下のとき，生産量＝0ですので，価格と供給量の関係，すなわち供給曲線は，縦軸の一部となります。**

このようにして，完全競争企業の供給曲線は，原点0からP_3までの縦軸と，操業停止点Bから右上方部分の限界費用曲線（MC）であるとわかります。

【5】 市場全体の供給曲線の導出

以上より，完全競争企業の供給曲線（これをA企業の供給曲線をSaと名付けましょう）がわかりましたが，次に市場全体の供給曲線を考えます。

図表16−6で説明すると，価格がP_0のときには，企業Aの供給量50個と企業Bの供給量40個と，他に企業C，D，Eなどの供給量を足し合わせたものが市場全体の供給量です。

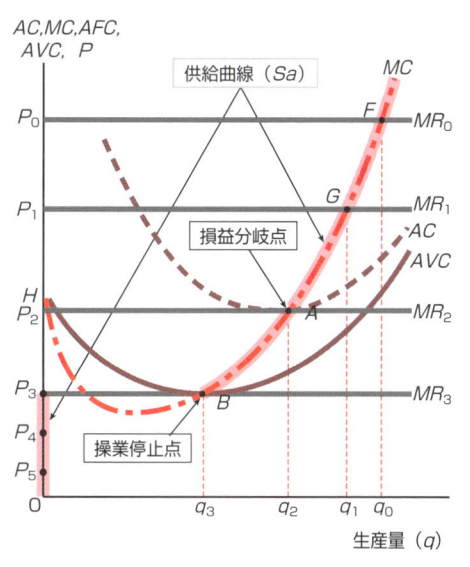

図表16−5 ●完全競争企業の供給曲線

価格がP_1のときには，企業Aの供給量45個と企業Bの供給量35個と，他に企業C，D，Eなどの供給量を足し合わせたものが市場全体の供給量です。

価格がP_2のときには，企業Aの供給量20個と企業Bの供給量20個と，他に企業C，D，Eなどの供給量を足し合わせたものが市場全体の供給量です。

このようにして，価格と市場全体の供給量の関係，すなわち，市場全体の供給曲線（S）を求めることができます。結局，**各企業の供給曲線を横に足し合わせることにより市場全体の供給曲線を求めています。**

以上より，市場全体の供給曲線を求めることができました。そして，なぜ，価格が上がると供給量が増加するかという右上がりの供給曲線になるかを学びました。これは，直感的には，価格が上昇すると，もうかるから企業の供給したい量（供給量）は増加するということです。

しかし，正確には，「価格（P）上昇＝限界収入（MR）の上昇」であり，利潤最大，すなわち，$MR＝MC$となる生産量が増加するということです。

> ### ✚ 補 足
> 横に足し合わせることを水平和とも呼び，「市場の供給曲線は個別企業の供給曲線の水平和により求めることができる」と表現することもあります。

> ### ✚ 補 足
> 図表16－6において，市場供給曲線を求めることができましたが，市場の分析を行うときには，縦軸上の部分を無視して，右上がりの供給曲線だけを描く場合が多いので注意しましょう（第26章 図表26－2，26－6など）。

> ### 復 習
> このことについてピンとこない方は，図表16－5で価格を$P_3 \to P_2 \to P_1$と上昇させて，利潤最大の生産量の変化を考えてみてください。

図表16－6 ●市場供給曲線の導出

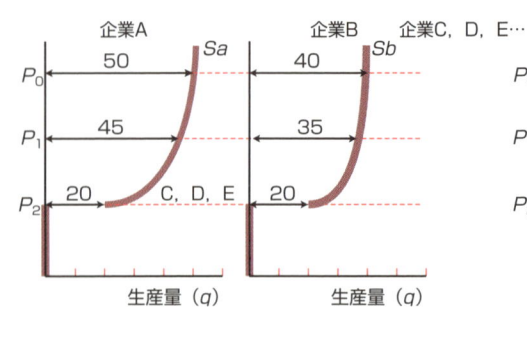
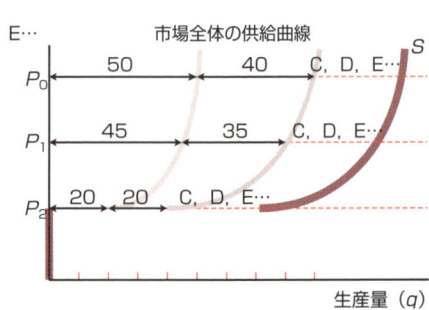

【問題16－1】

　次の図は，完全競争の下での短期的均衡の状態において，縦軸に価格・費用を，横軸に生産量をとり，ある企業の生産する製品についての平均可変費用曲線をAVC，平均費用曲線をAC，限界費用曲線をMC，限界収入曲線をMRで表し，また，限界収入曲線と限界費用曲線との交点をA，限界収入曲線と平均費用曲線との交点をB，限界費用曲線と平均費用曲線の最低点との交点をC，限界費用曲線と平均可変費用曲線の最低点との交点をD，限界費用曲線の最低点をEで表したものであるが，この図に関する記述として妥当なのはどれか。

Movie 092

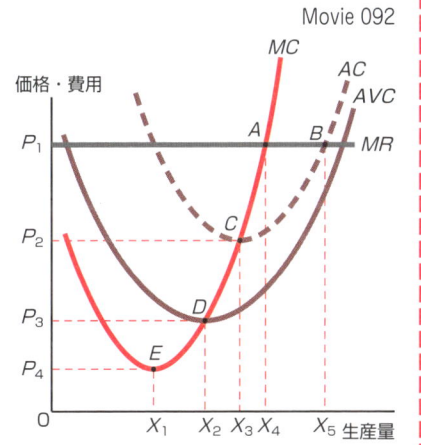

1．製品の価格がP_1であるとき，この企業が利潤を最大化するときの生産量は，X_5である。
2．製品の価格がP_2で生産量がX_3であるとき，この企業の利潤はゼロとなる。
3．製品の価格がP_3で生産量がX_2であるとき，この企業の利潤はマイナスとなるが，一時的には生産を続けるので，点Dを損益分岐点という。
4．製品の価格がP_4で生産量がX_1であるとき，この企業の利潤はマイナスとなり，生産を停止するので，点Eを操業停止点という。
5．縦軸のOP_2と点Cより右上の限界費用曲線MCが短期供給曲線である。

（特別区Ⅰ類）

〈解説・解答〉

1．×　価格がP_1のとき，限界収入曲線（MR）はP_1で水平な直線となり，利潤最大となる（$MR＝MC$となる）点はAであり，そのときの生産量X_4に決定するので誤りです。
2．○　価格がP_2のとき，限界収入曲線（MR）はP_2で水平な直線となり，利潤最大となる（$MR－MC$となる）点はCであり，そのときの生産量X_3に決定します。生産量X_3のときの平均費用はAC曲線よりCの高さであり価格P_2と同じため，平均利潤は０であり利潤も０となるので，正しい記述です。
3．×　価格がP_3のときの点Dは「損益分岐点」ではなく，「操業停止点」なので誤りです。
4．×　点Eではなく点Dが「操業停止点」なので誤りです。
5．×　OP_2ではなくOP_3，点Cではなく，操業停止点である点Dから右のMCが短期供給曲線であるので誤りです。

正　解　2

次に，完全競争企業の生産量を求める計算問題の解き方を説明しましょう。

【問題16−2】

完全競争市場において，ある財を生産する企業の平均費用曲線が

$$AC=\frac{2}{3}q^2-16q+140 \qquad (AC：平均費用，\; q：生産量)$$

Movie 093

で示されるとする。財の価格が12で与えられたとき，利潤が極大になる生産量は次のうちどれか。

> 1. 5
> 2. 8
> 3. 10
> 4. 16
> 5. 20

（国税専門官）

計算に必要な知識

- 利潤最大となる生産量の決定
- 利潤最大となる生産量の計算

鉄則6　利潤最大となる生産量

利潤最大の条件⇔①$MR=MC$か，②利潤関数を微分して$=0$

戦　略

解法1 ....

| Step 1 | MCを求めます |
| Step 2 | MRを求めます |

→ **Step 3** $MR=MC$（鉄則6①）

解法2 ....

| Step 1 | 利潤関数を求めます。 |
| Step 2 | 利潤最大となる生産量を求めます。 $\dfrac{d\pi}{dq}=0$（鉄則6②） |

解法1　鉄則6①を活用する方法

Step 1

総費用 $C = AC \times q = \dfrac{2}{3}q^3 - 16q^2 + 140q$

$MC = \dfrac{dC}{dq} = 2q^2 - 16 \times 2q + 140 \quad \cdots\cdots ①$

Step 2　完全競争企業は常に価格12で販売できるので，

限界収入（MR）= 12 　……②

Step 3　①，②より，利潤最大化条件 $MR = MC$ は，

$12 = 2q^2 - 16 \times 2q + 140$

$2q^2 - 16 \times 2q + 128 = 0$

$q^2 - 16q + 64 = 0$

$(q - 8)^2 = 0$

よって，$q = 8$

正　解　2

解法2　鉄則6②を活用する方法

Step 1　**利潤関数**

$$
\begin{aligned}
平均利潤（A\pi）&= 平均収入 - 平均費用 \\
&= 価格（P）- 平均費用（AC） \\
&= 12 - \left(\dfrac{2}{3}q^2 - 16q + 140\right) \\
&= -\dfrac{2}{3}q^2 + 16q - 128
\end{aligned}
$$

$$
\begin{aligned}
利潤（\pi）&= 平均利潤（A\pi）\times 生産量（q） \\
&= \left(-\dfrac{2}{3}q^2 + 16q - 128\right)q \\
&= -\dfrac{2}{3}q^3 + 16q^2 - 128q \quad \cdots\cdots ①
\end{aligned}
$$

Step 2　**利潤最大となる生産量**

利潤最大化条件は①式を q で微分し，$\dfrac{d\pi}{dq} = 0$ なので

$$
\begin{aligned}
\dfrac{d\pi}{dq} &= -\dfrac{2}{3} \times 3q^{3-1} + 16 \times 2q^{2-1} - 128 \\
&= -2q^2 + 32q - 128 \\
&= -2(q^2 - 16q + 64) \\
&= -2(q - 8)^2 = 0
\end{aligned}
$$

よって，$q = 8$

正　解　2

3. 生産量の決定②

Movie 094

【1】総収入曲線

完全競争企業はプライステーカーですから，常に一定の市場価格で供給することができます。総収入（TR）＝価格（P）×生産量（x）ですから，価格が一定であれば，生産量（x）と総収入（TR）の関係を表した総収入曲線は図表16－7のように直線となります。

そして，限界収入とは生産量が１単位増加したときの総収入の増加分をいいますが，これは図表16－7でいうと総収入曲線の傾きにほかなりません。

完全競争企業はプライステーカーであり価格（P）で常に供給するので，総収入曲線の傾きは価格（P）で一定となり，限界収入（MR）も常に一定となります。

【2】利潤最大の生産量の決定

それでは，図表16－8に逆Ｓ字型総費用曲線と直線の総収入曲線を書き込み，利潤を求めましょう。利潤は各生産量での総収入から総費用を差し引くことによって求めることができます。

さて，**利潤最大となる点はFなのですが**，これは，図表16－8上図において傾きPの総収入曲線（TR）を下に平行移動させていき，ちょうど，総費用曲線（TC）と接する点であることがわかっています。総収入曲線と平行な補助線TR'と総費用曲線の接点Fでは，**総収入曲線の傾き（＝限界収入＝P）と総費用曲線の傾き（＝限界費用）が等しくなっており，限界収入と限界費用が等しいという利潤最大化条件を満たしています。**

図表16－7 ●完全競争企業の総収入曲線

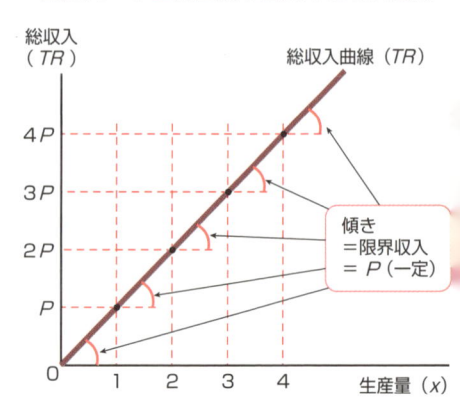

たとえば

生産量０のとき，総収入は０ですが，総費用はOAですから，利潤＝０－AO＝－AO。生産量がx_1のとき，総収入はbの高さしかありませんが，総費用はBの高さですから利潤＝－Bbとなります。生産量がx_2のときも総収入はcの高さしかありませんが，総費用はCの高さですから利潤＝－Ccとまだマイナスの利潤ですが，生産量がx_3のときには，総費用も総収入もDの高さで同じですから利潤は０となります。そして，生産量がx_4になると，総収入はeの高さで総費用はEの高さなので利潤はeEだけプラスとなり，生産量がx_5になると，総収入はfの高さで総費用はFの高さなのでプラスの利潤はfFと最大となり，生産量がx_5を超えると利潤は減少していき，生産量がx_6になると総収入と総費用が同じ高さとなり，利潤は再び０となってしまいます。そして，生産量がx_7のときには総費用（H）が総収入（h）を上回るので利潤は－Hhとマイナスになってしまいます。

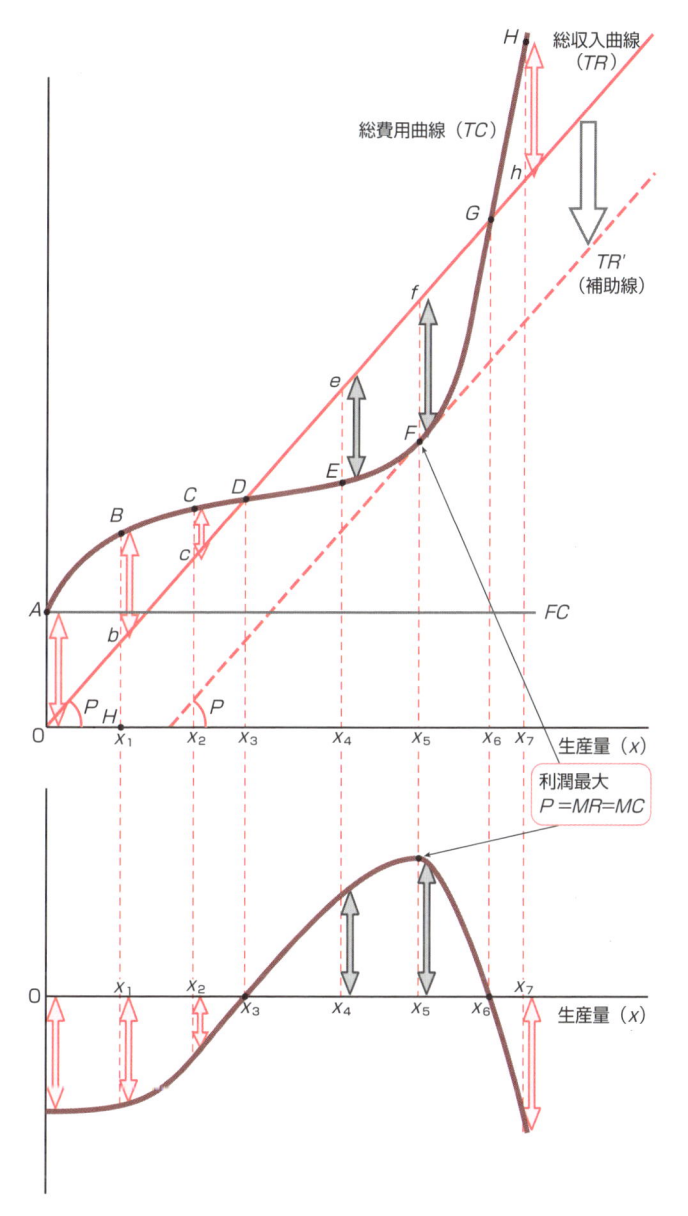

MEMO

Chapter **17**

完全競争市場の長期均衡
―短期と長期では行動パターンが違う―

Movie 095

Point

1 固定的生産要素が存在する一定期間を短期，固定的生産要素が存在せずすべてが可変的な生産要素である期間を長期という。

2 すべての生産要素（資本と労働）を2倍にしたとき，生産量が2倍より大きくなることを規模に関して収穫逓増，生産量が2倍のとき規模に関して収穫一定，生産量が2倍未満のとき規模に関して収穫逓減という。

3 総費用，平均費用は，短期の費用曲線の包絡線が長期の曲線となるが，限界費用はそうではない。

4 長期限界費用曲線がU字型であれば，長期平均費用曲線もU字型であり，長期限界費用曲線は長期平均費用曲線の最小点を突き抜ける。

5 長期では利潤がプラスであれば新規参入が起こり利潤は0となるので，長期市場均衡とは，需要と供給の交点であり，かつ，企業の利潤＝0となる状態である。

難易度　C

出題可能性

国家一般職（旧Ⅱ種）	**C**
国税専門官	**B**
地方上級・市役所・特別区	**B**
国家総合職（旧Ⅰ種）	**B**
中小企業診断士	**C**
証券アナリスト	**C**
公認会計士	**B**
都庁など専門記述	**B**
不動産鑑定士	**B**
外務専門職	**B**

　第16章では短期における完全競争企業の生産行動について学びましたが，この章では，長期の生産行動について学びます。長期では，短期では固定的であった資本の量を変えることができるので企業の自由度が高まります。その結果，市場では新規参入・退出が起こるようになる，最終的に利潤は0になる【長期均衡】ということを学びます。

　短期と長期の費用曲線の関係はややこしいので，後回しにしてもかまいません。まずは，出題可能性の高い完全競争市場の長期均衡をマスターしましょう。

1. 短期と長期の費用曲線

Movie 096

【1】 短期と長期の違い

短期とは労働量を変化させることはできるが，資本量を変化させることができない一定期間をいい，長期とは労働量のみならず資本量を変化させることができる一定期間をいいます。そして，ここでは，短期の平均費用をSAC，短期の限界費用をSMCと表すことにしましょう。すでにお話ししたように，通常，短期平均費用曲線は図表17−1のSAC_1のようにU字型をしており，SAC_1の最小点を短期の限界費用であるSMC_1が左下から右上に突き抜けています。

ここで，資本量（機械）が1台のときの平均費用をSAC_1，限界費用をSMC_1，2台のときの平均費用をSAC_2，限界費用をSMC_2のように表すことにしましょう。同様に，資本量が5台のときには短期の費用曲線はSAC_5，SMC_5となります。このように，**資本量が決まれば，短期の費用曲線であるSMCやSACが同時に決まります。**

これに対して，長期では資本量を変えることができるので，資本量が1台であればSAC_1とSMC_1を選び，2台であればSAC_2とSMC_2を選ぶことができます。

【2】 仮 定

ここで，資本量が1台，2台，3台と増加すると効率が良くなり平均費用は減少するものの，4台目より資本量を増加させるとかえって非効率となり平均費用は上昇すると仮定しましょう。

資本量を1台，2台，3台と増加させる場合，通常，資本の増加に伴い労働も増加させます。**資本と労働を2倍にしたときに生産量がちょうど2倍となることを規模に関して収**

補 足

長期においては，すべての生産要素は可変的となります。

Point !

長期は資本量を変えることによって一番有利な短期の費用曲線であるSMCやSACを選ぶことができるのです。

グラフ化　graph

図表17−1において，資本量が1台，2台，3台と増加すると効率が良くなり平均費用は減少するので，SAC_1，SAC_2，SAC_3とSACの位置はだんだん低くなります。そして，4台目より資本量を増加させるとかえって非効率となり平均費用は上昇するので，SAC_3，SAC_4，SAC_5とSACの位置はだんだん高くなります。

用 語

このようにすべての生産要素を同じ比率で増加させることを規模の拡大と呼びます。

グラフ化　graph

このとき，平均費用＝総費用／生産量，すべての生産要素を2倍にするので総費用は2倍ですが，生産量もちょうど2倍ですから平均費用は変わりません。ですから，資本量が増加しても短期平均費用は変わりませんから図表17−2のようにSAC_1，SAC_2，SAC_3と同じ高さになります。

穫一定といいます。

資本と労働を2倍にしたときに生産量がたとえば4倍のように2倍を超えることを**規模に関して収穫逓増**といいます。これは，すべての生産要素を2倍にするので総費用は2倍ですが，生産量は2倍より大きく，4倍になるケースです。このとき，平均費用＝$\dfrac{総費用}{生産量}$は総費用2倍，生産量4倍なので，0.5すなわち半分に減少します。

資本と労働を2倍にしたときに生産量がたとえば1.5倍のように**2倍未満であることを規模に関して収穫逓減**といいます。このとき，すべての生産要素を2倍にするので総費用は2倍ですが，生産量は1.5倍と2倍より小さく，平均費用＝$\dfrac{総費用}{生産量}$は総費用2倍，生産量1.5倍なので，$\dfrac{2}{1.5}=\dfrac{4}{3}\fallingdotseq1.333$と以前より約1.333倍に増加してしまいます。

通常，長期の平均費用曲線を考える場合，図表17－1のように，**ある規模（資本3台）までは規模の利益があり，それを超えると規模の不利益が働くという仮定**をおいています。

グラフ化　graph

このように規模に関して収穫逓増のケースでは，図表17－1のSAC_1，SAC_2，SAC_3のように平均費用はだんだんと低い位置になっていきます。

グラフ化　graph

このように規模に関して収穫逓減のケースでは，図表17－1のSAC_3，SAC_4，SAC_5のように平均費用はだんだんと高い位置になっていきます。

理　由

これは，ある規模までは規模を大きくすると分業や知名度アップなどのプラスの効果が大きく働きますが，規模が大きくなりすぎると多くの従業員を管理するために組織が複雑となり，かえって効率が悪くなってしまうというケースを想定していると考えればよいでしょう。

図表17－1 ●短期費用曲線の資本量の変化による推移（通常ケース）

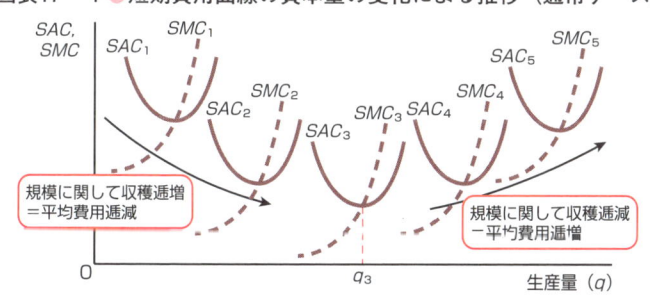

図表17－2 ●短期費用曲線の資本量の変化による推移（規模に関して収穫一定のケース）

【3】長期平均費用曲線

それでは，図表17−1（通常ケース）よりSACだけを取り出してSACの左右を延長させたグラフを図表17−3に描きます。

q_1の生産量のときには資本1台のSAC_1で平均費用が最小ですから，長期においては生産量がq_1のときには機械を1台として平均費用は最小の点A_1の高さとなります。

次にq_2の生産量のときには資本2台のSAC_2で平均費用が最小ですから，長期においては生産量がq_2のときには機械を2台として平均費用は最小の点B_2の高さとなります。

生産量がq_3の場合では，資本3台のときの平均費用の点C_3が最小ですので，長期においては生産量がq_3のときには資本量を3台として平均費用は最小の点C_3の高さとなります。

同様に，生産量がq_4のときには資本4台でSAC_4のときの点D_4の高さが平均費用最小ですから資本4台を選び平均費用は点D_4となり，生産量がq_5のときには資本5台でSAC_5のときの点F_5の高さが平均費用最小ですから資本5台を選び平均費用は点F_5となります。

したがって，長期平均費用曲線（LAC）は点A_1，B_2，C_3，D_4，F_5を結んだ曲線となります。**長期では機械の台数を変えることによって，ある生産量に対応した平均費用が最小となるSACを選ぶことができるので，長期平均費用曲線（LAC）は，特定の生産量のときのSACの最も低い点の集合となります。グラフでは，各SACに接し，それらを下から包み込んだ線になるので包絡線と呼びます。**

なお，ここで，SACとLACの接点A_1，B_2，D_4，F_5（図では○）はSACの最小点（図では△）とずれていることに注意してください。

理由

q_1のように生産量が少ない場合，機械（資本）が1台だと平均費用曲線はSAC_1となり，そのときのq_1の平均費用はSAC_1上の点A_1の高さです。ところが，生産量がq_1で機械（資本）を2台持った場合，平均費用曲線はSAC_2となり，そのときのq_1の平均費用はSAC_2上の点A_2の高さです。機械3台の場合にはSAC_3で，生産量がq_1のときにはグラフに入りきれないほど高くなっています。

理由

生産量がq_2の場合，機械（資本）が1台だと平均費用曲線はSAC_1となり，そのときのq_2の平均費用はSAC_1上の点B_1の高さです。ところが，生産量q_2で資本を2台持った場合，平均費用曲線はSAC_2となり，そのときのq_2の平均費用はSAC_2上の点B_2の高さとなり，資本1台のときより小さくなっています。しかし，機械を3台にするとSAC_3となり生産量がq_2のときにはSAC_3上の点B_3と高くなっています。機械が4台，5台の場合はSAC_4，SAC_5でグラフに入りきらないほど高くなっています。

理由

生産量がq_3の場合，機械（資本）が1台だと平均費用曲線はSAC_1となり，そのときのq_3の平均費用はグラフには入りきらないほど高くなります。もはや機械1台でやりくりできる生産量ではないのです。生産量がq_3で資本を2台持った場合，平均費用曲線はSAC_2となり，そのときのq_3の平均費用はSAC_2上の点C_2の高さとなり，資本3台にするとSAC_3となり生産量がq_3のときにはSAC_3上の点C_3とさらに平均費用が低下します。しかし，資本が4台に増加するとSAC_4となり，平均費用はSAC_4上の点C_4の高さに上昇します。

LACの最小点C_3のときだけLACとSACの
接点とSACの最小点は同じとなります。

図表17－3 ●長期平均費用曲線の導出

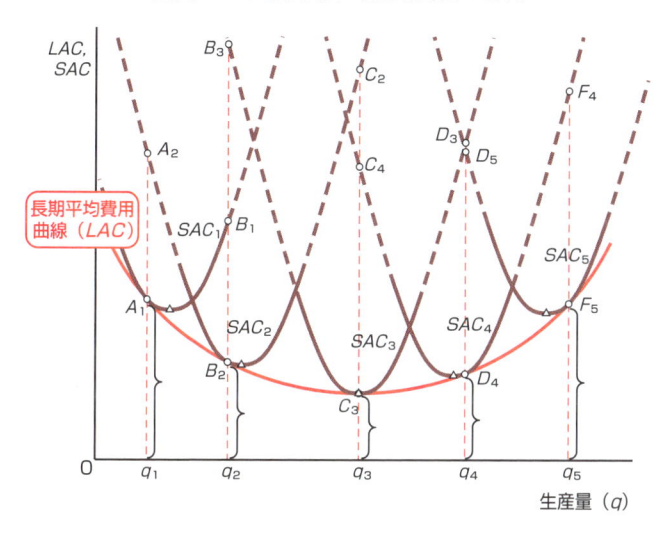

4〕長期限界費用曲線

　では次に長期の限界費用曲線を導きましょ
う。企業は生産量がq_1であれば，機械は，
機械1台に決定します。その結果，限界費用
曲線はSMC_1と決まります。q_1の生産量です
からSMC_1より限界費用は点aの高さとわか
ります。

> ### 理　由
>
> 　すでにお話ししたように，長期では平均
> 費用が最小になるような機械の台数（資本
> 量）を選びます。図表17－4でいえば，生
> 産量がq_1であれば平均費用が一番低いのは
> SAC_1ですので，機械は1台に決定するの
> です。

図表17－4 ●長期限界費用曲線の導出

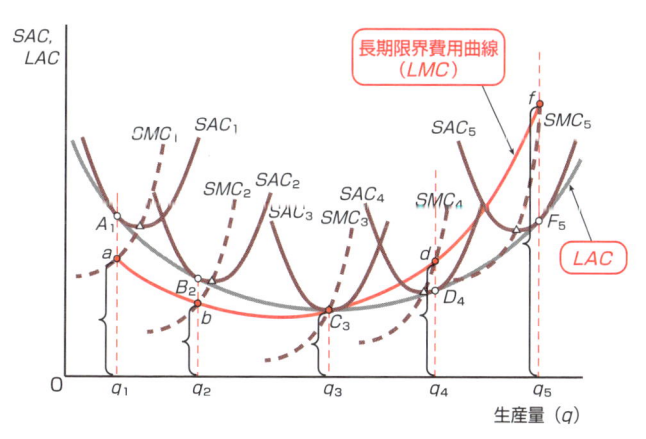

　次に，生産量がq_2であれば平均費用が一番低いのはSAC_2ですので，機械は2台に決定します。機械2台ですから，SAC_2だけではなく限界費用曲線もSMC_2と決まります。q_2の生産量ですからSMC_2より限界費用は点bの高さとわかります。

　同様に，生産量がq_3であれば平均費用が一番低いのはSAC_3ですので，機械は3台に決定します。機械3台ですから，SAC_3だけではなく限界費用曲線もSMC_3と決まります。q_3の生産量ですからSMC_3より限界費用は点c_3の高さとわかります。また，生産量がq_4であれば平均費用が一番低いのはSAC_4ですので，機械4台に決定し，機械4台ですから限界費用曲線もSMC_4も決まり，q_4の生産量ですからSMC_4より限界費用は点dの高さとわかります。生産量q_5のときも平均費用が一番低いのはSAC_5ですので，機械5台に決定し，機械5台ですから限界費用曲線もSMC_5と決まり，q_5の生産量ですからSMC_5より限界費用は点fの高さとわかります。

　以上より，長期限界費用は，生産量がq_1のときaの高さ，q_2のとき点bの高さ，q_3のとき点c_3の高さ，q_4のとき点dの高さ，q_5のとき点fの高さとなりますので，これら，点a，b，c_3，d，fを結んだ赤色の曲線が長期限界費用曲線（LMC）となります。

〈長期限界費用（LMC）の求め方〉

ある生産量で短期平均費用（SAC）が
最小になるような資本量を決定する

⬇

その資本量での短期限界費用曲線（SMC）
が決まる

⬇

そのSMCからその生産量での限界費用を
求める

⬇

それぞれの生産量に対応した限界費用を
同じように求める

⬇

求めた限界費用の点を結ぶ＝長期限界費
用曲線（LMC）

【5】長期平均費用曲線，長期限界費用曲線の関係

図表17－4に長期平均費用曲線（LAC）と長期限界費用曲線（LMC）を描きましたが，両者の関係をより正確に描くと図表17－5のようになります。**LACの最小点をLMCが左下から右上に突き抜けています**が，これは，短期における平均可変費用（AVC）と限界費用（MC）の関係と似ていますので，参考までに短期費用曲線図表15－9を再び掲載しておきましょう。

長期においては，資本，労働ともに可変的生産要素であり固定的生産要素はありませんから，固定費用はなく，すべてが可変費用となります。その結果，総費用は可変費用に等しく，長期平均費用（LAC）は長期平均可変費用でもあるのです。ですから，LACとLMCは短期におけるAVCとMCの関係に似ているのです。

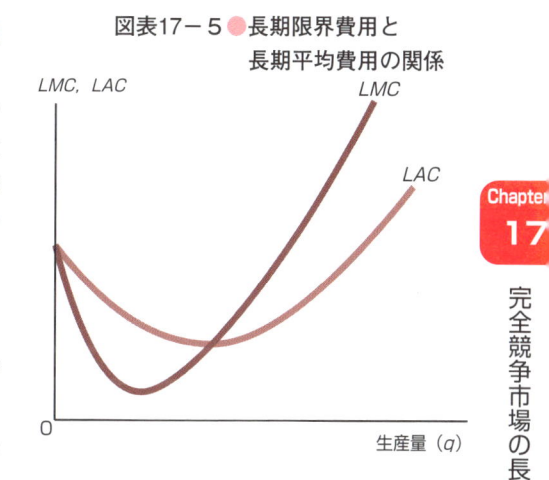

図表17－5 ●長期限界費用と長期平均費用の関係

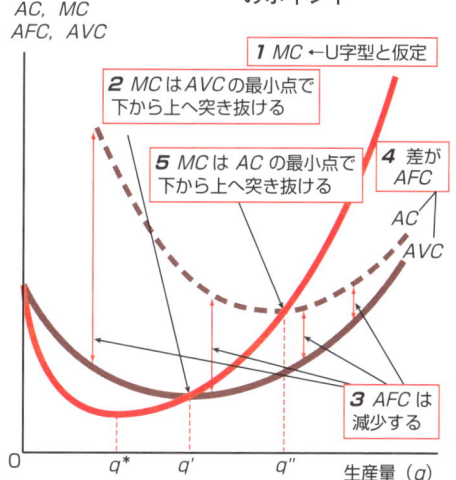

図表15－9（再掲）●各種費用曲線と5つのポイント

1 MC ←U字型と仮定

2 MC は AVC の最小点で下から上へ突き抜ける

5 MC は AC の最小点で下から上へ突き抜ける

4 差が AFC

3 AFC は減少する

2. 完全競争企業の長期における生産量の決定

Movie 097

完全競争企業は市場価格を受け入れるだけのプライステーカーですから市場価格でいくらでも供給することができます。ですから，短期の場合と同じく，完全競争企業の直面する需要曲線（d）は市場価格で水平となります。

図表17－6において，市場価格がP_0であったとしましょう。このとき，常にP_0で供給できるので，直面する需要曲線はd_0とP_0の高さで水平となります。そして，常に1個につきP_0で供給できるので，限界収入（生産量を1単位追加したときの収

入の増加分）は常にP_0となり，限界収入曲線であるMR_0はP_0で水平となりd_0と同じ水平な直線となります。利潤最大の生産量は短期の場合と同じ理由で$MR=LMC$となる生産量です。すなわち，限界収入（MR）が限界費用（LMC）より大きい限り，企業は生産量を1単位増加させるとMR_0-LMCだけ利潤が増加するので，生産量を増加させます。そして，$MR_0=LMC$となる生産量q_0に決定します。なぜなら，q_0を超えて生産するとLMCがMR_0より大きいため，1単位生産量を増加すると費用の増加分（LMC）が収入の増加（MR）より大きいので利潤が減少してしまうからです。

　図表17－6では，利潤最大，すなわち，$MR_0=LMC$となる点e_0の生産量q_0と決定します。生産量がq_0のとき，価格はP_0なのでe_0の高さ，平均費用はLACよりfの高さなので，1個あたりの平均の利潤はe_0fとなり，全体の利潤は平均利潤e_0fに生産量gfをかけたものとなり，長方形e_0fghの面積（網掛け部分）となります。

図表17－6 ● 長期における完全競争企業の生産量の決定

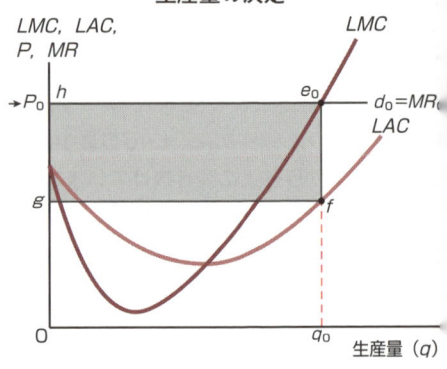

　以上のように説明すると，「なんだ，短期と同じだ。長期における企業の均衡点（落ち着きどころ）はe_0だ」と思われるかもしれません。ところが，**長期の場合には，企業がプラスの利潤を得ていると，新規企業がこの市場に参入してくるので市場価格がP_0から下落してしまいます**。そうなると企業の均衡もe_0ではなくなってくるのですが，この点は後ほど詳しく説明します。

3. 完全競争企業の長期供給曲線

Movie 098

　図表17－6にて説明したように価格がP_0のときには，$MR_0=LMC$となる点e_0の生産量であるq_0に決定します。市場価格が図表17－7のP_1のときには限界収入曲線はMR_1となり，$MR_1=LMC$となる点e_1の生産量であるq_1に決定します。同様にして市場価格がP_2のときにはe_2の生産量であるq_2，市場価格がP_aのときには点aの生産量であるq_aに決定します。

図表17－7 ● 完全競争企業の長期供給曲線

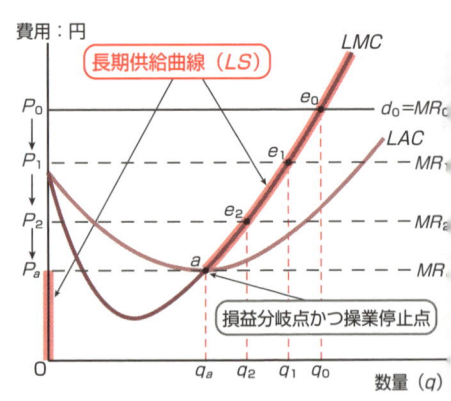

しかし，図表17－7において，生産量がq_aのとき価格はP_aでaの高さとなり平均費用もLACよりaの高さです。つまり，市場価格がP_aになると，利潤最大となるように生産量をq_aと決定しても，$P_a = LAC$となり，利潤はゼロとなります。つまり，**点aは利潤＝0となる損益分岐点であるということができます。なお，長期の場合には固定費用はありませんから，この点が操業停止点**となります。

したがって，価格がP_aより低い価格では利潤は0より小さくなり，操業を停止したときの利潤0の方がましですので，操業を停止する，つまり，生産量は0となります。

以上より，**企業の長期供給曲線は価格P_aまでは生産量が0なので縦軸，P_a以上の価格になるとe_0，e_1，e_2，aを結んだ線，つまり，長期限界費用曲線（LMC）の右上がりの一部分**となります。

理 由

なぜなら，利潤が少しでもマイナスであれば，その産業から撤退してしまえばよいのです。すべては可変的生産要素ですから，生産量が0のときすべての生産要素を0にでき，総費用を0にできるのです。これを短期の操業停止点との関係で考えると，短期では損益分岐点は利潤＝0となる点，操業停止点は利潤＝－固定費用となる点でした。しかし，長期では固定費用＝0ですから，利潤＝－固定費用＝0となり，利潤＝－固定費用の点と，利潤＝0となる点は等しくなるのです。

4. 長期均衡

Movie 099

【1】長期における市場供給曲線

長期の市場供給曲線も短期の市場供給曲線（図表16－6）と同様に個別企業の供給曲線を水平に（横に）足します。

図表17－8 ●長期の市場供給曲線

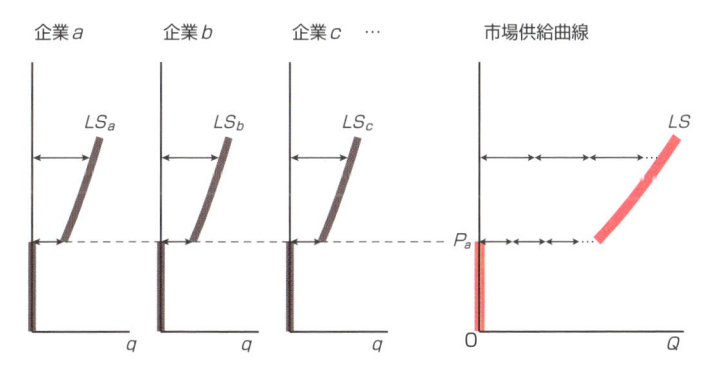

【2】 長期均衡

それでは，市場の長期供給曲線を導くことができましたから，いよいよ長期均衡についてお話ししましょう。当初，図表17－9において，需要曲線がD，供給曲線がLSであったとしましょう。そうすると，需要と供給の交点E_0で経済は均衡します。

しかし，このE_0が長期の市場均衡ではありません。短期と異なり，長期ではすべての生産要素が可変的です。ということは，資本と労働を調達することによって，他の産業からこの産業へ新規に参入することも可能です。完全競争市場の条件に「市場への参入・退出が自由」という条件がありますが，まさしく長期においては，参入・退出を考慮しなくてはならないのです。

では，この新規参入を考慮して，長期均衡を考えましょう。需要と供給の（一時的）均衡点E_0での価格はP_0です。利潤＝0となる価格はP_aですからP_0では企業にプラスの利潤が生じています。

プラスの利潤があれば，他の産業よりも利益が多いという意味ですから，他の産業からこの産業に新規に参入してきます。そうすると企業数が増加しますので，企業の供給曲線を横に足し合わせた市場供給曲線（LS）は企業数の増加に伴い右シフトします。利潤がプラスである限り新規参入が起こりLSは右シフトしますから，結局，利潤＝0となる価格P_aとなる供給曲線LS'となるまで右シフトします。LS' と需要曲線Dの交点E_aでは，価格P_aであり，利潤＝0の水準ですから，もはや新規参入はなく，供給曲線はシフトしませんので，経済は点E_aで落ち着きます。このE_aが市場の長期均衡です。

✚ 補 足

なお，短期においては，資本が固定的生産要素で数量を変えることができないので，他の産業の企業は資本を持っておらず，しかも購入することができないので参入することができないのです。

図表17－9 ● 長期市場均衡

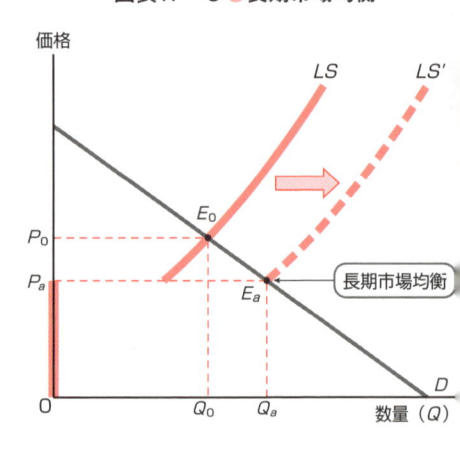

完全競争市場の長期均衡の条件
① 需要と供給の交点
② 利潤＝0の価格水準

【問題17－1】（過去トレ・ミクロ p.45 問題2－10より）

縦軸に費用，横軸に生産量をとったグラフ上に描かれた短期及び長期の費用曲線に関する記述として，妥当なのはどれか。

Movie 100

1．ある生産量で費用最小化を実現する短期総費用曲線は，その生産量においては長期総費用曲線に接するが，他の生産量においては長期総費用曲線の下方に位置する。

2．長期平均費用曲線は，全ての生産要素を変化させることによって任意の生産量を最小の費用で生産するときの平均費用を示すものであり，無数の短期平均費用曲線の最低点を結んだものである。

3．ある生産量における長期平均費用は，その生産量における長期総費用曲線上の点と原点とを結ぶ直線の傾きに等しく，また，長期平均費用曲線は，短期平均費用曲線群の包絡線となる。

4．ある生産量における長期限界費用は，その生産量での長期総費用曲線上の点における傾きに等しく，また，長期限界費用曲線の傾きは，短期限界費用曲線のそれよりも常に大きい。

5．短期における限界費用曲線と平均費用曲線との関係と長期におけるそれとの相違は，短期限界費用曲線は，短期平均費用曲線の最低点を通過するが，長期限界費用曲線は，長期平均費用曲線の最低点を通過しないという点にある。　　　　　　（特別区）

戦　略

鉄則7　短期と長期の費用曲線の関係

ポイント① 長期総費用曲線（LTC）は短期総費用曲線（STC）の包絡線である。

ポイント② 長期平均費用曲線（LAC）は短期平均費用曲線（SAC）の包絡線である。

ポイント③ LACはSACの最小点を通るとは限らない。

ポイント④ 長期限界費用曲線（LMC）は短期限界費用曲線（SMC）の包絡線とはならない。

ポイント⑤ 長期限界費用曲線（LMC）は長期平均費用曲線（LAC）の最小点を突き抜ける。

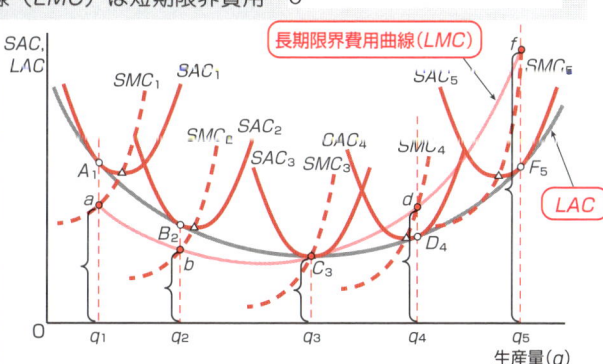

1．× **鉄則7**①より，長期総費用曲線（*LTC*）が短期総費用曲線（*STC*）を下から包み込む包絡線なので，短期の*STC*が下方に位置することはありません。

2．× **鉄則7**③より，長期平均費用（*LAC*）は必ずしも*SAC*の最小点を通るとは限りません。

3．○ **鉄則7**②より。

4．× **鉄則7**の図より，必ずしも長期限界費用曲線の傾きは短期限界費用曲線の傾きより大きいとは限りません。

5．× **鉄則7**⑤より，長期限界費用曲線（*LMC*）は長期平均費用曲線（*LAC*）の最低点を通過します。

　したがって，正解は3。

正　解　3

Chapter **18**

生産要素の需要
―人を何人雇い，機械を何台買うのか―

Movie 101

Point

1 企業は労働の限界生産力＝実質賃金率で利潤最大となる労働需要量に決定する【古典派の第一公準】。

2 長期においては，企業は資本の限界生産力＝実質利子率で利潤最大となる資本需要量に決定する。

3 長期においては，企業が利潤最大となるように労働・資本需要量を決定すれば，労働の加重限界生産力と資本の加重限界生産力が等しくなる【加重限界生産力均等の法則】。

4 企業はある生産量（特定の等量曲線上の点）を実現する際に，総費用が最小（原点にもっとも近い等費用線）になるように労働需要量を決定する。その結果，等量曲線と等費用線の接点となる【最適投入点】。

難易度　B

出題可能性

国家一般職（旧Ⅱ種）	**C**
国税専門官	**C**
地方上級・市役所・特別区	**B**
国家総合職（旧Ⅰ種）	**B**
中小企業診断士	**C**
証券アナリスト	**A**
公認会計士	**B**
都庁など専門記述	**B**
不動産鑑定士	**C**
外務専門職	**C**

　この章では，商品の生産量の決定ではなく，商品の生産のために必要な生産要素（労働と資本）の需要量の決定について学びます。

　この論点自体は，それほど出題されませんが，この章で学ぶ古典派の第一公準はマクロ経済学の*AD-AS*分析において，総供給（*AS*）曲線を導く際に使います。

この章では，企業がどのように労働や資本等の生産要素の需要量を決定しているかを学びます。

1. 労働需要量の決定

Movic 102

では，まず，労働需要量から考えましょう。これは，すでに『速習！マクロ経済学』で説明しましたが，もう一度簡単に説明しておきましょう。

まず，分析に際して，**労働の限界生産力は逓減すると仮定**します。すると，図表18－1のように，限界生産力曲線は右下がりとなります。また，**労働市場は完全競争市場と仮定**します。すると，**労働需要者である企業はプライステーカーですから，労働市場で決まる賃金率でしか労働需要できません**。ここでは労働市場において，実質賃金率が6と決まったと仮定しています。

図表18－1において，1人目を雇用したときの限界生産力，すなわち生産量の増加は10個です。一方，実質賃金率は6個なので労働者を1人雇用すると生産物（商品）6個分の賃金を支払わなくてはなりません。したがって1人目を雇うと10個－6個＝4個分だけ利潤が増加するので，1人目を雇います。

同様に2人目を1人追加で雇用すると生産量は8個増えますが6個分の賃金を払うので，8個－6個＝2個分だけ利潤が増加するので，企業は2人目も雇います。

結局，**企業は限界生産力と実質賃金率が等しくなる労働需要量**（図表18－1では3人）**に決定します【古典派の第一公準】**。

【古典派の第一公準】
労働需要量に関する利潤最大化
↓
労働の限界生産力＝実質賃金率

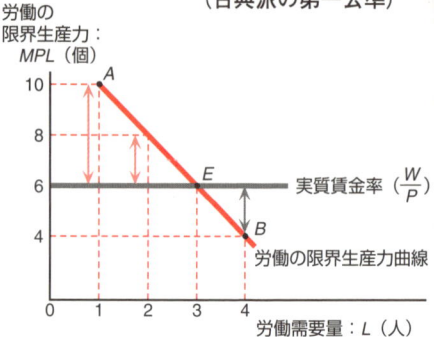

図表18－1 ●労働需要量の決定
（古典派の第一公準）

労働の限界生産力：MPL（個）

実質賃金率 $\left(\frac{W}{P}\right)$

労働の限界生産力曲線

労働需要量：L（人）

用 語

労働の限界生産力逓減とは，労働をどんどん雇っていくと，労働の限界生産力（労働を1単位追加で雇用したときの生産量の増加分）は徐々に減っていくという仮定です。

用 語

時給1000円のように，金額での賃金率は名目賃金率，あるいは，貨幣賃金率といいます。賃金は英語でwageなので，名目（貨幣）賃金率はWで表します。これに対し，モノ何個分の賃金率かを実質賃金率といいます。たとえば，名目賃金率を1000円，生産物（生産される財）の価格を100円とすると，実質賃金率は，名目賃金率（1000円）÷生産物価格（100円）＝10個と，生産物10個分の賃金率だと計算されます。

➕ 補 足

もし，その量を超えて，4人目を雇うと，6個分の給料（実質賃金率）を支払っても，4個しか生産量が増加しない（限界生産力＝4）ので2個分だけ損をし利潤が減ってしまいます。

2. 資本需要量の決定

資本需要量の決定は，労働需要量の決定とほぼ同じです。企業は，追加1単位資本を需要するかどうかを，追加1単位資本を需要したときの生産量の増加分（資本の限界生産力）が追加1単位の資本に支払う実質利子率よりも大きいかどうかで決定することになります。

ここでは，ミクロ経済学の視点，すなわち，古典派の立場から考えます。古典派は利子率を実物資本のレンタル価格と考えます。金額表示での利子率を名目利子率といい，名目利子率が1000円，生産物（生産される財）の価格が100円であったとすると，実質利子率は，名目利子率（1000円）÷生産物価格（100円）＝10個と，生産物10個分の利子率だと計算されます。これを名目利子率（r）との関係で表せば，実質利子率＝$\frac{r}{P}$（r：名目利子率，P：物価）となります。

ここで，資本需要量を1台目，2台目，3台目と増加させていくと，1単位資本量を追加で需要したときの生産量の増加分（限界生産力）は10個，8個，6個と次第に減少（逓減）すると仮定すると（限界生産力逓減の仮定），図表18－2において，資本の限界生産力曲線は右下がりとなります。

今，資本（レンタル）市場も完全競争市場であり，そこで実質利子率が6個と決まったとすると，最初の1台目を需要すると10個生産量が増加し6個分の利子率（1台あたりのレンタル料）を支払うので，差し引き4個分儲かります。同様に，2台目も8個－6個＝2個分儲かり，3台目で6個－6個＝0個と儲からなくなり打ち止めとなります。

結局，企業は，資本の限界生産力と実質利

図表18－2 ● 資本需要量の決定

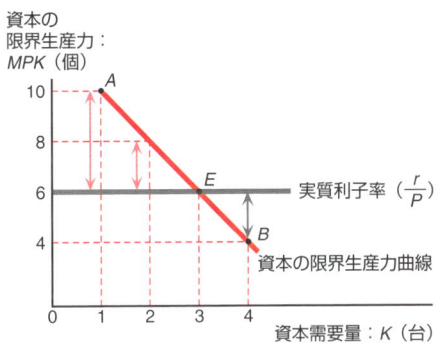

理 由

なぜなら，これ以上，需要量を増加させ4台目を需要すると，限界生産力逓減の仮定より，生産量の増加は4個へと減少するにもかかわらず，支払う利子率（実質利子率）は6個で変わりませんから，企業にすれば4個－6個＝－2個となり2個分損をしてしまいます。

✚ **補 足**

これは，労働における古典派の第一公準と同じことを意味しています。

子率が等しく利潤最大となる資本需要量に決定します。

資本需要量に関する利潤最大化
↓
資本の限界生産力（MPK）＝実質利子率（$\frac{r}{P}$）

3. 加重限界生産力均等の法則

Movie 104

Part 3

完全競争企業の行動

以上より，企業が利潤最大となるような労働需要量の条件は

$$MPL = \frac{W}{P} \quad \cdots\cdots ①$$

であり，

企業が利潤最大となるような資本需要量の条件は $MPK = \frac{r}{P} \quad \cdots\cdots ②$

であることがわかりました。

① は変形すると $\frac{1}{P} = \frac{MPL}{W} \quad \cdots\cdots ①'$

② は変形すると $\frac{1}{P} = \frac{MPK}{r} \quad \cdots\cdots ②'$

となり，①'，②' から

$$\frac{1}{P} = \frac{MPL}{W} = \frac{MPK}{r}$$

となり，利潤最大のとき，

$$\frac{MPL}{W} = \frac{MPK}{r} \quad \cdots\cdots ③$$

が成立していることがわかります。

左辺の **$\frac{MPL}{W}$ は労働の限界生産力を労働の価格である W で割っているので，1円あたりの労働の限界生産力**です。右辺の **$\frac{MPK}{r}$ は資本の限界生産力を資本の価格である r で割っているので，1円あたりの資本の限界生産力**です。

この1円あたりの限界生産力を加重限界生産力と呼ぶので，③式は，労働の加重限界生産力と資本の加重限界生産力が等しい状態（均等している）といいます。

以上より，**企業が利潤最大である条件は，労働の加重限界生産力と資本の加重限界生産力が等しいことです【加重限界生産力均等の法則】。**

➕ **補 足**

ここまでのことから，「家計の行動で勉強した，家計の効用最大化条件である加重限界効用均等の法則と似ている！」と思われた人もいることと思います。ほぼ同じと思っていただいて結構です。

ですから，どうして労働と資本の加重限界生産力が等しいと利潤最大化になるのかについての説明は，以下のように，加重限界効用均等の法則とほぼ同じになります。

理 由

もし，労働の加重限界生産力が5，資本の加重限界生産力が10のように等しくなかったとしましょう。このとき，労働（*L*）を1円やめて資本（*K*）に支出すれば，労働を1円やめ5個生産量が減りますが，その1円で資本を1円増やし10個生産量が増えるので，最終的に5個生産量が増えます。つまり，加重限界生産力が等しくないときには，加重限界生産力が小さい生産要素を1円やめ，その1円を加重限界生産力の大きい生産要素に振り替えれば，同じ費用で生産量を増やすことができます。生産量を増やすことができるということから，生産量が最大になっていないということがわかります。

ところが，加重限界生産力が等しいときには，労働と資本で1円を振り替えても，1円あたりの生産量は同じなので生産量を増やすことはできません。つまり，生産量は最大になっており，効率的であるということができます。

4. 等量曲線―等費用線モデル

Movie 105

Chapter 18

生産要素の需要

【1】 モデルの概要

　ある一定の生産量を実現するために，企業はどのように資本と労働の需要量を決定するかを分析する**等量曲線―等費用線モデル**を説明します。このモデルは無差別曲線理論に似たモデルですので，まず，無差別曲線と比較しながら概要を説明しましょう。

　無差別曲線理論は，横軸に X 財の消費量（x），縦軸に Y 財の消費量（y）をとり，効用水準の等しい消費量の組み合わせである無差別曲線と予算で最大限消費できる予算制約線を描き，予算制約線と縦軸，横軸に囲まれた入手可能領域 $\triangle OAB$ 内で効用最大となる，つまり最も右上方にある無差別曲線上にある点が効用最大の点であると結論付けます。

　これに対し，等量曲線―等費用線モデルは，横軸に労働投入量（L），縦軸に資本投入量（K）をとり，生産量の等しい投入量の組み合わせである等量曲線と，同じ費用である投入量の組み合わせの集合である等費用線を描き，一定の生産量，すなわち，等量曲線 $Q=$ 100個を実現しつつ，最も費用が最小，すなわち，最も原点に近い等費用線となる点を，企業は選択すると結論付けます。

　ですから，等量曲線は無差別曲線に似ており，等費用線は予算制約線に似ているのです。

　しかし，無差別曲線理論では，直線である予算制約線が制約条件として決まっており，最も右上方の無差別曲線上の点を求めるのですが，等量曲線―等費用線モデルは逆に，まず，生産量，すなわち，等量曲線が決まっており，その生産量という制約条件の下で，費用最小となる直線である等費用線上の点を求めるという点が大きく異なります。

図表18-3 ● 無差別曲線理論

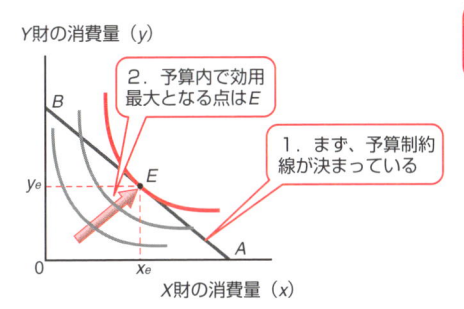

Y財の消費量（y）

2. 予算内で効用最大となる点はE

1. まず、予算制約線が決まっている

図表18-4 ● 等量曲線―等費用線モデル

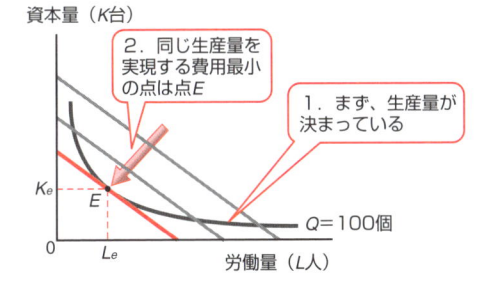

資本量（K台）

2. 同じ生産量を実現する費用最小の点は点E

1. まず、生産量が決まっている

$Q=$100個

労働量（L人）

【2】 等量曲線

等量曲線とは，**生産量が等しくなる労働投入量と資本投入量の組み合わせ（点）の集合**です。たとえば，図表18－5において，労働1人と資本5台の点A，労働2人と資本3台の点B，労働3人と資本2.5人の点C，労働4人と資本2台の点Dが同じ生産量100個であったとしましょう。このとき，点A，B，C，Dは同じ生産量ですから，これらの点を結んだQ_0が等量曲線です。

これは，効用の同じ点を結んだ無差別曲線と似たものと考えるとわかりやすいでしょう。ただし，無差別曲線の効用は100とか200と数えることができず，順序しかわからないという序数的概念であることを前提としていましたが，等量曲線の生産量は100個や200個と数えることができる基数的概念であることを前提としている点は大きな違いです。

無差別曲線理論と同じく，①完全性の仮定，②不飽和の仮定，③推移性の仮定，④技術的限界代替率逓減の仮定という4つの仮定を置くことによって，①無数に存在，②右下がり，③右上方ほど生産量が多い，④互いに交わらない，⑤原点に凸という性質を導き出します。

4仮定	5性質
①完全性の仮定 →	①無数に描ける
②不飽和の仮定	②右下がり
③推移性の仮定	③右上方ほど生産量が大きい
④技術的限界代替率逓減（の法則）を仮定	④互いに交わらない
	⑤原点に凸

図表18－5 ● 等量曲線

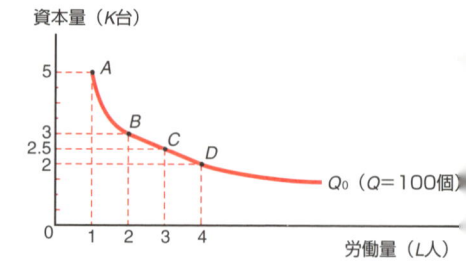

補 足

不飽和の仮定とは，無差別曲線では「X財，Y財ともに常にグッズ（プラスの限界効用の財）という仮定」でしたが，等量曲線では「労働，資本ともに常にプラスの限界生産力の生産要素」という仮定です。

補 足

無差別曲線では限界代替率とは「X財が1単位増えたときに元の効用に戻るために減らすY財の量」でした。等量曲線ではそれと区別するために技術的限界代替率といい「労働が1単位増えたときに元の生産量に戻るために減らす資本の量」という意味です。

このあたりはそれほど出題されないので，無差別曲線の4仮定5性質と同じと理解しておけばよいでしょう。

【3】 等費用線

　等費用線とは，同じ費用（C）となるよう な，労働の投入量（L）と資本の投入量（K） の組み合わせの集合です。費用はCと書かれ ることが多いのですが，これはCostの略で す。

　w（賃金率），r（利子率：資本1単位のレ ンタル価格）は市場で決まり一定，と仮定す ると，**等費用線は $C = wL + rK$** となります。

　費用＝労働への支出額＋資本への支出額， たとえば，費用C＝10,000円，w＝2,000円， r＝1,000円とすると，等費用線は，図表 18－7のABのように描くことができます。

　まず，点Aと点Bと結んだ直線ABが等費 用線であることを確認しましょう。等費用線 とは，同じ費用となるような，労働（L）の 投入量と資本（K）の投入量の組み合わせの 集合でした。ですから，点A（0，10）は， 費用＝2,000×0＋1,000×10＝10,000で す。B（5，0）も，費用＝ 2,000×5＋ 1,000×0 ＝ 10,000 ですから同じであり， 同じ等費用線上にあります。

　同様に，点C（1，8）も費用＝2,000× 1＋1,000×8＝10,000，点D（2，6）も 費用＝2,000×2＋1,000×6＝10,000 と， 費用が点A，点Bと同じですので，同じ等費 用線上にあります。以上より，点Aと点Bを 結んだ直線ABが等費用線であることが確認 できます。

【4】 より費用の少ない等費用線

　次に，図表18－7で等費用線の右上方の 点と，左下方の点について考えます。

　点H（1，4）は，等費用線AB上の点C （1，8）より，下方にあり，点Cに比べ，L の量は同じですが，Kの量が4個と少なく， 費用は少なくなっています。また，点H（1，

図表18－6 ● 5性質を満たす等量曲線

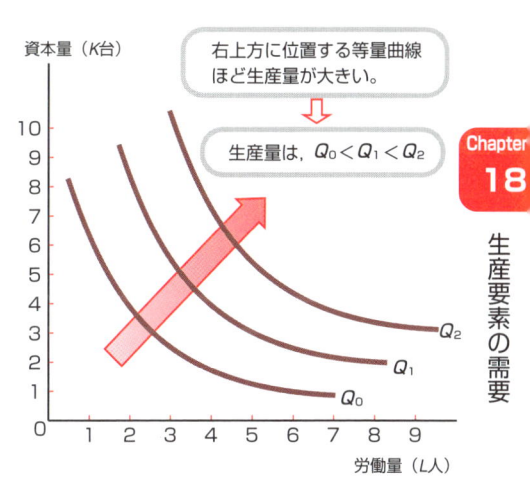

資本量（K台）

右上方に位置する等量曲線 ほど生産量が大きい。

生産量は，$Q_0 < Q_1 < Q_2$

労働量（L人）

図表18－7 ● 等費用線の具体例

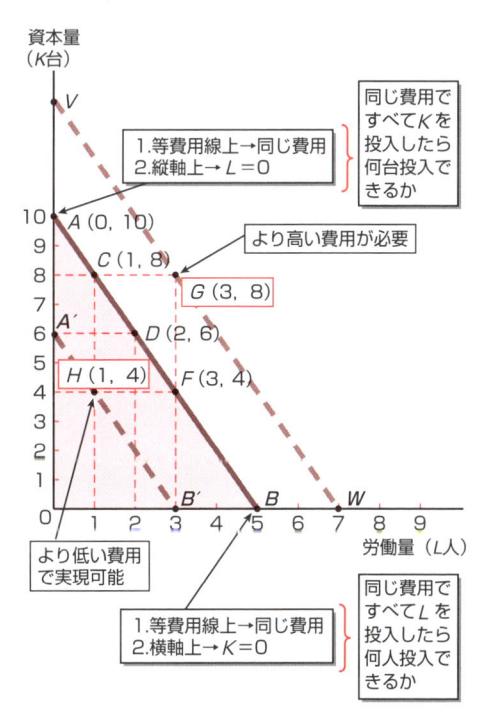

資本量 （K台）

同じ費用で すべてKを 投入したら 何台投入で きるか

1.等費用線上→同じ費用 2.縦軸上→L＝0

より高い費用が必要

G（3，8）

C（1，8）

A（0，10）

A'

D（2，6）

H（1，4）　F（3，4）

B'　B　W

より低い費用 で実現可能

1.等費用線上→同じ費用 2.横軸上→K＝0

同じ費用で すべてLを 投入したら 何人投入で きるか

労働量（L人）

4）は，等費用線上の点F（3，4）より，左方にあり，点Fに比べ，Kの量は同じですが，Lの量が1個と少なく，費用は少なくなっているということもできます。

このように，等費用線の左方（下方）の点は，費用の少ない投入量の組み合わせであるとわかります。つまり，図表18－7において，$A'B'$はABよりも費用の小さい等費用線ということです。

それに対して，点G（3，8）は，等費用線上の点F（3，4）より，上方にあり，点Fに比べ，Lの量は同じですが，Kの量が8台と多く，費用が多くなっています。また，点G（3，8）は，等費用線AB上の点C（1，8）より，右方にあり，点Cに比べ，Kの量は同じですが，Lの量が3個と多く，費用が多くなっているということもできます。以上より，点Gを通る等費用線VWは等費用線ABより費用が大きい等費用線だとわかります。

今度は，図表18－8を用いて一般化して考えましょう。（総）費用がC_0円，Lの価格がW_0，Kの価格がr_0とします。

まず，等費用線ABが縦軸，横軸と交わる点（切片）に注目しましょう。すると，等費用線の縦軸切片Aは，等費用線AB上にあるので同じ費用C_0であり，かつ，横軸の$L=0$で労働を投入しません。ですから，点Aの高さ（K）は，費用C_0でKだけを需要（投入）したときのKの台数ですから，$\dfrac{C_0}{r}$ 台です。

また，等費用線の横軸切片Bは，縦軸の$K=0$で資本を投入しません。ですから，点Bの横（L）は，予算をすべて使い切りLだけを需要（投入）したときのLの人数ですから，$\dfrac{C_0}{W}$人です。このABを結んだ線が等費用線となります。

補 足

これは，無差別曲線理論において原点に近い予算制約線ほど所得の少ない時の予算制約線であることを思い浮かべるとわかりやすいでしょう。

図表18－8 ●等費用線

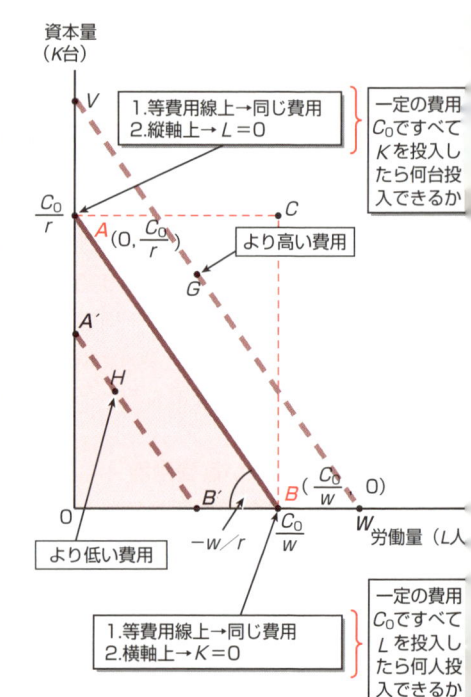

では，等費用線の傾きは，いくらでしょうか。傾きは，横に1増えたときに，縦にどれだけ変化するかですので，ABは横にAC（$=OB=\dfrac{C_0}{w}$）進んだとき，縦にCB（$=OA=\dfrac{C_0}{r}$）変化するので，横に1増えたときには，縦は$-\dfrac{w}{r}$変化します。したがって，**等費用線ABの傾きは，$-\dfrac{w}{r}$です。**

5】最適投入点

ここでは，一定の生産量を実現するということで等量曲線がQ_0と決まっているとします。そして，企業は，その等量曲線Q_0上の点の中でどのように費用最小となる点を選択するかという問題を考えます。

すでにお話ししたように，等費用線は原点に近い（左下）ほど費用が小さいという性質を持ちます。ですから，企業は等量曲線Q_0上の点という制約条件の中，最も等費用線が原点に近い（左下にある）点を選択するのです。図表18-9でいえば，Q_0上の点のうち点A，Bを通る等費用線abより点C，Dを通る等費用線cdの方が原点に近く費用が小さいことがわかります。結局，Q_0上の点で，等費用線が最も原点に近い（左下にある）点はQ_0と接する等費用線ee'となります。このときの投入点はEでありこの点Eは，**一定の生産量を実現するときに，費用最小となる労働投入量と資本投入量の組み合わせ（点）な**ので**最適投入点**と呼ばれます。

図表18-9をみると，**最適投入点である接点Eでは，「等量曲線Q_0の傾き＝等費用線の傾き」となっています。このとき，加重限界生産力均等の法則が成立しています。**

➕ 補 足

これは，等費用線の傾きは等費用線の式の変形によっても以下のように求めることができます。等費用線は，$C_0 = wL + rK$ですから，これを$K = -\dfrac{w}{r}L + \dfrac{C_0}{r}$と変型でき，この式からも，$L$が1増加したときに$K$は$-\dfrac{w}{r}$だけ変化し，傾きは$-\dfrac{w}{r}$とわかります。

図表18-9 ●最適投入点

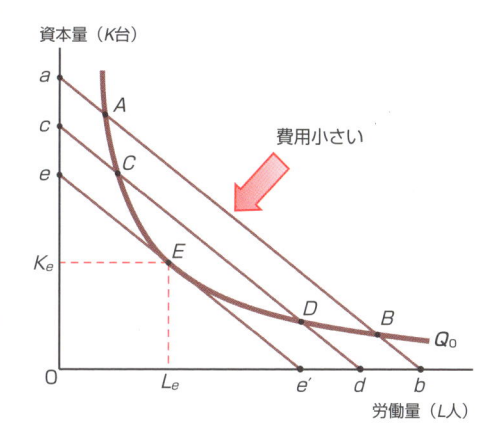

➕ 補 足

結論を覚えておけば対応できる問題が多いので詳しくは説明しませんが，消費の理論において「無差別曲線理論において，効用最大となる最適消費点E（接点）では，限界効用理論における効用最大化条件の加重限界効用均等の法則が成立している」ということと似た理屈だとイメージしておいてください。

【6】短期と長期

以上の議論は，労働（L），資本（K）ともに可変的な長期を前提としています。しかし短期の場合，資本量は一定ですから変えることはできません。これを**図表18−10**で説明すると，短期で資本がK^*と決まっている場合には長期の最適投入点Eは実現できず，点Fが短期の最適投入点となります。

なお，短期投入点Fの等費用線ff'は長期最適投入点Eを通る等費用線ee'より右上にあり費用が大きいことがわかります。

図表18−10●短期投入点と長期投入点

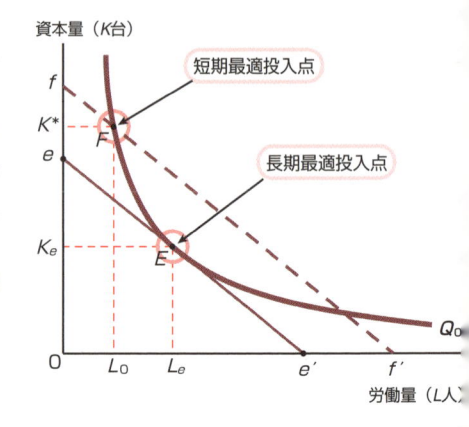

資本量（K台）

短期最適投入点

長期最適投入点

K^*
e
K_e
F
E
Q_0
0　L_0　L_e　e'　f'
労働量（L人）

Part 4

完全競争市場均衡

—価格の乱高下はなぜ起こる？—

Movie 106

　需要と供給の一致する状態を市場均衡と呼びますが，経済がいったん市場均衡からはずれたときに，市場均衡に戻っていき落ちついていく性質を持っているのか，それとも，市場均衡に戻ってこず，どんどん変化していき，不安定になっていくのかという安定性の問題について考えていきます。

　そして，市場均衡から変化しているプロセスを調整過程と呼び，ワルラス的調整，マーシャル的調整，蜘蛛の巣調整という3つの調整過程の違いが問われますから，しっかりと理解しましょう。

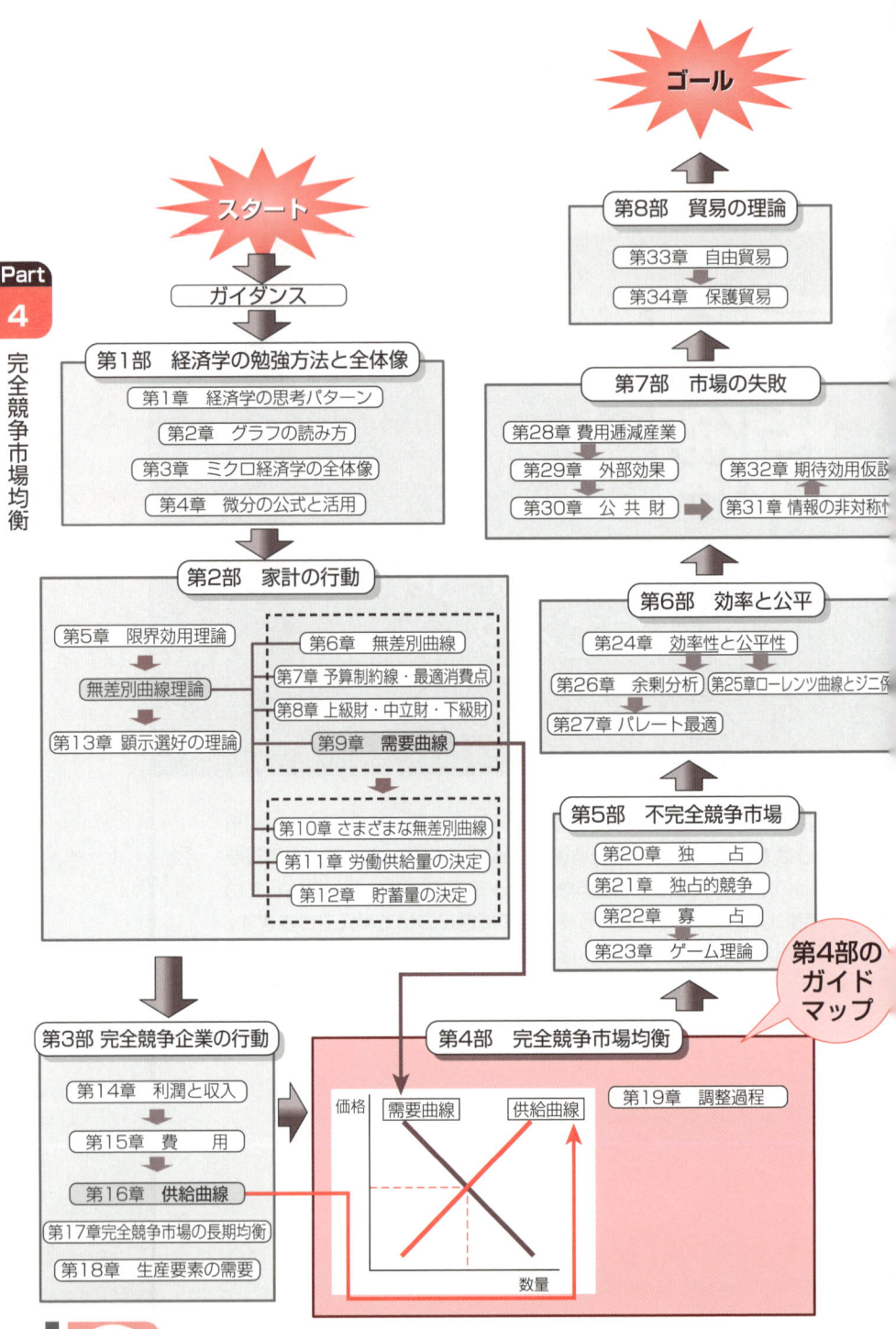

ゴール

第8部 貿易の理論
- 第33章 自由貿易
- 第34章 保護貿易

スタート

ガイダンス

第7部 市場の失敗
- 第28章 費用逓減産業
- 第29章 外部効果
- 第30章 公共財 ➡ 第31章 情報の非対称性
- 第32章 期待効用仮説

第1部 経済学の勉強方法と全体像
- 第1章 経済学の思考パターン
- 第2章 グラフの読み方
- 第3章 ミクロ経済学の全体像
- 第4章 微分の公式と活用

第6部 効率と公平
- 第24章 効率性と公平性
- 第26章 余剰分析 第25章 ローレンツ曲線とジニ係数
- 第27章 パレート最適

第2部 家計の行動
- 第5章 限界効用理論
- 無差別曲線理論
- 第13章 顕示選好の理論
- 第6章 無差別曲線
- 第7章 予算制約線・最適消費点
- 第8章 上級財・中立財・下級財
- 第9章 需要曲線
- 第10章 さまざまな無差別曲線
- 第11章 労働供給量の決定
- 第12章 貯蓄量の決定

第5部 不完全競争市場
- 第20章 独 占
- 第21章 独占的競争
- 第22章 寡 占
- 第23章 ゲーム理論

第4部の
ガイド
マップ

第3部 完全競争企業の行動
- 第14章 利潤と収入
- 第15章 費 用
- 第16章 供給曲線
- 第17章 完全競争市場の長期均衡
- 第18章 生産要素の需要

第4部 完全競争市場均衡

価格 / 需要曲線 / 供給曲線 / 第19章 調整過程

数量

第4部の登場人物・舞台とストーリー

舞　台

　第18章の舞台は労働市場と資本市場という生産要素市場でしたが，この部では，生産された財（商品）の市場に舞台を戻します。第2部では家計の消費行動，第3部では企業の生産行動を学びましたが，この第4部では市場について学びます。

登場人物（経済主体）

　第4部では，財の供給者として企業，需要者として家計が登場します。

全体像の中での位置づけ

　価格は第2部の家計の行動から導かれた需要曲線と第3部の企業の行動から導かれた供給曲線の交点に決まるということを学びます。ですから，今までの内容を集大成したものということができるでしょう。

> **✚ 補　足**
>
> 　個別家計の需要曲線ではなく市場需要曲線，個別企業の供給曲線ではなく市場供給曲線を意味します。

前提（仮定）

　この部では需要曲線と供給曲線の交点で価格が決まるという前提があります。つまり，各企業や家計は価格に影響を与えることができず，市場価格を受け入れるだけのプライステーカーだという前提があります。そのために，市場は完全競争市場であると仮定します。

> **復　習**
>
> 　完全競争市場とは，以下の4つの条件などを満たす市場をいいます。
> ① 供給者・需要者とも多数存在
> ② 商品は同質（差別化されていない）
> ③ 市場の参入・退出は長期的には自由
> ④ 取引に必要な情報は完全
> 　完全競争企業は「① 供給者・需要者とも多数存在する」ことにより，市場においては小さな存在にすぎず市場価格に影響を与えることはできません。また，「② 商品は同質である」かつ「④ 情報は完全である」ことから，市場で決まる価格より高く売ろうとしても，需要者は市場価格より高いとわかりますので誰もその企業のものを買いませんので，結局，市場価格でしか売れません。

　この部は第19章だけですが，その中で，価格に対して供給量が素早く反応するワルラス調整，今年の供給量は変えられないマーシャル調整，農作物などの周期的価格変動を説明する蜘蛛の巣調整の３つを学びます。

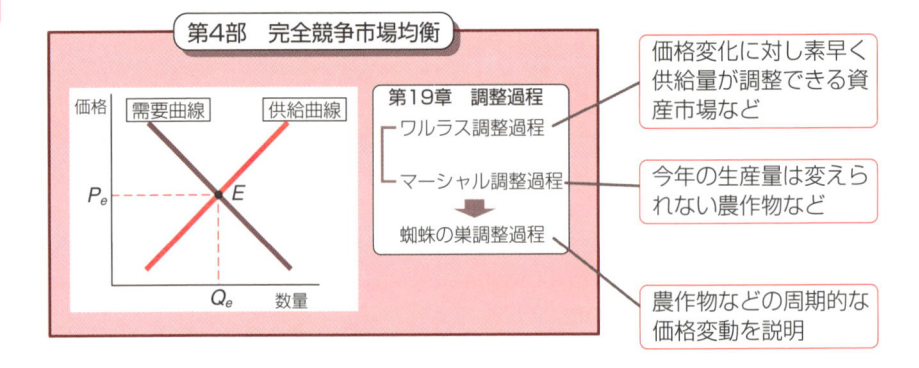

Chapter **19**

調整過程
─市場は安定的か不安定か─

Point

1 ワルラスは「超過供給が発生していれば価格は下落し，超過需要が発生していれば，価格は上昇する」と仮定する【ワルラス調整】。

Movie 107

2 マーシャルは今期の生産量は変更できない財に関して，需要価格が供給価格を下回れば翌期は減産し，逆に需要価格が供給価格を上回れば翌期の生産量は増加すると仮定する【マーシャル調整】。

難易度　A

3 蜘蛛の巣調整過程は，マーシャル調整のように今期の生産量は変更できず，供給者は今年の価格が来年も続くと予想して今期のうちに来年の生産計画を立てると仮定する。

出題可能性

国家一般職（旧Ⅱ種）	**B**
国税専門官	**C**
地方上級・市役所・特別区	**B**
国家総合職（旧Ⅰ種）	**B**
中小企業診断士	**B**
証券アナリスト	**B**
公認会計士	**C**
都庁など専門記述	**B**
不動産鑑定士	**C**
外務専門職	**B**

市場均衡とは，市場における需要量と供給量が等しい状態をいいます。そして，経済が均衡状態からはずれたときに，再び均衡状態に戻る力が働き，最終的に均衡状態になるとき，市場は安定的であるといいます。反対に，経済が均衡状態からはずれたときに，再び均衡状態に戻る力が働かず，最終的に経済がどんどん変化し落ち着かない状態になるとき，市場は不安定であるといいます。

そして，経済が，均衡からはずれたときに，安定的であれば均衡に戻っていく過程を，不安定であればどんどん変化していく過程を調整過程といいます。この調整過程には，ワルラスの考えた調整過程（ワルラス調整），マーシャルの考えた調整過程（マーシャル調整），蜘蛛の巣調整過程の３つがあります。

それでは，その３つを順番に説明しましょう。

1. ワルラス調整

Movie 108

ワルラス調整とは，すでに第２章のグラフの読み方で説明してきた調整の仕方で，「超過供給が発生していれば価格は下落し，超過需要が発生していれば，価格は上昇する」という調整です。

第２章の図表２−２は，ワルラス調整を前提にしています。図表２−２を再掲していますので，下線の部分に注目すれば，ワルラス調整とわかります。しかも，点Eに落ち着きますから，市場は「安定している」といいます。

図表２−２より，価格が30円の時は，需要量も供給量も40個で等しくなっています。

もし，価格が30円よりも高い50円であると，需要量は点Bの20個に対し，供給量は点bで60個です。供給量が需要量を60−20

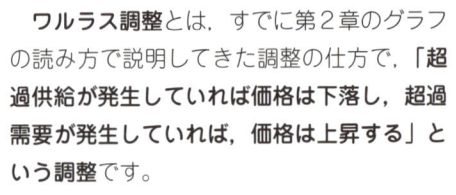

〈ワルラス調整〉

供給＞需要（超過供給）➡価格下落

供給＜需要（超過需要）➡価格上昇

図表２−２（再掲）●需要と供給のグラフ
（ワルラス安定）

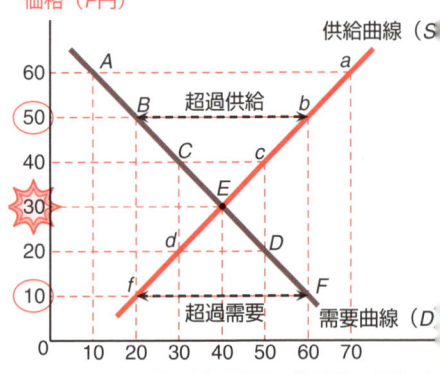

=40個超過しています。このように，供給量が需要量を上回ることを超過供給といいます。<u>価格は超過供給がなくなる，つまり，需要量と供給量が等しくなる点Eの30円まで下がります。</u>

反対に，価格が30円より安い10円であるときには，需要量は点Fで60個ですが，供給量は点fで20個しかありません。今度は，需要量が供給量を超過しており，超過需要といいます。いわゆる「物不足」です。<u>超過需要がなくなる，つまり，図表2-2に戻ると需要と供給が等しくなる点Eの価格30円まで上がります。</u>

以上より，市場均衡のEの価格30円から価格が外れても均衡価格30円に戻ってくるので均衡は安定的です。

なお，**図表19-1**のように，右上がりの需要曲線Dと右下がりの供給曲線Sという通常とは逆の特殊ケースでは，P_eより価格が高いP_1のとき，超過需要がABだけ発生し，価格はP_1より上昇しP_2となります。すると，P_2では超過需要がA′B′とより増大し，価格はP_2からさらに上昇し，どんどん上昇してしまいます。

反対に，P_eより価格が低いP_3のとき，超過供給がCDだけ発生し，価格はP_3より下落します。すると，超過供給はより増大し，価格はさらにどんどん下落してしまいます。

したがって，このような特殊なケースでは，いったん，点Eから経済がはずれると，点Fからどんどんはずれてしまい，ある点に落ち着きませんので，「不安定」といいます。ワルラス調整で考えて不安定なので，「ワルラス不安定」といいます。

━ 理　由

50円のままでは，超過供給が生じ物が売れ残ってしまいますので，価格は下がっていきます。そして，超過供給（売れ残り，物余り）があるかぎり価格は下がるからです。

━ 理　由

10円のままでは，超過需要が生じ物が不足してしまいますので，価格は上がります。そして，超過需要（物不足）があるかぎり価格は上がるからです。

🔖 用 語

ワルラスの調整過程で安定的なので「ワルラス安定」といいます。

図表19-1 ●ワルラス不安定

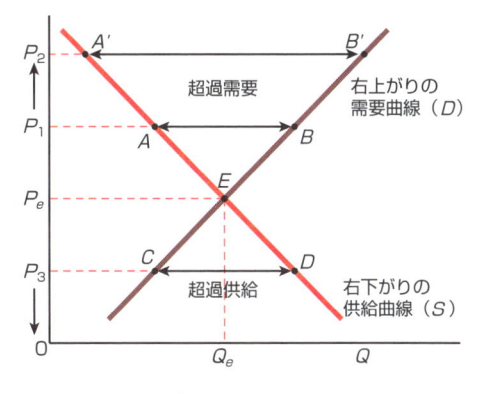

Point!

図表19-1の右上がりの需要曲線（D）と右下がりの供給曲線（S）は特殊なケースであり，なぜそうなるのかと考えるとわけがわからなくってしまいます。ここでは，深入りせずに，頭の体操と割り切ってください。

2. マーシャル調整

Movie 109

農作物や家畜などの場合，今年の供給量はもう決まっており，価格に合わせて今期の供給量の調整を行おうとしてもできません。つまり，**農作物や家畜などでは，まず，今期の供給量が決まってしまうのです。価格に応じて供給量を変えようとしても，変えることができるのは来年の供給量です。** したがって，農作物や家畜の市場においては，価格に応じて供給量が速やかに調整されるというワルラス調整は行われないのです。

たとえば，図表19－2において，今年の生産量は Q_1 と決まったとします。すると，Q_1 の量であれば供給曲線の点 A から P_0 の価格で供給したいことがわかります。

これに対し，生産量が Q_1 のとき，需要者は需要曲線（D）上の点 B より，P_1 でないと買わないことがわかります。

今期，Q_1 を収穫するときに， 供給価格は P_0 ですが，需要価格は P_1 なので，今期の価格は P_1 となります。すると，**供給者は，供給価格を下回る価格でしか売れないので，損をしており，生産量を減らそうと計画し，翌期以降の生産量は Q_1 より小さくなります（減産）。**

反対に，今期の収穫が Q_2 のように Q_e より小さい場合には，供給価格は P_1 であるのに対し，需要価格は P_0 と高く売れます。したがって，供給者は得をするので，生産量の増加を計画し，翌期以降の生産量は Q_2 より大きくなります（増産）。

以上より，翌期には，生産量は Q_e の方向へ向かい，**最終的には点 E に落ち着いていく** ことがわかります。このような調整過程をマーシャル調整といい，図表19－2の場合は

用語

このようにある一定の量を供給するときに供給者が売ってもよいと考える価格を供給価格といいます。

用語

ある量を需要者が買ってもよいと考える価格を需要価格といいます。

理由

なぜなら，供給者が P_0 で売りたいと思っても需要者が P_1 でしか需要しないからです。

図表19－2 ● マーシャル安定

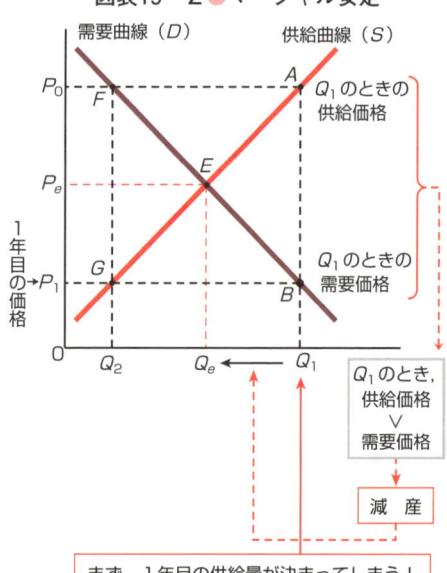

点Eに落ち着き，安定的であるので，**マーシャル安定**といいます。

次に，**図表19-3**のように，右上がりの需要曲線と右下がりの供給曲線という特殊ケースを考えましょう。これは**図表19-1**と同じケースで，すでにワルラス不安定であることがわかっています。また，ここでもなぜこのように特殊な需要曲線，供給曲線になるのかと深入りするのはやめ，頭の体操と割り切ってください。

マーシャル的調整過程では安定しているのかどうか分析してみましょう。

今年の生産量がQ_1と決まったとします。今期，Q_1を収穫するときに，需要者価格はP_1ですが，供給者価格P_2なので，今期の価格はP_1となります。

すると，供給者は，供給者価格を上回る価格で売ることができ，儲かるので，生産量を増やそうと計画し，翌期以降の生産量はQ_1より大きくなります（増産）。

反対に，今期の収穫がQ_2とQ_eより小さい場合には，供給者価格はP_1であるのに対し，需要者価格はP_2と低くなってしまい，市場価格はP_2になってしまいます。したがって，供給者は生産量の削減を計画し，翌期以降の生産量はQ_2より小さくなります（減産）。

以上より，翌期には，生産量はQ_eからどんどん離れてしまい，最終的に点Eに落ち着かないことがわかります。このような調整過程を**マーシャル調整**といい，**図表19-3**の場合は点Eに落ち着かないので，不安定であり，**マーシャル不安定**といいます。

最後に，ワルラス調整とマーシャル調整の違いを**図表19-4**に整理しておきましょう。

図表19-3 ● マーシャル不安定

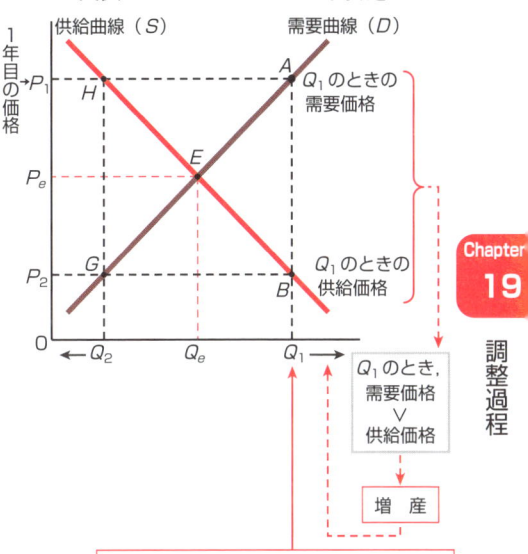

まず，1年目の供給量が決まってしまう！

〈マーシャル調整　縦に分析（まず量が決まる）〉
供給価格＞需要価格➡翌期減産
供給価格＜需要価格➡翌期増産

図表19-4 ● ワルラス調整とマーシャル調整

	ワルラス調整	マーシャル調整
生産量の調整速度	迅速	遅い（今期の量は変えられない）
調整方法	価格調整	数量調整
安定・不安定の見分け方	グラフを横に見る（図表2-2）	グラフを縦に見る（図表19-2）

【問題19−1】

　次の図のア～エは，ある財の需要曲線と供給曲線の関係を示したものである。ワルラス的調整過程では不安定であるが，マーシャル的調整過程では安定である図を選んだ場合の組合せとして，妥当なのはどれか。ただし，Dは需要曲線，Sは供給曲線とする。

Movie 110

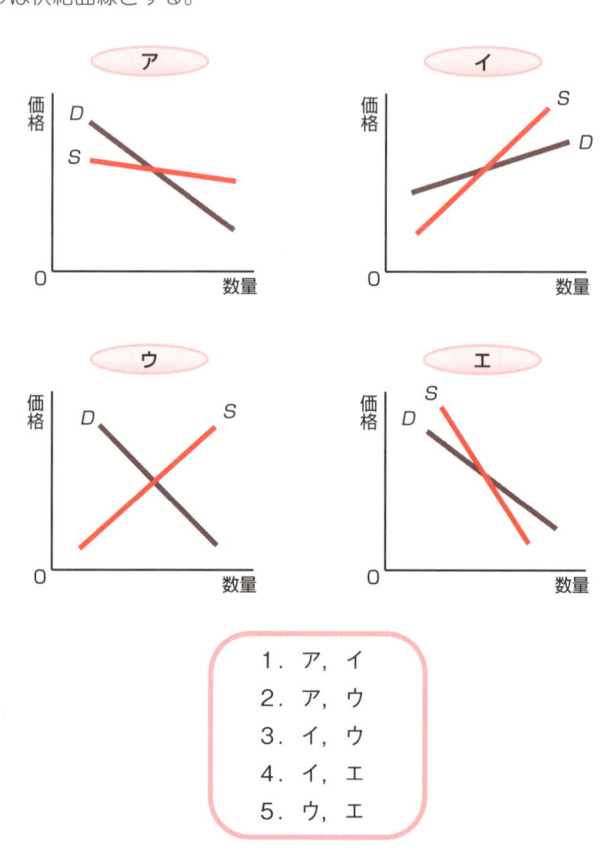

1．ア，イ
2．ア，ウ
3．イ，ウ
4．イ，エ
5．ウ，エ

（地方中級）

（解説・解答）

　すべての図の交点をEとし，そのときの価格をP_e，数量をQ_eとします。

ア　P_eより価格が高いと超過需要となり，さらに価格が上昇するので，ワルラス不安定です（図1）。Q_eより生産量が多いと供給価格の方が需要価格より大きいので，来期の生産は減るためQ_eへ向かっていくので，マーシャル安定です（図2）。

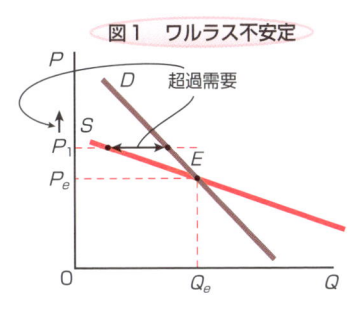

図1　ワルラス不安定

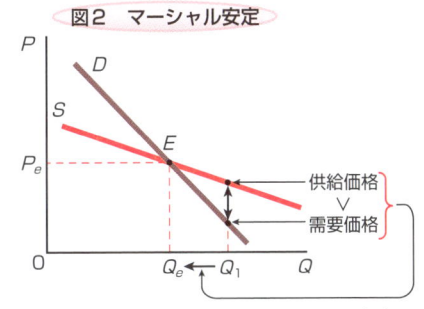

図2　マーシャル安定

イ　P_e より価格が高いと超過需要となり，さらに価格が上昇するので，ワルラス不安定です（図3）。Q_e より生産量が多いと供給価格の方が需要価格より大きいので，来期の生産は減るため Q_e へ向かっていくので，マーシャル安定です（図4）。

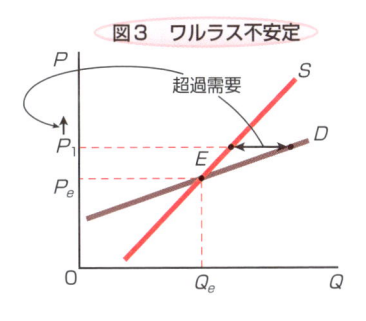

図3　ワルラス不安定

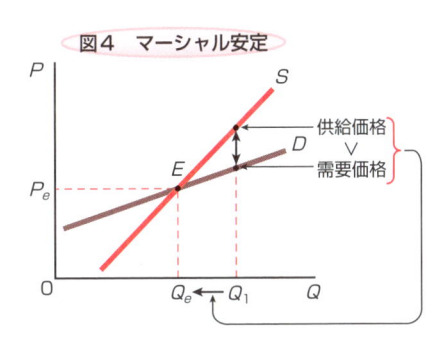

図4　マーシャル安定

ウ　ワルラス，マーシャルとも安定です（p.194 図表2－2，p.196 図表19－2）。

エ　P_e より価格が高いと超過供給となり，価格は下落し P_e へ向かっていくのでワルラス安定です（図5）。Q_e より生産量が多いと需要価格の方が供給価格より大きいので，来期の生産はさらに増えてしまい Q_e から遠ざかります。したがって，マーシャル不安定です（図6）。

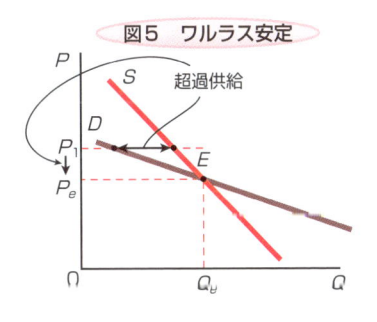

図5　ワルラス安定

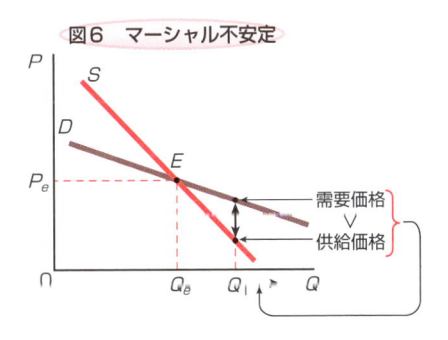

図6　マーシャル不安定

以上より，ワルラス不安定，マーシャル安定なケースはア，イとなります。

正　解　1

3. 蜘蛛の巣調整過程

では，最後に，蜘蛛の巣調整過程を説明しましょう。「蜘蛛の巣原理」はマーシャル調整の特殊なケースです。

【1】仮　定

仮定1　農作物，家畜等を念頭におき，マーシャル調整を前提とする。

仮定2　供給者は今年の価格が来年も続くと予想して，今期のうちに来年の生産計画を立てる。

【2】分　析

蜘蛛の巣安定のケース（図表19－5）

図表19－5のケースを考えましょう。

① 1年目の生産量（収穫量）はQ_1だったとします。Q_1のとき供給価格は点Aですが，需要価格は点Bとなり点Bの価格P_1が1年目の価格です。仮定2より今年の価格P_1が来年も続くと考えるので，P_1のとき供給曲線より点CのQ_2を生産計画し，種をまきます。

② そして，2年目になると，生産計画通り生産量はQ_2となります。Q_2の生産価格はP_1ですが，需要価格は点FよりP_2ですから2年目の価格はP_2となります。2年目の価格P_2が3年目も続くと予想し，今度は3年目の生産量を供給曲線上の点GよりQ_3に計画します。

③ そして3年目がくると，Q_3が生産され，Q_3の需要価格は点HよりP_3となり，これが3年目の価格となります。このように，現実経済は$B→C→F→G→H→I→J→K……$と点Eに向かって収まっていきます。

このような状態を「蜘蛛の巣調整の安定のケース」といいます。

図表19－5 ●蜘蛛の巣安定のケース

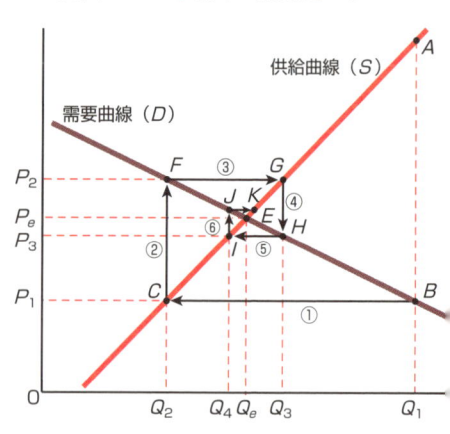

図表19－6 ●蜘蛛の巣不安定のケース

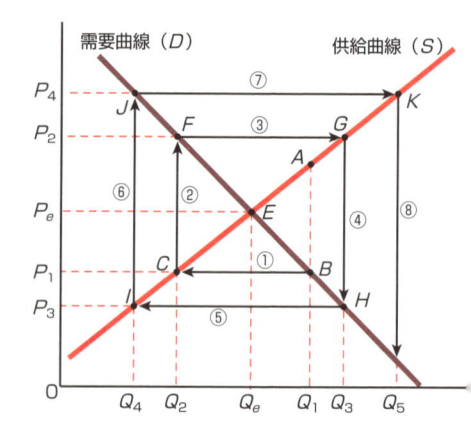

補　足

蜘蛛の巣調整過程とは，図表19－5や19－6が蜘蛛の巣のように見えるから，そう呼ばれています。蜘蛛の巣理論とか蜘蛛の巣原理とも呼ばれます。

蜘蛛の巣不安定のケース（図表19−6）

次に，図表19−6を考えましょう。

① 1年目の生産量（収穫量）はQ_1だったとします。Q_1のとき，供給価格は点Aですが，需要価格は点Bとなり，点Bの価格P_1が1年目の価格です。仮定2より今年の価格P_1が来年も続くと考えるので，P_1のとき供給曲線より点CのQ_2を生産計画し，種をまきます。

② そして，2年目になると，生産計画通り，生産量はQ_2となります。

Q_2の供給価格はP_1ですが，需要価格は点FよりP_2ですから，2年目の価格はP_2となります。2年目の価格P_2が3年目も続くと予想し，今度は3年目の生産量を供給曲線上の点GよりQ_3に計画します。

③ そして3年目がくると，Q_3が生産され，Q_3の需要価格は点HよりP_3となり，これが3年目の価格となります。

このように，現実経済は$B \to C \to F \to G \to H \to I \to J \to K$……と点$E$から離れていきます。

このような状態を「蜘蛛の巣調整の不安定のケース」といいます。

▶▶ 徹底解説 ◀◀

蜘蛛の巣調整で安定な図表19−5と不安定な図表19−6の違いは，何でしょうか。

それは，需要曲線と供給曲線の傾きの関係です。図表19−5のように，需要曲線より供給曲線の傾きが険しいとき，安定となります。

逆に，供給曲線より需要曲線の傾きが険しいとき，不安定となります。

ちなみに，これを，単純に傾きの大小で表現することはできません。需要曲線は右下がりなので，傾きはマイナス，供給曲線は右上がりならば傾きはプラスですので，傾きの大きさ自体は図表19−5，19−6ともにプラスである供給曲線の方が大きくなってしまいます。

ですから，「需要曲線より供給曲線の傾きが険しい」という表現にしています。マイナスの場合にはマイナスをとった値にする絶対値という言葉に抵抗がない人は，より正確に，以下のように表現できます。

〈蜘蛛の巣調整過程〉
供給曲線の傾きの絶対値＞需要曲線の傾きの絶対値➡安定的
（図表19−5のケース）
供給曲線の傾きの絶対値＜需要曲線の傾きの絶対値➡不安定
（図表19−6のケース）

4. 自由財，生産されない財

Movie 112

今までは，需要曲線と供給曲線が交わり交点があるという前提で考えてきましたが，今度は図表19－7や図表19－8のように交わらないケースを考えましょう。

図表19－7は価格が0円のとき供給量はx_2，需要量はx_1ですから，$x_2 - x_1$だけ超過供給となっています。そして，0円よりも価格が高ければ超過供給は大きくなります。言い換えれば，価格が0円まで下落しても，まだ超過供給，すなわち，売れ残りがある状態ということですから，価格0円，すなわち，ただで需要できるもので自由財と呼ばれます。具体的には空気や日光などが上げられます。

これに対し，図表19－8のケースでは，供給曲線（S）が常に需要曲線（D）より上にあるケースです。供給曲線は供給者が供給しても良いと考える最低限の価格であり限界費用と同じでした。これに対し，需要曲線とは需要者が最大限支払っても良いと考える価格です。ですから，図表19－8のケースは，常に，供給者が供給しても良いと考える最低限の価格よりも低い価格でしか需要者が購入してくれませんから，企業は供給をやめ，供給量は0（生産が行われない）となります。

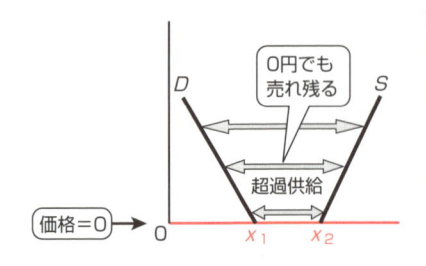

図表19－7 ● 自由財

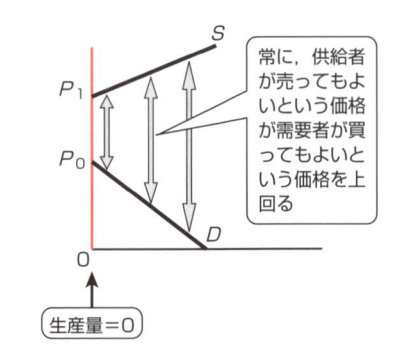

図表19－8 ● 生産されない財

Part 5

Movie 113

不完全競争市場

―価格を左右できる企業の行動―

完全競争市場であれば，市場の需要と供給によって価格が決まり，企業は市場価格を受け入れるだけの存在（プライステーカー）です。しかし，現実の市場は完全競争市場とは限らず，供給者が1社である独占市場や少数である寡占市場では，企業が市場価格に影響を与えることができます。この部では，市場価格を受け入れる存在であるプライステーカーではなく，価格に影響を与えることができる（プライスメーカーといいます）企業の行動について考えます。

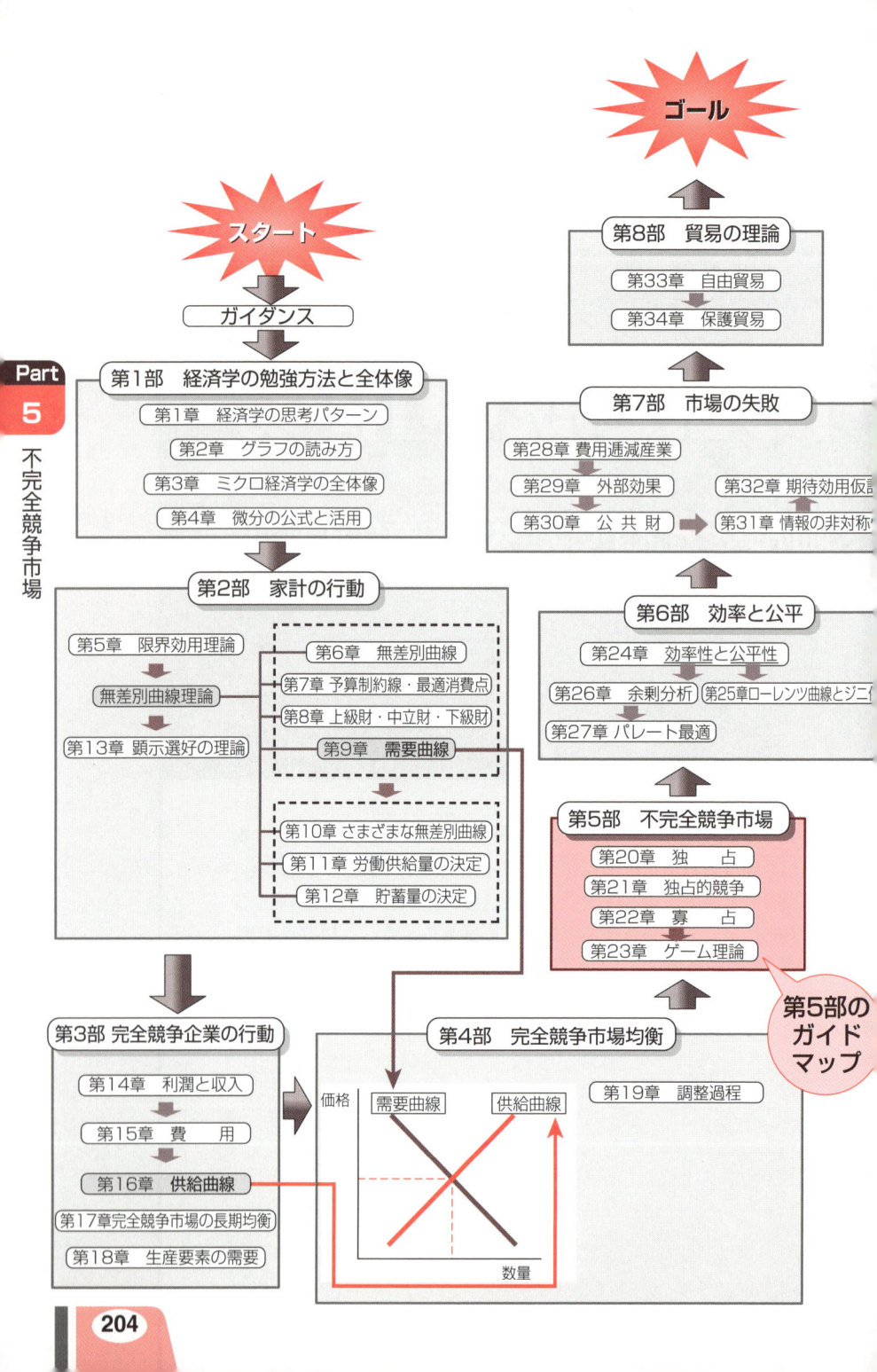

スタート

ガイダンス

第1部　経済学の勉強方法と全体像
第1章　経済学の思考パターン
第2章　グラフの読み方
第3章　ミクロ経済学の全体像
第4章　微分の公式と活用

第2部　家計の行動
第5章　限界効用理論
無差別曲線理論
第13章　顕示選好の理論
第6章　無差別曲線
第7章　予算制約線・最適消費点
第8章　上級財・中立財・下級財
第9章　需要曲線
第10章　さまざまな無差別曲線
第11章　労働供給量の決定
第12章　貯蓄量の決定

第3部　完全競争企業の行動
第14章　利潤と収入
第15章　費　用
第16章　供給曲線
第17章完全競争市場の長期均衡
第18章　生産要素の需要

第4部　完全競争市場均衡
価格
需要曲線　供給曲線
第19章　調整過程
数量

ゴール

第8部　貿易の理論
第33章　自由貿易
第34章　保護貿易

第7部　市場の失敗
第28章　費用逓減産業
第29章　外部効果　　第32章 期待効用仮説
第30章　公　共　財　→　第31章 情報の非対称性

第6部　効率と公平
第24章　効率性と公平性
第26章　余剰分析　第25章ローレンツ曲線とジニ係数
第27章　パレート最適

第5部　不完全競争市場
第20章　独　占
第21章　独占的競争
第22章　寡　占
第23章　ゲーム理論

第5部の
ガイド
マップ

第5部の登場人物・舞台とストーリー

舞　台

　この部では，主に生産された財（商品）の市場が舞台です。ただし，需要独占と双方独占という市場の場合には労働・資本などの生産要素の市場が舞台となります。

登場人物（経済主体）

　第3部，第4部では，財の供給者としての企業は完全競争企業でしたが，第5部では完全競争市場の条件が外れた市場（不完全競争市場）に存在する企業の行動を分析します。

全体像の中での位置づけ

　需要曲線と供給曲線の交点に価格が決まるという完全競争市場とはちがう市場について検討します。

前提（仮定）

　完全競争市場の条件が欠ける市場を前提にします。その結果，企業が価格に影響を与えることができるプライスメーカーになります。

ストーリーの流れ（構成）

　第20章では，独占を学びます。独占にも，供給者が１社である供給独占だけではなく，需要者が１社である需要独占，供給者・需要者の両方が１社である双方独占があります。この３つの独占市場において，企業の行動と市場均衡を考えます。

　次に，独占と完全競争の両方の特徴を持った独占的競争市場について学びます。

　そして，供給者が少数である寡占市場における企業の行動と市場均衡について学びます。なお，ゲーム理論という考えも寡占市場の分析で使われるのですが，近年出題が多いことから第23章で別に考えることにしました。

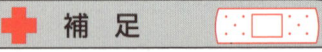

補　足

　需要者が少数の需要寡占とか，供給者・需要者ともに少数な双方寡占もあるはずです。しかし，独占とは違い，寡占の場合は供給者が少数の場合しか取り扱わないのが通常です。

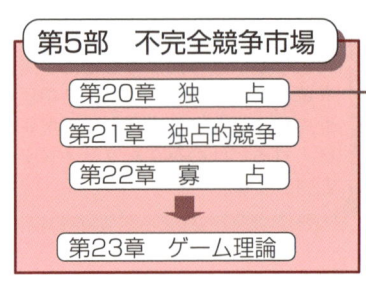

第5部　不完全競争市場

第20章　独　　占
第21章　独占的競争
第22章　寡　　占
↓
第23章　ゲーム理論

供給独占：供給者が１社
需要独占：需要者が１社
双方独占：供給者・需要者共に１社

Chapter **20**

独 占

―独占企業は価格をつり上げる？―

Point

1 （供給）独占企業は，生産量を増やすと価格が下落するプライスメーカーである。その結果，限界収入（MR）は需要曲線の高さである価格（P）より値下がりによる収入減少分だけ小さくなる【$P>MR$】。

2 （供給）独占企業は，利潤最大となる，つまり，限界収入（MR）と限界費用（MC）が等しくなる生産量に決定し，価格は需要曲線に沿って決める【クールノーの点】。

3 同じ商品を異なる市場で異なる価格で供給することを価格差別という。需要の価格弾力性が大きい市場では低価格で，小さい市場では高価格で供給する。

4 需要独占企業は，生産要素の需要量を増やすと価格が上がるプライスメーカーである。その結果，生産要素を1単位追加で需要したときの費用の増加である限界要素費用（MFC）は供給曲線の高さである価格（P）より値上がりによる費用増加分だけ大きくなる【$MFC>P$】。

5 需要独占企業は，利潤最大となる，つまり，限界要素費用（MFC）と生産要素を1単位追加で需要したときの収入の増加である限界生産物価値（VMP）が等しくなる需要量に決定し，価格は供給曲線に沿って決める。

6 双方独占の場合，価格は供給独占時の高い価格と，需要独占時の低い価格の間に決まる。この間のどの価格水準かは，供給者と需要者の交渉力による。

Movie 114

難易度　A

出題可能性

国家一般職（旧Ⅱ種）	**A**
国税専門官	**B**
地方上級・市役所・特別区	**B**
国家総合職（旧Ⅰ種）	**B**
中小企業診断士	**A**
証券アナリスト	**A**
公認会計士	**A**
都庁など専門記述	**A**
不動産鑑定士	**A**
外務専門職	**A**

供給独占は頻出であり，多くの合格者は得点してくるので確実にマスターしましょう。それに比べれば，需要独占，双方独占は出題可能性が高くなく内容も難しいので，急いでいる人は，需要独占と双方独占は飛ばしてもよいでしょう。

独占には，**供給者が1社である供給独占**，**需要者が1社である需要独占**，供給者・需要者ともに1社である**双方独占**があります。

独占市場は，完全競争市場の条件のうち，「①供給者・需要者ともに多数存在」が欠けています。また，長期において独占が継続するようであれば新規参入ができないのでしょうから，「③市場への参入・退出は自由」という条件も欠けていることになります。

➕ 補 足

このとき需要者は多数いることを暗黙の前提としています。

➕ 補 足

このとき供給者は多数いることを暗黙の前提としています。

➕ 補 足

一般に独占という場合には供給独占を意味します。

1．（供給）独占

Movie 115

【1】独占企業の直面する需要曲線

（供給）独占企業は，市場においては1社しか存在しないのですから，すべての需要者は独占企業から需要します。したがって，独占企業の直面する需要曲線は市場全体の右下がりの需要曲線となります。

独占企業が右下がりの需要曲線に直面するということは，自社の供給量拡大は市場価格を下落させないと，需要してもらえなくなるということです。これは，独占企業は，完全競争企業と異なり，市場全体の供給量が自社の供給量と同じであり，市場において大きな存在であるので市場価格に影響を与えるということです【プライスメーカー】。

これを具体的に図表20−1で考えましょう。市場の需要曲線（D）が独占企業の直面する需要曲線です。図より，生産量が1万個のときの価格は点Aで90円ですが，生産量が2万個に増えると価格は点Bで80円に下がります。このように，独占企業が生産量を増加させると市場価格は下落します。

完全競争市場の4条件　　独占市場

① 供給者・需要者とも多数存在 ➡ ×
② 商品は同質である
③ 市場の参入・退出は自由 ➡ ×
④ 情報は完全である

用 語

このように，**自社の供給量を変化させることにより，市場価格を左右できること**を「**価格支配力がある**」といいます。価格支配力のある経済主体をプライスメーカー（価格設定者）といいます。

一方，図より，生産量が2万個のとき価格は点Bで80円ですが，生産量が1万個に減ると価格は点Aで90円に上がります。

このように，**独占企業は生産量を減少させることにより市場価格をつり上げることもできます。**

[2] 独占企業の限界収入

では，図表20－1の需要曲線で，企業が生産量を増やしたときの限界収入を図表20－2で求めましょう。

図表20－1の右下がりの需要曲線より，生産量と価格の関係がわかります。1万個目は90円で需要され，2万個目は80円，3万個目は70円……となっていきます（図表20－2左から2列目）。

総収入（図表20－2左から3列目）は生産量に価格をかけたものとして求まります。

4列目の総収入の増加分（ΔTR）は生産量の増加により，新しい総収入から元の総収入を差し引くことにより求まります。

図表20－1 ● 独占企業の直面する需要曲線

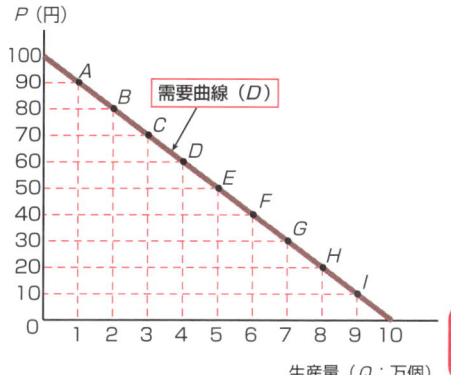

P（円）

生産量（Q：万個）

Chapter **20**

独

占

➕ **補 足**

今まで1企業の生産量はqとしてきましたが，独占企業の生産量（供給量）はqではなく，市場全体の量を表すQで表します。なぜなら，独占企業の生産量は市場全体の供給量と等しいからです。

図表20－2 ● 独占企業の限界収入の計算

需要曲線（D）　　　　　　　　限界収入曲線（MR）

生産量 （Q）	価　格 （P）	総収入 （$TR=P\times Q$）	総収入の増加分 （ΔTR）	生産量の増加分 （ΔQ）	限界収入 （$MR=\dfrac{\Delta TR}{\Delta Q}$）
0個	なし	0円			
1万個	90円	90万円	＋90万円	＋1万個	＋90円
2万個	80円	160万円	＋70万円	＋1万個	＋70円
3万個	70円	210万円	＋50万円	＋1万個	＋50円
4万個	60円	240万円	＋30万円	＋1万個	＋30円
5万個	50円	250万円	＋10万円	＋1万個	＋10円
6万個	40円	240万円	－10万円	＋1万個	－10円
7万個	30円	210万円	－30万円	＋1万個	－30円
8万個	20円	160万円	－50万円	＋1万個	－50円
9万個	10円	90万円	－70万円	＋1万個	－70円

ところで，**限界収入は，生産量が1個増加したときの総収入の増加分**です。図表20−2の総収入の増加分（⊿TR）は生産量を1万個増加させたときの値です。ということは，生産量が1個増加したときの総収入の増加分である限界収入は，総収入の増加分（⊿TR）を1万個（生産量の増加分⊿Q）で割ることにより求まります。

たとえば，生産量1万個から2万個に生産量を1万個増やすと，図表20−2より，価格は90円から80円に値下がりします。その結果，総収入は90円×1万個＝90万円から，80円×2万個＝160万円になります。総収入の増加分（⊿TR）は160−90＝70万円です。

以上より，1万個生産量を増やすと，総収入が70万円増えるのですから，1個生産量が増えたときには，70万円を1万個で割った70円だけ総収入が増えるであろうということです。ですから，限界収入は70円となります。

この図表20−2より，生産量（Q）と限界収入（MR）の関係を描くと図表20−3の限界収入曲線（MR）を描くことができます。**限界収入曲線（MR）は需要曲線（D）の下方に位置していることがわかります。これは，ある生産量において，限界収入が需要曲線が表す価格より小さいということです。**

図表20−3 ●独占企業の限界収入曲線（MR）

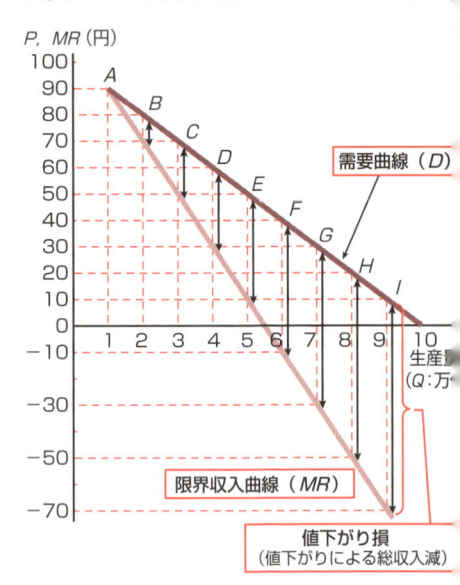

なぜなら

生産量を1個増やせば，新しい価格（P）の分収入は増加します。しかし，生産量の増加は価格を下落させるので，今まで高く売っていたものが値下がりし，値下がりによる総収入の減少が起こります。これを「値下がり損」と呼ぶことにすると，限界収入（MR）＝価格（P）−値下がり損となります。図表20−3で価格（P）は需要曲線（D）が表しており，需要曲線（D）と限界収入曲線（MR）の差が「値下がり損」です。

図表20−4 ●独占企業の限界収入曲線の導出

独占企業の直面する需要曲線　＝　市場全体の右下がりの需要曲線　＝　価格支配力がある。

生産量を調整することにより，需要曲線に沿って価格を変化させることができる。

生産量の増加は価格の下落をもたらす。

限界収入（MR）＝価格（P）−値下がり損

限界収入曲線（MR）は需要曲線（D）より値下がり損分だけ下方に位置する。

【3】 独占企業の供給量と価格の同時決定

　企業は，利潤最大となるように生産量を決定します。ところで，「利潤最大となる」とは，「もうこれ以上，利潤が増加しない」生産量ということであり，限界利潤＝0となる生産量です。限界利潤＝限界収入－限界費用ですから，限界利潤＝0とは，限界収入＝限界費用となる生産量です。

　図表20－5のように，MC曲線はU字型と仮定し，需要曲線（D）は右下がりとします。独占企業は右下がりの需要曲線に直面するので，生産量の増加は価格下落を招きます。したがって，限界収入（MR）＝価格－値下がり損となり，MR曲線は需要曲線（D）の下方に位置します。

　図表20－5において，生産量がQ_mまでは，$MR > MC$なので，限界利潤＝$MR - MC > 0$で，生産量を1単位増やせば利潤は増加します。したがって，利潤を増やすために，生産量を増加させます。

　しかし，$Q = Q_m$になると，$MR = MC$ですから，これ以上，生産量を増やしても，利潤は増加しません。したがって，**$MR = MC$となる生産量のQ_mが利潤最大の生産量となり，この生産量に決定**します。

　そして，**価格は需要曲線に沿って点Mの水準P_mに決定します。独占企業は，M（Q_m, P_m）に価格と供給量を同時決定し，Mが供給点となり，クールノーの点と呼びます。独占企業には，供給曲線はなく，供給点のみが存在します。**

　なお，$$\frac{価格（P）－限界費用（MC）}{価格（P）}$$をラーナーの独占度といい，この値が大きいほど独占度が大きいと判断することがあります。

図表20－5 ●独占企業の生産量と価格の決定

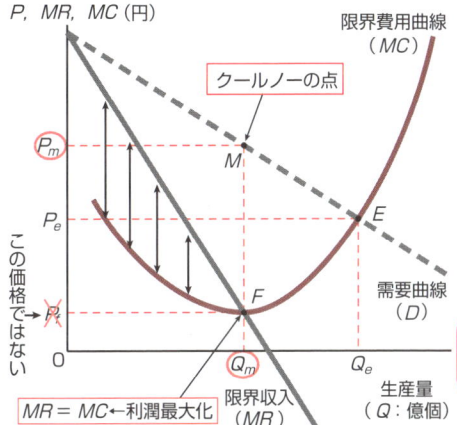

😈 落とし穴 ✖

企業の決定する価格が$MR = MC$となる点Fの価格水準ではありません！ $MR = MC$となる生産量のQ_mでは，需要曲線（D）から，P_mで需要してもらえるのですから，わざわざP_mより低い点Fの水準の価格P_fには設定しません。

▶▶ 徹底解説 ◀◀

　供給曲線とは，市場価格が○円なら供給量が○個，×円なら×個と，市場価格と供給量の関係を表すものです。

　ところが，独占企業は，供給量のみならず価格も同時に決めることができるのですから，「市場価格が○円なら，×円なら」と考えることはおかしな話です。独占企業は価格と供給量を同時に決めるので，横軸に量，縦軸に価格のグラフにおいては1つの点になる，つまり，供給点になるということです。

➕ 補　足

　完全競争では価格（P）＝限界費用（MC）となるので，ラーナーの独占度は0です。ラーナーの独占度は1／需要の価格弾力性という関係があります。

【問題20-1】（過去トレ・ミクロ p.53 問題4-2より）

　ある財の売り手独占市場において，独占企業が利潤最大化行動をとる場合を考える。この財の価格をP，生産量をXとする。この企業の総費用曲線が，$TC = X^2 + 10X + 400$，市場需要曲線が$X = 200 - 2P$であるとき，均衡における財の価格はいくらか。

Movie 116

1．30

2．36

3．55

4．82

5．85

（裁判所職員）

計算に必要な知識

- 利潤最大となる生産量の計算 →鉄則6
- 独占企業のMRの求め方

鉄則8　独占の生産行動の計算手順

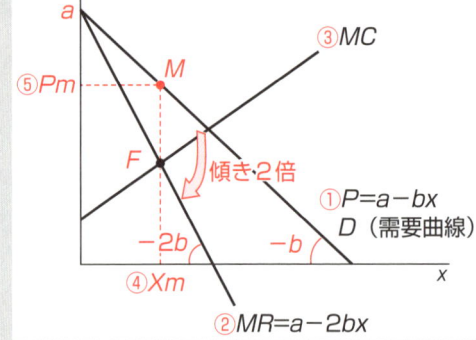

Step 1　需要曲線を$P=\sim$にする

Step 2　$P = a - bx$
　　　　↓傾き2倍
　　　　$MR = a - 2bx$

Step 3　TCをxで微分してMCを求める

Step 4　$MR = MC$で生産量（Xm）を求める

Step 5　bxmでPmを求める

戦略

（売り手）独占の生産量・価格は**鉄則8**の手順で計算します。

計　算

鉄則8に沿って計算します。

Step 1 需要曲線 $X=200-2P$ なので $2P=200-X$

$$P=100-0.5X \cdots ①$$

↓傾き2倍

Step 2 限界収入曲線は $MR=100-X \cdots ②$

Step 3 $TC=X^2+10X+400$ より

$$MC=\frac{dTC}{dX}=2X+10 \cdots ③$$

Step 4 ②，③より $MR=MC$ は $100-X=2X+10$

$$100-10=2X+X \text{ より}$$

$$3X=90, \quad X=\frac{90}{3}=30 \Leftarrow Xm \cdots ④$$

Step 5 ④を①の $P=100-0.5X$ に代入し，

$$P=100-0.5\times \boxed{30}=100-15=\underline{85}$$

したがって，正解は5。

Chapter
20

独

占

正　解　5

2. 価格差別

Movie 117

【1】定義と仮定

　消費者に2つのグループがあったとします。1つは需要の価格弾力性が大きい，つまり，価格を下げれば需要量が大きく増加するグループと，もう1つは需要の価格弾力性が小さい，つまり，価格を下げても需要量はそれほど増えず，逆に価格を上げても需要量はあまり減らないグループであったとします。

　このとき，**企業は需要の価格弾力性が小さいグループは高価格でも需要量はそれほど減らないので高価格で供給し，一方で需要の価格弾力性が大きいグループは低価格にすれば需要量が大幅に増加するので低価格で供給できれば儲かる**でしょう。しかし，そのためには，その企業が価格を決定できるプライスメーカーでなくてはなりませんし，2つの市場（消費者グループ）が分離されており，異なる市場の消費者間で転売ができないという条件が揃わなくてはなりません。もし，2つのグループ間で転売などができれば，高価格のグループの消費者は低価格の消費者に頼んで商品を買ってもらうことになるので，結局，高価格の市場はなくなってしまいます。

　以上のようなケースを経済学では，企業は独占企業であると単純化して価格差別の理論を作りました。**価格差別**とは，**独占企業が同一商品を異なる市場で異なる価格で販売する**ことをいいます。

　ここでは，市場は2つとし，**①2つの市場の需要の価格弾力性は異なり，②2つの市場間では転売は行うことができない**，と仮定します。

たとえば

　映画などの学割（学生と社会人の価格差別）や，国内市場と海外市場での価格差別などがあげられます。学割は価格に敏感な（＝需要の価格弾力性が大きい）学生には低価格，多少高くてもあまり需要量が減らない（＝需要の価格弾力性が小さい）社会人には高価格を設定することによって映画館の利潤を最大化しようとしていると解釈できます。また，国内市場と海外市場での価格差別の例では，ブランド志向が強く需要の価格弾力性が小さな日本国内では高価格，価格に敏感な（需要の価格弾力性が大きい）アメリカでは低価格を設定し利潤を最大にしようとしていると解釈することができるのです。

理由

　もし，2つの市場の需要の価格弾力性が同じであれば2つの市場で価格を変える必要がありませんし，また，2つの市場で転売が可能であれば高い市場では誰も買いませんので価格差別ができないからです。

② 分　析

では，具体的に図表20－6で考えましょう。まず，国内市場と海外市場の2つがあり，それぞれ，需要曲線がD_jとD_aであったとします。そして，単純化のため限界費用は生産量とは関係なく常に一定，つまり，限界費用曲線（MC）は水平と仮定します。

国内市場においては，独占企業は価格を点M_jの価格であるP_jに決定します。

一方，海外市場においては，独占企業は点M_aの価格であるP_aに決定します。

以上のように，国内で利潤最大となるようにP_jと価格設定をし，海外でも利潤最大となるようにP_aと価格設定すれば，国内価格はP_jと海外価格のP_aよりも高くするという価格差別を行うことになります。

── 理　由 ──

国内市場においては，需要曲線のD_jに対応した限界収入曲線をMR_jのように描くことができ，独占企業は$MR_j = MC$で利潤最大となる点F_jの生産量であるx_jに決定し，価格は生産量がx_jのときの需要曲線上の点M_jの価格であるP_jに決定します。

── 理　由 ──

海外市場においては，需要曲線のD_aに対応した限界収入曲線をMR_aのように描くことができ，独占企業は$MR_a = MC$で利潤最大となる点F_aの生産量であるx_aに決定し，価格は生産量がx_aのときの需要曲線上の点M_aの価格であるP_aに決定します。

図表20－6 ●価格差別

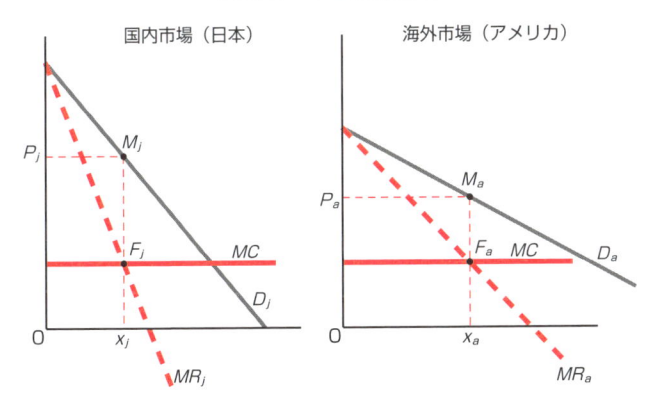

3. 需要独占

Movie 118

【1】定義と仮定

　需要独占市場とは，**需要者が単一で供給者が多数存在する市場**です。供給独占の場合には，供給者が単一ですから，商品の供給を大企業1社が行うということが多いのですが，需要独占の場合には，通常の商品の需要者が単一ということは稀です。むしろ需要独占は，労働などの生産要素市場において起こる可能性があると思われます。したがって，通常，需要独占の分析は，生産要素市場を前提にします。その上で，次のような仮定を置きましょう。

① 「ある生産要素」をAとし，その量をA，価格をp_aとします。

② 　A市場のみを分析することとし，他の財・生産要素の価格・量などの条件は一定とします。

③ 　**A市場の供給曲線は右上がり**，すなわち供給量が増えるには価格の上昇が必要な状態**を仮定**します。

④ 　**生産要素Aの限界生産力（MP_a）は逓減**し，Aの作り出す生産物Xは完全競争市場とし，その価格P_xは一定とします。したがって，**Aを1単位追加で投入したときの総収入の増加額（限界生産物価値**：Value of Marginal Product，VMP_a）は，$VMP_a = P_x \times MP_a$となり，逓減し，**限界生産物価値曲線（VMP_a）は図表20-9（p.219）のように右下がり**となります。

【2】需要独占企業の直面する供給曲線

　需要独占企業は，市場においては需要者が1社しか存在しないのですから，すべての供給者は独占企業へ供給します。したがって，**独占企業の直面する供給曲線は市場全体の右**

たとえば

　ある町において，その町の労働需要者が有力企業1社しかないというようなケースです。

▶▶ 徹底解説 ◀◀

　Aの限界生産物とはAを1単位追加で需要したときの商品（生産物X）の生産量の増加分をいいます。たとえば，限界生産力が5とは，Aを1単位追加で需要したときに生産量が5個増えたということを意味します。このとき生産した商品（生産物X）の価格（P_x）が100円であったとすると，Aを1単位追加で需要したときの収入の増加は，Xの生産量の増加5個にXの価格100円をかけて100円×5個＝500円となります。この500円がAを1単位追加で需要したときの収入の増加分であり，限界生産物価値といいます。

　生産要素を追加で1単位需要したときに，
生産量が何個増えるか➡限界生産力
収入が何円増えるか➡限界生産物価値

上がりの供給曲線となります。

　需要独占企業が右上がりの供給曲線に直面するということは，自企業の需要量拡大は市場価格を上昇させないと供給してもらえなくなるということです。

　これを具体的に図表20－7で考えましょう。市場の供給曲線（S）が需要独占企業の直面する供給曲線です。図より，需要量が1万個のときの価格は点Aで20円ですが，需要量が2万個に増えると価格は点Bで30円に上がり，生産量が3万個に増えると価格は点Cで40円に上がります。このように，需要独占企業は需要量を増加させると市場価格は上昇してしまいます。逆に，需要量が3万個のときの価格は点Cで40円ですが，需要量が2万個に減ると価格は点Bで30円に下がり，需要量が1万個に減ると価格は点Aで20円に下がります。このように，需要独占企業は需要量を減少させることにより市場価格を引き下げることもできます。

　つまり，**需要独占企業は，需要量を変化させることにより供給曲線に沿って市場価格を変化させることができる**のです。

【3】需要独占企業の限界要素費用

　限界要素費用（MFC：Marginal Factor Cost）とは，**生産要素を1単位追加で雇用したときの総費用（TC）の増加分**です。限界費用（MC）が生産量を1単位増やしたときの総費用の増加分に対し，限界要素費用は生産要素を1単位追加で需要したときの総費用の増加分であるので，混同しないように注意してください。

> **限界要素費用（MFC）：生産要素を1単位追加で需要したときの総費用の増加分**
> **限界費用（MC）：商品を1単位追加で生産したときの総費用の増加分**

図表20－7 ●需要独占企業の直面する供給曲線

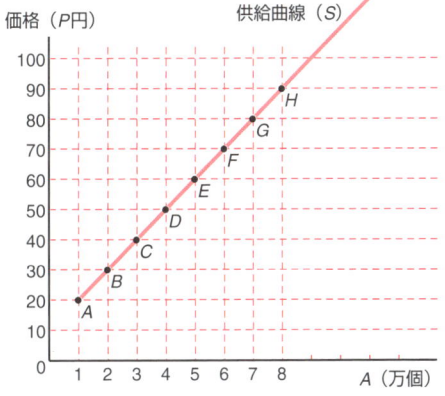

では，図表20－7の供給曲線から，企業が需要量を増やしたときの限界要素費用を図表20－8で求めましょう。図表20－7の右上がりの供給曲線より，供給量と価格の関係がわかります。1万個目は20円で供給され，2万個目は30円…となります。これを表にしたのが，図表20－8左から2列目です。

図表20－8の左から3列目の総費用は需要量（市場供給量）に価格をかけたものです。4列目の総費用の増加分（$\triangle TC$）は生産量の増加により，新しい総費用から元の総費用を差し引くことにより求まります。

ところで，限界要素費用は，生産要素を1単位追加で雇用（需要）したときの総費用の増加分ですから，図表20－8の需要量を1万個増加させたときの総費用の増加分（$\triangle TC$）を1万個（需要量の増加分$\triangle A$）で割ることにより求まります。

この図表20－8の需要量（A）と限界要素費用（MFC）の関係を描くと図表20－9の限界要素費用曲線（MFC）となります。

図表20－9より，**限界要素費用曲線（MFC）は供給曲線（S）の上方に位置している**ことがわかります。これは，ある需要量において，限界要素費用が供給曲線が表す価格より大きいということです。

━ たとえば ━━━━━━━

1万個から2万個に需要量を1万個増やすと，図表20－8より，価格は20円から30円値上がりします。その結果，総費用は20円×1万個＝20万円から，30円×2万個＝60万円になります。総費用の増加分（$\triangle TC$）は60－20＝40万円です。以上より，1万個生産量を増やすと，総費用が40万円増えるのですから，1個需要量が増えたときには，40万円を1万個で割った40円だけ総費用が増えるであろうということです。ですから，限界要素費用は40円となります。

━ 理 由 ━━━━━━━

需要量を1個増やせば，新しい価格（P）の分費用は増加します。しかし，需要量の増加はAの価格（P_a）を上昇させるので，**需要量が少なければ安く需要できた生産要素Aが値上がりし，値上がりによる総費用の増加が起こります。** これを「値上がり損」と呼ぶことにすると，限界要素費用（MFC）＝価格（P_a）＋値上がり損となるからです。図表20－9で価格（P_a）は供給曲線（S）が表しており，供給曲線（S）と限界要素費用曲線（MFC）の差が「値上がり損」です。

図表20－8 ●需要独占企業の限界要素費用の計算

供給曲線（S） 　　　　　 限界要素費用曲線（MFC）

市場供給量（需要量）A	価 格 P_a	総費用 $TC＝P_a×A$	総費用の増加分$\triangle TC$	需要量の増加分$\triangle A$	限界要素費用 $MFC＝\triangle TC／\triangle A$
0個	なし	0円			
1万個	20円	20万円	＋20万円	＋1万個	＋20円
2万個	30円	60万円	＋40万円	＋1万個	＋40円
3万個	40円	120万円	＋60万円	＋1万個	＋60円
4万個	50円	200万円	＋80万円	＋1万個	＋80円
5万個	60円	300万円	＋100万円	＋1万個	＋100円
6万個	70円	420万円	＋120万円	＋1万個	＋120円
7万個	80円	560万円	＋140万円	＋1万個	＋140円
8万個	90円	720万円	＋160万円	＋1万個	＋160円
9万個	100円	900万円	＋180万円	＋1万個	＋180円

4 需要独占企業の生産量の価格の決定

企業は，利潤最大となるように需要量を決定します。では，どのようにして利潤最大となるように需要量を決めるかを考えてみましょう。

まず，生産要素Aの限界生産力逓減を仮定していますから，図表20－9のように，限界生産物価値（Aを1単位追加で需要したときの総収入の増加分）曲線（VMP_a）は右下がりとなります。

次に，需要独占企業は右上がりの供給曲線（S）に直面するので，需要量の増加は価格上昇を招きます。したがって，限界要素費用（MFC）＝価格＋値上がり損となり，限界要素費用曲線は供給曲線（S）の上方に位置します。

図表20－9において，$VMP_a = MFC$となる需要量A_mが利潤最大の需要量となり，この需要量に決定します。そして，価格は供給曲線に沿って点Mの水準P_mに決定します。需要独占企業は，M（A_m，P_m）に価格と需要量を同時決定し，Mが需要点となります。

このように，需要独占企業には，需要曲線はなく，需要点のみが存在します。そもそも需要曲線とは，市場価格が○円なら需要量が○個，×円なら×個と，市場価格と需要量の関係を表すものです。ところが，需要独占企業は，需要量のみならず価格も同時に決めることができるのですから，「市場価格が○円なら，×円なら」と考えること自体おかしな話です。需要独占企業は自分でP_m円に決定するのです。価格と需要量を同時に決めれば，横軸に量，縦軸に価格のグラフにおいては1つの点になる，つまり，需要点になるということです。

図表20－9 ●需要独占企業の需要量と価格の決定

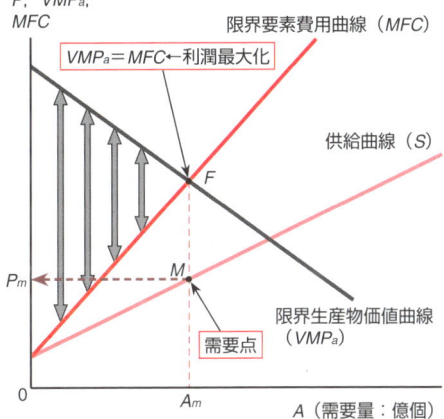

理由

需要量A_mまでは，$VMP_a > MFC$なので，Aの需要量を1単位追加すると，収入の増加のほうが費用の増加より大きく利潤が増加します。したがって，利潤を増やすために，需要量を増加させます。

しかし，$A = A_m$になると，$VMP_a = MFC$ですから，これ以上，需要量を増やしても，利潤は増加しません。

落とし穴

なお，企業の決定する価格が$VMP_a = MFC$となる点Fの価格水準ではないということに注意してください。$VMP_a = MFC$となる需要量A_mのとき，供給曲線（S）から，P_mで供給してもらえるのですから，わざわざP_mより高い点Fの水準に価格を設定しません。

4. 双方独占

Movie 119

需要者も供給者も独占者ですから，両者の交渉により量や価格は決まります。ですから，明確に，この量とこの価格に決まるということは言えません。ただし，価格と量が決まるのには一定の範囲があります。

需要独占者は価格を下げたいのですが，図表20－9の点M（A_m，P_m）が利潤最大ですので，それ以上価格を下げることはしません。なぜなら，価格を下げすぎると，供給量が減ってしまい需要できなくなるからです。

一方，供給独占者は，価格を引き上げ自己の利潤が最大となるように図表20－10の点M^*（A_m^*，P_m^*）に決定します。供給独占者は価格を上げたいのですが，図表20－10の点M^*（A_m^*，P_m^*）が利潤最大ですので，それ以上価格を上げることはしません。なぜなら，価格を上げすぎると，需要量が減ってしまい利潤が減ってしまうからです。

以上より，**需要独占者は価格を図表20－9のP_mに下げたく，供給独占者は価格を図表20－10のP_m^*に上げたいので，双方独占の価格はP_mからP_m^*の間に決まります。**

図表20－10 ● 供給独占企業の需要量と価格の決定

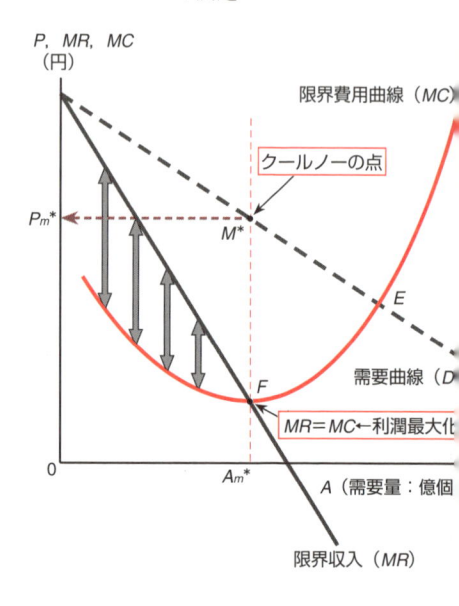

Chapter 21

独占的競争
─おいしいラーメンは高く売れる─

Point

1 独占的競争市場とは「供給者は多数存在し競争的ではあるが，ある程度の差別化がなされている市場」。完全競争市場の条件の「商品の同質性」が欠落している。

2 商品の差別化の結果，独占的競争企業はある程度の価格支配力をもち，右下がりの需要曲線に直面する。その結果，限界収入曲線は需要曲線の下方に位置する。

3 独占的競争企業は，利潤最大となる，つまり，限界収入（*MR*）と限界費用（*MC*）が等しくなる生産量に決定し，価格は需要曲線に沿って決める【独占との類似点】。

4 独占的競争企業が短期においてプラスの利潤を得ていると新規参入が起こる。最終的に利潤が0となるまで参入が起こるので，長期均衡においては利潤は0となる【完全競争との類似点】。

Movie 120

難易度　B

出題可能性

国家一般職（旧Ⅱ種）	**C**
国税専門官	**C**
地方上級・市役所・特別区	**C**
国家総合職（旧Ⅰ種）	**C**
中小企業診断士	**B**
証券アナリスト	**C**
公認会計士	**C**
都庁など専門記述	**B**
不動産鑑定士	**B**
外務専門職	**C**

1. 定義，特徴

独占的競争市場は，「市場において，供給者が多数存在し競争的ではあるが，ある程度の差別化がなされている市場」といわれます。ここで，「ある程度の差別化」とは，需要者からみれば本質的には同じものですが，少し違うということです。完全な差別化であれば，違うものですから同じ市場として認識されないのですが，「ある程度の差別化」とは，そこまでは違わないのです。

しかし，これでは，はっきりとしたイメージがつかめません。そこで，完全競争市場の条件のどの条件が欠けているのかという視点で考えましょう。完全競争市場とは，①売り手，買い手ともに多数存在，②商品の同質性，③情報の完全性，④市場への参入，退出が自由などの条件を満たす市場です。**独占的競争市場はこのうち，「②商品の同質性」が欠落した市場です。また，供給者が多数存在するような市場ですから，新規参入や退出も自由な市場です。**

> ## — たとえば —
>
> 弁当屋さんやラーメン屋さんをイメージしてください。弁当屋やラーメン屋さんはたくさんありますし，参入や退出も自由です。したがって非常に競争が激しい市場です。しかし，完全競争市場との違いは，「商品の同質性」が欠けるという点です。弁当やラーメンという意味では本質的には同じなのですが，やはり，好みがあり，どの弁当やラーメンも同じというわけではありません。つまり，商品がある程度差別化されているのです。

図表21－1 ●不完全競争市場の分類

	完全競争	独　占	独占的競争	寡　占
①売り手，買い手ともに多数存在	○	×（1社）	○	×（少数
②商品の同質性	○	（そもそも1社しかない）	×（ある程度の差別化）	○×両方
③情報の完全性	○	○	○	○
④市場への参入，退出が自由	○	×	○	×

2. 独占的競争企業の直面する需要曲線
—ここが「独占的」！—

完全競争企業の場合には，直面する需要曲線は，市場価格で水平となります。なぜなら，生産量を何個にしようと，市場価格で需要してもらえるからです（図表21－2）。これは，完全競争市場は，市場価格より1円でも高くすれば，商品は同質ですので，全く売れず，したがって，商品は市場価格でしか売れないことを意味します。つまり，完全競争企業は，市場価格を受け容れるしかない存在ですので，プライステーカーと呼ばれます。

> **✚ 補　足**
>
> 企業が「直面する需要曲線」とは，生産量と需要してもらえる価格の関係を意味します。需要するのはあくまでも家計であり，企業は供給するのであって，需要者ではないことに気をつけてください。

Part 5 不完全競争市場

一方，独占企業の場合は，需要者は，独占企業から需要するしかないわけですから，市場全体の右下がりの需要曲線が，独占企業の直面する需要曲線そのものとなります。右下がりの需要曲線に直面するとは，生産量を増やすと，需要してもらうためには，価格を引き下げなければならず，逆に，生産量を減らせば，価格を引き上げることができることを意味します（図表21－3）。

これに対し，独占的競争企業の直面する需要曲線は，結論からいうと，独占企業のように，右下がりになります。しかし，それは，独占企業のように非常に大きな存在で市場を牛耳っているからではありません。独占的競争企業は，多数存在する企業の1つにすぎません。では，なぜ，右下がりの需要曲線に直面するのかというと，商品が同質ではなく差別化しているからなのです。この点について具体的にお話ししましょう。

図表21－4において，今，独占的競争企業が価格100円で20個生産していたとします（点A）。100円から110円へ10円値上げすると，需要量は20個から10個へ減少しますから，生産量も10個へ減らさざるを得ません。

しかし，10円値上げをしても，10個は需要量があり，ゼロではありません。これは，10円値上げをすると，完全競争企業であれば，商品が同質ですから，需要量はゼロとなってしまうのですが，独占的競争企業の場合には，商品は差別化されているので，値上げで一部のお客は他企業の商品を買うようになるのですが，根強いファンは，引き続き需要してくれるということを意味しています。

逆に値下げをしたときには，需要量は増えるものの，他企業の根強いファンまでは値下げにより呼び寄せることはできず，需要量は

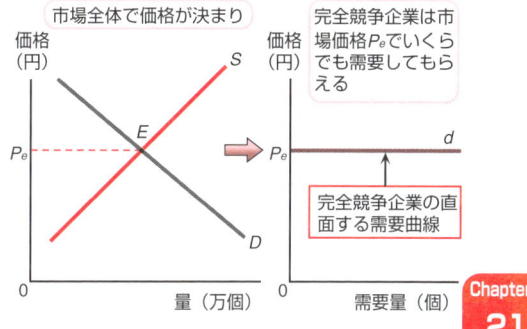

図表21－2●完全競争企業の直面する需要曲線

図表21－3●独占企業の直面する需要曲線

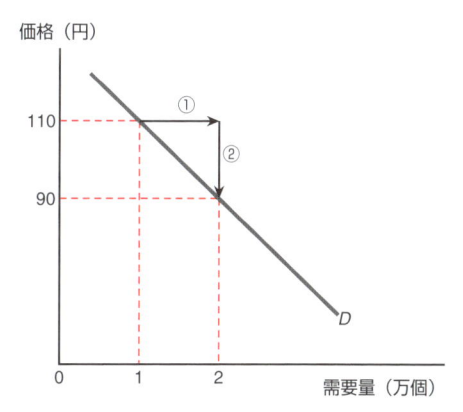

図表21－4●独占的競争企業の直面する需要曲線

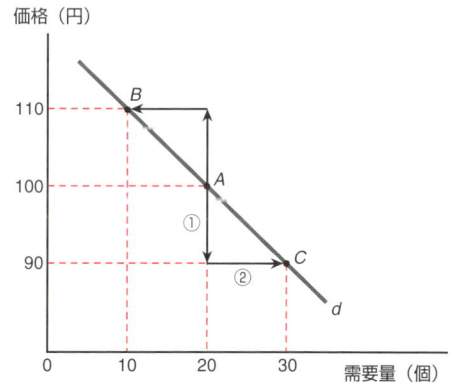

無限というほどには増えません。このように，**独占的競争企業の直面する需要曲線は，商品の差別化により右下がりとなり，生産量を変えることにより価格を変えることができ，価格支配力のあるプライスメーカーなのです。**この点が，独占企業に類似しており，「独占的」といわれるところです。

また，独占的競争市場では，商品が差別化されていることから，個別企業の製品の供給量と需要量を足し合わせて市場全体の需要曲線と供給曲線を求めても意味はありません。なぜなら，それぞれの企業の商品は異なるのですから，価格も多少異なるのが普通であり，異なる商品を足し合わせて，この価格ならこの量を需要するとか，供給するとかいっても意味がないからです。

> ✚　補　足
>
> ただし，独占企業の場合には，市場全体の需要曲線＝企業の直面する需要曲線でしたが，独占的競争企業の場合には，企業が多数存在しますので，企業の直面する需要曲線は市場全体の需要量のごく一部です。

図表21－5 ●独占的競争企業の限界収入曲線

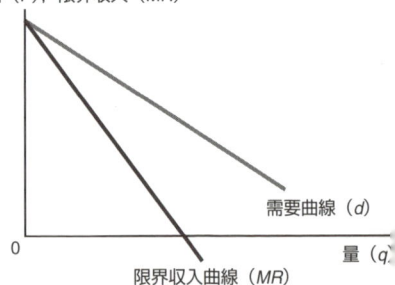

価格（P），限界収入（MR）

需要曲線（d）

限界収入曲線（MR）

量（q）

3. 独占的競争企業の限界収入

Movie 123

右下がりの需要曲線に直面する独占的競争企業は，追加1単位の供給量を増やすと，追加1単位の価格を得られますが，供給増により価格が下がり，値下がり損を被ります。

したがって，**図表21－5の限界収入曲線（MR）は，需要曲線より値下がり損分だけ下方に位置します。**

> 　復　習
>
> この点は供給独占企業の限界収入曲線（MR）と同様であり，基本事項ですが，ややこしいところかもしれません。よく理解できていない方は第20章を復習してください。

4. 独占的競争企業の短期均衡

Movie 124

短期とは，固定的生産要素の存在する一定期間です。つまり，資本の量（機械の台数）は変えられず，労働の量を変化させて生産量を調整する期間です。短期の限界費用をSMC，平均費用をSACとし，**図表21－6**のようにU字型であると仮定します。

企業は，利潤最大となる生産量，つまり，限界収入（MR）と限界費用（MC）は等し

くなる生産量に決定します。

　図表21-6において，生産量q_mまでは，$MR > MC$なので，限界利潤＝$MR - MC > 0$で，生産量を1単位増やせば利潤は増加します。したがって，利潤を増やすために，生産量を増加させます。しかし，$q = q_m$になると，$MR = MC$ですから，これ以上生産量を増やしても，利潤は増加しません。したがって，**$MR = MC$となる生産量q_mが利潤最大の生産量となり，この生産量に決定します。**

　そして，**価格は需要曲線に沿ってP_mに決定します。独占的競争企業は，M（q_m, P_m）に価格と供給量を同時決定し，Mが供給点となります。**ですから，独占的競争企業には，供給曲線はなく，供給点が存在するのです。

　また，このときの独占的競争企業の利潤は以下のようにして求まります。生産量q_mのときの平均費用はSACより点Aの高さです。これに対し，q_mのときの価格は，Mの高さのP_mですから，MAは価格と平均費用の差，つまり，1個あたりの平均利潤です。全体の利潤は，平均利潤×生産量ですから，生産量q_mはMP_mと同じとなるので，MAとMP_mをかけたもの，つまり**長方形$P_m MAB$（網掛け部分）がプラスの利潤となります。**

図表21-6 ● 独占的競争企業の短期均衡

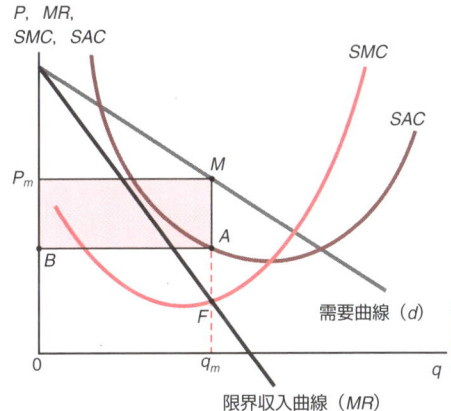

利潤最大 ⟷ $MR = MC$

➕ **補　足**

　この供給行動は，供給独占の場合と同じです。独占的競争が「独占的」といわれるゆえんです。

5.　独占的競争企業の**長期均衡**

　もし，図表21-6のように，短期均衡でプラスの利潤があるとすると，他の産業から，その利潤を得ようと新規参入が起こります。その参入は，利潤がゼロとなるまで起こりますので，結局，参入・退出が自由な長期では，**長期均衡は利潤ゼロとなります。**この点が，独占企業とは異なり，完全競争市場に類似する点です。独占的競争に「競争」という語がつけられているゆえんなのです。

Movie 125

用　語

　長期とは，固定的生産要素の存在しない一定期間です。つまり，**資本の量（機械の台数）も労働の量も両方を変化させて生産量を調整することができる期間で**す。資本の量を変化させることができるということは，**他の産業から新規参入することも，この産業から退出することもできる**ということです。

この長期均衡を図で考えましょう。長期の限界費用をLMC，平均費用をLACとし，図表21－7のようにU字型であると仮定します。ここで，LMC，LACは図表21－6のSMC，SACとは異なることに注意しましょう。

短期の需要曲線をdとすると，**長期では新規参入により，既存企業の直面する需要量は減少しますから，直面する需要曲線は左にシフト**します。どこまでシフトするかというと，LACと接するまで，図表21－7のd'までシフトします。**新しい需要曲線がd'のとき，限界収入曲線はその下方のMR'となり，企業は利潤最大，すなわち，$MR'=MC$となる点Aの生産量q_mに決定します。そして，価格は，需要曲線のd'に沿って，点Mの水準P_mに決定します。このとき，q_mでの平均費用はLACよりMの高さであり，価格もP_mでMの高さですから，平均利潤＝$P_m-LAC=0$となり，利潤はゼロである**ことがわかります。

なお，長期均衡点Mは長期平均費用（LAC）が最小ではないので効率的ではありません。

図表21－7 ● 独占的競争企業の長期均衡

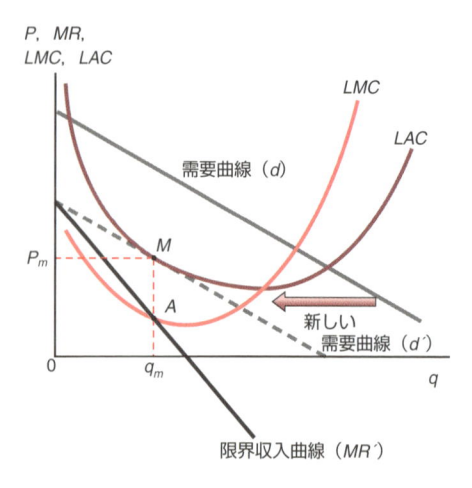

図表21－8の具体例で考えましょう。当初の独占的競争企業の直面する需要曲線がdであったとしましょう。そして，当初は，この企業が100円で商品を供給し，需要量は点Aより20個であったとしましょう。

今，多数の新規企業が，この市場に参入することによって，ある既存企業がお客を奪われ，同じ100円で供給していても10個しか買ってもらえなくなったとすると，価格と需要量の関係は100円のとき10個となるので点A'となります。したがって，新しい需要曲線は点A'を通るd'になったとわかります。

もし，価格が100円ではなく80円の時には，需要量は新規参入によって点Bから点B'に減少し，60円のときには，点Cから点C'へ減少します。このように，縦軸の価格水準がいくらであっても，新規参入によって，横軸の需要量が減少するので，需要曲線自体がdからd'へと左にシフトしてしまうのです。

図表21－8 ● 新規参入による需要曲線の左シフト

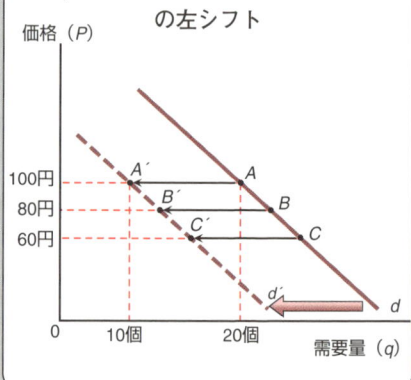

Chapter 22

寡　占

―少数企業に支配された市場では値下げが起こりにくい―

Point

1 寡占市場とは供給者が少数である市場をいい，①各企業は価格支配力を持つ，②特定のライバル企業の影響を受ける，③価格が下方硬直的になりやすい，④非価格競争が起こりやすい，という特徴がある。

2 参入阻止価格とは，他の産業から企業が参入しても利潤がゼロになるような価格をいう。

3 屈折需要曲線の理論は「競合他社は値上げには追随しないが，値下げには追随する」と仮定することによって，値上げは傾きが緩やか，値下げは傾きが険しい需要曲線に直面する。

4 屈折需要曲線の理論は，需要曲線が屈折する結果，限界収入曲線が不連続となり，その不連続の間で限界費用曲線が下方にシフトしても利潤最大の生産量と価格は変わらない。このことによって，価格の下方硬直性を説明できる。

5 フルコスト原則とは，あらかじめ見積もった平均費用（AC）に一定のマークアップ率（利益率）を上乗せして価格を設定する方法である。

6 売上高最大化仮説とは，企業は，必要最低限の利潤を確保した上で，売上高が最大となるように行動するという考え。

Movie 126

難易度　A

出題可能性

国家一般職（旧Ⅱ種）	C
国税専門官	C
地方上級・市役所・特別区	C
国家総合職（旧Ⅰ種）	C
中小企業診断士	B
証券アナリスト	C
公認会計士	C
都庁など専門記述	B
不動産鑑定士	B
外務専門職	C

1. 寡占市場の特徴

Movie 127

【1】 寡占市場の定義

寡占の「寡」は少ないという意味ですので，寡占は少数で占められたということです。**寡占市場とは供給者が少数である市場**をいいます。したがって，完全競争市場の①売り手，買い手ともに多数存在，②商品の同質性，③市場への参入，退出が自由，④情報の完全性などの条件のうち，寡占市場は，「①売り手，買い手ともに多数存在」が欠落した市場です。

また，長期的にも寡占が継続する場合には，「③市場への参入，退出が自由」の条件も欠けていることになります。

【2】 寡占市場の特徴

寡占市場は以下のような特徴を持っています。

① 価格支配力がある

寡占企業は市場を少数で占めるので，市場での影響力が強く，価格影響力を持つプライスメーカーです。したがって，自己の供給量増加は価格の下落を招くので，右下がりの需要曲線に直面します。

② 特定のライバルの影響を受ける
→不確実性

寡占企業はライバルが少数ですので，ライバルの反応により自社の需要量が変化します。これは，ライバルの行動により自社の最適な行動が変わるということです。

しかも，ライバルの行動は事前に確実にはわかりませんから，自己の直面する需要曲線も確実にはわかりません。事前にはわからないライバルの行動についてどのような仮定を置くかによって異なる理論ができます。

図表22－1 ●寡占の定義

	完全競争	独占	寡占
①売り手，買い手ともに多数存在	○	×（1社）	×（少数）
②商品の同質性	○	（独占企業の商品しかない）	○×両方
③市場への参入，退出が自由	○	×	×
④情報の完全性	○	○	○

▶▶ 徹底解説 ◀◀

寡占市場には，完全競争の条件のうち「②商品の同質性」が欠けている場合と，欠けていない場合があることに注意してください。寡占の具体例は，自動車や鉄鋼です。自動車は，少数の供給者しかいませんから寡占ですが，商品は同じではなく，差別化されています。つまり，「②商品の同質性」の条件が欠けている寡占市場です。

一方，ほとんどの鉄は，規格を満たせばよいものであって，商品に違いはありません。つまり，「②商品の同質性」の条件を満たしている寡占市場なのです。

Point!

独占市場の場合，1社のみで他のライバル企業は存在せず，他のライバルの影響は受けません。また，完全競争市場の場合，供給者は多数存在するので，ある特定のライバル企業の行動は，市場全体の価格には影響を与えませんので，自企業には影響を与えません。特定のライバル企業の行動が自己の利潤に直結するというのは，寡占企業の，他の市場にない特徴なのです。

③ 価格が下方硬直的になりやすい（価格の下方硬直性）

　以上のような状況において自己の利潤を最大にするために，価格が下方硬直的になりやすいという傾向があります。

④ 非価格競争が激化しやすい

　価格競争が抑制される結果，競争は価格以外の側面で行われることが多いという傾向があります。

図表22－2 ●寡占の特徴

◎寡占の特徴
① 価格支配力がある。
② 特定のライバルの影響を受ける。 → 不確実性
③ 価格が下方硬直的になりやすい。
④ 非価格競争が激化しやすい。

ライバル企業の行動をどのように予想するかによって，異なる理論ができる。

2. 非価格競争

Movie 128

【1】定　義

　非価格競争とは，**価格以外の手段による競争**をいいます。

【2】原　因

　消費者は，価格だけはなく，デザイン，アフターサービスなどにも関心があるので，供給者は，価格競争のみならず，こういった非価格競争も行うのが通常です。寡占市場においては，価格が下方硬直的な（なかなか下がりにくい）ことが多く（必ずそうだというわけではありません），価格競争が行われないことが多くなります。その結果，非価格競争が激化する傾向があります。

【3】経済効果

　非価格競争が，消費者の必要とするものに関しての競争であれば，有意義なものです。しかしながら，もし，この非価格競争が，消費者が必要としていないものに関しての競争であれば，消費者の効用を増加させることはなく，競争に使われた資源は無駄遣いとなります。**寡占企業においては，価格競争が抑制されることが多く，その結果，非価格競争が必要以上に激化し，消費者の効用を増加させないような無駄な競争が行われる可能性**があります。

> **たとえば**
>
> 　景品，宣伝，デザイン，アフターサービス等です。

> **たとえば**
>
> 　価格競争が抑制されると無駄な非価格競争が激化するよい例として，かつての新聞があります。全国大手新聞は価格はほぼ同じとなっています。つまり，価格競争は行われていません。その結果，読者獲得のため，洗剤や野球のチケットなど新聞とはあまり関係ないものをプレゼントしてくれるという非価格競争が激化していたようです。しかし，多くの消費者にとっては，洗剤や野球のチケットをくれるより　新聞の価格を下げてもらった方がありがたかったというところではないでしょうか。もっとも，最近では新聞の世界でも「半年購読してくれるのなら1ヵ月分無料」というように実質的な値引きもなされているようです。

3. 参入阻止価格

Movie 129

　参入阻止価格とは，**ある産業において，既存企業が他の企業の新規参入を防ぐために設定する価格**をいいます。

　たとえば，ある産業がA，B，Cの3社しかない寡占市場で，高い価格（ここでは200円としましょう）で価格競争をせず，プラスの利潤を上げていたとしましょう。

　すると，他の産業から，プラスの利潤の獲得のために新規参入が起こり，その産業の競争は激しくなり，今までのようには儲からなくなるおそれがあります。つまり，既存企業A，B，Cは200円のように高くすれば短期的には利潤最大となるが，その結果，新規参入を招き，長期的にみた利潤は減少してしまうことになります。

　そこで，既存企業A，B，Cは200円ではなく，**新規参入を考えている企業が参入しても利潤がゼロとなるような価格**，たとえば150円に価格を設定すれば，新規参入を防げます。このときの，価格150円が参入阻止価格です。ですから，参入阻止価格は，新規参入企業が**利潤ゼロ**となる水準に設定されます。

　なぜなら，そのような価格より高い価格設定だと，新規参入企業の利潤がプラスとなるので新規参入を阻止できませんし，そのような価格より低くすると，そこまで下げる必要がないのに価格を下げた結果，自分たちの短期的な利潤を小さくしてしまうからです。

　それでは，次に，寡占市場においては価格が下がりにくいということ（価格の下方硬直性）を説明する屈折需要曲線の理論を説明しましょう。

復　習

　プラスの利潤とは，他の産業より利益が大きいということです。

☠ 落とし穴 ✖

　新規参入が起こる前に利潤ゼロの価格にするという間違いが多いので気をつけてください。

　新規参入後に利潤がゼロ（＝他の産業と同じ利益）となるのであれば新規参入はおこりません。ですから，新規参入により供給量が増えて価格が下がったら利潤がゼロになればよいのです。ということは，新規参入による価格低下前は利潤はプラスになっているのです。

　寡占の理論は多数ありますが，ライバルの行動についてどのような仮定をおくのかという点に大きな違いがあります。

4. 屈折需要曲線の理論

Movie 130

屈折需要曲線の理論は，アメリカのスウィージーが考え出した理論です。**寡占の特徴の1つである「価格が下方硬直的になりやすい」理由を説明した代表的な理論**です。

【1】 仮　　定

分析に際し，以下の仮定をおきます。

① **競合他社は値上げには追随しないが，値下げには追随するという行動パターンを仮定して自社の行動を決定**します。

② **商品はある程度差別化されている**と仮定します。

③ 分析対象の寡占企業の生産物をXとし，その価格をP，量をQとします。

④ 個別企業の限界費用曲線（MC）は U 字型であるとします。

【2】 寡占企業の直面する需要曲線

寡占企業は価格影響力を持つので，右下がりの需要曲線に直面します。しかし，その直面する需要曲線の傾きは，ライバル企業の行動により異なります。

はじめに，ある寡占企業が100円で10万個生産していたとします（図表22－3点A）。

今，価格を110円に値上げしたとします。このとき，仮定①より，ライバル企業は値上げには追随しないと仮定するので，ライバル企業の方が価格が低くなりお客をライバルに奪われます。その結果，需要は大きく10万個から6万個に減少しています（点F）。

次に，この企業が，点Aから価格を90円に値下げしたとします。このとき，ライバルは追随すると仮定するので，ライバル企業も値下げをします。その結果，ライバルから需要を奪い取ることはできませんので，大きく需要量を増やすことはできません。しかし，

落とし穴

屈折需要曲線の理論は寡占の価格水準を説明する理論だという間違いが多いので要注意です！

屈折需要曲線の理論は図表22－3の当初の価格100円より価格が低下しにくいことを説明しています。しかし，どうして，初めに100円という価格水準であったかについては説明していないのです。ですから，価格水準を説明するのではなく，価格の下方硬直性を説明する理論なのです。

Chapter
22

寡

占

👆 **Point!**

この仮定は，寡占企業が最適な行動を考える上でとても重要な仮定です。実は，需要曲線が屈折する理由はこの仮定によります（次の【2】で説明します）。

図表22－3 ●屈折する需要曲線

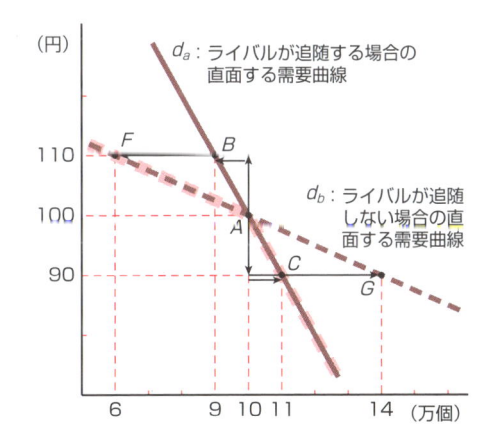

d_a：ライバルが追随する場合の直面する需要曲線

d_b：ライバルが追随しない場合の直面する需要曲線

価格が下落することにより，市場全体の需要量が増加するので，この企業の需要量も増加するでしょう。ここでは，10万個から11万個へ１万個だけ増加したとしています（点C）。

以上より，寡占企業の直面する需要曲線は値上げのときにはFA，値下げのときにはACとなるので，FACと屈折します。

【3】寡占企業の限界収入曲線

需要曲線がBACのように屈折するときの限界収入曲線（MR）を図表22－４で考えましょう。需要曲線のd_aに対応する限界収入曲線のMR_aと，需要曲線のd_bに対応する限界収入曲線のMR_bがそれぞれ存在します。生産量が10万個（点A）までは，需要曲線はd_bですから，限界収入曲線は，d_bに対応したMR_bとなります。

一方，生産量が10万個（点A）を超えると，需要曲線はd_aですから，限界収入曲線は，d_aに対応したMR_aとなります。

したがって，屈折需要曲線であるBACに対応する限界収入曲線は，BFとGHとなり，不連続となります。

【4】価格の下方硬直性の説明

技術革新などの要因により，生産効率が高まり，寡占企業の限界費用曲線（MC）が下方シフトしたとします。

① 屈折していない右下がりの需要曲線に直面している企業の場合

（図表22－５）

この場合，限界費用曲線はMCからMC'へ下方シフトすると，利潤最大となる$MR=MC$となる点はFからF'と右に変化し，利潤最大の生産量は10万個から11万個と必ず増えます。そして，右下がりの需要曲線に直面するので，価格は，100円から90円へと下落します。

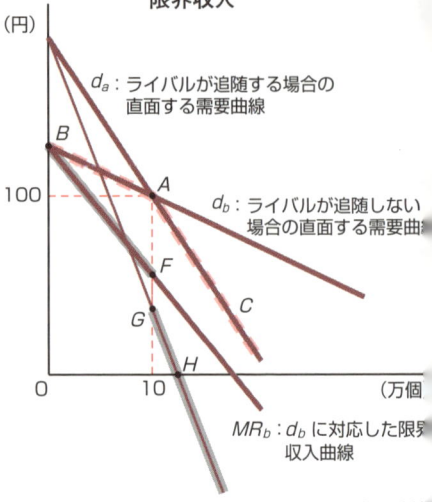

図表22－４●需要曲線が屈折するときの限界収入

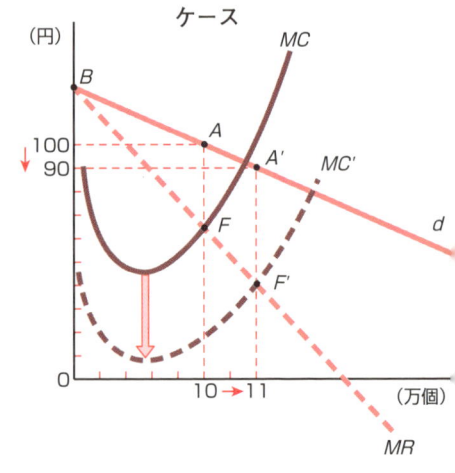

図表22－５●屈折していない需要曲線のケース

Part
5

不完全競争市場

② 屈折需要曲線に直面している企業の場合
（図表22-6）

しかし，図表22-6のように，需要曲線がBACと屈折する場合には，限界費用曲線が，技術革新等により減少し，MCからMC'に下方シフトしても，価格は下落しません。

図表22-6で限界費用がMCのときには，企業は利潤最大，すなわち，$MR=MC$となる点Fの生産量q_a万個とし，価格はq_a万個のときに需要者が買ってくれる価格，すなわち需要曲線の点Aの価格P_aを設定します。

今，限界費用がMC'に下落したとします。このとき，企業は利潤最大，すなわち，$MR=MC'$となる点Gの生産量q_a万個とし，価格はq_a万個のときに需要者が買ってくれる価格，すなわち需要曲線の点Aの価格P_aを設定します。

このように，限界収入曲線（MR）が不連続になるFG間で，限界費用（MC）が低下（下方シフト）しても，価格はP_aから下落しなくなります。つまり，屈折需要曲線の理論は，限界収入が不連続なFG間でMCが下落しても，価格はP_aのまま，下落しない，つまり，**価格は下方硬直的であることを説明することができます。**

【5】意　義

このように，**屈折需要曲線の理論により，限界費用（MC）が減少しても，価格が下落しないメカニズムを説明することができます。**たとえば，高度成長期の日本では，技術革新で工業製品のコスト（限界費用）が低下しているにもかかわらず，なかなか価格が下がらなかったという状況の説明として利用することができます。

実は，屈折需要曲線の理論は，次のような常識を精緻に分析しているのです。「価格引

図表22-6 ●屈折需要曲線のケース

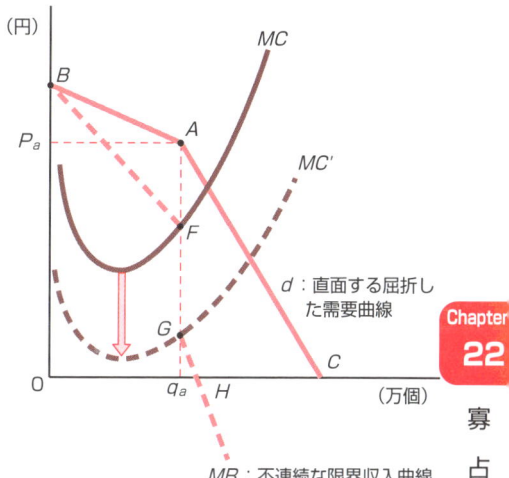

MR：不連続な限界収入曲線

◎**屈折需要曲線の理論による寡占市場における価格の下方硬直性の説明**

1．寡占市場→ライバルの影響を受ける
　　↓
2．ライバルは値上げには追随せず，値下げには追随すると予測すると仮定
　　↓
3．需要曲線が屈折する
　　↓
4．限界収入曲線（MR）が不連続になる
　　↓
5．不連続な限界収入曲線（MR）の間で限界費用曲線（MC）が下落（下方シフト）しても，$MR＝MC$となる生産量は変わらず，価格も変わらない＝価格が下落しない＝価格の下方硬直性

き上げにはライバルは追随せず，引き下げには追随する。したがって，価格引き上げはライバルが割安となり，客が奪われ，引き下げは，ライバルも追随するのでライバルの客を奪えない。このような状況下では，価格を据え置くのが最善策だ」という常識です。

落とし穴

　屈折需要曲線の理論では，不況で需要が減少し，売れ残りが発生しても，企業は価格を引き下げないのはなぜかというケインズ経済学のミクロ的基礎の説明はできません。なぜなら，同じ価格の下方硬直性であっても，ケインズ経済学のミクロ的基礎は，需要量が変化し需要曲線（d）がシフトしたときの価格の下方硬直性であり，屈折需要曲線の理論のようにMCが低下したときの価格の下方硬直性ではないからです。

5. フルコスト原則

Movie 131

【1】価格水準の決定

　フルコスト原則とは，プライスメーカーである企業が価格付けを行うときの方法の1つで，**あらかじめ見積もった平均費用（AC）に一定のマークアップ率（利益率）を上乗せして価格を設定する方法**です。ですから，

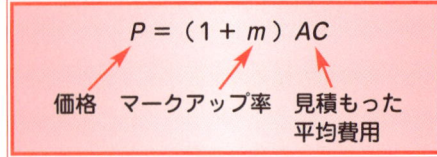

$$P = (1 + m) AC$$

価格　マークアップ率　見積もった
　　　　　　　　　　　平均費用

という価格設定になります。

　ところで，企業は平均費用を，今年予想される総費用を今年予想される生産量で割ることにより見積もります。

【2】価格の下方硬直性

　このフルコスト原則では，見積もられた平均費用とマークアップ率mが変わらなければ，価格Pは一定となります。つまり，その年に市場で変化が起こっても，その企業が見積もった平均費用とマークアップ率mを変更

たとえば

　今年の平均費用は100円の予定だとします。これに，利益率20％を乗せて，120円と価格を決めるような方法です。式に当てはめれば，価格（P）＝（1＋0.2）×100＝120円ということです。このように価格水準も説明できる点が屈折需要曲線の理論とは違います。

補　足

　これも，寡占市場の価格が下方硬直的であることの理由付けとして用いられます。

するという方針にならない限り価格は下がりません。

3】長　　所

現実に，多くの寡占企業が採用しているという点が最大の長所です。

4】問題点

① マークアップ率（m）の決定について説明がない

価格水準を決めるには，マークアップ率（m）を決めなくてはなりません。ところが，**フルコスト原則ではmの大きさがどのように決まるのかについては何も説明していません。**

② $MR=MC$となる生産量と価格決定を否定するのではないか

利潤最大を実現する$MR=MC$となる生産量に決定し，その生産量で需要曲線に沿って価格付けを行うという考えを否定するものなのかという問題点があります。

5】マークアップ原則

マークアップ原則とは，あらかじめ見積もった平均費用（AC）ではなく，平均可変費用（AVC）に一定のマークアップ率（m）を乗せて価格付けをしようという方法です。

フルコスト原則だと，平均費用（AC）を見積もりますが，平均費用（AC）＝平均固定費用（AFC）＋平均可変費用（AVC）のうち，平均固定費用は，一定額の固定費用を予想される生産量で割ったものですので，予想が外れて，生産量が半減すれば２倍になってしまいます。このように，平均固定費用（AFC）は予想に対し，かなり大きくはずれてしまうおそれがあります。

これに対し，平均可変費用の方は生産量によって，平均固定費用ほどは変化しませんので，予想が大きく外れることがありません。そこで，平均固定費用を含んだ平均費用

Chapter 22

寡

占

▶▶ 徹底解説 ◀◀

ミクロ経済学では，企業は限界収入（MR）＝限界費用（MC）で利潤最大となる生産量に決めると考えました。しかし，現実には，企業は，毎日，$MR=MC$となるように決定しているわけではありません。なぜなら，限界費用（MC）は必ずあるはずなのですが，把握することが困難だからです。つまり，生産量が１個増える毎の費用の増加分である限界費用をいちいち把握することは，ものすごい費用と時間がかかってしまいます。そこで多くの企業は，フルコスト原則という簡便法で価格を設定するのです。

▶▶ 徹底解説 ◀◀

①で指摘したmについて，企業は，利潤が最大になるように設定していると考えることができます。もちろん，現実の企業は，正確なMCがわかりませんから，$MR=MC$となる生産量と価格を厳密に決めているわけではありません。しかし，だいたいのところ，経験で，$MR=MC$になるであろうmを設定していると考えることができます。このように解釈すれば，フルコスト原則は$MR=MC$を否定するものではなく，現実にはMCの計算が困難なので，企業がとりあえず現実的な方法として採用している簡便法だと考えることができます。

✚ 補　足

これは，フルコスト原則に似て非なるものですが，しばしば，同じものだと紹介されることもあります。

（AC）ではなく，平均可変費用（AVC）を基準に一定の価格付けを行おうという方法を採る企業もあります。

したがって，マークアップ原則では，

$$P = (1 + m)\ AVC$$

価格　　マークアップ率　　見積もられた
　　　　　　　　　　　　　平均可変費用

この場合，マークアップ率は，利益率だけでなく，平均固定費用も考えて決定しなくてはならないという価格付けになります。

6. 売上高最大化仮説

Movie 132

【1】定　　義

　売上高最大化仮説とは，企業は，必要最低限の利潤を確保した上で，売上高が最大となるように行動するというボーモルが唱えた仮説です。

【2】図　　解

　売上高最大化仮説を図表22－7を用いて説明しましょう。図表22－7は横軸が生産量（x）で，縦軸が利潤（π）と売上高つまり総収入（TR）です。総収入と生産量の関係を示す総収入曲線および，利潤と生産量の関係を示した利潤曲線が図表22－7のようであったとします。

　このとき，売上高＝総収入が最大となるのは点AのときのTR_2であり，そのときの生産量はx_2です。このように，企業は売上高を最大にするように生産量を決定するとだけあるのであれば，生産量はx_2に決まります。

　しかし，ここでは「企業は最低限の利潤を確保した上で」という条件があります。そこで，少しだけ，話はややこしくなります。

> ▶▶ 徹底解説 ◀◀
>
> 　この仮説は，今まで，生産の理論で大前提としてきた利潤最大化と矛盾するのではないかという問題が生じます。しかし，この売上高最大化仮説は，利潤最大化仮説とは矛盾していないと考えられます。なぜなら，企業が短期的に利潤最大化を犠牲にして売上高最大化を目指すのは，それが，長期的に見て利潤最大化になると考えているからです。たとえば，短期的な利潤を度外視して売上げを増やすのは，売上げが増え，業界での売上順位が上がれば，信用が出て今後の商売がやりやすくなり，長期的にみれば利潤が増えるからでしょう。このように考えれば，売上高最大化仮説は，長期的には利潤最大化原理にかなっており，矛盾していないということになります。

最低限の利潤が**図表22−7**のmin πの大きさ（高さ）であるとします。すると，利潤曲線より，利潤が最低min πだけ確保する，つまり，利潤がmin πの線より上（C'からB'）であるためには，生産量はx_0からx_1の範囲になります。まず，最低限の利潤確保という条件から，生産量の範囲が限定されます。

そして，その生産量の範囲（x_0からx_1）内で，売上高＝総収入が最大なのは，生産量がx_1のときのTR_1（点B）です。したがって，企業は，最低限の利潤min πを確保した上で，売上高が最大となる生産量のx_1に決定するということになります。

【3】意　　義

現実の企業をみると，確かに，規模の大きな寡占企業が短期的な利潤を犠牲にしても売上げを増やそうとする行動パターンはいろいろなところでみられます。このような，企業の行動パターンは，利潤最大化原理だけでは説明できず，この売上高最大化仮説で説明が可能となるという意義を持っています。

図表22−7 ●売上高最大化仮説

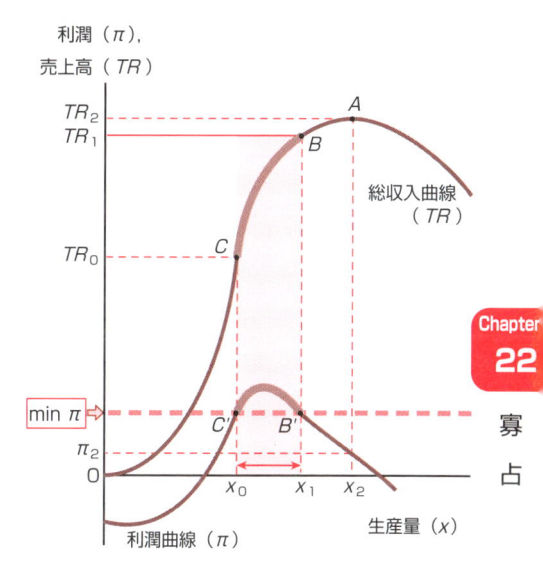

Chapter 23

ゲーム理論
―ライバルの行動をどう読むかが勝利への鍵―

1 ゼロサム・ゲームにおいては，相手は相手の利得を最大にする＝自分の損失を最大にするように行動するはず。したがって，自分の損失が一番大きい可能性を考え，そのうち，自分の利得が最大（＝まし）なものを選択する戦略をミニマックス戦略という。

Movie 133

難易度　B

出題可能性

国家一般職(旧Ⅱ種)	**A**
国税専門官	**A**
地方上級・市役所・特別区	**A**
国家総合職(旧Ⅰ種)	**A**
中小企業診断士	**A**
証券アナリスト	**A**
公認会計士	**A**
都庁など専門記述	**A**
不動産鑑定士	**A**
外務専門職	**A**

2 ナッシュ均衡とは，非協力ゲームにおいて，ゲームの参加者全員が相手の戦略に対して最適な戦略を採用している状態をいう。

3 すべてのプレーヤーの利得の合計が最大となる戦略の組み合わせとは異なる組み合わせが支配戦略均衡となることを囚人のジレンマという。

4 企業は，ライバル企業は現在の生産量を変更しないと予測すると仮定（クールノーの仮定）し，企業が利潤最大となるように生産量を決めるモデルをクールノーモデルという。

5 クールノー同様に相手の生産量を所与として行動するフォロアー（追随者）の他に，ライバルの生産量に影響を与えることができるリーダー（先導者）が登場し，企業が利潤最大となるように生産量を決めるモデルをシュタベルグモデルという。

6 ライバルの価格を前提として自己の利潤が最大となるように価格を決定するというモデルをベルトランモデルという。

1. ゲーム理論とは？

Movie 134

ゲーム理論とは，互いに影響を与え合うメンバーによる意志決定を分析する理論です。

寡占はライバル企業と互いに影響を与え合う中で，相手の行動を予測しつつ行動しますので，このゲームの理論で分析することができます。

2. 利得表 （利得行列）

Movie 135

それでは，ゲーム理論でよく使われる利得表について説明しましょう。

単純化のため，企業はA，Bの2社のみで，2社はそれぞれ「価格維持」と「値下げ」という2つの戦略を持っているとします。そして**図表23-1**では各マスの数値の組み合わせは，各々の戦略に対するAの利潤，Bの利潤を意味しています。A，Bともに価格維持だと（0，0），両社とも値下げなら（-5，-5），Aが価格維持してBだけが値下げした場合，需要がBへ流れ（-10，+5），逆にAだけが値下げし，Bが価格維持した場合は（+5，-10）であると仮定しています。

図表23-1のように，それぞれの戦略の組み合わせのときのそれぞれの利潤を表した表を**利得表**または**利得行列**といいます。

3. 協調か 非協調か

Movie 136

A，B両方にとって，利潤が最大となるのは，ライバルは価格維持で自分だけ値下げしたときの利潤+5です。しかし，これは，ライバルの利潤が-10と最悪になりますから，協調しようにも話はまとまりませ

補 足

通常ゲームとはトランプとかオセロなどのゲームですが，ここでは，政治や経済の交渉なども含めてゲームとして分析します。

補 足

完全競争市場は，特定のライバルの行動は影響を与えませんし，独占市場はそもそもライバルがいませんので，このゲームの理論を用いることはできません。

補 足

ゲーム理論はミクロ経済学以外にも政治の交渉などの分析にも用いられるので，利潤ではなく利得という言い方をします。

図表23-1 ●利得表

A企業が価格維持，B企業も価格維持のとき，A企業の利潤はゼロ，B企業の利潤もゼロ

A企業が価格維持，B企業が値下げのとき，A企業の利潤は-10，B企業の利潤は+5

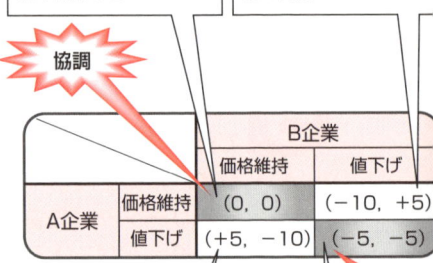

協調

非協調

		B企業	
		価格維持	値下げ
A企業	価格維持	(0, 0)	(-10, +5)
	値下げ	(+5, -10)	(-5, -5)

A企業が値下げ，B企業が価格維持のとき，A企業の利潤は+5，B企業の利潤は-10

A企業が値下げ，B企業も値下げのとき，A企業の利潤は-5，B企業の利潤も-5

ん。結局，お互いの話がまとまる点は，両者とも価格維持で両者利潤ゼロという点です。

しかし，実際に行動するときに，事前の約束が守られるとは限りません。なぜなら，A，Bともに，相手が価格維持のときに，抜け駆けして値下げをすれば，価格維持の0より多い＋5を得ることができるからです。また，自ら抜け駆けするつもりがなくても，相手が抜け駆けするかもしれないと思いはじめると，相手が抜け駆けしたときに，自分が約束を守り価格維持を選択することで−10と大損してしまいます。したがって，事前の約束どおり協調がなされないという可能性が出てきます。このような非協調的な行動は，後ほどナッシュ均衡で説明します。

協調の方が非協調よりも，A，B両者にとって得です。ここに協調行動の動機があります。

▶▶ 徹底解説 ◀◀

協調行動には，違法な**カルテル（同業者による競争制限を目的とした取り決め）**による場合もありますが，学習効果により暗黙のうちにお互い値下げをしないという行動パターンをとる場合もあります（**暗黙の協調**）。いずれにせよ，協調行動がとられれば，値下げは行われなくなり，価格は下方硬直的になります。このように，ゲームの理論を用いても，価格の下方硬直性を説明することができます。

ところで，カルテルは原則として法律（私的独占の禁止及び公正取引の確保に関する法律：通称「独禁法」）違反となりますので，暗黙の協調を行う場合が多いようです。暗黙の協調の具体例としてプライスリーダーシップがあります。**プライスリーダーシップ**とは，業界トップ企業が値上げを公表すると，数週間後に他社が値上げに追随していくという協調方法です。

4. ゼロサム・ゲーム

Movie 137

1】定　義

ゼロサム・ゲームとは，**参加者の利得の合計が常にゼロとなるゲーム**です。つまり，片方が＋10であれば，もう一方は必ずその反対で−10であるという状況です。ですから，友人と賭けをした場合（違法です！）には，自分が100円損しても，その100円分だけ友人は得をしており，両者の合計はゼロですのでゼロサム・ゲームといいます。

2】具 体 例

A企業は戦略A1，A2があり，B企業は戦略B1，B2があり，戦略の組み合わせと利得が図表23−2であったとしましょう。図表23−2はいずれのケースも，Aの利得とBの利得の合計がゼロですので，ゼロサム・ゲームです。このゼロサム・ゲームを前提にした

用 語

サムは英語のSummary（合計）の略です。すべてのプレーヤー（ここではAとB）の利得の合計が0なので，ゼロサム・ゲームといいます。

図表23−2 ● ゼロサム・ゲーム

		B企業	
		B1	B2
A企業	A1	(+5, −5)	(0, 0)
	A2	(−10, +10)	(−8, +8)

理論として，これから説明するミニマックス戦略があります。

5. ミニマックス戦略

Movie 138

それでは，ゼロサム・ゲームである図表23－2を使ってノイマンが考えたミニマックス原理を説明しましょう。

まずA社のミニマックス戦略についてAだけの利得を書いた図表23－3で考えましょう。**Aは自分の戦略を考えるときに，相手Bの出方を分析します。今，ゼロサム・ゲームですから，「相手Bの利得が最大＝自分Aの損失が最大」となりますので，相手BはB自身の利得が大きい＝自分Aの損失が大きい選択をするはずです。**

手順①：A1のときのBの戦略を予想する

図表23－3において，AがA1を採用し，BはB1を採用すればAの利得は5（ゼロサム・ゲームなのでBの利得は－5）ですが，BがB2を採用すればAの利得は0となる（ゼロサム・ゲームなのでBの利得も0）ので，BはAの損失が大きい（＝Bの利得が大きい）B2を選択します。

手順②：A2のときのBの戦略を予想する

次に，AがA2を採用すると，BはB1を採用すればAの利得は－10（ゼロサム・ゲームなのでBの利得は＋10）ですが，B2を採用すればAの利得は－8（ゼロサム・ゲームなのでBの利得は8）となるので，BはAの損失が大きい（＝Bの利得が大きい）B1を選択します。

手順③：最後にA1，A2のどちらが利得が大きいかを考える

AがA1を採用した場合にはBがB2を採用するのでAの利得は0，A2を採用した場合にはBはB1を採用するのでAの利得は－10です。この利得0と－10を比べると0の方が利得が大きいですから，AはA1を選択し

図表23－2　（再掲）●ゼロサムゲーム

		B企業	
		B1	B2
A企業	A1	(+5, －5)	(0, 0)
	A2	(－10, ＋10)	(－8, ＋8)

図表23－3 ● Aのミニマックス戦略

Aのミニマックス原理に基づく選択

（Aの利得のみ！）

		企業B	
		戦略B1	戦略B2
企業A	戦略A1	+5	0
	戦略A2	－10	－8

図表23－4 ● Bのミニマックス戦略

（Bの利得のみ！）

		企業B	
		戦略B1	戦略B2
企業A	戦略A1	－5	0
	戦略A2	＋10	＋8

Bのミニマックス原理に基づく選択

用 語

このような戦略決定は，手順1，手順2では，A1，A2それぞれの戦略を選択した場合において，自分の損失が一番大きい可能性（＝ Bの利得が一番大きくBが選択する戦略）を考え，手順3でそれらのうち，自分の利得が最大のものを選択しています。自分（A）の損失が最大（マックス）のもののうち，最小（ミニ）な損失を求めるので，ミニマックス戦略と呼ばれます。

ます（ミニマックス戦略）。

では，次に，図表23－4を用いて，ミニマックス戦略に基づくBの戦略決定を考えましょう。Bも自分の戦略を考えるときに，相手Aの出方を分析します。今，ゼロサム・ゲームですから，「相手Aの利得が最大＝自分Bの損失が最大」となりますので，Aは自分の利得が大きい＝Bの損失が大きい選択をするはずです。

手順①：B1のときのAの戦略を予想する

図表23－4において，BがB1を採用し，AがA1を採用すればBの利得は－5（ゼロサム・ゲームなのでAの利得は＋5）ですが，AがA2を採用すればBの利得は＋10（ゼロサム・ゲームなのでAの利得は－10）となるので，AはBの損失が大きい（＝Aの利得が大きい）A1を選択します。

手順②：B2のときのAの戦略を予想する

次に，BがB2を採用すると，AはA1を採用すればBの利得は0（ゼロサム・ゲームなのでAの利得も0）ですが，A2を採用すればBの利得は＋8（ゼロサム・ゲームなのでAの利得は－8）となるので，Bの損失が大きい（＝Aの利得が大きい）A1を選択します。

手順③：最後にB1，B2のどちらがBにとって利得が大きいかを考える

BがB1を採用した場合にはAがA1を採用するのでBの利得は－5，B2を採用した場合にもAはA1を採用するのでBの利得は0です。この利得－5と0を比べると0の方が利得が大きいですから，**BはB2を選択**します。

以上より，AはA1，BはB2を選択するので戦略の組み合わせは（A1，B2）となります（図表23－2）。そして，このような均衡になることをミニマックス原理（定理）と呼びます。

✚ 補　足

　この場合にも，手順1，手順2で，Bは自分の損失が一番大きい可能性（＝ライバルAの利得が一番大きいのでAが選択する戦略）を考え，手順3でそれらのうち，自分の損失が最小のものを選択しているので，ミニマックス戦略になっています。

💀 落とし穴

　時々，経済学のテキストや問題集で，ミニマックス戦略とは「安全第一の戦略である」という記述があります。たとえば，**図表23－4**で企業Bの行動を次のように説明します。B1のときBの利得は－5か＋10，B2のときには0か＋8。企業が安全第一の戦略で最悪のケースを考えると，B1のときの最悪は－5，B2のときの最悪は0なので，B2の0の方がましとなりB2を採用することになります。

　この考え方でもミニマックス原理と多くの場合には同じ結果となりますが，理由付けが異なります。**ミニマックス戦略においては，企業Bが安全第一なのではありません。ゼロサム・ゲームであるので，自分の利得が小さくなる＝相手の利得が最大になるように相手は行動すると仮定している**のです。

　なお，安全第1の戦略とは，各**戦略における最悪のケース（利得が最小となるケース）を想定し，その中で最もまし（利得が最大）な戦略を選ぶ**ので，**最小のケースを最大化する**という意味で**マックスミン戦略**と呼ばれます。

6. ナッシュ均衡

Movie 139

ノイマンの**ミニマックス原理は
ゼロサム・ゲームを前提としており**, 図表23－5のように**ゼロサム・ゲームではないときには当てはめることができません。**

そのようなケースでも当てはめることができる分析方法としてナッシュ均衡があります。**ナッシュ均衡**とは, **非協力ゲームにおいて, ゲームの参加者全員が相手の戦略に対して最適な戦略を採用している状態**をいいます。

それでは, ナッシュ均衡を利得表を用い具体例で説明しましょう。利得表が**図表23－5**のように与えられたとしましょう。このような状況で, ナッシュ均衡を考えましょう。

まず, ナッシュ均衡がない場合もありますし, 1つだけではなく2つある場合もあります。ですから, 「**図表23－5**の利得表でナッシュ均衡があるか, ある場合には, 何個であり, どこがナッシュ均衡か」というのが正確な問いとなります。

ナッシュ均衡の確認は, 以下の4つの手順で行うことができます。

ナッシュ均衡の確認手順

手順① A, Bどちらからはじめてもよいのですが, ここではAからはじめることにしましょう。まずAがA1を採用したとします。このとき, 利得表より, Bの利得は, BがB1を採用すると左上の（0, 0）となりBの利得は0ですが, B2を採用すると右上の（－8, ＋5）となり, Bの利得は＋5となります。BはB1のときの利得0よりもB2のときの利得＋5の方が大きいのでBはB2を採用します。

用 語

非協力ゲームとは, ゲームのプレーヤーが自分の利得の最大化だけを考えて行動するゲームです。

たとえば

ゲームの参加者が企業AとBの2者の場合, AがBの戦略に対して最適な戦略を採用しており, 同時に, BもAの戦略に対して最適な戦略を採用している状態のことです。このような状況では, A, Bともに相手の戦略に対して最適な戦略をとっているわけですから, 戦略を変更しようとはしないので, そのような状態で落ち着く, つまり, 「均衡」します。

図表23－5 ●ナッシュ均衡

（Aの利得, Bの利得）

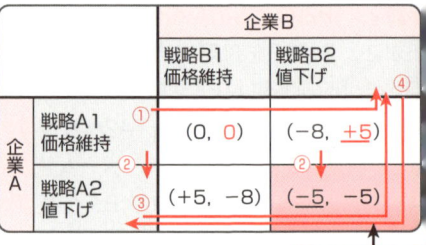

		企業B	
		戦略B1 価格維持	戦略B2 値下げ
企業A	戦略A1 価格維持	（0, 0）	（－8, ＋5）
	戦略A2 値下げ	（＋5, －8）	（－5, －5）

ナッシュ均衡

➕ 補 足

A, Bともに価格維持, すなわち, A1, B1の戦略の組み合わせのときには, A, Bともに利得は0ですので, （Aの利得, Bの利得）は（0, 0）と表現されます。Aが値下げをしBが価格維持の場合, すなわち, （A2, B1）の組み合わせの場合, Aはお客をBから奪えるので利得は＋5となり, 逆にBはお客を奪われるので－8となります。反対に, Aは価格維持でBだけが値下げをした場合, すなわち, （A1, B2）の組み合わせの場合, Aはお客をBに奪われるので利得は－8となり, 逆にBはお客を奪うことができるので＋5となります。そして, A, Bともに値下げをした場合には, 両方とも－5と損します。

手順② 今度は，BがB2を採用したとき，A
はどう反応するかを考えます。

　BがB2を採用したとき，AがA1を採用
すると右上の（−8，＋5）となり，Aの利
得は−8となります。AがA2を採用する
と右下の（−5，−5）となり，Aの利得
は−5となります。AはA1のときの利
得−8よりもA2のときの利得−5の方が
利得が多い（まし，損失が少ない）ので
A2を選択します。ということは，AはA1
からA2に戦略を変えてしまいますので，
（A1，B2）という組み合わせはナッシュ
均衡ではありません。

手順③ では，AがA2を採用したときを考え
ましょう。AがA2を採用したとき，利得
表より，Bの利得は，BがB1を採用すると
左下の（＋5，−8）となりBの利得は−8
ですが，B2を採用すると右下の（−5，−
5）となり，Bの利得は−5となります。
BはB1のときの利得−8よりもB2のとき
の利得−5の方が利得が大きい（まし，損
失が小さい）のでBはB2を採用します。

手順④ 今度は，BがB2を採用したとき，A
はどう反応するかを考えます。

　BがB2を採用したとき，AがA1を採用
すると右上の（−8，＋5）となり，Aの
利得は−8となります。AがA2を採用す
ると右下の（−5，−5）となり，Aの利得
は−5となります。AはA1のときの利
得−8よりもA2のときの利得−5の方が
利得が大きい（まし，損失が小さい）ので
A2を選択，つまり，A2のまま戦略を変え
ません。

結論：以上より，BがB2だとAはA2を採用
し，AがA2だとBはB2を採用します。つ
まり，（A2，B2）という戦略の組み合わ
せのとき，お互いに相手の戦略に対して最

Point！

　もし，BがB2のとき，Aは引き続
きA1が最適であれば，（A1，B2）の
組み合わせがナッシュ均衡となりま
す。なぜなら，AがA1のときBにと
って最適な戦略はB2でした（手順1）。
そして，今，BがB2のときAにとっ
て最適な戦略がA1であれば，（A1，
B2）の組み合わせは，A，Bともに
相手の戦略に対して最適な戦略を採
用している状態であり，ここで落ち
着くのでナッシュ均衡になります。

Point！

　もし，BがB2のとき，Aは引き続
きA2が最適であれば，（A2，B2）の
組み合わせがナッシュ均衡となりま
す。なぜなら，AがA2のときBにと
って最適な戦略はB2でした（手順3）。
そして，今，BがB2のときAにとっ
て最適な戦略がA2であれば，（A2，
B2）の組み合わせは，A，Bともに
相手の戦略に対して最適な戦略を採
用している状態でありナッシュ均衡
になるからです。

✚ 補　足

　A，Bともに戦略を変更しようというイ
ンセンティブがはたらかないので，その状
態に落ち着き均衡であるとわかります。

適な戦略を採用しておりナッシュ均衡で
す。

7. 囚人のジレンマ

Movie 140

図表23－6の利得表を前提にA，Bの戦略を考えましょう。図表23－6は実は，A，Bともにそれほど戦略の選択に悩むことはありません。なぜなら，Aの利得を考えると，BがB1を採用した場合，A1だと－1，A2だと0とA2の方が有利であり，BがB2を採用した場合にもA1だと－10ですが，A2だと－8とA2の方が有利です。つまり，相手（B）がどちらの戦略（B1，B2）を採用しても，A2の方がA1より利得が多いのでAは迷わずA2を選択します。このように，**相手がどの戦略をとっても常に最適な1つの戦略がある**ことを**支配戦略**と呼びます。

同様に，Bの利得を考えると，AがA1を採用した場合，B1だと－1，B2だと0とB2の方が有利であり，AがA2を採用した場合にもB1だと－10ですが，B2だと－8とB2の方が有利です。つまり，相手（A）がどちらの戦略（A1，A2）を採用しても，B2の方がB1より利得が多くB2はBの支配戦略です。

したがって，図表23－6の（A2，B2）という戦略の組み合わせは，A2，B2という**支配戦略の組み合わせ**であり，**支配戦略均衡**といいます。なお，支配戦略均衡は，A，Bともに相手の戦略に対して最適な戦略となっているのでナッシュ均衡です。

ところで，この（A2，B2）という支配戦略均衡は，A，B双方にとって望ましい状態ではありません。なぜならば，A，B双方にとって望ましい状態は，A，Bの利得の合計が最大となる（A1，B1）のときの（－1，－1）だからです。このように，**プレーヤー（AとB）の利得の合計が最大となる戦**

> **用 語**
>
> 囚人のジレンマとは，ゲームの図表23－6の利得表を囚人の例で表したことに由来します。2人組の重罪を犯した犯人が軽微な別の犯罪で逮捕され，別々の取調室で取調べを受けているという想定です。2人とも黙秘をすれば軽微な犯罪で懲役1年（利得－1），2人とも自白すれば2人とも懲役8年（利得－8）です。一方が自白し一方が黙秘をした場合，自白した方は事件解決に協力したということで罪に問われない（利得0）が，黙秘し続けた方は懲役10年の厳しい判決が下される（利得は－10）のです。
>
> なお，ジレンマとは「板挟み」という意味で，囚人にとっては「2人とも自白をしない」のが2人にとっては一番よいのですが，自白すれば協力者として罪を減じてもらえるという事情との板挟みになっているということを意味します。

> **✚ 補 足**
>
> 支配戦略は常に存在するとは限りません。

図表23－6 ● 囚人のジレンマ

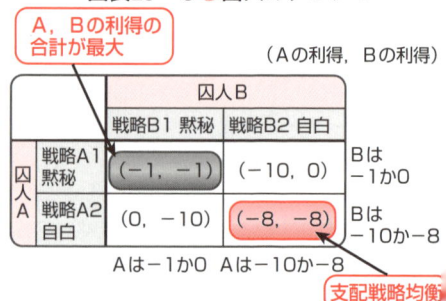

（Aの利得，Bの利得）

		囚人B	
		戦略B1 黙秘	戦略B2 自白
囚人A	戦略A1 黙秘	（－1，－1）	（－10，0）
囚人A	戦略A2 自白	（0，－10）	（－8，－8）

A，Bの利得の合計が最大
Bは－1か0
Bは－10か－8
Aは－1か0　Aは－10か－8
支配戦略均衡

略の組み合わせとは異なる組み合わせが支配戦略均衡となることを**囚人のジレンマ**といいます。

Part 5 不完全競争市場

【問題23-1】

次の表は，二つの企業X，Yからなる寡占市場において，両企業がそれぞれA，B，Cの3種類の戦略のうちいずれかを選択する場合に，その選択した戦略の組合せから両企業にもたらされる利得を示したものであり，各項の左側の数字が企業Xの利得，右側が企業Yの利得を示しており，この数値が大きいほど利得が大きいものとする。このとき，企業X，Yはともに当該表を所持するが，互いに協調せず，相手企業がいずれの戦略を選択するかはわからない状況のもとで，それを予想しながら自社の利得が最大となるような戦略を選択する場合，ナッシュ均衡となる戦略の組合せとして，妥当なのはどれか。

Movie 141

		企業Yの戦略		
		A	B	C
企業Xの戦略	A	80，60	30，90	20，70
	B	60，20	40，30	30，50
	C	70，10	60，20	50，40

	企業X	企業Y
1．	A	A
2．	B	B
3．	B	C
4．	C	B
5．	C	C

（特別区）

計算に必要な知識

- ナッシュ均衡
- ナッシュ均衡の求め方 →鉄則9

鉄則9　ナッシュ均衡の求め方

2人のプレーヤーA，Bが戦略をそれぞれ，A1，A2，A3…，B1，B2，B3…ともっているとき

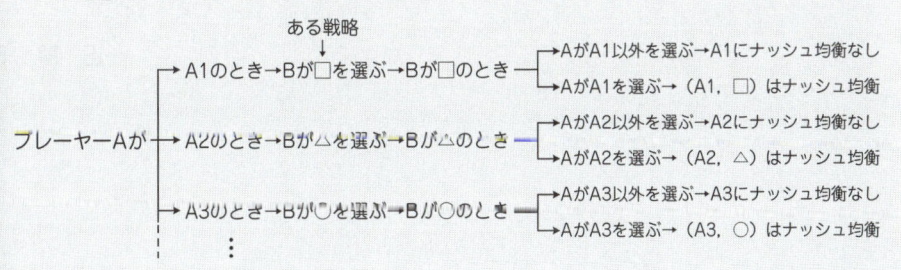

戦　略

鉄則9に沿って，戦略がそれぞれ3つあるゲームの分析をします。

計　算

鉄則9に沿って，

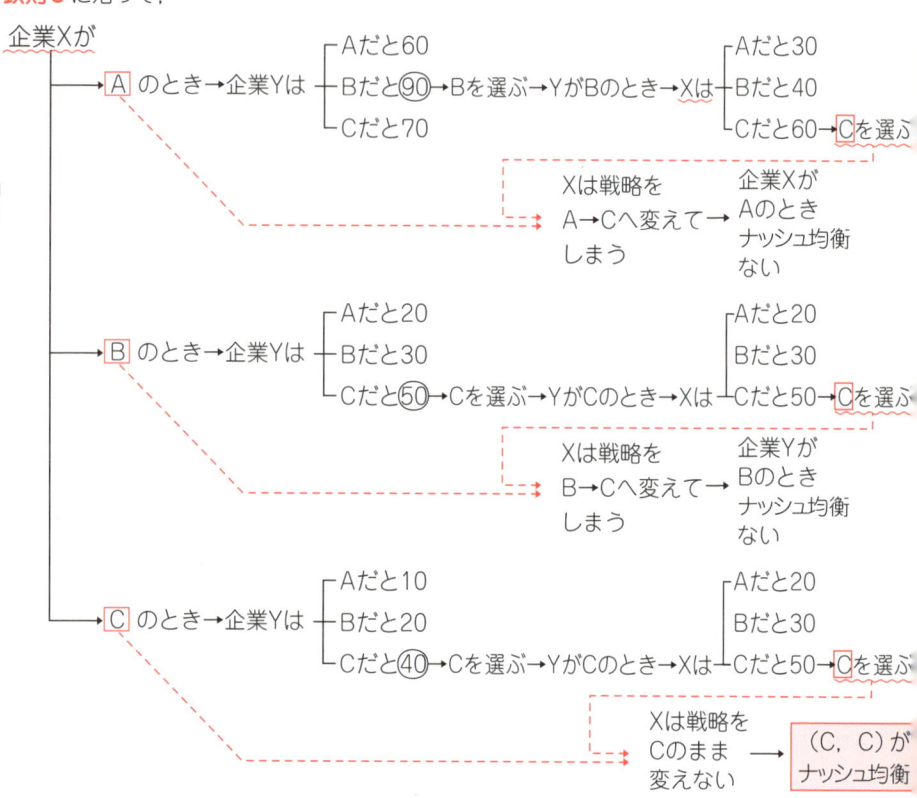

8. クールノー複占

Movie 142

クールノー複占とは，フランスの経済学者クールノーが考えた理論です。

【1】 仮　定

① 企業は，ライバル企業は現在の生産量を変更しないと予測すると仮定

② 供給者は企業1，企業2の2社のみとする（供給者が2社の市場を複占といいます）

③ 企業1，企業2の2社の**商品は同質**

屈折需要曲線の理論では，「商品はある程度差別化されていると仮定」しましたが，ここでは，同質，つまり，全く同じものを作っていると仮定します。

【2】 分　析

以上の仮定の下，クールノー複占では各企業は自己の利潤を最大化するように行動します。

クールノー複占は計算問題がよく出題されますので，計算問題を解きながら説明しましょう。

👉 **Point!**

この仮定をクールノーの仮定といい，この仮定をおいたものをクールノーモデルといいます。ここが，ポイントとなるライバルの行動の予測についての仮定です。屈折需要曲線が「競合他社は値上げには追随しないが，値下げには追随するという行動パターンを仮定」したのとかなり違います。まず，価格ではなく，生産量というものに注目していますし，屈折需要曲線は値下げにはライバルは追随する（反応する）としていますが，このクールノーモデルでは，生産量を増やそうが，減らそうが，ライバルは現在の生産量を変更しない（反応しない）と予想しています。

Chapter
23

ゲーム理論

【問題23－2】（過去トレ・ミクロ p.56 問題4－7より）

Movie 143

ある財が二つの企業によって生産されている複占市場がある。この財の逆需要関数が

$$p=100-2(q_1+q_2)$$

であるとする。ここで，pは財の価格，q_1は第1企業が生産する財に対する需要量，q_2は第2企業が生産する財に対する需要量を表す。また，二つの企業の費用関数は同一であり，

$$C_i = 4x_i \quad [i=1，2で，C_i は第 i 企業の総費用，x_i は第 i 企業の生産量]$$

であるとする。このとき，クールノー均衡における二つの企業の生産量はそれぞれいくらか。

1．$x_1 = x_2 = 4$
2．$x_1 = x_2 = 8$
3．$x_1 = x_2 = 16$
4．$x_1 = 6, x_2 = 4$
5．$x_1 = 12, x_2 = 8$

（国家一般職）

クールノー複占モデルの計算は**鉄則10**の手順で行います。

鉄則10　クールノー複占モデルの計算

クールノー複占モデル：2社が，互いに，ライバルの生産量は所与（一定で変化しない）という前提で利潤最大となる自社の生産量を決定する。

┗→ クールノーの仮定

Step 1　需要曲線を$P=a-bx_1-cx_2$の形にする

（P：価格，x_1：企業1の生産量，x_2：企業2の生産量，
a，b，cは正の定数）

Step 2　限界収入（MR）を求める

需要曲線　$P=a-bx_1-cx_2$　　　　　　　$P=a-bx_1-cx_2$

企業1の　　　　　　　　傾き2倍　　　　　企業2の　　　　　　　　傾き2倍
限界収入　$MR_1=a-2bx_1-cx_2 \cdots$①　　　限界収入　$MR_2=a-bx_1-2cx_2 \cdots$②

Step 3　限界費用（MC）を求める

企業1の限界費用　$MC_1=\dfrac{dC_1}{dx_1} \cdots$③　　　企業2の限界費用　$MC_2=\dfrac{dC_2}{dx_2} \cdots$④

（C_1は企業1の総費用関数）　　　　　　（C_2は企業2の総費用関数）

Step 4　企業1，2の利潤最大化条件の式をつくる

　　　　$MR_1=MC_1$　　　　　　　　　　　　$MR_2=MC_2$

①　　　　　③　　　　　　　　　　②　　　　　④

$a-2bx_1-cx_2=\dfrac{dC_1}{dx_1} \cdots$⑤　　　$a-bx_1-2cx_2=\dfrac{dC_2}{dx_2} \cdots$⑥

Step 5　⑤，⑥の連立方程式を解きx_1，x_2を求める

テクニック　Technique

第1企業と第2企業は逆需要関数と費用関数の条件が同じなので生産量は等しくなります。

解説・計算

複占市場とあり，かつ，クールノー均衡とあるので，クールノー複占モデルであり**鉄則10**に沿って計算します。

Step 1　需要曲線を $P=a-bx_1-cx_2$ の形にする

第1企業の生産量 x_1 とそれに対する需要量 q_1 は等しいので $q_1=x_1$。同様にして，第2企業でも $q_2=x_2$。したがって，

逆需要関数 $P=100-2(q_1+q_2)=100-2q_1-2q_2$

　　需要関数を $P=\sim$
　　の形にしたもの　　　$=100-2x_1-2x_2$ …①

Step 2　限界収入（MR）を求める

（逆）需要関数 $P=100-2x_1-2x_2$　　　　　　　　　$P=100-2x_1-2x_2$

第1企業の　　傾き2倍↓　　　　　　　　　第2企業の　　　傾き2倍↓
限界収入　　$MR_1=100-4x_1-2x_2$ …②　　　限界収入　　$MR_2=100-2x_1-4x_2$ …③

Step 3　限界費用（MC）を求める

$C_i=4x_i\ (i=1,\ 2)$ →　　第1企業のとき $i=1$ なので $C_1=4x_1$ …④

　　　　　　　　　　　　　第2企業のとき $i=2$ なので $C_2=4x_2$ …⑤

④より　$MC_1=\dfrac{dC_1}{dx_1}=4$ …⑥　　　　　⑤より　$MC_2=\dfrac{dC_2}{dx_2}=4$ …⑦

Step 4　第1企業，第2企業の利潤最大化条件の式をつくる

$\underset{②}{MR_1}\ =\underset{⑥}{MC_1}$　　　　　　　　　　　$\underset{③}{MR_2}\ =\underset{⑦}{MC_2}$

$100-4x_1-2x_2=4$　　　　　　　　　$100-2x_1-4x_2=4$ …⑨

　　　　$2x_2=100-4-4x_1$

　　　　$x_2=48-2x_1$ …⑧

Step 5　⑧，⑨より x_1, x_2 を求める

⑧を⑨に代入し　　$100-2x_1-4(\boxed{48-2x_1})=4$

　　　　　　　　　$100-2x_1-4\times48+8x_1=4$

　　　　　　　　　　　　$6x_1=4+4\times48-100-96$

　　　　　　　　　　　　$x_1=\dfrac{96}{6}=16$ …⑩

　　　　　　　⑩を⑧に代入し，　$x_2=48-2\times\boxed{16}=16$

以上より，$x_1=x_2=16$ なので正解は3。

正　解　3

9. シュタッケルベルグ複占

Movie 144

クールノーモデルは，商品が同質な市場で，各プレーヤーともにライバルの生産量を前提に自己の生産量を決定するモデルです。このモデルは，ライバルの生産量を前提に（＝所与として）行動するという意味で，受け身の立場だと考えることができます。

これに対し，シュタッケルベルグモデルでは，クールノー同様に**相手の生産量を所与として行動するフォロアー（追随者）**の他に，**ライバルの生産量に影響を与えることができるリーダー（先導者）**が登場します。

クールノーモデルとシュタッケルベルグモデルは生産量に焦点をあてた競争ですが，価格に焦点をあてた競争を分析するのが後に分析するベルトランモデルです。ここで，クールノーモデル，シュタッケルベルグモデル，ベルトランモデルのちがいを図表23－7に整理しておきましょう。

> **＋ 補 足**
>
> シュタッケルベルグはシュタッケルベルク，スタケルベルグなどさまざまな表記があります（Stackelberg）。

> **Point!**
>
> リーダーは，自分の生産量を変化させることによってライバルの生産量を変えることができることまで考慮して最適な生産量を決定します。

> **＋ 補 足**
>
> フォロアーの利潤最大化条件はクールノーモデルと同じです。

図表23－7 ●クールノー，シュタッケルベルグ，ベルトランの比較表

	変数	ライバルとの関係
クールノーモデル	数量	ライバルの生産量を所与（受け身）
シュタッケルベルグモデル	数量	リーダー：ライバルの生産量を変えることができる フォロアー：ライバルの生産量を所与（受け身）
ベルトランモデル	価格	ライバルの価格を所与（受け身）

【問題23－3】（過去トレ・ミクロ p.57 問題４－９より）

ある財の市場の需要曲線が，

$d = 36 - p$ 〔d：需要量，p：価格〕

で示されるとする。この市場は２つの企業１，２によって支配されており，財の生産における企業１，２の費用関数はそれぞれ

Movie 145

$c_1 = 4x_1 + 16$ 〔c_1：企業１の総費用，x_1：企業１の生産量〕

$c_2 = 8x_2$ 〔c_2：企業２の総費用，x_2：企業２の生産量〕

で示されるとする。企業１が先導者，企業２が追随者として行動するとき，シュタッケルベルク均衡における２つの企業の生産量の組合せとして正しいのはどれか。

	x_1	x_2
1.	1	16
2.	8	12
3.	10	12
4.	15	8
5.	18	5

（国税専門官）

戦 略

1. シュタッケルベルグ均衡モデルではライバルの生産量を所与として行動する企業２を追随者（フォロアー）その行動パターンをわかった上で生産量を決定する企業１を先導者（リーダー）が登場します。

2. 企業２は「追随者」とあるので，ライバルの生産量を所与として行動するので，クールノー複占モデルと同じ行動パターン。

3. 企業１は「先導者」（リーダー）とあるので，企業２の行動パターン（自社の生産量を変えることによって企業２の生産量も変わる）をわかった上で，利潤最大の生産量を決めるので有利な立場にあります。

4. シュタッケルベルグ複占モデルの生産量は**鉄則11**の手順で計算します。

鉄則11　シュタッケルベルグ複占モデル計算

シュタッケルベルグ複占モデル：ライバルの生産量を所与として生産量を決定するフォロアー（企業２とする）とその行動パターンをわかった上で生産量を決定するリーダー（企業１とする）が存在するモデル。

フォロアーの計算（Step１〜４）はクールノー複占と同じ方法

Step 1　需要関数を　$P=a-bx_1-cx_{②}$ にする

Step 2　フォロアー（企業２）の限界収入（MR_2）を求める　傾き2倍

$MR_{②}=a-bx_1-2cx_{②}$ …①

Step 3　フォロアー（企業２）限界費用（MC_2）を求める

$MC_2=\dfrac{dC_2}{dx_{②}}$ …②

Step 4　フォロアーの利潤最大化　$MR_2=MC_2$ よりフォロアーの生産量（x_2）をリーダーの生産量（x_1）で表す。

①，②より，$MR_2=MC_2$ は $a-bx_1-2cx_2=\dfrac{dC_2}{dx_2}$

$x_2=\sim x_1$ …③

Step 5	③式を利用して，需要関数をリーダーの生産量だけで表す
Step 6	傾き2倍でリーダーの限界収入（MR_1）を求める
Step 7	リーダーの限界費用（MC_1）を求める
Step 8	リーダーの$MR_1＝MC_1$よりx_1の値を求める
Step 9	③式にx_1の値を入れ，フォロアーの生産量（x_2）を求める

解説・計算

鉄則11の手順で計算します。

Step 1 需要関数を $P＝a－bx_1－cx_2$ にする

市場需要量（d）＝2社の生産量の合計

$$d＝36－p \text{ より } p＝36－d＝36－(\boxed{x_1＋x_2})＝36－x_1－x_2 \cdots ①$$

Step 2 フォロアー（企業2）の限界収入（MR_2）を求める　傾き2倍

$$MR_2＝36－x_1－2x_2 \cdots ②$$

Step 3 フォロアー（企業2）の限界費用（MC_2）を求める

$$C_2＝8x_2 \text{より, } MC_2＝\frac{dC_2}{dx_2}＝8 \cdots ③$$

Step 4 フォロアーの利潤最大化（$MR_2＝MC_2$）よりフォロアーの生産量を求める

②，③より，$MR_2＝MC_2$は$36－x_1－2x_2＝8$

$$x_2＝\frac{36－x_1－8}{2}＝14－0.5x_1 \cdots ④$$

Step 5 ④を利用して，需要関数をリーダーの生産量（x_1）だけで表す

④を①に代入し，$P＝36－x_1－(\boxed{14－0.5x_1})＝22－0.5x_1$

Step 6 傾き2倍でリーダーの限界収入（MR_1）を求める　傾き2倍

$$MR_1＝22－x_1 \cdots ⑤$$

Step 7 リーダーの限界費用（MC_1）を求める

$$C_1＝4x_1＋16 \text{より, } MC_1＝\frac{dC_1}{dx_1}＝4 \cdots ⑥$$

Step 8 リーダーの $MR_1＝MC_1$ より x_1 の値を求める

⑤，⑥より，$MR_1＝MC_1$は　$22－x_1＝4$

$$x_1＝22－4＝\underline{18} \cdots ⑦$$

Step 9 フォロアーの式④に $x_1＝18$ を入れて x_2 を求める

④より，$x_2＝14－0.5x_1＝14－0.5×18＝\underline{5}$

したがって，$x_1＝18$，$x_2＝5$より正解は5。

正　解　5

Part **5** 不完全競争市場

10. ベルトランモデル

クールノー複占は，市場に存在する２つの企業が，ライバルの生産量を前提として自己の利潤最大となる生産量を決定するというゲームでした。これに対し，**ベルトラン複占**は価格に注目し，**ライバルの価格を前提として自己の利潤が最大となるように価格を決定するというゲーム**です。

市場に存在する２社，ＡとＢの**商品が同質ではなく差別化されている**場合を考えましょう。

商品の差別化がなされているので，ライバルより価格が低くてもすべての需要を得ることはできません。このケースの需要関数は通常，以下のような数式で表現されます。

$$d_1 = 160 - 4p_1 + 2p_2 \quad \cdots\cdots ①$$
$$d_2 = 400 + \ p_1 - 3p_2 \quad \cdots\cdots ②$$

d_1：企業１の需要量，
d_2：企業２の需要量，
p_1：企業１の製品価格，
p_2：企業２の製品価格

補　足

商品が同質であれば，ライバルより１円でも安ければライバルからすべてのお客を奪うことができます。つまり，価格が高い企業の需要量はゼロ，価格が低い企業は需要量のすべてを得るという状況であり，これはライバル企業も同様です。

したがって，Ａ，Ｂともに全需要量を得るためにライバルより低い価格づけをしようと値下げ合戦を続けます。価格（P）が限界費用（MC）より低いと利潤が減ってしまう状況なので，その手前の$P=MC$となる価格に落ち着きます。この$P=MC$とは完全競争市場均衡と同じであり，最適資源配分が実現します。つまり，**市場にＡ，Ｂの２社しか存在しない複占だと効率が悪いように思われるのですが，商品が同質という前提の下で価格競争を行うと完全競争市場の均衡と同じ価格となり最適資源配分が実現するのです。**これをベルトランの逆説（パラドックス）といいます。

①は企業１の需要関数で，企業１の需要量は企業１の価格（p_1）と企業２の価格（p_2）によって決まることを表します。①式をもう少し詳しくみると，

$$\uparrow d_1 \ = \ 160 \ - \ 4\underline{p_1}\downarrow \ + \ 2\underline{p_2}\uparrow$$

企業１の需要量

自分の価格（p_1）を１円上げれば需要量は４減り，１円値下げすれば需要量は４増加します。

↑

これは，自社の価格を下げれば自社の需要量が増えるということです。

ライバルの価格（p_2）が１円上がれば，企業１の需要量は２増加し，１円値下げすれば企業１の需要量は２減少します。

↑

これは，ライバルが価格を上げると，ライバルから自社へ乗りかえる消費者がでてきて自社の需要量が増加し，ライバルの価格が下がるとライバルに乗りかえる消費者がいるということです。

Chapter
23

ゲーム理論

同様に，企業2の需要関数である②式も次のような意味になります。

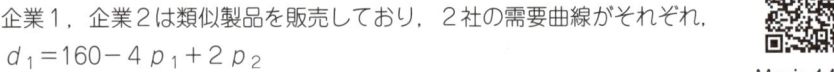

$$\uparrow d_2 \ = \ 400 \ + \ \underbrace{p_1}\uparrow \ - \ 3\underbrace{p_2}\downarrow$$

企業2の
需要量

ライバルの価格（p_1）
が上がれば，自社の需要
量（d_2）が増えます。

自社の価格（p_2）
が下がれば自社の需
要量が増加します。

それでは，①，②式の需要関数を用いた計算問題を解いてみましょう。

Movie 147

【問題23-4】

企業1，企業2は類似製品を販売しており，2社の需要曲線がそれぞれ，

$d_1 = 160 - 4p_1 + 2p_2$

$d_2 = 400 + p_1 - 3p_2$〔d_i：企業iの需要量，p_i：企業iの製品価格（$i=1,2$）〕

で示され，費用関数は，

$C_1 = 20x_1 + 100$

$C_2 = 10x_2 + 200$〔C_i：企業iの総費用，x_i：企業iの生産量（$i=1,2$）〕

で示される。各企業が，他企業の価格を所与として，自己の利潤が最大となるように価格を決定するとき，2企業の製品価格はいくらになるか。

	企業1	企業2
1.	80	110
2.	70	100
3.	60	90
4.	50	80
5.	40	70

（地方上級）

論　点

- ベルトラン競争（商品差別化のケース）

計算に必要な知識

鉄則12　ベルトラン競争（商品差別化のケース）の計算手順

① 企業1の利潤（π_1），企業2の利潤（π_2）をp_1とp_2の式にする。

② 企業1の利潤最大化条件　　　　③ 企業2の利潤最大化条件

$$\frac{\partial \pi_1}{\partial p_1} = 0 \qquad\qquad \frac{\partial \pi_2}{\partial p_2} = 0$$

④ ②，③の式より，p_1，p_2を求める。

① **企業 1 の利潤（π_1），企業 2 の利潤（π_2）を p_1 と p_2 の式にする**

企業 1 の利潤（π_1）＝　総収入　－　総費用

$$= 価格 \times 数量 \quad - \quad C_1$$
$$= p_1 \cdot d_1 \quad - \quad (20\,x_1 + 100)$$
$$= p_1 \cdot d_1 \quad - \quad (20\,d_1 + 100)$$

> 企業 1 の生産量（x_1）と企業 1 の需要量（d_1）は等しいので x_1 を d_1 でおきかえます

$$= p_1\,(160 - 4\,p_1 + 2\,p_2) - \{20\,(160 - 4\,p_1 + 2\,p_2) + 100\}$$
$$= 160\,p_1 - 4\,p_1{}^2 + 2\,p_1\,p_2 - (20 \times 160 - 80\,p_1 + 40\,p_2 + 100)$$
$$= 160\,p_1 - 4\,p_1{}^2 + 2\,p_1\,p_2 - 3200 + 80\,p_1 - 40\,p_2 - 100$$
$$= -4\,p_1{}^2 + (240 + 2\,p_2)\,p_1 - 3300 - 40\,p_2 \cdots\cdots (① - A)$$

同様に

企業 2 の利潤（π_2）$= p_2 \cdot d_2 \quad - \quad C_2$

$$= p_2 \cdot d_2 \quad - \quad (10\,x_2 + 200)$$
$$= p_2 \cdot d_2 \quad - \quad (10\,d_2 + 200)$$

> 企業 2 の生産量（x_2）と企業 2 の需要量（d_2）は等しいので x_2 を d_2 でおきかえます

$$= p_2\,(400 + p_1 - 3\,p_2) - \{10\,(400 + p_1 - 3\,p_2) + 200\}$$
$$= 400\,p_2 + p_1\,p_2 - 3\,p_2{}^2 - (4000 + 10\,p_1 - 30\,p_2 + 200)$$
$$= 400\,p_2 + p_1\,p_2 - 3\,p_2{}^2 - 4000 - 10\,p_1 + 30\,p_2 - 200$$
$$= -3\,p_2{}^2 + (430 + p_1)\,p_2 - 4200 - 10\,p_1 \cdots\cdots (① - B)$$

② **企業 1 の利潤最大化条件を求める**

（① － A）式より　$\pi_1 = -4\,p_1{}^2 + (240 + 2\,p_2)\,p_1 - 3300 - 40\,p_2$

ですが，ベルトラン競争ではライバルの価格（p_2）は与えられたもので一定と考えて，利潤（π_1）が最大となる価格（p_1）を決定するので，p_2 は定数扱いとして，π_1 の式を p_1 で偏微分した $\dfrac{\partial \pi_1}{\partial p_1} = 0$ が企業 1 の利潤最大化条件となります。

$$\frac{\partial \pi_1}{\partial p_1} = -4 \times 2\,p_1 + (240 + 2\,p_2)$$
$$= -8\,p_1 + 240 + 2\,p_2 = 0$$

したがって，$p_1 = \dfrac{240 + 2\,p_2}{8} = 30 + \dfrac{1}{4}\,p_2 \quad \cdots\cdots ②$

②式が企業 1 の利潤最大化条件です。たとえば，ライバルの価格 $p_2 = 80$ のとき，②式より，$p_1 = 30 + \dfrac{1}{4}\,p_2 = 30 + \dfrac{1}{4} \times 80 = 50$ が利潤最大となる価格となります。

③ **企業 2 の利潤最大化条件を求める**

（① － B）式より，$\pi_2 = -3\,p_2{}^2 + (430 + p_1)\,p_2 - 4200 - 10\,p_1$

ですが，ベルトラン競争なので，企業２もライバルの価格（p_1）は与えられたもので一定と考えて，利潤（π_2）が最大となるように価格（p_2）を決定するので，π_2の式をp_2で偏微分した$\dfrac{\partial \pi_2}{\partial p_2}=0$　が企業２の利潤最大化条件となります。

$$\frac{\partial \pi_2}{\partial p_2}=-3\times 2\,p_2+（430+p_1）$$
$$=-6\,p_2+430+p_1=0$$

したがって，　$p_2=\dfrac{430+p_1}{6}$　……③

この③式が企業２の利潤最大化条件となり，たとえば$p_1=110$のとき

$$p_2=\frac{430+p_1}{6}=\frac{430+110}{6}=\frac{540}{6}=90$$ が利潤最大となる価格となります。

④　②，③の連立方程式を解いてp_1，p_2を求める。

②に③を代入し，

$$p_1=30+\frac{1}{4}\,p_2$$
$$=30+\frac{1}{4}\times \frac{430+p_1}{6}$$
$$=30+\frac{430+p_1}{24}$$

ここで両辺に24をかけて

$$24\,p_1=（30+\frac{430+p_1}{24}）\times 24$$
$$24\,p_1=30\times 24+430+p_1$$
$$23\,p_1=1150$$
$$p_1=\frac{1150}{23}=50\quad ……④$$

④を③に代入し，

$$p_2=\frac{430+p_1}{6}$$
$$=\frac{430+50}{6}=\frac{480}{6}=80$$

正　解　4

なお，$p_1=50$，$p_2=80$　はベルトラン均衡と呼ばれますが，**ベルトラン均衡はナッシュ均衡の１つです。なぜなら**，②式の$p_1=30+\dfrac{1}{4}\,p_2$を満たすので，p_2に対して企業１は最適な価格（p_1）を設定しており，③式の$p_2=\dfrac{430+p_1}{6}$を満たすので，p_1に対して企業２は最適な価格（p_2）を設定している。つまり，**企業１，２ともにライバルの戦略（価格）に対して最適な戦略（価格）を選択している**からです。

Movie 148

効率と公平

―望ましい経済とは？―

　第5部までは，現実の経済の仕組みを分析しました（実証経済学）。第6部では，「経済がどうあるべきか」という観点から「望ましい経済とは何か」について考えます（規範経済学）。まず，「望ましさ」の基準として公平性と効率性について考え，ミクロ経済学では効率性を中心に分析する理由を説明します。そして，効率性を測定する分析方法として「余剰分析」を学び，余剰分析を活用し，完全競争市場と独占市場とを分析します。

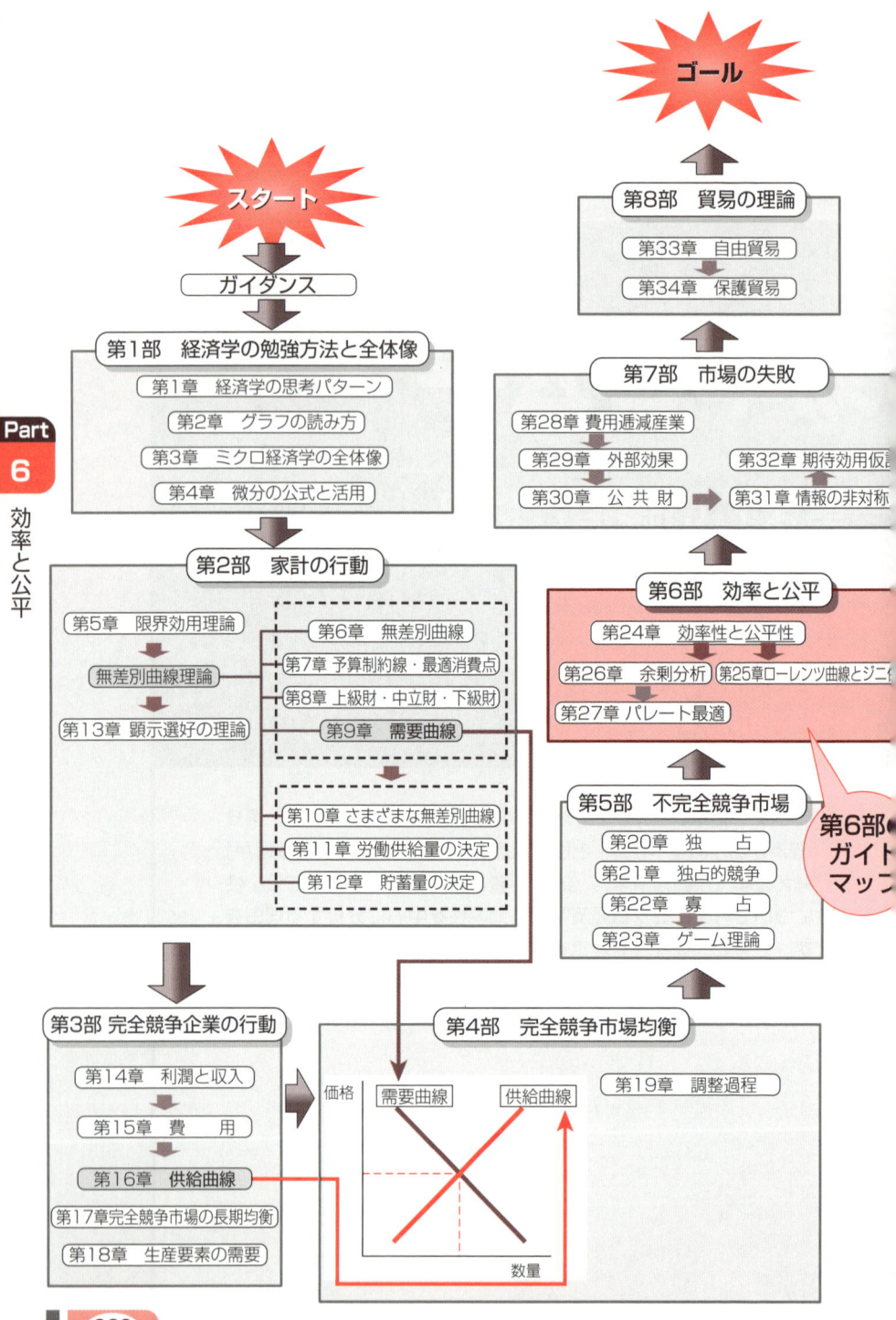

ゴール

第8部　貿易の理論
第33章　自由貿易
第34章　保護貿易

スタート

ガイダンス

第1部　経済学の勉強方法と全体像
第1章　経済学の思考パターン
第2章　グラフの読み方
第3章　ミクロ経済学の全体像
第4章　微分の公式と活用

Part 6
効率と公平

第7部　市場の失敗
第28章　費用逓減産業
第29章　外部効果
第30章　公 共 財
第31章　情報の非対称
第32章　期待効用仮

第2部　家計の行動
第5章　限界効用理論
無差別曲線理論
第13章　顕示選好の理論

第6章　無差別曲線
第7章　予算制約線・最適消費点
第8章　上級財・中立財・下級財
第9章　需要曲線

第10章　さまざまな無差別曲線
第11章　労働供給量の決定
第12章　貯蓄量の決定

第6部　効率と公平
第24章　効率性と公平性
第26章　余剰分析　第25章ローレンツ曲線とジニ
第27章　パレート最適

第6部
ガイド
マップ

第5部　不完全競争市場
第20章　独 占
第21章　独占的競争
第22章　寡 占
第23章　ゲーム理論

第3部　完全競争企業の行動
第14章　利潤と収入
第15章　費 用
第16章　供給曲線
第17章完全競争市場の長期均衡
第18章　生産要素の需要

第4部　完全競争市場均衡
価格　　需要曲線　供給曲線

第19章　調整過程

数量

第6部の登場人物・舞台とストーリー

舞　台

　この部では，今まで学んだ，完全競争市場，
独占市場を分析します。

登場人物（経済主体）

　供給者と需要者の他に，政府も登場し，税
金をかけたり，補助金を支給したりします。

> ### 復　習
>
> 　完全競争企業とは完全競争市場に存在
> する企業です。完全競争市場とは，以下
> の4つの条件などを満たす市場をいいま
> す。
> ① 供給者・需要者とも多数存在
> ② 商品は同質（差別化されていない）
> ③ 市場の参入・退出は長期的には自由
> ④ 取引に必要な情報は完全

全体像の中での位置づけ

　第4部の完全競争での市場均衡が最も効率
的であることを理解します。

「望ましい経済とは何か？」を考えるためには，望ましさを測る基準が必要となります。第24章では，望ましさの基準である効率性と公平性の意味と２つの基準の違いについて説明します。

第25章では，公平性に関連して，所得分配の平等度を測るジニ係数という指標について学びます。

第26章では，効率性を具体的に測る方法である余剰分析を学びます。この余剰分析を使うことによって，完全競争の市場均衡が最も効率的であることを理解します。そして，独占では効率が悪く，政府が課税しても効率が悪くなることがあることを理解します。

第27章では，効率性を測るもう一つの方法であるパレート効率性について学びます。

補　足

ジニ係数は，国民間で，いかに所得が平等に分けられたかを測る指標です。ただし，所得分配の平等度は公平性とイコールではありません。なぜなら，所得の平等度が低い国でも，「それは，努力をして成功した人は高い所得を得て，努力をしない人あるいは失敗した人は低い所得になるのはあたりまえだ」と考える人であれば公平と考えるでしょう。公平性とは，個々人の価値観に基づく主観的なものであり，ローレンツ曲線やジニ係数と呼ばれるもので測定される所得分配の平等度は，公正性を判断する際の有力な情報に過ぎないと考えるべきでしょう。

第6部　効率と公平

第24章　効率性と公平性

第26章　余剰分析　　第25章　ローレンツ曲線とジニ係数

第27章 パレート最適

Chapter 24

効率性と公平性
—望ましさとは？—

Point

1 効率性とは限られた資源を無駄なく利用することにより，社会全体の効用（満足度）を大きくすること。限られた資源をいかなる用途に配分するかという問題なので，資源配分の問題とも呼ばれる。

2 公平性とは，できあがった価値（所得）をいかに公平（公正）に分けるかということ。これは所得分配の問題ともいう。

Movie 149

難易度　A

出題可能性

国家一般職（旧Ⅱ種）	C
国税専門官	C
地方上級・市役所・特別区	C
国家総合職（旧Ⅰ種）	C
中小企業診断士	C
証券アナリスト	C
公認会計士	C
都庁など専門記述	C
不動産鑑定士	C
外務専門職	C

　　　この章の効率性と公平性は，そのままでは出題されませんが，第25章，第26章，第27章を理解する上での基礎として重要です。効率性と公平性の違いがわかるようにしておきましょう。

欲望が限りなく大きいのに対して資源が限られていること（**資源の相対的稀少性**）が原因となって，経済の基本問題が発生します。

　ところで，このような経済の問題を考えるときに，望ましい経済とはいったい何かという定義をしなくてはなりません。通常，「望ましさ」とは，効率性と公平性という２つの視点から検討されます。

1. 効率性
（資源配分の問題）

Movie 150

　効率性とは**限られた資源を無駄なく利用する**ことにより，社会全体の効用（満足度）を大きくすることです。これは，限られた資源をいかなる用途に配分するかという問題なので，**資源配分の問題**とも呼ばれます。

2. 公平性
（所得分配の問題）

Movie 151

　公平性とは，**できあがった価値（所得）をいかに公平（公正）に分ける**かということです。これは**所得分配の問題**といいます。

3. 両者の関係

Movie 152

　今，限られた資源を用いてピザを作るとしましょう。資源を無駄なく利用し，大きなピザを作ろうというのが，**資源配分（効率性）の問題**です。この問題**は**，ピザが大きいほどよいことが**客観的にわかります。ですから**，ミクロ経済理論を使って（具体的には第26章の**余剰分析**という方法等を用いて）**客観的に考える**ことができます。これに対してできあがったピザをA，B，Cの３人でどう分けるかという問題は，**所得分配（公平性）の問題**でありきわめて**主観的**なものです。

復　習

　経済の基本問題とは，「①何を，どれだけ，②どのような方法で，③誰のために，生産するのか」という問題です。

図表24−1 ●効率性と公平性の関係

資　源(小麦・チーズ)

限られた資源で，いかに大きなピザを作るか？

資源配分の問題 ＝ 効率性

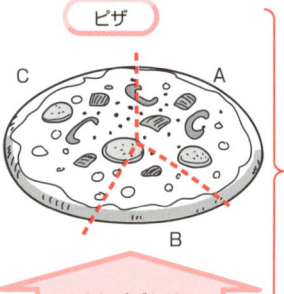

ピザ

C　　　A

B

所得分配の問題 ＝ 公平性

できたピザをどのように分けるか？

たとえば

　もし，A，Bは働いていて，Cが病気で寝込んだ場合，Cは働いていないからピザは与えなくてよいという人や，Cこそ病気で栄養が必要だから，たくさん分配すべきという主張などさまざまな考えがあるでしょう。ですから，この公平性の問題は，明らかに客観的に「こうだ！」といえるようなものではないので，ミクロ経済学ではあまり扱いません。

Chapter **25**

ローレンツ曲線とジニ係数
―所得分配の平等はどう測る？―

Point

1 ローレンツ曲線は，所得分配の平等度を測定するために，横軸に人員（国民）の累計人数，縦軸に横軸の人員（国民）の所得額の累計額をとり，両者の関係を表した曲線。45度の直線が均等所得線であり，不平等であるほど右下に凸の線となる。

Movie 153

難易度　B

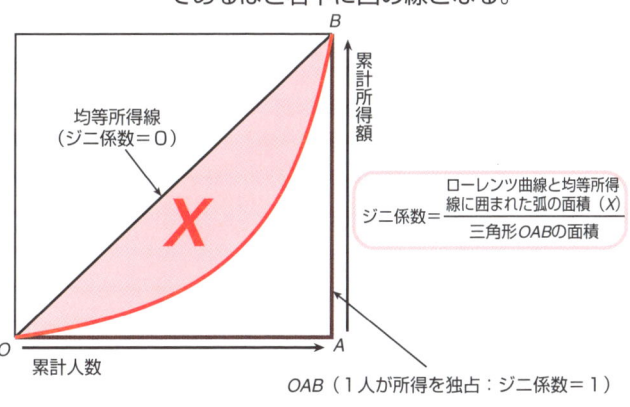

均等所得線
（ジニ係数＝0）

X

累計所得額

累計人数

$$ジニ係数 = \frac{\text{ローレンツ曲線と均等所得線に囲まれた弧の面積 }(X)}{\text{三角形}OAB\text{の面積}}$$

OAB（1人が所得を独占：ジニ係数＝1）

出題可能性	
*国家一般職（旧Ⅱ種）	**C**
*国税専門官	**C**
*地方上級・市役所・特別区	**C**
*国家総合職（旧Ⅰ種）	**C**
中小企業診断士	**B**
証券アナリスト	**C**
公認会計士	**C**
都庁など専門記述	**C**
不動産鑑定士	**C**
外務専門職	**C**

*財政学で出題されることもあります。

2 ジニ係数とは，所得の平等度を数値化したもので，0であれば完全に平等，1であれば完全に独占状態で不平等を意味する。

　　近年，所得格差拡大が問題となっていることから，所得分配の平等度を測る指標であるローレンツ曲線やジニ係数がマスコミでも大きく取り上げられるようになってきました。そのような社会背景を受けて，ローレンツ曲線やジニ係数は多くの経済学の教科書には掲載されていない論点にもかかわらず，択一試験で出題されるようになっています。所得格差問題は，今後も注目を集めると思われることから，ローレンツ曲線とジニ係数出題の傾向は定着すると予想されます。

1. 所得格差のない社会が公平か？

Movie 154

この章で学習するローレンツ曲線とジニ係数は，国民間で，いかに所得が平等に分けられたかを測る指標です。

ただし，ローレンツ曲線やジニ係数で測定される所得分配の平等度を公正な所得分配（公平性）と同一視してはいけません。公平性とは，個々人の価値観に基づく主観的なものであり，ローレンツ曲線やジニ係数で測定される所得分配の平等度は，公正性を判断する際の有力な情報に過ぎないと考えるべきでしょう。

2. ローレンツ曲線

Movie 155

ローレンツ曲線は，所得分配の平等度を測定するものとして統計学者であるローレンツによって考案されました。**所得分配の平等度を測定するために，横軸に人員（国民）の累計人数，縦軸に横軸の人員（国民）の所得額の累計額をとり，両者の関係を表した曲線**です。では，図表25－1を用いて説明しましょう。

横軸は人員の累計人数ですが，所得の低い人から足していき，最後に，一番所得の多い人を足すというルールになっています。ですから，**全員の所得が全く同じ（完全に所得が平等）であれば**，横軸の累計人数の増加に比例して縦軸の累計所得額も増加するので，**ローレンツ曲線は対角線の直線OBとなります。**この直線OBを**均等所得線**といいます。逆に，1人が所得を独占し，他の人々は所得がゼロという極端な不平等の場合には，原点Oから横に人員を累計しても所得はゼロですから縦軸の累計所得額はゼロであり，最後の1人で

たとえば

この指標では，デンマークやスウェーデンなどの北欧諸国は平等度が高く，アメリカやロシアでは平等度が低く，日本はその間ということになります。

その結果を基に，「だから，北欧諸国は公平で素晴らしい国であり，アメリカは不公平な国だから良くない国だ」と結論付けるのは性急です。なぜなら，その結論には，「すべての人が同じ所得を得るべきだ」という価値観があるからです。「所得は能力や努力によって異なるべきだ」という価値観の人は，アメリカのように所得の平等度が低い国でも，「それは，努力をして成功した人は高い所得を得て，努力をしない人あるいは失敗した人は低い所得になるのは止むを得ない。もし，努力してもしなくても所得があまり変わらなかったら，人々は努力しなくなってしまう」と結論付けるかもしれません。

図表25－1 ●ローレンツ曲線

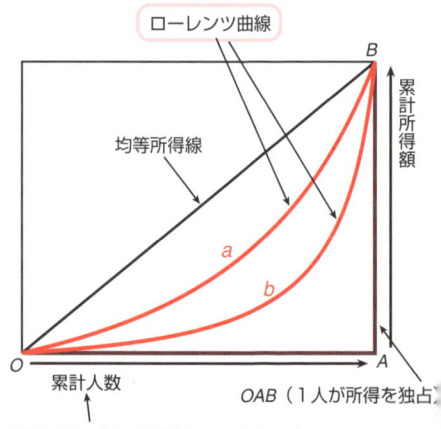

所得の低い人から計算していくルール

縦軸の累計所得額は急に大きくなるので，ローレンツ曲線は逆L字型のOABとなります。

しかし，現実は，完全に所得平等や1人が所得を独占することはなく，所得の多い人と少ない人がいます。このとき，はじめは所得の低い人から足していくというルールがあるので，横軸で累計人員を増加させても，はじめは縦軸の累計所得額はそれほど増加しないのですが，だんだん所得の大きい人が足されていくので，縦軸の累計所得額は急速に増加していきます。ですから，ローレンツ曲線は図表25−1のように凸な曲線OBのように弧の形を描きます。

そして，ローレンツ曲線にaとbがあったときに，aはbよりも均等所得線に近いので，所得の平等度は高いと判断できるのです。

3. ジニ係数

ジニ係数とは，統計学者ジニが，ローレンツ曲線に基づいて，所得の平等度を数値化したものです。ジニ係数は図表25−2の式で表されます。

4. 日本は所得格差社会になったのか？

せっかくジニ係数について学びましたので，日本において論争となっている日本の所得格差拡大問題について分析しましょう。

かつては「一億総中流」といわれていた日本社会において，バブル崩壊後の小泉内閣の構造改革によって所得格差が拡大しているという指摘が数多くなされています。そのような背景があり，日本のマスコミでもジニ係数が大きく取り上げられるようになりました。

そこで，ジニ係数によって本当に日本の所得格差が拡大しているのかを検証し，次に，もし，所得格差が拡大しているのであれば，その原因は何かを考えたいと思います。

図表25−2 ● ジニ係数

> ジニ係数＝
> ローレンツ曲線と均等所得線に囲まれた弧の面積（X）
> ─────────
> 三角形OABの面積

均等所得線（ジニ係数＝0）

累計所得額

累計人数

OAB（1人が所得を独占：ジニ係数＝1）

Movie 156

Movie 157

▶▶ 徹底解説 ◀◀

所得が完全に平等でローレンツ曲線が均等所得線のときにはX＝0ですから，ジニ係数は0です。反対に，1人が所得を独占しているときには，ローレンツ曲線は逆L字OABとなり，Xは△OABの面積となるので，ジニ係数は1となります。ですから，所得の平等度が高くローレンツ曲線が均等所得線OBに近いほどXの面積が小さくなりジニ係数は0に近づき，逆に，所得の平等度が低くなるほどXの面積が大きくなり，ジニ係数は1に近づきます。

【1】 ジニ係数が示す日本の所得格差拡大

日本の当初所得と再分配後の所得のジニ係数の推移を示したのが**図表25－3**です。なお，再分配後の所得とは，政府が課税したり，年金を支給したりした後の所得です。

当初所得のジニ係数をみると，昭和40年代，50年代はジニ係数は低下傾向で，所得格差は縮小していましたが，昭和50年代の後半からジニ係数は大きくなり，所得格差が大きくなっていることがわかります。特に平成8年以降，急速にジニ係数が大きくなっており，小泉内閣の構造改革によって格差が拡大したという主張の裏付けになりそうです。

また，再分配後の所得は，当初所得に比べれば，年金や失業保険給付などによって所得を平準化させますから，当初所得よりもジニ係数は小さく，所得格差は少なくなっていることがわかります。

【2】 所得格差拡大の本当の原因は？

では，図表25－3における平成8年以降の急速なジニ係数の拡大は小泉内閣の構造改革によるものなのでしょうか。

厚生労働省の試算では**ジニ係数の増加の9割は高齢化と世帯数の小規模化によって説明できる**としています。つまり，高齢化によって，退職し所得の少ない高齢者が増加すれば，所得の少ない人が増加し所得格差は拡大しますし，一緒に住んでいた家族が別々の世帯に分かれれば，世帯ごとの所得格差は拡大してみえるということなのです。

図表25－3をみると，当初所得のジニ係数が大きく増加しているにもかかわらず，再分配後の所得のジニ係数はそれほど増加していないことがわかります。これは，高齢者や退職者が多く当初所得が少ないのですが，年金を受け取っているので，再分配後の所得はそれほど少なくないからです。このような視点からは，年金制度が国全体の所得格差を解消させるという意味で，非常に重要であることがわかります。

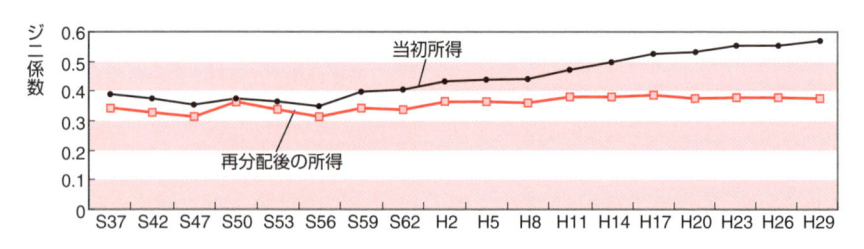

図表25－3 ●日本のジニ係数

出所：厚生労働省

Chapter **26**

余剰分析
―効率性はどう測る？①―

Movie 158

難易度　A

出題可能性

国家一般職（旧Ⅱ種）	A
国税専門官	A
地方上級・市役所・特別区	B
国家総合職（旧Ⅰ種）	B
中小企業診断士	B
証券アナリスト	B
公認会計士	A
都庁など専門記述	A
不動産鑑定士	A
外務専門職	B

　　余剰分析は，資源配分の効率性を分析する手法として最も頻繁に使われます。後半の論点（公共財，費用逓減産業，貿易）では，余剰分析を用いて分析するので，確実に理解できるようにがんばってください。

1. 余剰とは？

Movie 159

余剰とは，市場における取引により得る利益をいいます。需要者が得る取引による利益を消費者余剰，供給者が得る取引による利益を生産者余剰，政府の得る利益を政府余剰といいます。なお，余剰分析では，消費者，生産者といいますが，これは，需要者，供給者と全く同じ意味で使っています。

図表26−1において，消費者余剰，生産者余剰を検討しましょう。価格は需要と供給が一致する点Eの価格100円に決まっています。このとき，消費者余剰は需要曲線と価格に囲まれた△ACEです。

なぜなら，需要曲線は，需要者が最大限支払ってもよいと考えている価格（これを留保価格といいます）を示しており，需要曲線で示している価格で買ってよいと考えているのに，価格100円で買えるのですから，需要曲線と100円の差の部分が取引による需要者の利益となるからです。

次に生産者余剰は価格100円と供給曲線に囲まれた△CBEです。なぜなら，供給曲線は供給者が最低限この価格で売りたいと考えている価格であり，供給曲線の価格で売ってもよいと考えているのに，価格100円で売ることができるのですから，供給曲線と100円の差の部分が供給者の利益となるわけです。

なお，図表26−1では，市場において需要者と供給者しか存在せず，政府は登場しませんので政府余剰はありません。また，この市場における社会全体の利益を（社会的）総余剰といいますが，ここでは，総余剰は消費者余剰と生産者余剰を足した△ABEとなります。

図表26−1 ●消費者余剰と生産者余剰

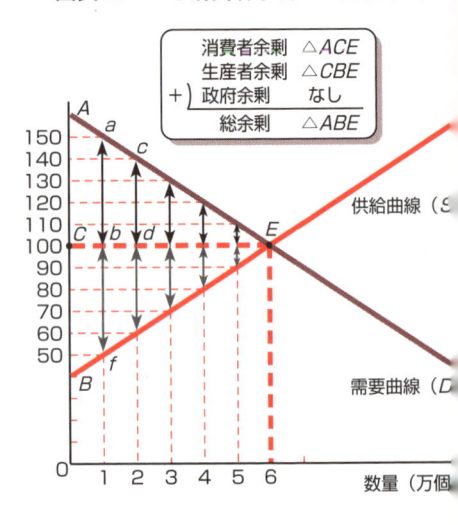

	消費者余剰	△ACE
+	生産者余剰	△CBE
	政府余剰	なし
	総余剰	△ABE

たとえば

具体的には，1万個目は，需要曲線aより，150円まで支払ってもよいと考えているのですが，価格100円で買うことができます。したがって消費者は，150−100＝50円（ab）の利益を得ます。同じように，2万個目は需要曲線cより，140円まで支払ってもよいと考えているのですが，価格100円（dの高さ）で買うことができます。したがって，消費者は，140−100＝40円（cd）の利益が生じ……と足し合わせることにより消費者余剰を求めることができます。

たとえば

1万個目は供給曲線fより最低限50円で売れればよいと考えているのですが，価格100円で売ることができます。したがって，100円−50円＝50円（bf）の利益があることになります。

2. 厚生経済学の基本定理

Movie 160

1】総余剰が最大＝効率的

以上のような余剰の大きさを分析するのが余剰分析です。総余剰は社会全体の利益ですから，この**総余剰を最大にできれば，社会全体の利益は最大となり，最適な資源配分が実現している**ということができます。

2】完全競争市場の分析

「**完全競争市場は最適資源配分を実現する**」という結論は，「**厚生経済学の基本定理**」と呼ばれる重要な結論です。

では，この「完全競争市場は最適資源配分を実現する」という結論を余剰分析で説明しましょう。最適資源配分とは「総余剰が最大」ということです。

図表26－1では，消費者余剰と生産者余剰を足し合わせて総余剰を求めましたが図表26－2では直接，総余剰を求める方法で考えましょう。

需要曲線とは，需要者が最大限支払ってもよいと考えている価格（これを「留保価格」と呼びます）**を表します**。商品の価値とは，需要者が決めるものです。需要者が最大限150円支払ってもよいと考えているならば，その商品の価値は150円です。このように需要曲線＝最大限支払ってもよい価格（留保価格）＝商品の価値です。より正確には，**追加1個生産されたときのその商品の価値**ですが限界評価と呼ばれます。

これに対し，図表26－2の**供給曲線**は，個別企業の限界費用曲線（MC）の一部である供給曲線の合計（水平和）です。ということは図表26－2の市場の供給曲線はMCの一部分の水平和に他ならず，つまりは限界費用（MC）を表しています。

用語

厚生経済学とは，経済学の中でも望ましい経済とは何かということを考える専門分野です。

理由

なぜなら，完全競争市場であれば最適資源配分になるからこそ，資源配分を市場に任せるべきだという意見になり，規制緩和も行うべきとなるからです。また，現実の市場のあるべき姿として完全競争市場に近づけて行くべきだという意見にもなります。

▶▶ 徹底解説 ◀◀

総余剰最大＝最適な資源配分＝最も効率的，つまり，これらは，限られた資源を効率的に利用して，ピザを最も大きく作ることができたということを意味しています。その最大となったピザが公平に分けられたかどうかということ，つまり，所得分配の公平性，公正さについては何もいっていません。

図表26－2 ●総余剰を直接求める方法

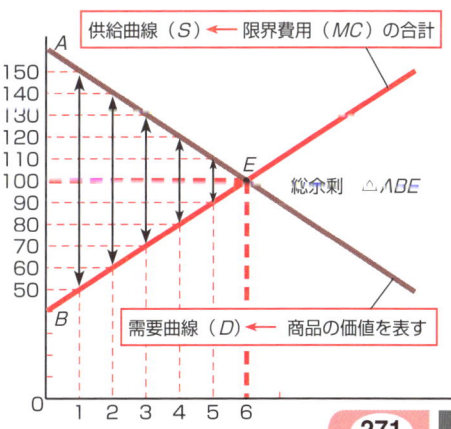

すると，図表26−2において，1個目は需要曲線から150円の価値があり，供給曲線から限界費用は50円しかかかっていません。したがって，1個目を作ったことによる社会全体の利益は150−50＝100円です。同じく2個目の価値は140円で限界費用は60円ですから，社会全体の利益は140−60＝80円となります。このようにして，総余剰は，需要曲線と供給曲線の間の部分であり，図表26−3の△ABEであることがわかります。

完全競争市場であれば，図表26−3の点Eの（価格P_e，量Q_e）で均衡します。このときの総余剰は△ABEです。もし，生産量がQ_1のようにQ_eより少ないと，総余剰は$ABGF$となり，△FGEだけ総余剰が少なくなってしまいます。

逆に生産量がQ_2のようにQ_eより多いと，Q_eからQ_2の生産においては，需要曲線（商品の価値）を供給曲線（＝限界費用）が上回っており，その差の分だけ，社会全体で不利益が生じています（90円の価値しかないものを110円ものMCをかけて生産すれば，社会全体の利益＝90−110＝−20円とマイナスになってしまいます）。したがって，生産量がQ_2のとき総余剰は△ABE−△EIHとなります。

以上より，**Q_eより生産量が少なくても（Q_1），Q_eより生産量が多くても（Q_2），総余剰は減っています。したがって，生産量がQ_eのとき，総余剰は△ABEで最大となる**のです。

完全競争市場であれば，総余剰は最大＝最適な資源配分＝最も効率的ということは，完全競争市場でない場合，「総余剰が最大＝最適資源配分＝最も効率的」とは限らないということになります。

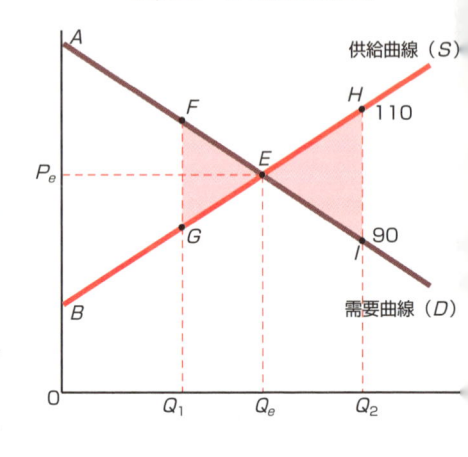

図表26−3 ●最適生産量

では，独占の場合には最適資源配分とはならないことを説明しましょう。

3. 独占市場の非効率

Movie 161

では，次に，独占市場について余剰分析を行います（図表26－4）。

独占企業の直面する需要曲線は，市場全体の右下がりの需要曲線そのものです。直面する需要曲線が右下がりですので，生産量を1単位増やせば，価格は下がります。したがって，限界収入（*MR*）は価格から値下がり損を引いた分となり，限界収入曲線（*MR*）は需要曲線（*D*）の下方に位置します。

そして，独占企業は利潤最大となる，$MR = MC$となる点*F*の生産量であるQ_mに決定し，Q_mのときの需要曲線上のP_mに価格を設定します。

このとき，消費者余剰は価格のP_mと需要曲線（*D*）に囲まれた△*AGM*，生産者余剰は価格のP_mと限界費用曲線（*MC*）に囲まれた*GBFM*，総余剰は両者の合計の*ABFM*です。しかし，総余剰が最大となるのは，需要曲線（*D*）と限界費用曲線（*MC*）の交点*E*の生産量であるQ_eです。このとき，総余剰は*ABFE*です。完全競争市場であれば，個別企業の*MC*の合計（水平和）が市場の供給曲線（*S*）となり，供給曲線（＝*MC*）と*D*の交点*E*で価格がP_e，生産量がQ_eとなります。

この最大の総余剰に比べ，独占市場では*EMF*だけ総余剰が小さくなっています。つまり最適な資源配分が実現しておらず，非効率的であると評価することができるのです。

なお，総余剰が最大のときに比べ減少した分（ここでは*EMF*）を，「**余剰の損失**」「**経済厚生のロス**」「**デッド・ウェイト・ロス（Dead Weight Loss）**」「**死重的損失**」「**死荷重損失**」などと呼びます。

復　習

たとえば，下の表のように，生産量が1万個→2万個→3万個と増えると価格は90円→80円→70円と下がるとしましょう。このとき，限界収入は90円→70円→50円と，最初だけ90円で価格と同じですが，2万個目からは価格よりも小さくなっていることがわかります。

需要曲線

生産量 （万個）	価格 （円）	総収入	総収入 の増加	限界収入
0	100	0	―	―
1	90	90万	＋90万	90
2	80	160万	＋70万	70
3	70	210万	＋50万	50

限界収入曲線

図表26－4 ●独占市場の非効率

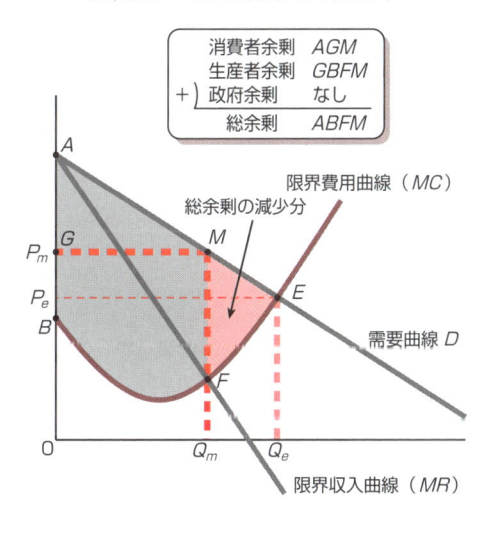

消費者余剰	*AGM*
生産者余剰	*GBFM*
＋）政府余剰	なし
総余剰	*ABFM*

総余剰の減少分

限界費用曲線（*MC*）

需要曲線 *D*

限界収入曲線（*MR*）

【問題26−1】

　完全競争市場において，ある財の価格をpとすると，需要曲線が$D=60−4p$，供給曲線が$S=2p$で表される場合，市場均衡が成立するときの生産量，消費者余剰及び生産者余剰の組合せとして，妥当なのはどれか。

Movie 162

	生産量	消費者余剰	生産者余剰
1.	10	50	100
2.	10	250	50
3.	20	50	50
4.	20	50	100
5.	20	250	50

（特別区）

計算に必要な知識

- D，Sについて説明がありませんが，Dは需要曲線で登場するので需要量，Sは供給曲線で登場するので供給量であろうと考えます。
- 完全競争市場の市場均衡

鉄則13　完全競争の市場均衡

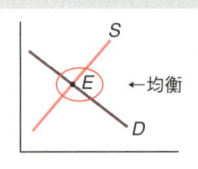

　　　右下がりの需要曲線，右上がりの供給曲線のとき，完全競争の市場均衡は交点Eとなる。

　　　↳ワルラス調整でもマーシャル調整でも安定的なので必ず点Eで均衡。

- 消費者余剰・生産者余剰

鉄則14　余剰の計算

　余剰の計算は，まず図を書く。

戦　略

Step 1　まず図を書く。

Step 2　余剰の面積を計算する。

計 算

Step 1 作図

$$需要曲線 (D) = 60 - 4P \quad \rightarrow \quad x = 60 - 4P \quad \rightarrow \quad P = 15 - \frac{1}{4}x \quad \cdots\cdots ①$$

縦軸切片　傾き

$$需要量 (D),\ 供給量 (S) は量なので x とする$$

$P = \sim x$ の式にして作図する

$$供給曲線 (S) = 2P \quad \rightarrow \quad x = 2P \quad \rightarrow \quad P = \frac{1}{2}x \quad \cdots\cdots ②$$

①，②より

図表● 消費者余剰と生産者余剰

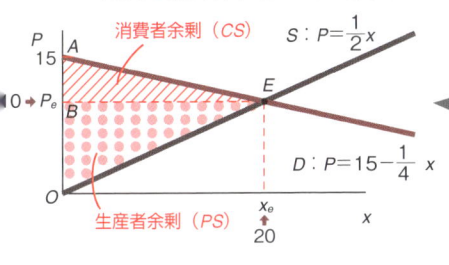

略 語

消費者余剰は Consumer's Surplus なので CS，生産者余剰は Producer's Surplus なので PS と略すことがあります。

Step 2 余剰の面積の計算

図表より，消費者余剰 (CS) = △ABE，生産者余剰 (PS) = △OEB なので，点 E (x_e, P_e) がわかれば計算できます。点 E は D と S の交点なので，①②より

$$P = 15 - \frac{1}{4}x = \frac{1}{2}x$$

$$\frac{3}{4}x = 15$$

$$x = 15 \times \frac{4}{3} = \boxed{20} \Leftarrow x_e$$

$$P = \frac{1}{2}x = \frac{1}{2} \times \boxed{20} = 10 \Leftarrow P_e$$

したがって，

$$消費者余剰 (CS) = △ABE = AB \times BE \times \frac{1}{2}$$
$$= (15 - P_e) \times x_e \times \frac{1}{2}$$
$$= (15 - 10) \times 20 \times \frac{1}{2}$$
$$= 50$$

$$生産者余剰 (PS) = △OEB = OB \times BE \times \frac{1}{2}$$
$$= P_e \times x_e \times \frac{1}{2}$$
$$= 10 \times 20 \times \frac{1}{2}$$
$$= 100$$

➕ 補 足

3角形の面積
= 底辺 × 高さ × $\frac{1}{2}$

正 解 4

4. 完全競争市場への政府の介入

Movie 163

完全競争市場へ政府が介入することが望ましいのかどうかを余剰分析を用いて考えてみましょう。政府の介入として【1】課税，【2】補助金支給，【3】価格規制，【4】価格支持制度について検討します。

【1】課税の効果

完全競争市場に政府が税金を「かける」（通常，経済学では「賦課する」といいます）場合，従量税，従価税，定額税の3つが考えられます。それぞれの税金について説明していきましょう。

① 従 量 税

ⓐ 供給曲線の上シフト

従量税とは，1単位あたり一定額課税する方法です。ここでは1単位あたりt円課税するとしましょう。**従量税の賦課によって，企業は生産量を1単位増やしたときの総費用の増加分（限界費用）は従量税t円だけ大きくなります。**これを企業の費用曲線で考えれば，限界費用曲線がt円だけ平行に上方シフトしたことになり，企業の供給曲線は限界費用曲線の一部分ですから，供給曲線も平行にt円だけ上方シフトします。市場の供給曲線は企業の個別の供給曲線を横に足し合わせたものなので，企業の個別の供給曲線が平行にt円上方シフトすれば**市場の供給曲線も平行にt円上方シフトします。**

ⓑ 余剰分析による経済効果の検討

では，従量税が資源配分に及ぼす影響について，余剰分析によって考えましょう。

図表26－5 ●従量税による供給曲線のシフト

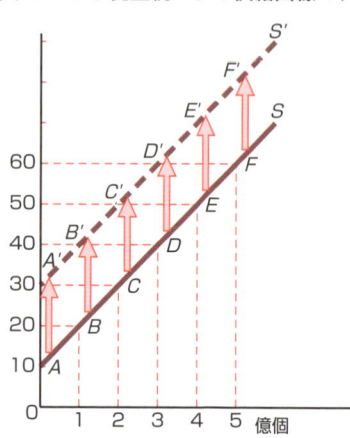

━ たとえば

図表26－5において，当初，供給曲線はS，つまり，最初の1個（グラフでは0億個となっています）は10円（点A），1億個目は20円（点B），2億個目は30円で供給したいことがわかります。では，なぜ最低でもその金額で供給したいかといえば，1単位生産するとその金額分費用が増加している（限界費用がかかっている）からです。今，政府が20円の従量税をかけると，最初の1個目（0億個）は今までは10円で売れればよいと思っていましたが，今度は1個につき20円政府に税金を払うこととなったのでその分も加えて最低30円でなければ供給しません（点A'）。同様に，1億個目は今までは20円で売れればよいと思っていましたが，今度は1個につき20円政府に税金を払うこととなったのでその分も加え最低でも40円でなければ供給しません（点B'）。このようにして，企業は1個につき20円税金を支払うことになると，最低でも供給したい価格は今までより20円高くなるので，供給曲線が従量税20円分だけ上にシフトしS'となるのです。

まず、この市場は完全競争市場であると仮定し、課税前の経済は需要曲線（D）と供給曲線（S）の交点Eであり、価格はP_e、数量はx_eに決まったとしましょう（図表26－6）。このとき、消費者余剰はBHE、生産者余剰はAEH、総余剰はAEBです。なお、政府はまだ税収を得ていませんから、政府余剰は0です。

次に、従量税を賦課した後の経済を考えましょう。**従量税をかけることによって供給曲線（S）が従量税分だけ上シフトしS′となります。**

その結果、**経済は需要曲線（D）と新しい供給曲線（S′）の交点E′で均衡し、価格はP_e'、数量はx_e'となります。**このとき、消費者余剰は新しい価格のP_e'と需要曲線に囲まれたBH′E′に減少し、生産者余剰は新しい価格のP_e'と新しい供給曲線（S′）に囲まれたA′E′H′へと減少します。そして、政府が従量税を得ているので、その分政府余剰はプラスとなります。SとS′の差（E′F）が1個あたりの税額ですので、全体の税収は、1個あたりの税額に生産量をかけたものですので、SとS′の差（E′F）に生産量のx_e'をかけ、平行四辺形AFE′A′となります。これらの**消費者余剰BH′E′と生産者余剰A′E′H′と政府余剰AFE′A′を足した総余剰はAFE′B**となります。

課税前の総余剰がAEB、課税後の総余剰がAFE′Bなので、**課税によってEE′Fだけ総余剰が減少し、余剰の損失が発生している**ことがわかります。つまり、従量税の賦課によって最適資源配分が妨げられてしまい、経済の効率性を損なっているということがわかります。

図表26－6 ● 従量税の経済効果①

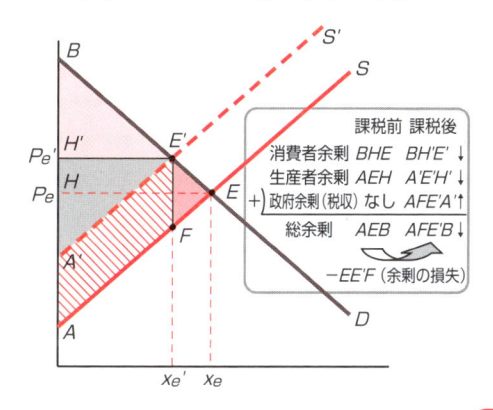

補 足

図表26－6では税収は1個あたりの税額（E′F）×生産量（x_e'）＝平行四辺形AFE′A′でした。しかし、1個あたりの税額（E′F）×生産量（x_e'）ということであれば、図表26－7の長方形GFE′H′の面積でもよいはずです。

生産者余剰については、まず、課税前の供給曲線（S）と課税後の価格P_e'に囲まれた生産量x_e'までのAFE′H′を求めます。しかし、この生産者余剰は課税前の供給曲線で計算しているので従量税を考慮していませんから、従量税分GFE′H′を差し引いてAFGが課税後の生産者余剰となります。このAFGは図表26－6の生産者余剰A′E′H′と同じ面積です。

図表26－7 ● 従量税の経済効果②

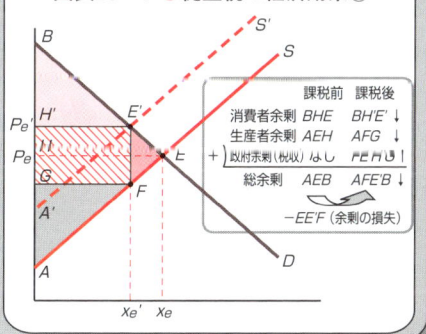

② 従 価 税

ⓐ 供給曲線の上シフト

従価税とは，**価格に対しt（$100t$％）と一定比率を課税する方法**です。たとえば，日本の消費税は，執筆時点では税率8％の従価税です。このとき，$t = 0.08$（$0.08 \times 100 = 8$％）となります。ここでは計算しやすいように価格の50％課税するとしましょう。価格の50％課税（$t = 0.5$）とはとても高い税率ですが，これはあくまでも，計算や作図をしやすくするための極端な例です。この従価税の賦課によって，企業が生産量を1単位増やしたときの総費用の増加分（限界費用）は従価税分だけ大きくなります。その結果，従量税同様に，従価税分だけ供給曲線は上にシフトします。そして，市場の供給曲線は企業の個別の供給曲線を横に足し合わせたものなので，個別の企業の供給曲線が従価税分上方シフトすれば市場の供給曲線も従価税分上方シフトします。

しかし，従価税の場合，従量税との決定的な違いがあります。それは，価格の50％の税金ですから，価格が10円の時には従価税は5円ですが，価格が20円のときには従価税は10円，30円のときは15円と，価格の上昇につれて従価税は増加するのです。その結果，新しい供給曲線（S'）の傾きは元の供給曲線（S）よりも険しくなります。

図表26-8 ●従価税による供給曲線のシフト

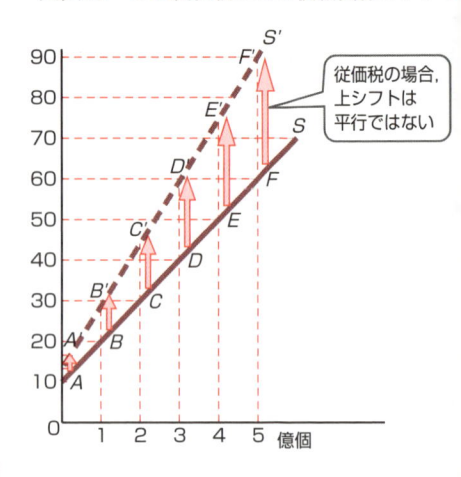

従価税の場合，上シフトは平行ではない

たとえば

当初，供給曲線はS，つまり，最初の1個（グラフでは横軸の単位は億個ですので0億個となっています）は10円（点A），1億個目は20円（点B），2億個目は30円で供給したいことがわかります。今，政府が50％の従価税をかけると，最初の1個目（0億個）は今までは10円で売れればよいと思っていましたが，今度は1個につき10×0.5（50％）＝5円政府に税金を払うこととなったのでその分も加えて最低15円でなければ供給しません（点A'）。同様に，1億個目は今までは20円で売れればよいと思っていましたが，今度は1個につき20×0.5（50％）＝10円政府に税金を払うこととなったのでその分も加え最低でも30円でなければ供給しません（点B'）。2億個目は今までは30円で売れればよいと思っていましたが，今度は1個につき30×0.5（50％）＝15円政府に税金を払うこととなったのでその分も加え最低でも45円でなければ供給しません（点C'）。その結果，従価税後の新しい供給曲線はA' B' C'を通るS'へと上方シフトします。

ⓑ 余剰分析による経済効果の検討

　では，従価税が資源配分に及ぼす影響について，余剰分析によって考えましょう（図表26－9）。

　まず，この市場は完全競争市場であり，当初の均衡はEであり，価格はP_e，数量はx_eであったとしましょう。消費者余剰はBHE，生産者余剰はAEH，総余剰はAEBです。なお，政府はまだ税収を得ていませんから，政府余剰は0です。

　次に，従価税を賦課した後の経済を考えましょう。**従価税をかけることによって供給曲線（S）が上シフトしS'となります。**図表26－7の従量税のように平行に上シフトするわけではなく，傾きが険しくなっている点が違います。**新しい経済は需要曲線（D）と新しい供給曲線（S'）の交点E'で均衡し，価格はP_e'，数量はx_e'となります。**このとき，消費者余剰は新しい価格のP_e'と需要曲線に囲まれた$BH'E'$に減少します。

　次に税額ですが，価格のP_e'に対して，新しい供給曲線（S'）と元の供給曲線（S）の差$E'F$が1個あたりの税額となります。したがって，全体の税額（＝政府の税収）は1個あたりの税額（$E'F$）×生産量（x_e'）＝長方形$GFE'H'$となります。これが政府余剰となります。

　そして，生産者余剰については，まず，課税前の供給曲線（S）と課税後の価格のP_e'，生産量のx_e'に囲まれた$AFE'H'$を求めます。しかし，この生産者余剰は課税前の供給曲線で計算しているので従価税を考慮していませんから，従価税分$GFE'H'$を差し引いたAFGが課税後の生産者余剰となります。

　総余剰は消費者余剰$BH'E'$＋生産者余剰AFG＋政府余剰$FE'H'G＝AFE'B$となり，余剰の損失は$EE'F$となり，従価税によって

図表26－9 ● 従価税の経済効果

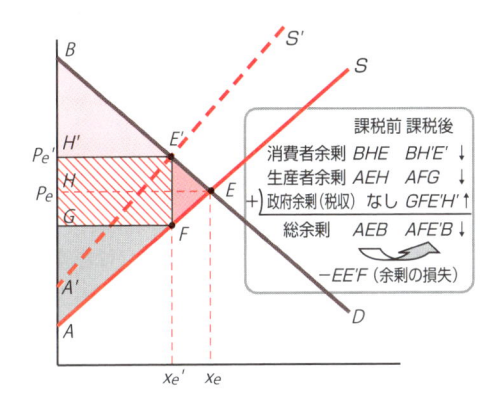

	課税前	課税後
消費者余剰	BHE	$BH'E'$ ↓
生産者余剰	AEH	AFG ↓
政府余剰（税収）	なし	$GFE'H'$ ↑
総余剰	AEB	$AFE'B$ ↓

$-EE'F$（余剰の損失）

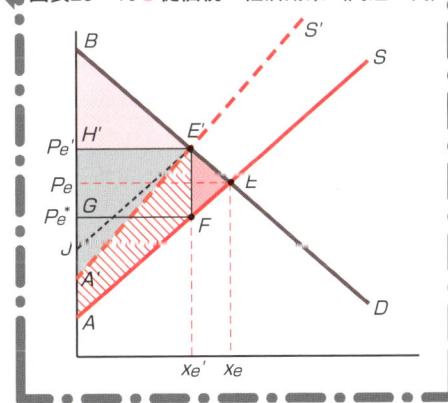

😈 落とし穴 💀

Chapter 26

余剰分析

　従価税で多い間違いが図表26－10です。新しい供給曲線（S'）と元の供給曲線（S）の差$AFE'A'$という台形を税収としています。これによると，最初は1個あたりの税額はAA'と小さいのですが生産量がx_e'では$E'F$と大きくなっていますが間違いです。なぜなら，市場において価格は1つしかありません（税金を除いた価格は点Fの高さの$P_e{}^*$です）ので，最初の1個目であろうが，x_e'個目であろうが，1個あたりの従価税は同じだからです。

図表26－10 ● 従価税の経済効果 （間違い例）

も最適資源配分は妨げられています。

279

③ 定 額 税

　生産量や価格に関係なく一定額（T_0）が課される税金を定額税といいます。たとえば，生産量に関係なく企業１社につき７万円といった形でかかるような税金です。この定額税の場合，生産してもしなくてもかかるわけですから，限界費用，すなわち，生産量を１単位増やしたときの総費用の増加分には影響ありません。したがって，市場供給曲線も上シフトしません。

　その結果，図表26－9において，均衡点はEで変わらず生産量はx_eのままで総余剰はAEBと最大のままです。つまり，定額税であれば余剰の損失が発生せず，最適資源配分を維持できることになります。

＋ 補　足

　企業の限界費用は定額税をかけても増加せず，限界費用曲線も上シフトしないため，個別企業の供給曲線は上シフトせず，市場供給曲線も上シフトしません。

【問題26-2】（過去トレ・ミクロ p.65 問題5-6より）

完全競争市場において，ある財の需要曲線と供給曲線がそれぞれ

$$d=50-\frac{1}{4}p$$
$$s=p-20$$

〔d：需要量，s：供給量，p：価格〕

Movie 164

で与えられている。

　ここで，この財の取引に1単位当たり30の従量税が課されるとき，課税の結果として発生する死荷重はいくらか。

　なお，納税義務者は企業（供給者）とする。

> 1. 50
> 2. 60
> 3. 70
> 4. 80
> 5. 90

（労働基準監督官）

Chapter 26

余剰分析

計算に必要な知識

- 完全競争の市場均衡 →鉄則13
- 従量税による余剰の損失

鉄則15　従量税による供給曲線のシフト

　従量税とは，1単位につきt円とかける税である。これを課すと，1単位にt円費用が増えるので限界費用がt円増加し，供給曲線もt円上方へシフトする。

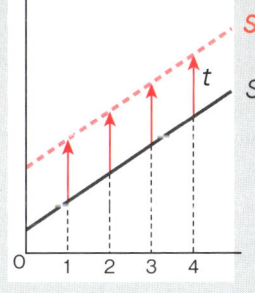

$S':P=ax+b\underline{+t}$

平行に従量税（t）
分だけ上へシフト。

$S:P=ax+b$

以上をふまえて，課税前の余剰と課税後の余剰を比べ，死荷重の面積を計算します。

Step 1　課税前の均衡を求める

需要量d，供給量sは数量なのでxで統一し，

需要曲線（D）は　$x=50-\dfrac{1}{4}P$となり，$P=200-4x$ …①

供給曲線（S）は　$x=P-20$となり，$P=20+x$ …②

したがって，市場均衡（下図点E）は①，②より，

$$P=200-4x=20+x$$

より，$x+4x=200-20$となり，$x=\dfrac{180}{5}=36 \leftarrow x_e$ …③

Step 2　課税後の均衡を求める

30円従量税をかけると，**鉄則15**より，新しい供給曲線（S'）は，

$$S:P=20+x \Rightarrow S':P=\boxed{20+x}+30=50+x \text{ …④}$$

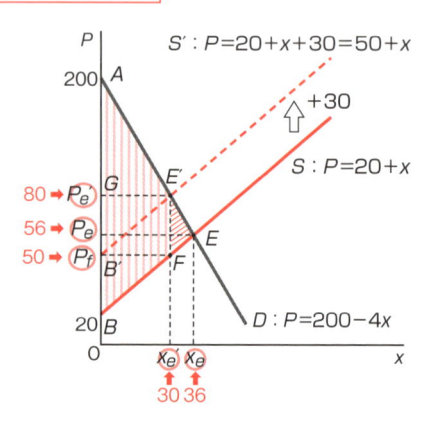

すると，市場均衡は上図において点$E'(x_e',\ P_e')$となります。

点E'は$D:P=200-4x$と$S':P=50+x$の交点なので，

$$P=200-4x=50+x$$

$x+4x=200-50$より，$x=\dfrac{150}{5}=30 \leftarrow x_e'$ …⑤

このときの価格P_e'は，$D:P=200-4x$上にあり$x=x_e=30$なので，

$$P=200-4\times\boxed{30}=80 \leftarrow P_e' \text{ …⑥}$$

消費者余剰$\triangle AGE'$
生産者余剰$\triangle B'E'G$
政府余剰$BFE'B'$

Step 3　死荷重を特定する

　課税前の総余剰は$\triangle ABE$であり，課税後は$\triangle ABFE'$と$\triangle EE'F$だけ減少します。したがって，$\triangle EE'F$が死荷重です。

$$\triangle EE'F=(P_e'-P_f)\times(x_e-x_e')\times\dfrac{1}{2} \text{ …⑦}$$

ここでP_fは点Fの高さなので，$S : P=20+x$上にあり，$x=x_e'=30$

なので$P=20+30=50 \leftarrow P_f$ …⑧

⑦式に③，⑤，⑥，⑧で求めた値を入れると

$$\triangle EE'\,F=(80-50)\times(36-30)\times\frac{1}{2}=30\times6\times\frac{1}{2}=90$$

したがって，正解は5。

正　解　5

【問題26−3】（過去トレ・ミクロ p.66 問題5−8より）

完全競争市場において，ある財の需要曲線と供給曲線がそれぞれ，

$D=-P+100$ 〔D：需要量，S：供給量，P：価格〕

$S=2P-20$

Movie 165

で示されるとする。この財1単位につき30の従量税が賦課された場合に，課税後の均衡における消費者と生産者の租税負担割合の組合せとして，妥当なのはどれか。

	消費者	生産者
1.	$\dfrac{1}{2}$	$\dfrac{1}{2}$
2.	$\dfrac{1}{3}$	$\dfrac{2}{3}$
3.	$\dfrac{2}{3}$	$\dfrac{1}{3}$
4.	$\dfrac{2}{5}$	$\dfrac{3}{5}$
5.	$\dfrac{3}{5}$	$\dfrac{2}{5}$

（特別区）

戦　略

1. 従量税なので**鉄則15**を用いて，新しい供給曲線（S'）を求めます。

2. 次に，課税前の（税込み）価格と課税後の（税込み）価格を求めます。

3. **鉄則16**を用いて，消費者と生産者の負担を求めます。

鉄則16　従量税の負担（消費者と生産者）

1個につきt円　┬─ 税込み価格　　→消費者の　　→消費者負担
（従量税）　　│　　の上昇分（$\triangle P$）　　支払増加
　　　　　　　└─ 残り＝$t-\triangle P$　　→生産者負担

Step 1　課税前の税込み価格を求める

課税前の価格は需要量（$D=-P+100$…①）と供給量（$S=2P-20$…②）が等しくな
水準に決まるので，

$$D = S$$

$$-P+100 = 2P-20$$

$$2P+P=100+20 より，P=\frac{120}{3}=40 \cdots③$$

> **テクニック** Techniqu
>
> 価格（P）を求めるときには$P=\sim$に
> さずに，$D=\sim$，$S=\sim$のまま$D=S$
> ると計算が楽になります。

Step 2　課税後の税込み価格を求める

課税前の供給曲線は$S=2P-20$より，$P=10+0.5S$ …④

鉄則15より，30だけ従量税をかけた後の新しい供給曲線は，

$$P= \boxed{10+0.5S} +30=40+0.5S$$

$$0.5S=-40+P より，S=-80+2P \cdots⑤$$

課税後の価格は需要量と新しい供給量が等しくなる水準に決まるので①，⑤より

$$D = S$$
$$\downarrow① \quad \downarrow⑤$$
$$-P+100=-80+2P$$

$$2P+P=180 より，P=\frac{180}{3}=60 \cdots⑥$$

Step 3　消費者・生産者の負担を求める

鉄則16を用い，

1単位につき30 → ③，⑥より
の従量税 　　　$\varDelta P=60-40=20$　〈消費者負担〉…⑦
　　　　　　　→ 残り＝$30-20=10$　〈生産者負担〉…⑧

以上より，消費者負担割合$=\dfrac{20}{30}=\dfrac{2}{3}$

　　　　　生産者負担割合$=\dfrac{10}{30}=\dfrac{1}{3}$

したがって，正解は3。

正解 3

2〕 補助金の効果

　政府が財の１個生産につきs円の補助金を支給するケースを考えましょう。

　補助金制度によって，企業は１個生産するごとにs円の補助金をもらうことができますので，その分限界費用は減少するはずです。

　これを企業の費用曲線で考えれば，限界費用曲線がs円だけ下方シフトしたことになり，企業の供給曲線は限界費用曲線の一部分ですから，供給曲線もs円だけ下方シフトします。市場の供給曲線は企業の個別の供給曲線を横に足し合わせたものなので，企業の個別の供給曲線がs円下方シフトすれば**市場の供給曲線もs円下方シフト**します。

　これを図表26－11を用いて説明してみましょう。当初，供給曲線はs，つまり，最初の１個（ここでも，１個とは書いておらず0億個目としかグラフではわかりません）は30円（点A），１億個目は40円（点B），2億個目は50円で供給したいことがわかります。今，政府が１個につき20円の補助金を支給すると，最初の１個目（０億個）は今までは最低でも30円で売りたいと思っていましたが，今度は１個につき20円政府から補助金がもらえるので，最低でも10円で売ればよいと考えるでしょう（点A'）。同様に，1億個目は今までは40円で売れればよいと思っていましたが，政府から補助金が20円もらえるので，その20円分は低い価格20円で売ってもよいと考えるでしょう（点B'）。このように，20円の補助金がもらえるのであれば，企業は今までより20円低い価格で限界費用をカバーできるようになりますから，供給したい最低価格は今までより20円低くなり，供給曲線は補助金20円分だけ下にシフトしS'となるのです。

Movie 166

➕ 補　足

　補助金は英語ではSubsidy ですのでsを用いることが多いようです。

━ たとえば ━━━━━▷

　従来限界費用が30円であった企業は，１個につき20円支給するという補助金制度ができた後では，１単位生産すれば20円補助金がもらえるので，１個生産量を増やしたときの総費用の増加分（限界費用）は従来の30円から補助金20円を差し引いた10円となります。

図表26－11●補助金による供給曲線のシフト

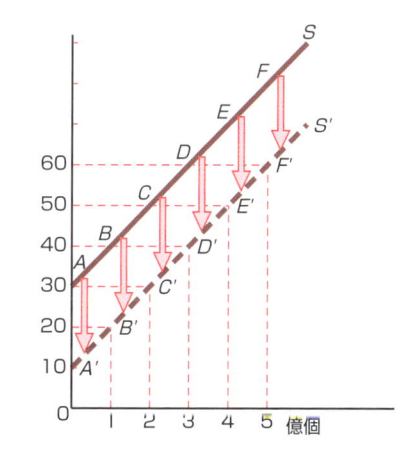

では、補助金支給が資源配分に及ぼす影響について、余剰分析によって考えましょう（図表26－12）。この市場は完全競争市場であると仮定し、当初の経済は点Eであり、価格はP_e，数量はx_eであったとしましょう。

このとき、消費者余剰はBHE，生産者余剰はAEH，総余剰はAEBです。

次に、補助金を支給した後の経済を考えましょう。**補助金支給によって補助金分だけ限界費用が低下するので、供給曲線（S）が下シフトしS'となります。新しい経済は需要曲線（D）と新しい供給曲線（S'）の交点E'で均衡し、価格は$P_e{}'$，数量は$x_e{}'$となります。**このとき、消費者余剰は新しい価格$P_e{}'$と需要曲線に囲まれた$BH'E'$に増加し、生産者余剰はAEHから$A'E'H'$へと増加します。したがって、補助金支給後の消費者余剰と生産者余剰の合計は$A'E'B$となります。

次に補助金額ですが、新しい供給曲線（S'）と元の供給曲線（S）の差$E'F$が1個あたりの補助金となります。したがって、全体の補助金額（＝政府の支払い）は1個あたりの補助金額（$E'F$）×生産量（$x_e{}'$）＝平行四辺形$AA'E'F$となります。これは政府の支払いですから、この面積にマイナスをつけたもの$-AA'E'F$が政府余剰となります。

したがって、**総余剰は消費者余剰と生産者余剰の合計$A'E'B$に政府余剰$-AA'E'F$を加えた（といってもマイナスの余剰ですから差し引きます）ものとなります。**すると、$A'E'B$から$AA'E'E$は引くことができAEBと小さくなりますが、$E'FE$分だけ引き切れていません。ですから、**新たな総余剰は$AEB-E'FE$となり、補助金支給前の総余剰AEBよりも$E'FE$だけ総余剰が小さくなっており、余剰の損失が発生**し最適資源配分は妨げられています。

図表26－12●補助金の経済効果

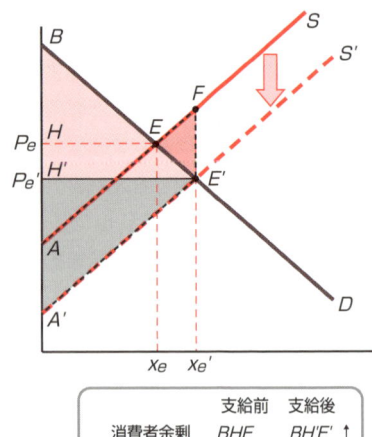

	支給前	支給後
消費者余剰	BHE	$BH'E'$ ↑
生産者余剰	AEH	$A'E'H'$ ↑
＋政府余剰（補助金）	なし	$-AA'E'F$ ↓
総余剰	AEB	$AEB-E'FE$ ↓

$-EE'F$（余剰の損失）

3】価格規制の効果

高い水準での価格規制

　政府が市場価格P_eよりも高い，たとえば，図表26－13におけるP_1のような価格で価格規制をしたとしましょう。価格規制の理由はさまざまでしょうが，ここでは，供給者団体からの要求を政府が受け入れたとしましょう。P_1だと需要曲線より需要者はx_2しか需要しません。ですから，P_1のとき供給者は供給曲線よりx_gまで供給したいのですが，需要者がx_2しか買いませんからx_gまで作ってもIJだけ超過供給で売れ残ってしまいます。

　では，この市場価格より高い価格での価格規制が資源配分に及ぼす影響について，余剰分析によって考えましょう。まず，この市場は完全競争市場であると仮定し，課税前の経済は需要曲線（D）と供給曲線（S）の交点Eであり，価格はP_e，数量はx_eに決まったとしましょう。このとき，消費者余剰はBHE，生産者余剰はAEH，総余剰はAEBです。なお，政府は価格規制をしているだけで，支払いや受取りはありませんから，政府余剰は0です。

　次に，価格規制をした後の経済を考えましょう。P_1での価格規制によって需要量は需要曲線より点Iのx_2となり，消費者余剰は需要曲線と価格P_1の差の部分の$BH'I$へ減少し，生産者余剰は価格P_1と供給曲線の差の部分の$AFIH'$と増加し，総余剰は両者を合計した$AFIB$となり，EIFだけ減少します。

　したがって，総余剰は規制前よりもEIFだけ小さくなっており，余剰の損失が発生し最適資源配分は妨げられています。

✚ 補　足

　政府は誰に供給させるのか供給量の割り当ても行う必要が出てくるのですが，そこはうまく政府が超過供給（IJ）が生じないように供給者を割り当て制限できたとしましょう。

図表26－13●高い価格規制の経済効果

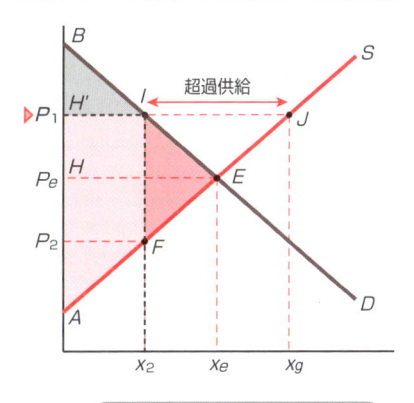

	規制前	規制後
消費者余剰	BHE	$BH'I$ ↓
生産者余剰	AEH	$AFIH'$ ↑
＋ 政府余剰（税収）	なし	なし →
総余剰	AEB	$AFIB$
		$-EIF$

✚ 補　足

　なお，図表26－13では高い価格規制によって生産者余剰が増加するケースを描いていますが，P_1よりももっと高い価格で規制すると需要量がx_2よりも減少します。その結果，生産者余剰は当初のAEHよりも減少してしまうこともあります。

② 低い水準での価格規制（上限価格規制）

　今度は，政府が市場価格 P_e よりも低い，たとえば，図表26-14における P_2 のような価格にて価格規制をしたとしましょう。P_2 ですと供給曲線より供給者は x_2 しか供給しませんが，需要曲線より需要者は x_g まで需要したいので FG だけ超過需要が生じます。

　では，この市場価格より低い価格での価格規制が資源配分に及ぼす影響について，余剰分析によって考えましょう。まず，この市場は完全競争市場であると仮定し，課税前の経済は需要曲線（D）と供給曲線（S）の交点 E であり，価格は P_e，数量は x_e に決まったとしましょう。このとき，消費者余剰は BHE，生産者余剰は AEH，総余剰は AEB です。なお，政府は支払いや受取りはありませんから，政府余剰は０です。

　次に，価格規制をした後の経済を考えましょう。**価格が P_2 ですから，供給量は点 F の x_2 と決まり，点 F が新しい経済**となります。このとき，消費者余剰は BHE から新しい価格 P_2 と需要曲線に囲まれた $BH'FI$ に増加し，生産者余剰は AEH から AFH' へと減少します。政府は収入も支出もないので政府余剰は０です。したがって，**価格規制後の総余剰は消費者余剰と生産者余剰の合計 $AFIB$ となり，規制前よりも EIF だけ小さく**なっており，余剰の損失が発生し最適資源配分は妨げられています。

　なお，図表26-14では低い価格規制によって消費者余剰が増加するケースを描いていますが，P_2 よりもっと低い価格で規制すると供給量が x_2 よりも大きく減少します。その結果消費者余剰は当初の BHE よりも減少することもあります。

図表26-14 ● 低い価格規制の経済効果

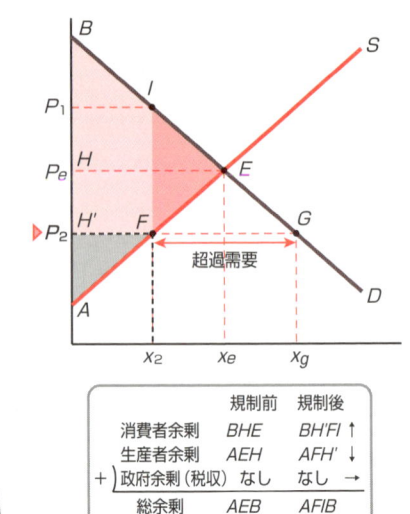

	規制前	規制後
消費者余剰	BHE	$BH'FI$ ↑
生産者余剰	AEH	AFH' ↓
＋ 政府余剰（税収）	なし	なし →
総余剰	AEB	$AFIB$
		$-EIF$

✚ 補　足

　通常であれば超過需要があれば価格が上昇することによって超過需要は解消されるのですが，ここでは価格規制をしているので価格は上昇せず，超過需要は続きます。つまり，供給者が x_2 しか供給しない以上は需要者は x_g まで需要したいと思っても x_2 しか需要できないのです。これは，常に，FG だけ超過需要が存在し，お店で行列ができて先着○○人しか購入できないという状態です。超過需要の場合，政府が需要を割り当てなくても，早く並んだ人に割り当てられることでしょう。

4〕価格支持制度

価格支持制度とは，**大量の数量を高価格で規制する政策**をいい，数量規制と価格規制を組み合わせたものと考えることができます。

今回は余剰の計算がややこしくなりますので，図表26－15では，図の各部分に①から⑧の番号をふってあります。そして，価格支持制度前の完全競争均衡は点Eで，価格はP_e，数量はx_eとなり，消費者余剰はBHE（①＋②），生産者余剰はAEH（③＋④），総余剰はAEB（①＋②＋③＋④）となります。

これに対し，政府がP_1という高い供給者価格とx_e'という多い数量を同時に実現したいと考えているとしましょう。x_e'を供給するためには供給曲線より価格はP_1である必要がありますが，今度は，消費者にx_e'だけ需要してもらうためには需要曲線よりP_2でなければなりません。そこで，政府がP_1という高い水準で供給者から商品を買い取り，P_2という低い価格で需要者に転売する必要が生じるのです。

まず，政府介入後の消費者余剰は新たな消費者価格P_2と需要曲線に囲まれたBKG（①＋②＋③＋⑤＋⑥）となり，以前のBHE（①＋②）より増加します。一方，生産者余剰は新たな供給価格P_1と供給曲線に囲まれたAFJ（②＋③＋④＋⑧）となります。そして，政府は1個につき$P_1 - P_2$だけ損失が発生しますから，全体の損失は（$P_1 - P_2$）×x_e'となり，長方形$KGFJ$（②＋③＋⑤＋⑥＋⑦＋⑧）となります。ですから，**総余剰は消費者余剰**（①＋②＋③＋⑤＋⑥）**＋生産者余剰**（②＋③＋④＋⑧）**＋政府余剰｛－**（②＋③＋⑤＋⑥＋⑦＋⑧）**｝＝①＋②＋③＋④－⑦となります。**

したがって，**政府介入前の総余剰より⑦だけ小さくなっています。**価格支持制度によっ

補足

具体的には，政府が農家より農作物を高く購入し，政府が消費者には低い価格で供給し，政府の購入価格と販売価格の差は政府の負担することになります。

図表26－15●価格支持制度の経済効果

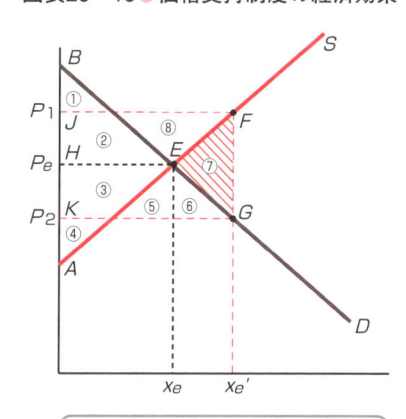

	規制前	規制後
消費者余剰	①＋②	①＋②＋③＋⑤＋⑥↑
生産者余剰	③＋④	②＋③＋④＋⑧↑
政府余剰	なし	－（②＋③＋⑤＋⑥＋⑦＋⑧）↓
総余剰	①＋②＋③＋④	①＋②＋③＋④－⑦

－⑦（余剰の損失）

て最適資源配分が妨げられることになります。

Chapter **27**

パレート最適
—効率性はどう測る？②—

Point

1 パレート最適とは，「他の経済主体の効用を低下させることなしには，自己の効用を増加させることができない状態」をいい，効率性を測るが公平性については何も言っていない。

2 他の経済主体の効用を低下させることなく，自己の効用を増加させることができることをパレート改善という。

3 エッジワースのボックス・ダイアグラムにおいて，二者の無差別曲線の接点がパレート最適となり，交差する点はパレート最適ではない。

4 二者の無差別曲線の接点であるパレート最適な点は無数にあり，それらの集合を契約曲線という。

Movie 167

1. パレート最適

Movie 168

パレート最適とは，「他の経済主体の効用を低下させることなしには，自己の効用を増加させることができない状態」をいいます。

パレート最適とは，要するに，「自分の取り分を増やすためには，相手の分を奪わなくてはならない状態」のことです。どうしてそのような状態が，最適な資源配分であり，効率的なのかを考えてみましょう。

今，A，B，Cの3人がいて，ピザを分けようとしています。このような分け方に対し，Bが不満で仕方がないとします。Bが自分の取り分を増やすためには，A，Cの取り分を奪う（**方法①**）か，ピザをもっと大きくして，大きくなった部分をとるか（**方法②**）のどちらかしか方法はありません。

方法②ではA，Cから取り分を奪わなくても，Bは自分の取り分を増やすことができます。これは，「他の経済主体の効用を低下させることなく，自己の効用を増加させることができる状態」であるといえます。

このような方法がとれるためには，ピザを大きくできる余地がなくてはなりません。しかし，ピザを大きくする余地がない，すなわち，ピザが最大である（＝最適な資源配分が実現している，効率的な）場合には，もう**方法②**を採用することはできません。

以上より，「他の経済主体の効用を低下させることなしには，自己の効用を増加させることができない状態」が「最適資源配分，効率的である」ことを表しているのだとわかります。

補足

パレートというイタリアの経済学者が考えた効率性の（最適資源配分）の考え方ですので，「パレート最適」とか「パレート効率性」などと呼ばれます。

図表27－1 ●パレート最適と効率性

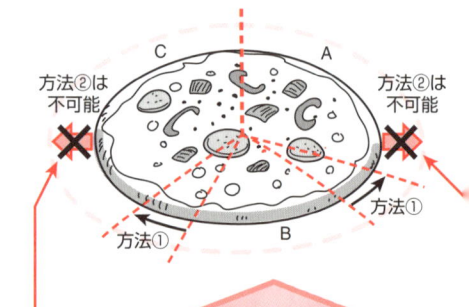

方法②は不可能　方法②は不可能

方法①　方法①

Bの取り分を増やすには，A，Cから奪う（**方法①**）しかない！

ピザの大きさ自体は，これ以上大きくならない！

効率的 ＝ 最適資源配分 ＝ もうピザはこれ以上大きくならない

すでに社会全体の効用は最大となっている

パレート最適

「他の経済主体の効用を低下させることなくして，自己の効用を増加させることができない」

Part 6　効率と公平

2. エッジワースのボックス・ダイアグラム

【1】概　要

A，B2人の消費者がX財とY財をどのように分けるとパレート最適となるかということを，A，Bの無差別曲線を用いて図で説明しようとしたものです。

【2】説　明

2人の消費者A，Bが存在する経済において，X財とY財の2財が存在するとき，X，YをどのようにA，Bに分けるとパレート最適（「他の経済主体の効用を低下させることなしには，自己の効用を増加させることができない状態」）となるかを考えます。分析の道具として図表27－2のエッジワースが考案したボックス・ダイアグラム（直訳すると箱形図といったところでしょうか）を用います。

左下をAの原点O_Aとし，右上の点をBの原点O_Bとし，横をXの量，縦をYの量とします。そして，ボックス・ダイアグラムの横はAとBのXの保有量を合計した社会全体でのXの量（X_a+X_b）で，ここでは20個だとしましょう。また，ボックス・ダイアグラムの縦はAとBのYの保有量を合計した社会全体でのYの量（Y_a+Y_b）で，ここでは10個としましょう。すると，ボックス・ダイアグラム内の点は，AとBのXとYの保有量を表すことができます。たとえば，**図表27－2**では，点Cは，Aの立場から見れば，原点O_Aから横のXは5で，縦のYは8なので，（5個，8個）というAの保有量を意味します。同時に，Bの立場から見れば，原点O_Bから横のXは15，縦のYは2個で（15個，2個）というBの保有量を表します。

図表27－2 ● エッジワースのボックス・ダイアグラム①

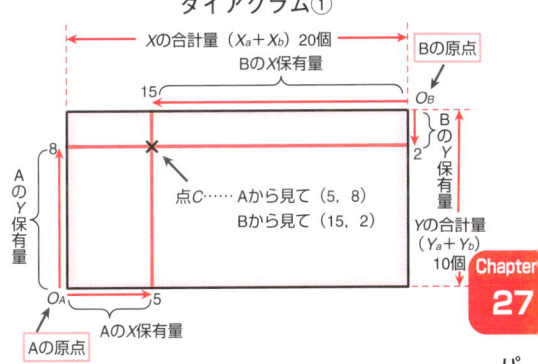

図表27－3 ● Aの無差別曲線

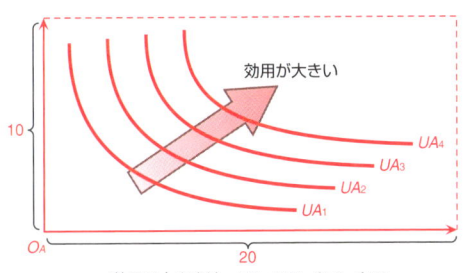

効用の大きさは，$UA_1 < UA_2 < UA_3 < UA_4$

図表27－4 ● Bの無差別曲線

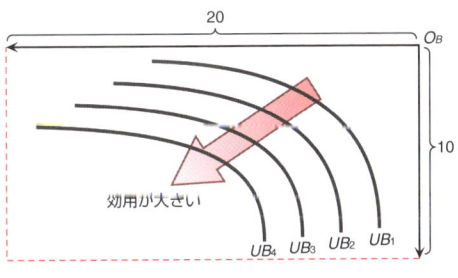

効用の大きさは，$UB_1 < UB_2 < UB_3 < UB_4$

パレート最適

このボックス・ダイアグラムにA，Bそれ
ぞれのX，Yに関する無差別曲線を描きます。
A，Bともに4仮定（①完全性，②不飽和，
③推移性，④限界代替率逓減）を満たし，5
性質（①無数に存在，②右下がり，③原点か
ら離れるほど効用が大きい，④互いに交わら
ない，⑤原点に凸）があるとすると，図表
27－3，27－4のようになります。

A，Bの無差別曲線を同時にボックス・ダ
イアグラムに書くと，図表27－5となりま
す。すると，UA_2とUB_2の交点である点C
はパレート最適ではないということがわかり
ます。

なぜなら，点Cでは，A，Bともに原点か
ら最も離れた無差別曲線上ではないからで
す。つまり，点CはAが（5個，8個），Bが
（15個，2個）ですが，AがYを2個渡し，
代わりにXを5個得れば，Aが（10個，6個），
Bが（10個，4個）となり，点Eになります。

図表27－6をみると，点Cから点Eへ変化
したことにより，Aの無差別曲線UAはUA_2
からUA^*と，より原点O_Aから離れたUA上に
あるので効用は増大しています。同様にBの
無差別曲線UBもUB_2からUB^*へと，より原
点O_Bから離れたUB上にあるので効用が増え
ています。したがって，点Cから点Eに移る
ことにより，A，Bともに効用が増加します
ので，点Cはパレート最適ではありません。

点Cから点Eのように，**他の経済主体の効
用を低下させることなく，自己の効用を増加
させることができること**を**パレート改善**とい
います。点Cではパレート改善ができるとい
うことは，社会全体の利益を増やす余地があ
るということですので，社会全体の利益は最
大になっておらず，パレート最適ではないと
いうことです。

しかし，経済が当初から**点Eのように**UA

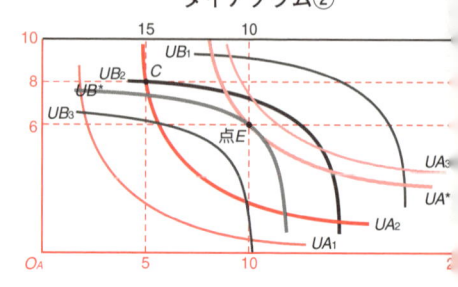

**図表27－5 ●エッジワースのボックス・
ダイアグラム②**

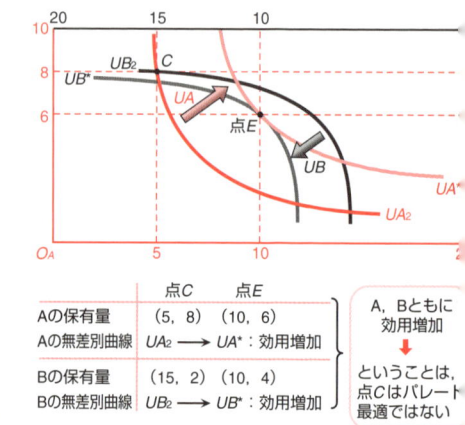

**図表27－6 ●パレート最適ではない状態
（パレート改善）**

	点C	点E	
Aの保有量	(5, 8)	(10, 6)	A，Bともに効用増加
Aの無差別曲線	UA_2 → UA^*：効用増加		↓
Bの保有量	(15, 2)	(10, 4)	ということは，点Cはパレート最適ではない
Bの無差別曲線	UB_2 → UB^*：効用増加		

図表27－7 ●パレート最適

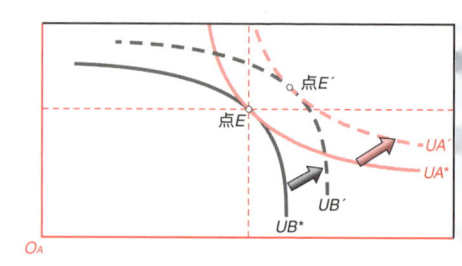

とUBが接する場合に，UA，UBのどちらか
を原点から遠い無差別曲線に，つまり，効用
を増加させようとすれば，必ず，他方の無差
別曲線は原点に近くなり，効用が低下します。
たとえば，図表27-7では，Aの無差別曲線
をUA*からUA'へと原点O_Aから遠くしてAの
効用を増加させると，Bの無差別曲線はUB*
からUB'へと原点O_Bに近くなってしまいB
の効用は減少してしまいます。

　したがって，点Eは，「他の経済主体の効
用を低下させることなしには，自己の効用を
増加させることができない状態」であるパレ
ート最適であるとわかります。

　ところで，UAとUBの接点つまりパレー
ト最適な点は図表27-8のようにO_AとO_Bと
を結んだ線上に無数にあり，これらの点の集
合を契約曲線といいます。

図表27-8 ● 契約曲線

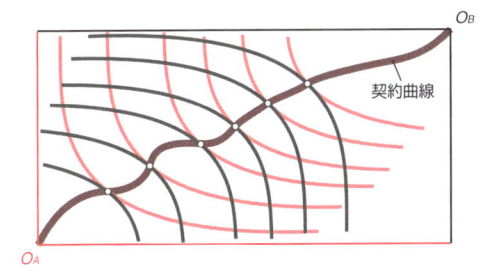

【問題27−1】

　次の図は，2人の消費者A，Bと第1財，第2財の2種類の財からなる経済のエッジワースのボックス・ダイアグラムであるが，この図の説明として，妥当なのはどれか。ただし，U_1，U_2，U_3，U_4は消費者Aの無差別曲線を表し，V_1，V_2，V_3，V_4は，消費者Bの無差別曲線を表すものとする。

Movie 170

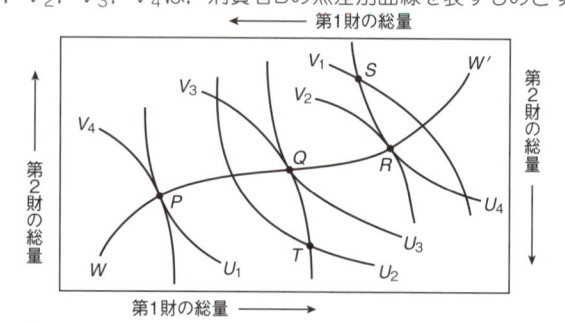

1．点P，点Q，点Rは，いずれもパレート最適な状態であり，これらの点の軌跡である曲線$W−W'$を効用可能曲線という。

2．点Tでは，消費者Aの効用と消費者Bの効用が等しくなるため，消費者Aと消費者Bの限界代替率は等しくなる。

3．点P，点Q，点Rは，いずれもパレート最適な状態であり，これらの点において，資源配分の効率性かつ所得分配の公平性が実現される。

4．点Sから点Rへの移行は，消費者Bの効用が増加し，消費者Aの効用が不変であることから，パレート改善である。

5．点P，点Q，点Rは，いずれもパレート最適な状態であるが，これらの点のうち，消費者A，Bともに効用が最も高いのは，点Qである。

（特別区）

（解説・解答）

1．×　パレート最適な点の軌跡は効用可能曲線ではなく契約曲線です。

2．×　無差別曲線は，他人との効用の比較はできませんし，点TではAとBの無差別曲線の傾きが等しくないので限界代替率も等しくありません。

3．×　P，Q，Rともにパレート最適なので効率的ですが，公平かどうかはわかりません。

4．○　SからRとなると，Bの無差別曲線はV_1からV_2となり，原点O_Bから離れるので効用は大きくなります。また，Aの無差別曲線はU_4で変わらないので効用は不変です。

5．×　P，Q，Rのうち，AにとってはO_Aから最も離れたU_4上にあるRの効用が最大であり，BにとってはO_Bから最も離れたV_4上にあるPの効用が最大となります。

正　解　4

Part 7

Movie 171

市場の失敗

―市場にまかせても
うまくいかないこともある―

　当初完全競争市場であっても，市場にまかせていては最適資源配分が実現できないケースとして，費用逓減産業，公共財，外部効果を学びます。

　また，完全競争市場の条件である「取引に必要な情報は完全」が欠けた情報不完全な市場についても学びます。

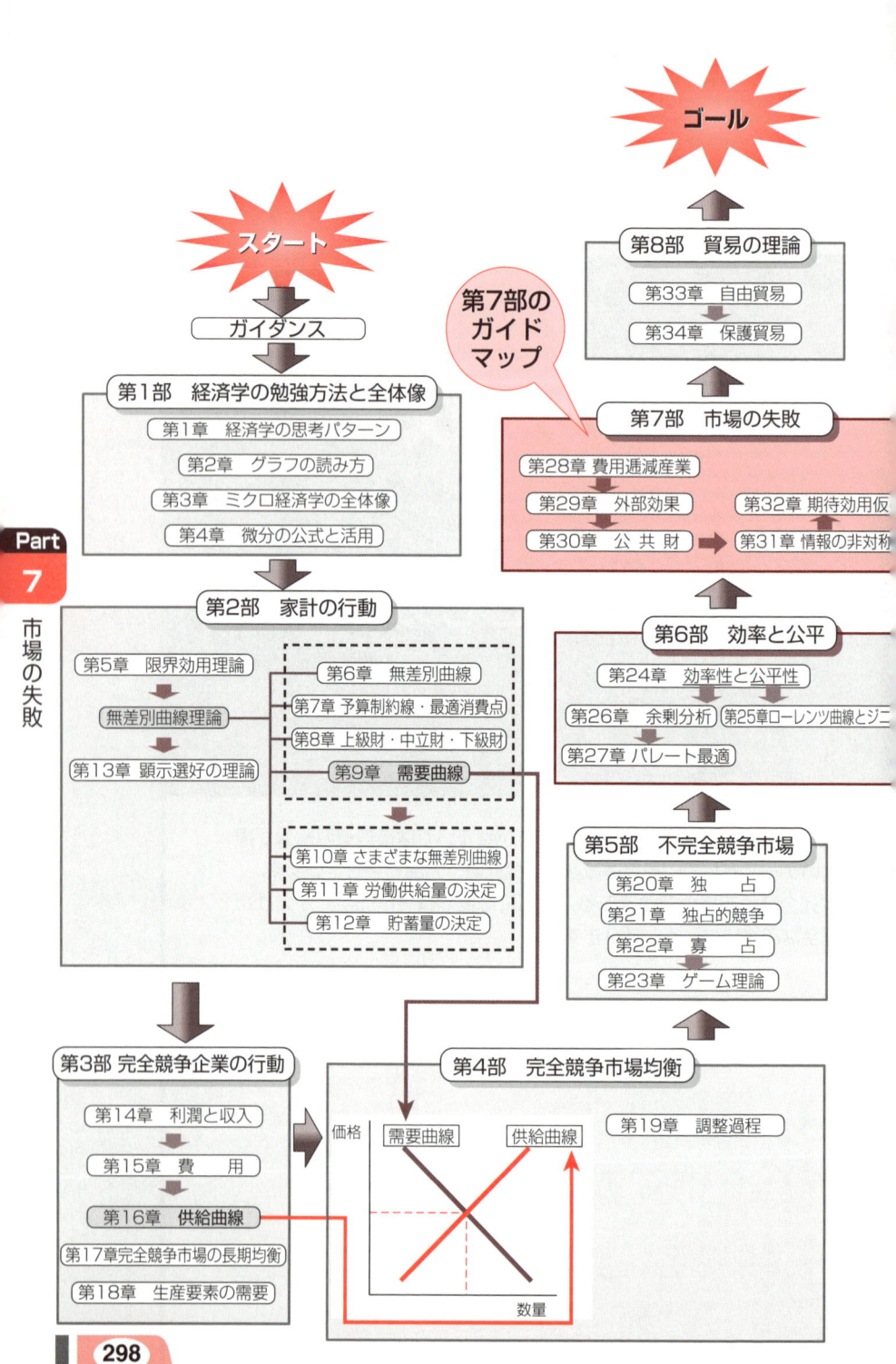

第7部の登場人物・舞台とストーリー

舞　台

　この部では，ある特定の財（モノとサービ
ス）の市場が舞台となります。

登場人物（経済主体）

　供給者と需要者の他に，政府も登場し，税
をかけたり，補助金を支給したりします。

> ### 復　習
>
> 　完全競争企業とは完全競争市場に存在
> する企業です。完全競争市場とは，以下
> の4つの条件などを満たす市場をいいま
> す。
> ① 供給者・需要者とも多数存在
> ② 商品は同質（差別化されていない）
> ③ 市場の参入・退出は長期的には自由
> ④ 取引に必要な情報は完全

全体像の中での位置づけ

　第2部で需要曲線，第3部で供給曲線を導
き，第4部で完全競争市場均衡を求めました。
そして，第6部では完全競争市場であれば最
適資源配分が実現するという厚生経済学の定
理を学びました。
　しかし，現実には，情報不完全などが原因
で完全競争市場とならないケースや，完全競
争市場であっても最適資源配分とはならない
ケースもあります（費用逓減産業・外部効
果・公共財）。第7部では，このように市場
にまかせていても最適資源配分とはならない
ケース（市場の失敗）について学びます。

第7部では，市場にまかせておいても最適資源配分が実現できないケースを考えます。

第28章では，当初完全競争であっても独占となってしまい非効率が生じる費用逓減産業を学びます。私たちの身近な電気・都市ガス・水道などがこれにあたります。

第29章では，取引当事者である需要者と供給者以外に経済的影響を与える外部効果を学びます。公害や，近年深刻化していると指摘されている地球温暖化問題がこれにあたります。

第30章では，防衛や治安維持など公共財と呼ばれるものについて，市場にまかせていては十分な量が供給されないことを学びます。

第31章では，情報が不完全であると，非効率が生じる有名なケースとして逆選択とモラルハザードを理解します。

第32章では，情報が不完全であるがゆえに不確実な世界における合理的な意思決定を考える期待効用仮説について学びます。

用 語

市場にまかせておいても最適資源配分が実現できないことを市場の失敗といいます。これは，市場が期待された機能を果たすことに失敗したという意味です。そもそも，市場には最適資源配分（効率性）は期待されていますが，公平な所得分配は期待されていません。ですから，公平な所得分配が実現できなくても市場の失敗とは言いません。それは，市場の限界というべきものなのでしょう。

Part 7 市場の失敗

第7部　市場の失敗

- 第28章 費用逓減産業
- 第29章 外部効果
- 第30章　公　共　財 → 第31章 情報の非対称性
- 第32章 期待効用仮説

Chapter **28**

費用逓減産業

―電力やガスはどうして独占だったのか？―

1 費用逓減産業とは，長期平均費用（LAC）が生産量の増加とともに低下するような費用関数を持つ企業から構成される産業をいう。

2 費用逓減産業の長期費用曲線は生産量とともに逓減する。そのため，最初に市場シェアを拡大し，生産量が多くなった企業の長期平均費用が低くなるために費用面で優位となり，最終的には1社となる【自然独占】。

3 自然独占を放置すると，余剰の損失が生じる。

4 限界費用価格形成原理とは，長期限界費用と等しい価格水準となる生産量で生産を行わせる考えをいう。最適資源配分が実現できるが，企業のマイナスの利潤を埋めるための補助金支給が必要となるという欠点がある。

5 平均費用価格形成原理とは，長期平均費用と等しい価格水準となる生産量で生産を行わせる考えをいう。企業の利潤がゼロとなり補助金支給が不要【独立採算】という長所があるが，余剰の損失が残り最適資源配分は実現されないという問題がある。

6 二部料金制とは，消費量とは無関係に一定の金額（基本料金）を徴収する一方，消費量に応じて料金（従量料金）を徴収する方法。従量料金を限界費用価格形成原理の価格水準とし，マイナスの利潤を基本料金で徴収すれば，最適資源配分と独立採算を同時に実現できる。

Movie 172

難易度　A

出題可能性

*国家一般職（旧Ⅱ種）	**B**
*国税専門官	**B**
地方上級・市役所・特別区	**A**
*国家総合職（旧Ⅰ種）	**B**
中小企業診断士	**B**
証券アナリスト	**C**
公認会計士	**C**
都庁など専門記述	**B**
不動産鑑定士	**A**
外務専門職	**A**

＊財政学でも出題される論点です。

1. 費用逓減産業とは？

【1】定　　義

　費用逓減産業とは，**長期平均費用（LAC）が生産量の増加とともに低下するような費用関数を持つ企業から構成される産業**をいいます。

たとえば

電力，ガス，水道などがあります。

【2】どうして，平均費用が逓減し続けるのか？

　通常，長期費用曲線は，図表28－1のように，長期平均費用曲線（LAC）は，U字型，つまり，ある生産量（X^*）までは逓減（次第に減少）し，ある生産量（X^*）から逓増（次第に増加）すると仮定しています。これは，生産量X^*までは，生産量を増やすために，資本と労働を拡大する（規模を拡大する）とメリットがある，つまり，規模の利益があるものの，X^*を超えて生産量を増やすと，規模を拡大することによる不利益（規模の不利益）の方が大きくなるということを想定しているからです。

　ところが，費用逓減産業の企業は，規模の利益が相当の規模まで続くため，市場全体の需要量を満たすような生産量になっても，規模の利益が働き，長期平均費用（LAC）が逓減するような費用構造を持っているのです。費用構造は技術で決まりますので，このような費用逓減産業とは，平均費用が相当規模の生産量になっても逓減するような技術を用いる産業をいいます。**費用逓減産業の長期費用曲線は，長期平均費用が逓減しますので，図表28－2のように右下がり**となります。

　これは，**費用逓減産業では，事業開始時にまとまって巨額の費用が必要となるから**です（巨額の初期費用）。

図表28－1 ●通常の長期費用曲線

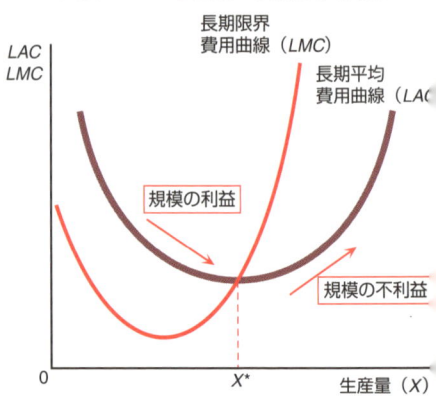

図表28－2 ●費用逓減産業の長期費用曲線

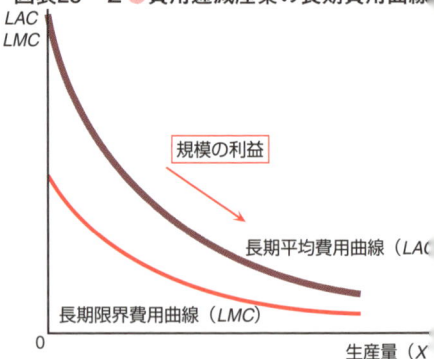

たとえば

　電力市場を考えてみましょう。電力を供給するには，発電所や送電線が必要です。首都圏で電力事業を行うとします。まずはじめに，発電所と送電線を作る必要があり，巨額な費用がかかります。この費用を1兆円としましょう。その他にも，燃料代や人件費もかかりますが，発電所と送電線の費用にくらべれば，たいした金額ではありません。

2. 自然独占

1】自然独占とは？

費用逓減産業は，当初，**完全競争市場で多**数の企業が競争していても，最初に市場シェ**ア**（占有率）を拡大し生産量が多くなった企**業**の長期平均費用が低くなるために費用面で**優**位となり，最終的には**1社のみ**となります。このような独占を**自然独占**といいます。

たとえば，2016年3月までは，東京では**電**気は東京電力，都市ガスは東京ガス，水道**は**東京都水道局の独占でした。これは，これ**ら**の産業が費用逓減産業だから独占になって**い**たのです。もっとも，全国では，電力会社**は**，東京電力以外にも，関西電力，中部電力，**北**海道電力など数社あったのですが，東京の**人**は，仮に，「東京電力が高いから関西電力**に**したい！」と思っても，東京の送電線は東**京**電力のものですから，東京電力から電気の**供**給を受けるしかありませんので，事実上の**独**占だったのです。

このように，その地域においては1つの会**社**が供給を独占していることを**地域独占**とい**い**ます。費用逓減産業は自然独占だといって**も**，全国で1社しか供給者がいない独占はま**れ**で，多くは，地域独占です。鉄道も，多く**の**場合この地域独占になります。

2】自然独占の弊害

自然独占は独占ですので，図表28-3に**お**いて，MR=LMC（長期限界費用）とな**る**生産量X_mに決定し，その生産量での需要**曲**線上の点Mの価格P_mに価格を設定します。

総余剰が最大となる生産量は，需要曲線と**L**MCの交点Eの生産量X_eとなり，そのとき**の**総余剰に比べて**総余剰はMCEだけ減少し**，**最**適資源配分が実現していません。

たとえば

高級住宅地として有名な東急電鉄東横線の田園調布駅の近くに住んでいる人にとっては，東急電鉄は高いから，ほかの電車で通勤や通学をしたいと思ってもできません。東急電鉄東横線の田園調布駅の近くに住んでいる人々にとっては，都心への通勤の足は東急電鉄東横線だけが供給しているからです。これも，地域独占の1つです。

図表28-3 ● 自然独占の弊害

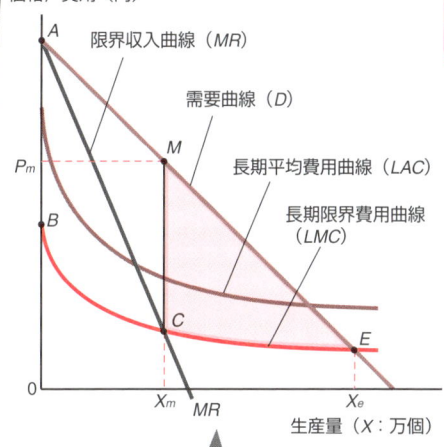

補足

市場全体の右下がりの需要曲線（D）が独占企業の直面する需要曲線となります。需要曲線が右下がりなので，限界収入曲線（MR）は，値下がり損分だけ，価格を表す需要曲線（D）より下方に位置します。市場に委ねておくと，独占企業は，利潤最大化のため，MR=LMC（長期限界費用）となる生産量X_mに決定し，その生産量での需要曲線上の点Mの価格P_mに価格を設定します。

【3】対　策

通常，独占による資源配分の非効率を防ぎ，最適資源配分を実現する政策は①企業分割，②価格規制，③補助金の支給，④費用逓減となっている技術の革新があります。それぞれについて検討しましょう。

① 企業分割

独占企業を多数に分割すれば，供給者は多数となり競争が起こるはずです。その結果，市場は，商品が同質であるならば，完全競争市場となり，通常であれば，最適資源配分が実現されます。

しかし，費用逓減産業の場合には，大企業で生産量が多いほど平均費用が低いので効率的です。これを，分割をして多数の中小企業にしてしまうと，1企業の生産量が少なくなって平均費用が増加し，かえって非効率になってしまうので望ましくありません。

② 価格規制

現実に用いられる政策が，この価格規制です。これについては，後ほど詳しく説明します。

③ 補助金の支給

独占企業に1単位生産につき補助金s円を支給するケースを考えましょう。このとき，企業は，1単位追加に生産するごとに補助金s円をもらうのですから，限界費用がs円減少したと考えることができます。図表28－4のように，$MR = LMC$となる利潤最大の生産量がX_eとなるまで，補助金により長期限界費用曲線を下落させます（LMC'）。このとき，企業は，利潤最大化となる$LMC' = MR$となる点C'の生産量X_eで，価格は需要曲線に沿って，P_eに設定します。このようにして，最適資源配分を実現する生産量X_eを達成することができます。

Part
7

市場の失敗

図表28－4 ● 自然独占企業への補助金支給

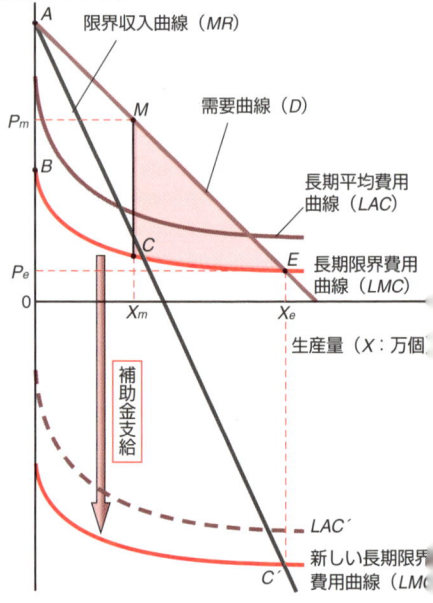

価格，費用（円）

- 限界収入曲線（MR）
- 需要曲線（D）
- 長期平均費用曲線（LAC）
- P_m
- M
- B
- C
- P_e
- E 長期限界費用曲線（LMC）
- 0
- X_m
- X_e
- 生産量（X：万個）
- 補助金支給
- LAC'
- 新しい長期限界費用曲線（LMC
- C'

費用逓減となっている技術の革新

そもそも，自然に独占になってしまう原因は，長期平均費用が逓減するという技術構造を持つことによります。費用逓減は，莫大な初期費用の存在によります。しかし，**技術革新が起こり，莫大な初期費用が不要となれば，自然に独占にはなりません。**

政府が莫大な初期費用が不要となる技術革新を支援し，そのような技術を現実のものとすることができれば，独占を終了させ，競争的で効率的な完全競争市場に近い世界を実現することができます。ただし，これは，長い時間を要するものであり，また，必ず成功するという保証もないことはいうまでもありません。

自然独占の範囲を限定する

ある事業の自然独占以外の領域を部分的に競争させるという方法もあります。たとえば，電気の場合，発電は自宅でも太陽光発電ができるくらいですから，自然独占ではありません。電力において自然独占であるのは，実は，各家庭や企業に電気を送る「送配電」と呼ばれる領域だけなのです。

ですから，送配電は自然独占ですから競争市場にはできませんが，それ以外の領域である「発電」と「販売」は競争させることが可能なのです。

以上，最適資源配分を実現するための政策を検討しました。まとめると，次のようになります。企業分割はかえって平均費用を増加させ非効率になるので，資源配分上望ましくない。補助金支給は，最適資源配分を実現できるが，公平な所得分配という観点から，現実には支持されないことが多い。費用逓減となる技術の革新は，長期的な話であり，確実性にも欠ける。ということで，今すぐ，確実

たとえば

電話を考えてみましょう。かつては，国内通話はNTT，国際通話はKDDの独占でした。これは，電話事業には，電話線や交換機など，莫大な初期費用がかかるため費用逓減産業であったからです。ところが，光ファイバーの発明により，電話線は銅線から光ファイバーに代わり安価に設置できるようになり，また，交換機も通信技術の発達により格段に安価で入手できるようになり，ついには不要となりました。しかも，携帯電話やPHSという，電話線を設置しなくても，アンテナを設ければ電話事業が行えるような技術も開発されました。そこで，NTTやKDD以外の企業も，電話事業は，昔のように莫大な初期費用がかかるわけではないから，つまり，費用逓減産業でないから，既存の独占企業と競争して儲かると判断し，参入していったのです。

その結果，劇的に通話料金が低下し，ドコモのiモードなど新しいサービスが次々と登場するようになりました。

▶▶ 徹底解説 ◀◀

2016年4月より，電力の自由化が実施され，各家庭が電力会社を選ぶことができるようになりました。

しかし，これは，電力の発電・送配電・販売の3つの領域のうち，「発電」と「販売」を自由化したのであって，「送配電」は従来通り独占なのです。なぜなら，各家庭につながっている電線は，大手電力会社のものしかないからです。

2017年4月より実施されたガスの自由化も同様の方法で自由化され，都市ガスを各家庭に送る「導管」と呼ばれる部分は大手ガス会社の独占のままなのです。

に最適資源配分を実現できる政策で，公平な所得分配という観点からも容認される政策は価格規制ということになります。

Movie 175

【1】定　義

　限界費用価格形成原理とは，長期限界費用と等しい価格水準となる生産量で生産を行わせる考えをいいます。図表28－5において，需要曲線と長期限界費用曲線（LMC）の交点Eの価格P_eで価格規制を行い，X_eの生産量とすることです。図表28－5において，P_eで価格規制をすると，需要量は需要曲線（D）よりX_eとなります。

【2】長　所

　生産量X_eのとき総余剰は最大となり，最適資源配分が実現します。

【3】短　所

　まず，長期限界費用を正確に測ることができないという問題点があります。

　他にも，次のような補助金支給という問題があります。生産量がX_eのとき，図表28－5より，価格はP_eで点Eの高さですが，長期平均費用（LAC）は点Fの高さですから，平均利潤＝価格－長期平均費用は，EFの分だけマイナスになっています。ということは，企業の全体の利潤も$EFJK$だけマイナスとなっています。利潤がマイナスとなるような価格に規制されれば，企業は，撤退してしまうはずです。

　そこで，企業が退出しないように，マイナスの利潤を穴埋めするために補助金を支給する必要があります。ただし，補助金には次のような問題点があります。

① 国民から広く徴収した税金を特定の産業に投入してよいのか。

② 利潤がマイナスになっても補助金で穴埋めしてもらえるので，企業の費用節減意欲が低下する。

図表28－5 ●限界費用価格形成原理

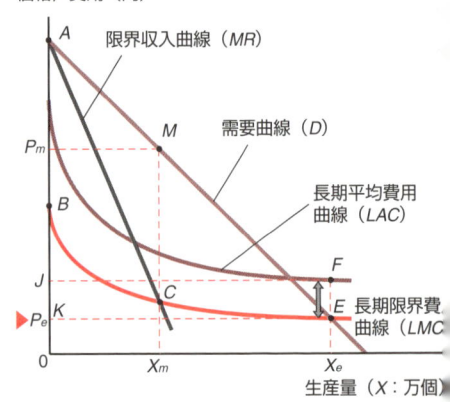

価格，費用（円）

限界収入曲線（MR）
需要曲線（D）
長期平均費用曲線（LAC）
長期限界費用曲線（LMC）
生産量（X：万個）

理　由

　利潤がマイナスとは他の産業よりも利益が小さいということですから，企業はその産業を退出し他の産業へ参入してしまうのです。

補　足

　補助金支給対象の産業を利用していない国民からみれば，不公平だと思われる可能性があり，所得分配の公正という観点から問題があります。

4. 価格規制② 平均費用価格形成原理

Movie 176

【1】定　　義

　平均費用価格形成原理とは，**長期平均費用と等しい価格水準となる生産量で生産を行わせる考え**をいいます。図表28－6において，需要曲線と長期平均費用曲線（LAC）の交点Gの価格P_gで価格規制を行い，X_gの生産量とすることです。

　図表28－6において，P_gで価格規制を行うと，需要曲線（D）より需要量はX_gとなります。X_gの生産を行ったときの企業の利潤はゼロです。なぜなら，生産量X_gのときの平均費用は点Gの高さで価格P_gと同じ，つまり，$P_g=LAC$となっているからです。

【2】長　　所

　企業は利潤ゼロ，すなわち，他の産業と同じ利益水準ですから，企業を引き止めるための**補助金などは必要ありません。**

【3】短　　所

　総余剰が最大となる生産量X_eのときの総余剰に比べて，X_gの**総余剰はHGE**（網掛け部分）**だけ小さく，最適資源配分は実現していません。**

図表28－6 ●平均費用価格形成原理

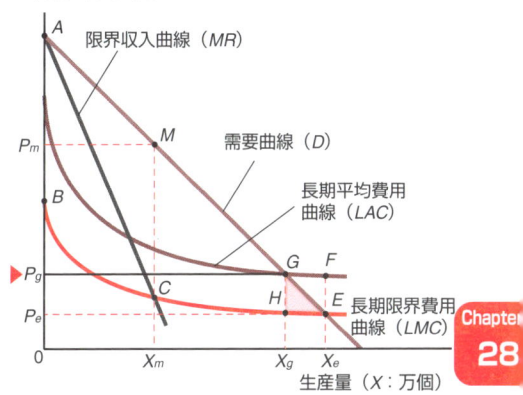

価格，費用（円）

- 限界収入曲線（MR）
- 需要曲線（D）
- 長期平均費用曲線（LAC）
- 長期限界費用曲線（LMC）

生産量（X：万個）

用 語

　企業は他からの支援なく採算が取れるので，独立採算制ともいいます。

たとえば

　電話，電力，ガスなどで採用されています。

5. 価格規制③ 二部料金制

Movie 177

【1】定　　義

　二部料金制とは，消費量とは無関係に一定の金額（基本料金）を徴収する一方，消費量に応じて料金（従量料金）を徴収する方法です。

【2】長　　所

　これは，限界費用価格形成原理に基づく消費量に応じた料金設定をすることにより最適資源配分を実現しつつ，利潤がマイナスとな

Point!

　限界費用価格形成原理，平均費用価格形成原理の2つの価格原理の長所を併せ持ちます。

る部分については，基本料金でカバーすることにより独立採算を確保します。

Chapter 28

費用逓減産業

【3】問 題 点

　しかしながら，二部料金制は，限界費用価格形成原理による価格設定を行いますが，**現実には限界費用を把握することが困難**という問題点があります。

　また，基本料金は，需要量の多寡にかかわらず一律に一定額徴収されるのが一般であり，需要量の少ない者への負担が大きくなるという問題点があります。

　さらに，基本料金により利潤はゼロになるように調整されるので，依然として企業努力へのインセンティブ（誘因）が少ないという問題点もあります。

図表28−7● 価格規制の比較検討

限界費用価格形成原理（$P=MC$）	平均費用価格形成原理（$P=AC$）	二部料金制
○：最適資源配分	○：独立採算	○：$P=MC$ →最適資源配分
×：マイナスの利潤 →補助金支給	×：最適資源配分 実現せず	○：マイナスの利潤 →基本料金 →独立採算

6. X非効率

Movie 178

　どのような価格規制をしても，独占企業は他の競争者がおらず，コスト削減，顧客サービス，技術開発等の企業努力を十分に行うインセンティブ（誘因）が弱いのが通常です。その結果，費用の上昇や，顧客サービスの悪化などの非効率が生じるおそれもあります。

　このように，**独占企業が競争がないことにより企業努力を怠るようになり，非効率が発生すること**を**X非効率**といいます。費用逓減産業は自然独占ですので，X非効率の問題は残ります。

　そこで，費用削減の意欲を与える方法として，ヤードスティック競争があります。これは，地域独占企業の費用構造を比較して，世間の監視にさらすというものです。

　たしかに，このヤードスティック競争は一定の効果はあるでしょうが，限られた効果しかありません。

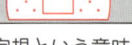

＋ 補 足

　ヤードスティックとは，定規という意味です。

たとえば

　電力であれば，ほかの電力会社が費用が減少しているのに，1社だけ費用が上がっていると世間の批判を受け，政府に説明を求められます。このように，同業の地域独占企業同士の経営状況を競い合わせることにより，企業努力の意欲を強めるというものです。

理 由

　なぜなら，地域独占企業は地域が異なることから，それぞれの条件が違うので，単純に比較することはできないからです。また，経営状態を比較するといっても，世間や政府の批判であって，ライバルに負けてつぶれてしまうわけではありません。それらの意味で，競争企業に比べて，企業努力へのインセンティブはやはり弱いと言わざるを得ません。

Chapter 29

外部効果

―地球温暖化問題を経済学で考えると……―

Point

1 外部効果とは，取引当事者以外の第三者に対して便益や損害を与えることをいう。このうち，取引当事者以外の第三者に対して便益を与えることを外部経済，取引当事者以外の第三者に対して損害を与えることを外部不経済という。

2 外部不経済があると，社会的限界費用（SMC）が私的限界費用（PMC）である供給曲線（S）よりt円高くなり，過剰生産となる【市場の失敗】。

3 外部不経済の市場の失敗に対しては，1単位あたり限界外部費用分の従量税をかけることによって最適資源配分を実現できる【ピグー税】。

4 ①権利関係が明確であり，②交渉の取引費用がゼロ，あるいは，無視しうるほど小さいという仮定を満たせば，「外部効果が発生しているときに，外部効果を与える経済主体と受けている経済主体のどちらが費用を負担しても，交渉により最適資源配分が実現する」【コースの定理】。

5 外部経済があると，社会的限界費用（SMC）が私的限界費用（PMC）である供給曲線（S）よりt円低く，過少生産となる【市場の失敗】。

6 外部経済の市場の失敗に対しては，1単位あたり限界便益分の補助金を生産者に支給することによって最適資源配分を実現できる【ピグー的政策】。

Movie 179

難易度　A

出題可能性

*国家一般職（旧Ⅱ種）　**A**
*国税専門官　**A**
*地方上級・市役所・特別区　**A**
*国家総合職（旧Ⅰ種）　**A**
中小企業診断士　**A**
証券アナリスト　**A**
公認会計士　**A**
都庁など専門記述　**A**
不動産鑑定士　**A**
外務専門職　**A**

＊財政学で出題されることもあります。

1. 外部効果とは？

外部効果とは，**取引当事者以外の第三者に対して便益や損害を与えること**をいいます。

外部効果のうち，取引当事者以外の第三者に対して便益を与えることを外部経済，取引当事者以外の第三者に対して損害を与えることを外部不経済といいます。

また，**外部効果が市場価格に反映される場合を金銭的外部効果**といい，**外部効果が市場価格に反映されない場合を技術的（非金銭的）外部効果**といいます。外部効果が市場価格に反映されないので，価格調整による資源配分は，外部効果を考えずに行われるために最適資源配分を実現できず，市場の失敗となります。

経済学では，特に断わりがなければ，外部効果（外部不経済，外部経済）という場合には，市場の失敗が生じる技術的（非金銭的）外部効果を意味します。

Movie 180

たとえば

きれいな花を植えた家の周囲の人も，そのきれいな花を見ることができ，良い影響をうけるのであれば外部経済ですし，工場の生産活動により発生した公害が地域住民に悪影響を及ぼせば外部不経済となります。

たとえば

ブドウの価格が下落したら，多くの人が桃を買うのをやめて，代わりに安くなったブドウを買うようになり，桃の価格も下落したというようなケースです。

たとえば

工場の生産活動により発生した公害が地域住民に悪影響を及ぼし，補償などしていないケースです。

2. 外部不経済

Movie 181

【1】定　義

外部不経済とは，**取引当事者以外の第三者に対して不利益を与えること**をいいます。ここでは，市場の失敗が問題となる技術的（非金銭的）外部不経済について考えます。

復　習

市場の失敗とは，市場にまかせていては最適資源配分とはならないことです。

【2】仮　定

X財市場は，

① **完全競争市場**とし，

② 市場の需要曲線は右下がり

③ 市場の供給曲線は右上がりとし

④ **X財追加1単位につき生じる外部不経済**（これを**限界外部費用**といいます）はt円で一定とします。

Part

7

市場の失敗

3】市場の失敗

　企業は自分の**負担する限界費用**（私的限界費用：Private Marginal Cost 略してPMC）だけを考えて供給量を決定するので，**PMCが市場の供給曲線（S）となります。そして，経済は，需要曲線（D）と供給曲線（S）の交点E（Q_e，P_e）で均衡します。

　今，仮定④より限界外部費用がt円かかっているので，**社会全体で負担する限界費用**（**社会的限界費用**：Social Marginal Cost 略してSMC）**は企業の負担している私的限界費用（PMC）である供給曲線（S）よりt円高くなっています。**

　総余剰とは社会全体の利益ですから，総余剰の計算に際しては，企業が負担した私的限界費用（PMC）だけを考えるのではなく，限界外部費用をも考慮した社会的限界費用で考える必要があります。このように総余剰を考えると，**生産量がQ_eのときの総余剰は$A' E' B - E E' F$となります。**

　ところで，総余剰が最大となる生産量は社会的限界費用曲線（SMC）と需要曲線（D）の交点である点E'の生産量Q_e'であり，そのときの総余剰は$A' E' B$です。したがって，**市場に委ねていては，外部不経済の発生により，過剰生産となり，余剰の損失が$E E' F$だけ発生し**総余剰は最大とならず，最適資源配分は実現されないことになります。

【4】最適資源配分を実現する方法

　では，最適資源配分を実現するためにはどのような方策があるか検討しましょう。

図表29－1 ●外部不経済

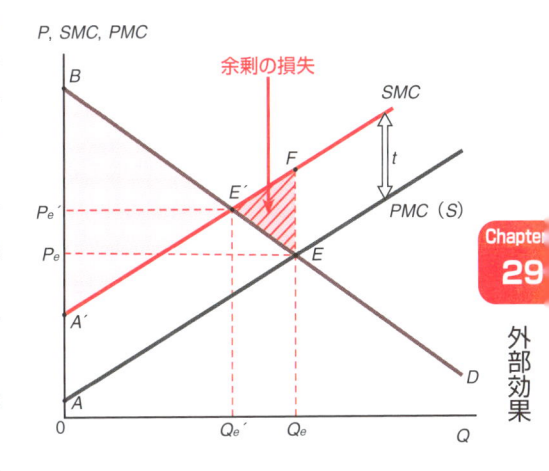

① ピグー税

　最適な資源配分が実現されない原因は外部不経済の発生によって私的限界費用（PMC）と社会的限界費用（SMC）が乖離するからです。したがって，私的限界費用（PMC）を社会的限界費用（SMC）に一致させる政策を行えば，生産量はQ_e'となり最適資源配分となります。

　そのためには，**外部不経済発生原因のX財に対し，限界外部費用t円分だけ従量税を課す方法**があります。これにより，企業は1個作るたびにt円税金を支払わなくてはならないので，**企業の負担する限界費用であるPMCはt円分だけ上昇し，SMCと同じになります。**

　その結果，供給曲線が上方シフトしSMCと同じになり，経済は点E'で均衡し最適資源配分が実現します。

② 補助金

　外部不経済発生原因のX財に対し，生産量を1単位減らすごとにt円だけ補助金を与える方法もあります。この補助金支給により，企業は，1個作るたびにt円分の補助金を失うので，失った補助金t円が機会費用となり，企業の負担する限界費用であるPMCはt円分だけ上昇し，SMCと同じになります。

　その結果，供給曲線が上方シフトしSMCと同じになり，経済は点E'で均衡します。したがって，最適資源配分が実現することになります。

用語

　このような課税方法はピグーが考案したことより，**ピグー税**と呼ばれます。

キーパーソン key person

アーサー・ピグー
（1877～1959）

　ケインズと同時代の代表的な（新）古典派経済学者。ケインズと同じく，ケンブリッジ大学のマーシャルに経済学を学ぶ。ケインズが師マーシャルの新古典派経済学を批判しケインズ経済学を創始したのに対し，ピグーは新古典派を継承し，ケインズとの論争を展開しました。ここで扱う，外部不経済を最適化するための方法としての「ピグー税」に加え，マクロ経済学でのピグー効果も試験では出題されます。望ましさを考える経済学の分野である「厚生経済学」の創始者でもあります。

➕ 補足

　しかし，現実には，外部不経済をもたらす企業へ補助金を支給することは不公平であると見なされる場合が多いでしょう。もちろんこれは，資源配分＝効率性とは別の，公平性＝所得分配の議論です。この政策により最適資源配分は実現されますが，常識的には，所得分配の公正の観点から受け入れられないでしょう。

　なお，公害においては汚染者負担の原則（Polluter Pays Principle; PPP）が確立しており，汚染者である企業が外部不経済による悪影響に対する負担をすべきとのルールがあります。したがって，企業への補助金支給ではなく，企業に税負担をさせる①のピグー税が正当化されることになります。

【問題29−1】（過去トレ・ミクロ p.73 問題6−5より）

下の図は，完全競争市場において企業が外部不経済を発生させているときの状況を，縦軸に価格を，横軸に数量をとり，需要曲線をD，私的限界費用曲線をPMC，社会的限界費用曲線をSMCで表したものである。この場合の余剰に関する記述として，妥当なのはどれか。

Movie 182

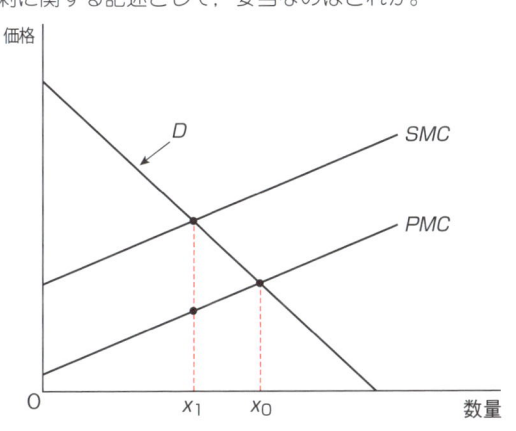

1．生産量がx_0のとき，企業に補助金を支給して生産量をx_1に減少させると，生産者余剰は増加するが，社会全体の余剰は減少する。

2．生産量がx_0のとき，企業に補助金を支給して生産量をx_1に減少させると，消費者余剰と社会全体の余剰とは，ともに減少する。

3．生産量がx_1のとき，企業に補助金を支給して生産量を増加させると，社会全体の余剰は増加する。

4．生産量がx_0のとき，企業に課税して生産量をx_1に減少させると，社会全体の余剰は増加するが，生産者余剰は減少する。

5．生産量がx_1のとき，企業に課税して生産量をx_1よりも減少させると，社会全体の余剰は増加するが，消費者余剰は減少する。

（特別区）

戦　略

社会的限界費用（SMC）が私的限界費用（PMC）よりも大きいので，外部不経済とわかります。外部不経済は**鉄則17**の流れで考えましょう。

鉄則17　外部不経済

① 外部不経済：<u>取引当事者以外</u>の<u>第三者に不利益を与える</u>
　　　　　　（需要者・供給者）

②　社会的限界費用　＝　私的限界費用　＋　限界外部費用
　（SMC：Social Marginal Cost）（PMC：Private Marginal Cost）（MEC：Marginal Exteral Cost）
　　　⇩　　　　　　　　　　　　　　　⇩
③社会全体の利益である総余　　⑤供給曲線（S）
　剰を計算する際の限界費用
　　　　　　　　　　　　　　⑥需要曲線と供給曲線（S＝PMC）の
④需要曲線と SMC の交点（E′）　≠　交点（E）が市場均衡。
　が総余剰最大＝最適資源配分

　　　　最適資源配分 ⇐ PMC′＝SMC ⇐　⑦MEC 分だけピグー税を
　　　　　　　　　　　↑　　　　　　　　かけて，PMC を増加
　　　　　　　　　　新しいPMC

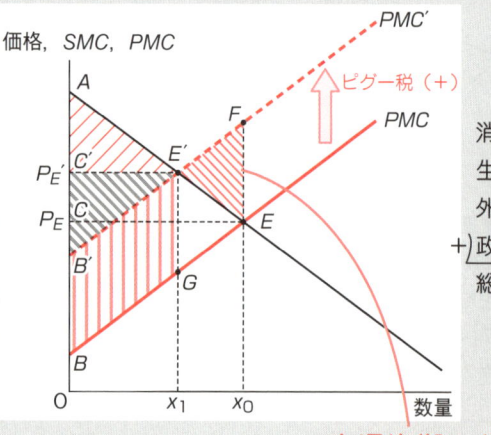

価格, SMC, PMC

⑧ピグー税による余剰の変化

	市場均衡	ピグー税後
消費者余剰	ACE ⎫ ABE	AC′E′↓
生産者余剰	BEC ⎭	B′E′C′↓
外部不経済	⊖BEFB′	⊖BGE′B′
(+)政府余剰	0	BGE′B′
総余剰	AB′E′−EFE′ →	AB′E′ ← ピグー税収
	⊕EFE′	

市場均衡における余剰の損失

解　説

　鉄則17⑥より，下図において，市場均衡はPMCとDの交点Eのx_0。このとき総余剰は $AC′E′−EFE′$ となり，$EFE′$だけ余剰の損失があります。**鉄則17**⑦，⑧より，ピグー税をかけるとPMCがSMCと等しくなり市場均衡はE′のx_1となり，余剰の損失はなくなります。

　以上をふまえて選択肢を検討します。

1．×　x_0からx_1になると総余剰は$EFE′$だけ増加します。

2．×　補助金を支給して生産量を減らすためには生産量を減らすごとに

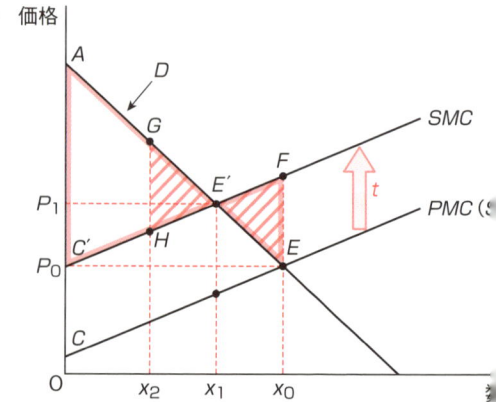

補助金を支給する必要があります。x_0からx_1まで減少すると価格はP_0からP_1に上昇し，消費者余剰は$\triangle ACE$から$\triangle AC'E'$へと減少するが総余剰は増加します。

3．× x_1のときに総余剰は最大となります。

4．○ **鉄則6-2**⑧より，ピグー税をかけると総余剰は増加するが生産者余剰は減ります。

5．× x_1が総余剰最大なので，x_1より減少させると総余剰は減ってしまいます。たとえばx_2へ減らすと$\triangle E'GH$だけ総余剰が減少してしまいます。

以上より，正解は4。

正　解　4

3. コースの定理

Movie 183

① 定　義

コースの定理とは，**外部効果が発生しているとき，汚染者，被害者，どちらが補償金を負担しても，交渉により最適資源配分が実現するという定理**です。

② 仮　定

コースの定理が成立するためには以下の2つの仮定が必要となります。

ⓐ **権利関係が明確であること**

ⓑ **交渉の取引費用がゼロ，あるいは，無視しうるほど小さいこと**

以上の仮定より，被害者，加害者どちらに権利があるかが明確であり，両当事者の交渉はすんなりとまとまるということになります。

③ 図による説明

図表29-1を前提に考えましょう。

ⓐ 工場（汚染者）に権利がある場合

住民は1単位生産につきt円だけ限界外部費用を被っているので，工場に補償金を支払い生産を削減してもらうことになります。住民は，生産量を1単位減らせばt円だけ限界外部費用が減るのですからt円までは補償金を工場に支給するでしょう。

このように，**住民が工場に1単位生産量を減らすごとにt円補償金を支払えば，これは，**

➕ 補　足

ここでは，公害という外部不経済が発生しているとき，汚染者，被害者，どちらが補償金を負担しても，交渉により最適資源配分が実現するということを考えます。

理　由

交渉当事者のどちらに権利があり，補償金をもらえるのかが決まっていなければ，交渉は進まないからです。

理　由

適切な交渉結果が得られたとしても，交渉自体に多大な費用がかかれば交渉しない方が良かったという結論になりかねないからです。

図表29-1　（再掲）　●外部不経済

P, SMC, PMC

余剰の損失

（図：縦軸 P, SMC, PMC，横軸 Q。点 B から始まる SMC 曲線，点 A' から始まる $PMC(S)$ 曲線，需要曲線 D。均衡点 E，E'，F，価格 P_e，P_e'，数量 Q_e，Q_e'，t。）

政府の補助金と実質的には同じですから，工場は1単位生産を増やすことによってt円分の補償金を失うので，失った補償金分が機会費用となり，企業の負担する限界費用であるPMCはt円分だけ上昇し，SMCと同じになります。その結果，**企業の供給曲線が上方シフトしSMCと同じになり，経済は点E'で均衡し，最適資源配分が実現**します。

ⓑ 住民（被害者）に権利がある場合

工場は1単位生産につきt円だけ住民に限界外部費用を与え，住民の権利を侵害してしまうので，生産について住民の許可を取らなくてはなりません。住民は，1単位生産につきt円だけ限界外部費用を被るのですから，企業が，1個作るたびにt円分の補償金をくれなければ許可しません。

そこで，**企業は1個作るたびにt円補償金を支払うので，企業の負担する限界費用であるPMCはt円分だけ上昇し，SMCと同じに**なります。その結果，**企業の供給曲線が上方シフトしSMCと同じになり，経済は点E'で均衡します。**したがって，**最適資源配分が実現します。**

④ 意　義

以上のように，コースは，一定の前提を満たせば，政府が介入しなくても当事者間の交渉によって最適資源配分が実現することを指摘しました。

しかし，公害の場合には，コースの定理の仮定を満たせないようです。

補　足

①権利関係（誰が補償金を支払い，誰が受けとるか）が明確，②取引費用がゼロという前提の下では，加害者，被害者どちらに権利があっても，自発的交渉により最適資源配分の生産量となります。

理　由

なぜなら，権利関係は汚染者負担の原則が確立しているので，住民に権利があることは明確ですが，公害の場合，被害者が多く交渉に時間がかかるので，「交渉の取引費用がゼロ，あるいは，無視しうるほど小さいこと」という仮定②は満たしません。

Point!

コースの定理によれば，自発的交渉によって，最適資源配分，つまり，「牧畜業者の利益−農家の損失」が最大となります。

【問題29－2】

農場と牧場が隣接しており，牧畜業者が牧場で牛を飼育しているが，囲いがないため，牛の頭数が増えるに従い，農場の穀物が荒らされ，農家に損失を与える。牛の頭数とそれによる農家の損失額は下表で示される。この場合 Movie 184 において，牧畜業者と農家の間で，牛の頭数と農家への補償について自発的な交渉が行われるとき，両者の歩み寄りによって，コースの定理が示す均衡状態に達する場合の牛の頭数として，妥当なのはどれか。ただし，取引費用はゼロであるとする。

牛の頭数	牧畜業者の収入額	農家の損失額
20頭	600万円	0万円
21頭	660万円	20万円
22頭	720万円	60万円
23頭	760万円	120万円
24頭	800万円	200万円

1．20頭
2．21頭
3．22頭
4．23頭
5．24頭

（東京都庁）

計算に必要な知識

• コースの定理

鉄則18　コースの定理による生産量

コースの定理は，加害者と被害者が交渉により生産量を決めるとき，最適資源配分，つまり，両者の利益の合計が最大となる生産量に決まる。

戦　略

鉄則18に沿って，まずは問題文の表から牧畜業者の利益と農家の損失を差し引いて，両者の利益の合計を計算し，その利益が最大となる生産量（頭数）を求めます。

下表より，22頭のとき両者の利益の合計が最大となるので，22頭で均衡します。

牛の頭数	牧畜業者の収入額A		農家の損失額B		両者の利益の合計（A−B）
20頭	600万円	−	0万円	=	600万円
21頭	660万円	−	20万円	=	640万円
22頭	720万円	−	60万円	=	660万円	←最大
23頭	760万円	−	120万円	=	640万円
24頭	800万円	−	200万円	=	600万円

正 解　3

Part 7　市場の失敗

4. 外部不経済へのその他の対策

Movie 185

【1】合 併 解

今度は，ある企業（A社）が他の企業（B社）に生産量1個につき t 円だけ外部不経済を与えているというケースを考えます。

このときにも，A社に限界外部費用 t 円分だけピグー税をかけることによって，A社は外部不経済も費用と考えて生産量を決めることになるので最適資源配分となります。

しかし，このときには，政府が登場しなくても，A社とB社が合併し1つの会社になることによっても最適資源配分になるということがわかっています。

> **復 習**
>
> 限界外部費用が t 円ということです。

> **理 由**
>
> A社とB社が合併し，同じ会社のA工場とB工場となったとしましょう。このとき，A工場からB工場に与えている t 円は，もはや外部不経済ではなく，社内における費用の増加となるので，私的限界費用の増加となり，ピグー税と同じ効果を持つからです。

【問題29－3】

次の文章を読んで，下記の設問に答えよ。

企業Aの生産活動は，企業Bに外部不経済を与えるとする。企業Aはx財を，企業Bはy財を生産し，それぞれの費用関数は以下のように与えられている。

Movie 186

 企業A：$C_a = x^2$（C_a：企業Aの総費用，x：企業Aの生産量）

 企業B：$C_b = y^2 + x^2$（C_b：企業Bの総費用，y：企業Bの生産量）

x財とy財の価格は，競争市場で決定され，それぞれ20と40で常に一定とする。

（設問1）

もし企業間で交渉しなければ，両企業の最適な生産量はそれぞれどの水準であるか。最も適切な組み合わせを選べ。

ア	$x=5$	$y=20$
イ	$x=10$	$y=5$
ウ	$x=10$	$y=20$
エ	$x=20$	$y=10$

（設問2）

企業で交渉して，双方の利益の和を最大化することにしたとする。この場合，交渉のための費用は一切かからないとすれば，両企業の最適な生産量はそれぞれどの水準であるか。最も適切な組み合わせを選べ。

ア	$x=5$	$y=20$
イ	$x=10$	$y=5$
ウ	$x=10$	$y=20$
エ	$x=20$	$y=10$

（設問3）

両企業で交渉した場合，交渉のための費用は一切かからないとすれば，最も不適切な利益配分の組み合わせはどれか。

ア	企業Aの利益＝95	企業Bの利益＝355
イ	企業Aの利益＝105	企業Bの利益＝345
ウ	企業Aの利益＝115	企業Bの利益＝335
エ	企業Aの利益＝125	企業Bの利益＝325

（中小企業診断士）

計算に必要な知識

• 外部不経済の2企業モデル

本問は企業Bの総費用関数 $C_b = y^2 + x^2$

↑ ↑
Bの生産量　Aの生産量

とBの総費用がBの生産量だけではなく，Aの生産量が増えると増加してしまいます。これに
企業Aの生産量の増加が企業Bへ悪影響を及ぼしており，外部不経済と考えることができます

このようなときには，企業AとBが合併することによって最適資源分配が達成されること
知られています。なぜなら，AとBが合併すれば，AはBに与えている外部不経済（限界外
費用）を自分の費用と考えるようになり，PMC と SMC が一致するようになるからです。
のような解決方法を合併解と呼び，本問は合併まではしていませんが，双方の利益の和を
大にするという意味で合併解と本質は同じものとなります。

（具体例）

企業間の外部不経済の例として，新幹線が通ることによる微力な振動が半導体製造に悪影
響を及ぼし，不良率が高まってしまったという例があります。ちなみにこのケースでは，
路と半導体工場の間に用水路を作り，用水路で微力な振動を遮断し解決したそうです。

• 交渉における合意の条件

交渉が合意に達するためには，すべての交渉当事者の利益が交渉前に比べて同じ，あるい
は増加していることが必要です。なぜなら，1人でも利益が減っていれば，その人が合意し
なくなってしまうからです。

> **鉄則19　交渉における合意の条件**
> 交渉によって誰も利益が減らないことが全員合意には必要。

• 利潤最大となる生産量の計算 →鉄則6

戦略

鉄則6を用いて（設問1）（設問2）を解き，鉄則19を用いて（設問3）を解きます。

Step 1 交渉前の最適生産量➡設問1　　　　Step 2 交渉後の最適生産量➡設問2
↓ ↓
利益 利益
└──────────────┬──────────────┘
Step 3 交渉における合意の条件➡設問3

計　算

Step 1　交渉前の最適生産量

企業Aの利益（π_A）$= P_x x - C_a$

$$= \boxed{20x - x^2}$$

企業Aはπ_Aを最大にするように，xを決める
ので$\dfrac{d\pi_A}{dx} = 0$となるxに決定します。

$$\dfrac{d\pi_A}{dx} = 20 - 2x^{2-1} = 20 - 2x = 0$$

$$\boxed{x = 10}$$

企業Bの利益（π_B）$= P_y y - C_b$

$$= 40y - (x^2 + y^2)$$

$$= \boxed{40y - x^2 - y^2}$$

企業Bは企業Aの生産量xは現在のまま変わら
ないと仮定してπ_Bを最大にするように決め
るとすると，

$$\dfrac{\partial \pi_B}{\partial y} = 0 となるyに決定します。$$

$$\dfrac{\partial \pi_B}{\partial y} = 40 - 2y^{2-1}$$

$$= 40 - 2y = 0$$

$$\boxed{y = 20}$$

したがって，$x = 10$，$y = 20$となり，

設問1の正解　ウ

交渉前の利益は

$$\pi_A = 20x - x^2 = 20 \times 10 - 10^2 = \boxed{100}$$

$$\pi_B = 40y - x^2 - y^2$$

$$= 40 \times 20 - 10^2 - 20^2 = \boxed{300}$$

Step 2　交渉後の最適生産量

企業AとBの利益の和（π_{A+B}）

$$= 20x - x^2 + 40y - x^2 - y^2$$

$$= 20x - 2x^2 + 40y - y^2 \quad \cdots ①$$

企業Aはπ_{A+B}を最大にするように決めます
がyは一定と仮定して決めるとして，①をx
で偏微分し，

$$\dfrac{\partial \pi_{A+B}}{\partial x} = 0 となるxに決定します。$$

$$\dfrac{\partial \pi_{A+B}}{\partial x} = 20 - 2 \times 2x^{2-1} = 20 - 4x = 0$$

$$\boxed{x = 5}$$

企業Bもπ_{A+B}を最大にするようにyを決め
ますが，xは一定と仮定して決めるとして
①をyで偏微分し，

$$\dfrac{\partial \pi_{A+B}}{\partial y} = 0 となるyに決定します。$$

$$\dfrac{\partial \pi_{A+B}}{\partial y} = 40 - 2y^{2-1} = 40 - 2y = 0$$

$$\boxed{y = 20}$$

したがって，$x = 5$，$y = 20$となり，

設問2の正解　ア

交渉後のAとBの利益の合計は

$$\pi_{A+B} = 20x - 2x^2 + 40y - y^2$$

$$= 20 \times 5 - 2 \times 5^2 + 40 \times 20 - 20^2$$

$$= \boxed{450}$$

Step 3　交渉における合意の条件

$\pi_{A+B} = 450$をAとBで分ける際に，**鉄則19**より

$$\pi_A \geqq 100 \quad \cdots ②$$

$$\pi_B \geqq 300 \quad \cdots ③$$

でなければA，Bのどちらかの利益が交渉前より減るので合意しません。②，③の条件を満た
しているのはイ，ウ，エであり，アだけは$\pi_A = 95$となり交渉前の$\pi_A = 100$より少なくなっ
ているのでAはアの案を合意しないという意味で最も不適切です。

設問3の正解　ア

【2】 外部不経済そのものをなくす方法

　以上のピグー税，コースの定理，合併解などは，あくまでも，X財の限界外部費用が t 円であることを前提としたときの最適な資源配分です。しかし，t 円の限界外部費用自体を削減すべく，技術開発を促進することも重要です。公害防止技術の外部経済（市場を経由せず，他の経済主体に好ましい影響を与えること）は大きく，政府として，その促進を支援することが必要です。

5. 地球温暖化問題

Movie 187

Part 7
市場の失敗

【1】 地球温暖化問題とは

　地球温暖化問題とは，二酸化炭素をはじめとする温室効果ガスが過剰に放出・蓄積されることにより，大気中の温室ガスの濃度が上昇し，その結果，地球全体の平均気温が上昇し，海面も上昇し，低地地域の水没や気候の変動による生態系の変化が人間の生活環境に悪影響を与える問題をいいます。

　二酸化炭素をはじめとする**温室効果ガスを大量に排出する国**，すなわち，外部不経済を発生させている国（中国，アメリカ，インド，ロシア，日本，欧州諸国など）**と，温暖化の影響を大きく受ける国**（水没してしまう小さな島国など）**は異なるので，経済活動が第三者に悪影響を与える外部不経済であると考えることができます。**

　この地球温暖化問題への対応として，温室効果ガス削減を国際的に取り決めたのが京都議定書です。京都議定書では，国毎に1990年の温室効果ガス排出量に対して削減量が決まっていました。

　イギリス，フランス，ドイツなどは8％，アメリカは7％，日本は6％などとなってい

図表29-2 ●国別CO₂排出量 （2014年）

	排出量 （千メトリックカーボントン）		1人当たり排出量 （メトリックカーボントン）
中国	2,806,634	28%	2.05
アメリカ	1,432,855	15%	4.43
インド	610,411	6%	0.47
ロシア	465,052	5%	3.24
日本	**311,074**	**3%**	**2.61**
ドイツ	196,314	2%	2.43
全世界	9,855,000	100%	1.36

* ▢ ：京都議定書CO₂削減義務条項不参加国

出所：The Carbon Dioxide Information Analys
Center の資料を元に筆者が作

ます。これは，地球温暖化問題に対して，世界的規模で初めて具体的な温室効果ガス排出量削減目標を設定したという意義がありま
す。しかし，この京都議定書には，世界第の排出国の中国，第3位の排出国インドをむ途上国が参加せず，世界第2位の排出国あるアメリカも途中で不参加となりました。また，排出量規制を達成できなかった場合の罰則も明記されていないという問題もありました。

　その後，京都議定書の後継としてパリ協定が2016年より発効しました。

　パリ協定は，途上国を含む150カ国以上の国が参加する点，各国の自主的な取り組みを促すという方法が採用されている点が画期的です。

　しかし，そのような方法で公平性と実効を確保できるのかが，今後の課題とされています。

〈ピグー税の問題点〉

　地球温暖化問題も外部不経済ですので，理論的には，ピグー税を課すことによって最適資源配分が実現できます。

　しかし，**現実には，ピグー税が導入されたことはありません**。図表29－1において，ピグー税は限界外部費用（生産量1単位増加したときの外部不経済の増加分）だけ課しますが，**実際には，政府が限界外部費用の金額を把握することができないからです**。つまり，情報が完全であれば，図表29－1のように，私的限界費用曲線（PMC），社会的限界費用曲線（SMC）がはっきりわかるのですが，現実にはSMCを政府が把握することが困難だということです。

　そこで，ボーモルとオーツは，最適資源配分となるように課税することを断念し，一定量の排出量削減を政策目標としました。この排出量削減が最適資源配分となる削減量である保証はありませんが，最適資源配分の状態がわからない以上，止むを得ないという立場なのです。そして，一定の排出量削減のために，排出量1単位につき一定額（t円）だけ課税するボーモル＝オーツ税を提案しました。

　ですから，**ボーモル＝オーツ税は，一定の排出量削減という目標を費用を最小化して効率的に実現するために，排出量1単位につき一定額（t円）だけ課税する方法**と定義できます。

　それでは，なぜ，ボーモル＝オーツ税が費用最小となるかを，各経済主体に一律に排出量削減を強制した場合と比較して説明しましょう。

図表29－1　（再掲）　●外部不経済

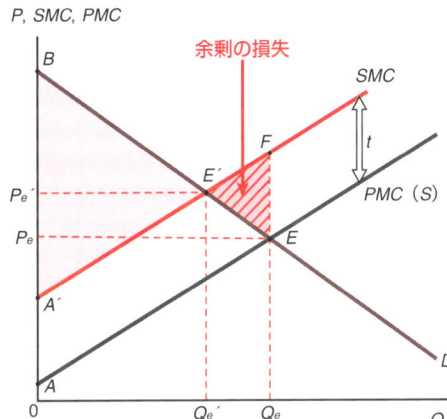

補　足

　このように，最適資源配分というベストの解決策は断念し，ベストではないが，次によいと思われる解決策を次善の策あるいは，セカンド・ベストといいます。

Chapter **29**

外部効果

323

社会には，排出量削減の限界費用が大きい経済主体と，排出量削減の限界費用が小さい経済主体が存在します。**各経済主体に一律に排出量の削減を強制すると，排出量削減の限界費用が大きい経済主体も小さい経済主体も一律に排出量を削減しなくてはなりません。**

しかし，排出量1単位あたり t 円というボーモル＝オーツ税を賦課した場合，排出量削減の限界費用が税額 t 円以上である各経済主体は排出量削減をせずに税を t 円支払います。一方，排出量削減の限界費用が税額 t 円以下である各経済主体であれば，税額 t 円払って排出するよりも限界費用をかけて1単位削減した方が負担が少ないので，排出量を削減します。以上より，**排出量削減の限界費用が税額より低い経済主体だけが削減を行うことになるので，低い費用で排出量削減を実現することができる**のです。

【3】排出権取引

排出権取引とは，**排出量規制を前提に，排出量規制値より排出量が少なかったときに，その残枠を市場で売買することができる制度**です。京都議定書で導入されました。なお，この排出権取引市場は京都議定書のように国家間だけではなく，アメリカやイギリスにおいては国内の企業間でも排出権取引が行われています。

この排出権取引制度もボーモル＝オーツ税と同様に，**排出量削減の限界費用が排出権価格より低い経済主体だけが削減を行うことになるので，低い費用で排出量削減を実現することができます。**

たとえば

税 $t＝30$円であるとき，企業Aが排出量を1単位削減するために40円費用が増加する（限界費用が40円）とします。このとき，企業Aは40円かけて排出量を削減するより30円の税を支払った方が10円得します。ですから，税の支払いを選択します。

たとえば

税 $t＝30$円であるとき，企業Bが排出量を1単位削減するために15円費用が増加する（限界費用が15円）とします。このとき，企業Bは15円かけて排出量を削減する方が30円の税を支払うより15円得します。ですから，排出量の削減を選択します。

たとえば

京都議定書での日本の削減目標は6％ですが，その目標を達成できそうもないので，他国から多くの排出権を購入しなくてはならない状況です。

▶▶ 徹底解説 ◀◀

排出量1単位の排出権価格が P 円であったとしましょう。排出量削減の限界費用が排出権価格 P 円以上である各経済主体は排出量削減をせずに排出権を P 円で買います。一方，自分の排出量削減の目標を達成しても排出量削減の限界費用が P 円以下である各経済主体は，P 円より低い限界費用をかけてさらに排出量を1単位削減して排出権を作り，その権利を P 円で販売します。

6. 外部経済

1】外部経済とは？

外部経済とは，取引当事者以外の第三者に対して利益を与えることをいいます。

2】仮　定

① **完全競争市場**とし，

② 市場の需要曲線は右下がり，

③ 市場の供給曲線は右上がりとし，

④ **X財追加1単位につき生じる外部経済**はt円で一定とします。

3】市場の失敗

企業は自分の限界費用（PMC）を考えて供給量を決定するので，PMCが市場の供給曲線（S）となります。そして，経済は，需要曲線（D）と供給曲線の交点$E（Q_e, P_e）$で均衡します。

仮定④より限界外部便益がt円得られますので，社会全体では限界外部便益t円分便益があるので，社会的限界費用（SMC）を求める際には，差し引くことができます。したがって，社会的限界費用曲線（SMC）は企業の負担している私的限界費用（PMC）である供給曲線（S）よりt円低くなっています。

市場均衡の生産量Q_eのときの総余剰は△FEBとなります。

ところで，総余剰が最大となる生産量は社会的限界費用曲線（SMC）と需要曲線（D）の交点である点E'の生産量Q_e'であり，そのときの総余剰は$A'E'B$です。したがって，**市場に委ねていては，外部経済の発生により，過少生産となり，**△EFE'**だけ余剰の損失が発生**し総余剰は最大とならず，最適資源配分は実現されないことになります。

＋ 補　足

ここでは，市場の失敗が問題となる技術的（非金銭的）外部経済について考えます。

── たとえば

植林を行うと，治水効果があり，森の麓の村が洪水から守られるとか，近所の家のきれいな花を他の家の人も見ることができるというケースが，外部経済に当たります。

用　語

限界外部便益といいます。

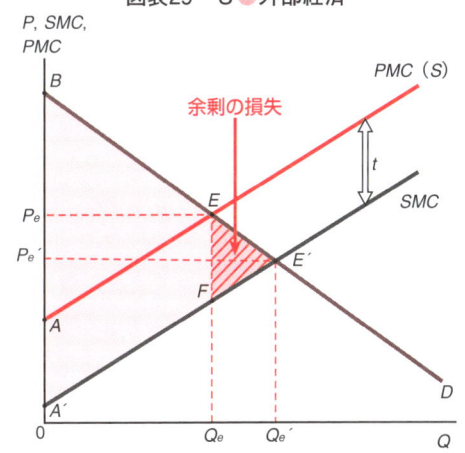

図表29−3 ●外部経済

── 理　由

総余剰とは社会全体の利益ですから，総余剰の計算に際しては，企業が負担した私的限界費用（PMC）だけを考えるのではなく，限界外部便益をも考慮した社会的限界費用（SMC）で考える必要があるからです。

【4】最適資源配分を実現する方法

外部経済が発生しているときに最適資源配分を実現するための方策としては，通常，補助金支給が行われています。

① 補助金

外部経済発生原因のX財に対し，生産量を1単位増やすごとにt円だけ補助金を与える方法です。この補助金支給により，企業は，1個作るたびにt円分の補助金を得られるので，企業の負担する限界費用であるPMCはt円分だけ下落し，SMCと同じになります。その結果，**企業の供給曲線が下方シフトしSMCと同じになり，経済は点E'で均衡**します。したがって，最適資源配分が実現することになります。

今回は，外部経済をもたらす企業への補助金支給ですから，不公平であると見なされる可能性は少なく，受け入れられやすいでしょう。

② コースの定理

コースの定理によれば，

ⓐ 権利関係が明確であること

ⓑ 交渉の取引費用がゼロ，あるいは，無視しうるほど小さいこと

を満たす場合には，外部経済を与える者と受ける者との間で，自発的交渉によって最適資源配分が実現します。

Part

7

市場の失敗

復 習

コースの定理とは，一定の仮定を満たせば，外部効果が発生しているときに，外部効果を与える経済主体と受けている経済主体のどちらが費用を負担しても，交渉により最適資源配分が実現するという定理です。

たとえば

A社がBさんに生産量1個あたり10円の外部経済（限界外部便益が10円）を与えているとしましょう。このとき，BさんはA社の生産量1個につき10円の便益を受けてるので，1個について10円までは支払って，A社に生産量の増加を促すでしょう。これは，A社に対して，政府が限界外部便益t円分の補助金を支給するのと同じ効果となります。

Chapter **30**

公共財
―どうして政府は必要か!?―

Movie 189

Point

1 公共財とは，①消費の排除不可能性，②消費の非競合性，という性質を持つ財。

2 私的財の需要曲線は，横はある価格での需要量，縦は財の限界評価を表す。一方，公共財の需要曲線は，横はある価格での需要量を意味せず，縦の財の限界評価の意味しかない。

3 私的財の市場需要曲線は，個別家計の需要曲線を横に足すことによって求めることができる【水平和】。公共財の市場需要曲線は，個別家計の需要曲線を縦に足すことによって求めることができる【垂直和】。

4 公共財も市場供給曲線と市場需要曲線（社会的限界評価曲線）との交点の数量で総余剰が最大となる。これは，各家計の限界評価の合計＝限界費用と表現することができる【サミュエルソンの公共財最適供給条件】。

5 公共財は消費の排除不可能性という性質よりただ乗り（フリーライド）が発生する。その結果，市場にまかせても最適資源配分がなされない【市場の失敗】。

難易度　B

出題可能性

*国家一般職（旧Ⅱ種）	**B**
*国税専門官	**A**
*地方上級・市役所・特別区	**A**
*国家総合職（旧Ⅰ種）	**A**
中小企業診断士	**B**
証券アナリスト	**B**
公認会計士	**A**
都庁など専門記述	**A**
不動産鑑定士	**A**
外務専門職	**A**

＊ 財政学でも出題されます。

　私的財と比較しながら，公共財の特徴と需要曲線を理解していくと理解が深まります。

1. 公共財とは？

【1】 定　義

公共財とは，①消費の排除不可能性，②消費の非競合性，という性質を持つ財のことをいいます。具体例としては，司法，防衛，警察などがあります。

① 消費の排除不可能性

特定の者をその財の使用から排除することが不可能あるいは排除に多大なコストがかかるということです。

② 消費の非競合性

ある人が消費をしても，同時に他の人も消費することができるということです。複数の人が同時に消費できるということから，**同時消費**ともいいます。また，複数の人が同じだけ使用できるので，**等量消費**ともいわれます。

【2】 私的財（民間財）との比較

私的財（民間財）とは，①消費の排除可能性，②消費の競合性，という性質を持つ財のことをいいます。

① 消費の排除可能性

特定の者をその財の使用から排除することが可能であるということです。

② 消費の競合性

ある人が消費をすると，同時に他の人も消費することはできないということです。

以上の2つの性質を持つ私的財は，消費が競合することから，所有者は他人の利用を排除しようとします。しかも，私的財は排除が可能なので，実際，所有者でない人の利用は排除されます。ですから，**消費をしたいのであれば，自分で買わざるを得ません。** 欲しい人は，市場取引によって，欲しい分だけ，自分でお金を支払って需要するということになります。

Part 7 市場の失敗

たとえば

防衛は，ミサイル攻撃を受けているときに，費用を負担した家は守るが，その隣の家は費用を負担していないので守らないなどという細かいことはできません。守るときは付近一帯を守ることになります。このように，防衛では，「費用を払っていない人だけは防衛しないよ」と排除することはできません。

たとえば

防衛は，付近一帯を全体として守ってもらうので，Aさんを守っているときに，Bさんも同時に守ってもらえます。

また，一般道路では，ある人が消費している（歩いている）とき，よほどの混雑現象がおこらない限り，他者も同時に使用する（歩く）ことができます。

たとえば

ペンやノートなどの私的財は他者の使用を排除することが容易です。いままでは，暗黙のうちに私的財を前提にしていました。

たとえば

ペンやノートはある人が消費（使用）しているとき，他者は使用できません。

✚ 補　足

また，20個目を買う人は50円まで値下がりしないと買いません。これは，商品に50円の価値しかないと考えているからに他なりません。したがって，20個目の商品1個の価値（限界評価）は50円ということになります。

2. 市場全体の供給曲線

これは私的財（民間財）と変わりません。公共財と私的財との違いは、消費、すなわち需要サイドであって、供給側には違いはありません。供給曲線は、個別企業の限界費用曲線の形状によって決まります。供給曲線は、コスト構造によって決まることから、その財の種類により決まるのであって、私的財として使用されるか、公共財として使用されるかには無関係です。したがって、**公共財も、私的財のときの通常の右上がりの供給曲線と同じ**と仮定します。

3. 市場全体の需要曲線

Movie 192

【1】 個別の需要曲線——排除可能か不可能かで違いが出る！

需要曲線が、公共財と私的財（民間財）の違うところです。

① 私的財の個別の需要曲線

私的財については、購入してもよいという価格ならば、購入しなければ使用を排除されてしまうので、需要者は購入します。したがって、需要曲線とは、ある価格のときに需要する量を意味します。図表30-1でいえば、価格が100円のときには、10個需要するが、50円に下がると20個需要することを意味します。

同時に、需要曲線は、追加で生産された1個がいくらの価値があるか（これを商品に対する限界評価といいます）を示しています。たとえば、図表30-1において、100円で10個需要があります。10個目を需要する人は100円になると買います。これは、この人がその商品に100円の価値があると考えてい

> ### たとえば
>
> 一般道路（公共財）の目的であっても、私有駐車場のもの（私的財）であっても、同じアスファルトであり、供給曲線は同一（共通）のものとなります。

図表30-1 ● 私的財の個別の需要曲線①

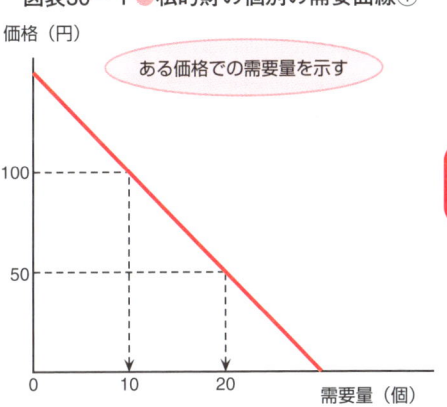

図表30-2 ● 私的財の個別の需要曲線②

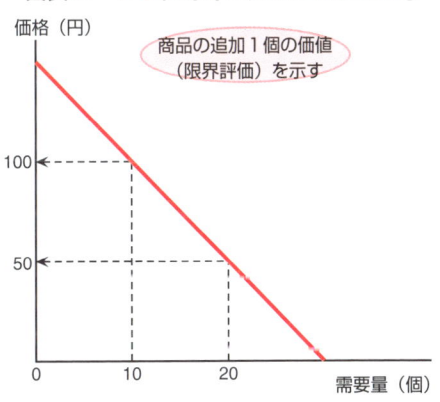

るからです。したがって、10個目の商品1個の価値（限界評価）は100円ということになります。

② 公共財の個別の需要曲線

これに対し，**公共財は排除不可能なのですから，自らが対価を支払って購入しなくても，他者が購入した財を需要することができます**。したがって，需要者は，ある価格である量を需要したいと考えていても，実際には，ただ乗りすればよいと考えるので，需要したいと考えている量を需要しません。つまり，購入という行動によって，自己の正しい需要を表明しないのです。

ですから，ただ乗りをあてにして，購入量は，実際に需要したいという量より過少になります。これを「真正な需要を表明せず，過少申告する」などと表現します。したがって，通常，**公共財の需要曲線というとき，ある価格でこの量が欲しい（＝需要したい量）という関係を示していますが，実際に購入する（＝需要する）量を示しているわけではありません**（図表30－3）。

しかし，もしただ乗りができないならば，ある価格でこの量が欲しい（＝需要したい量）という関係を示した**公共財の需要曲線は公共財の限界評価を示しています**。つまり，通常（私的財）では，需要曲線とは，価格と（消費したいという意味と同時に実際に購入するという意味での）需要量との関係を示しますが，**公共財では，価格と（実際には購入する量という意味での）需要量の関係は意味しておらず，価格と（もしただ乗りができなければ消費したいという意味での）需要量の関係を示します**。

ですから，公共財の需要曲線は，「排除可能で，ただ乗りができないならば，実際に需要するであろう量と価格の関係を示している」と考えてください。

図表30－3 ●公共財の個別の需要曲線①

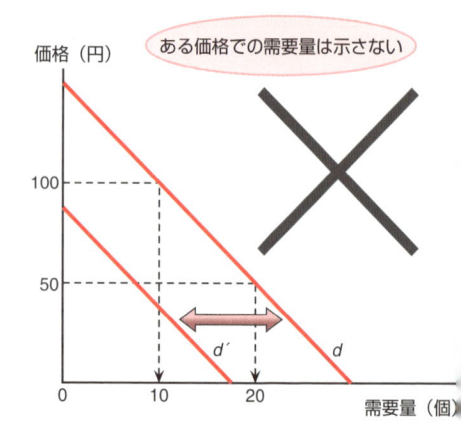

ある価格での需要量は示さない

図表30－4 ●公共財の個別の需要曲線②

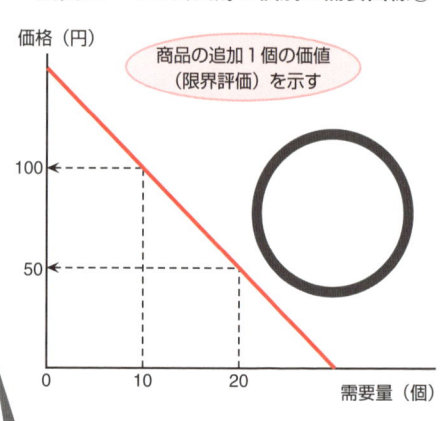

商品の追加1個の価値（限界評価）を示す

補 足

　現実の需要量は，需要したいと考えている量より少ないので，価格と需要量の関係を示す需要曲線は，左側にあるはずです。dとd'の差は，ただ乗りする量。全部ただ乗りしようと考えれば，実際の需要量は0になります。

補 足

　ある価格のときの需要量を横に足し合わせればよいので，「個別の需要曲線の水平和が市場全体の需要曲線となる」と表現します。水平とは横方向ですから，水平和とは，横に足し合わせるという意味です。

2】市場全体の需要曲線

─消費が競合するかしないかで違いが出る！

　ここでは，議論の単純化のため社会にA，B2人の需要者しかいないと仮定して，市場全体の需要曲線を導きます。

）私的財の市場全体の需要曲線【図表30−5】

　価格が100円のときAさんは10個需要したく，Bさんは5個需要したいならば，A，Bは需要するにはそれぞれが買わなくてはなりませんから，市場全体の需要量は10個＋5個＝15個となります。このように，ある価格でのAの需要量とBの需要量を足し合わせた量が市場全体の需要量になります。

たとえば

　図表30−5のD_{a+b}を別の読み方をすると，100円で15個売れるということは，15個目を需要する人は100円支払うので，100円の価値があると考えている，したがって，15個目の限界評価（商品の価値）は100円だと読むことができます。同様に，35個目の限界評価は50円です。この商品の価値は実際に購入した人の価値です。

　なお，私的財では，消費は競合しますから，購入した人しか利用できません。したがって，私的財の社会的価値は，購入した人だけが利用するのですから，購入した人の考える価値だけということになります。

Chapter 30

公共財

図表30−5 ●私的財の市場需要曲線

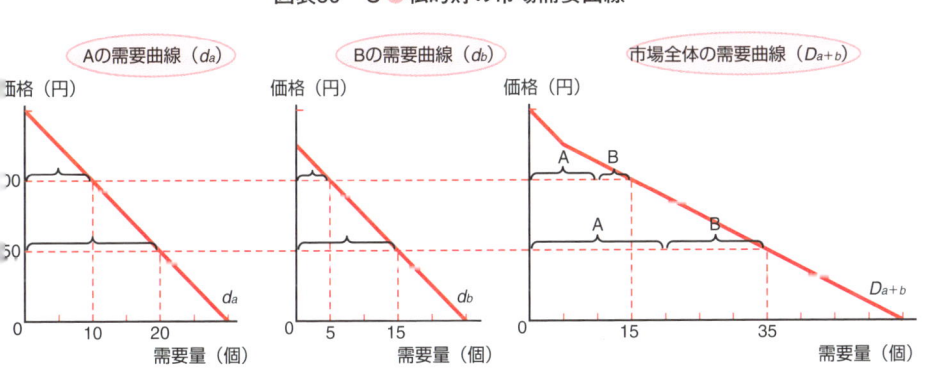

価格が100円のとき，　➡市場全体の需要量＝Aの需要量10個＋Bの需要量5個＝15個
価格が50円のとき，　➡市場全体の需要量＝Aの需要量20個＋Bの需要量15個＝35個

② 公共財の市場全体の需要曲線【図表30－6】

公共財の個別の需要曲線は，実際に需要する量を表してはいませんでした。公共財の需要量は，もし，利用が排除され，ただ乗りができないならば需要するであろう量です。そして，この需要曲線（の高さ）は，公共財への限界評価を示しています。つまり，公共財の個別の需要曲線（の高さ）は各需要者の公共財への限界評価を表しています。

公共財は，消費は競合しません（消費の非競合性）から，AとBは同時に利用し，利益を受けることができます。ですから，新しく追加で生産された公共財の社会全体での価値（社会的限界評価）は，Aの限界評価とBの限界評価を足したものになります。

ある量のときの限界評価を縦に足し合わせればよいので，「個別の需要曲線の垂直和が市場全体の需要曲線となる」と表現します。

垂直とは縦方向ですから，垂直和とは，縦に足し合わせるという意味です。

たとえば，最初の1個目については，d_aよりAは150円の限界評価，d_bよりBは120円の限界評価です。公共財はその1個をA，Bが同時に消費することができるので，社会的限界評価は，Aの限界評価150円とBの限界評価120円を足した270円となります。また，10個目での社会的限界評価は，Aの限界評価100円とBの限界評価80円を足した180円となります。

したがって，社会的限界評価を示す需要曲線（D_{a+b}）は**図表30－6**の下図のようになります。

図表30－6 ●公共財の市場需要曲線

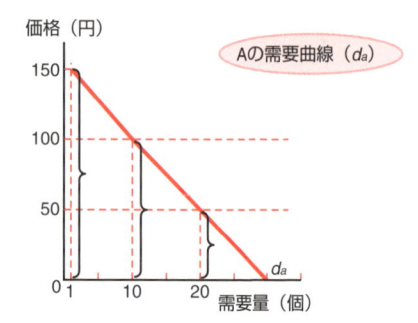

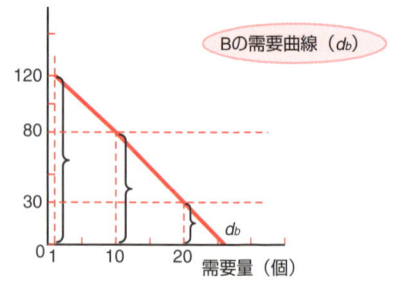

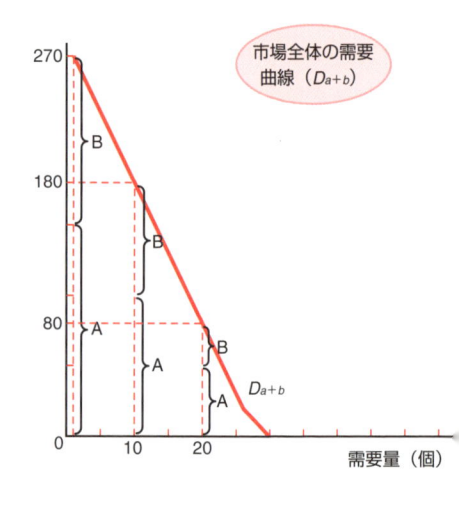

4. 最適供給量

Movie 193

　市場全体の需要曲線は，私的財の場合も，公共財の場合にも社会的限界評価を表しています。また，完全競争市場であれば，供給曲線は，その財の生産に必要な限界費用に他ならず，市場全体の供給曲線は，各企業の限界費用曲線の合計ですから，その財の生産により，市場全体が負担する限界費用のことに他なりません。

　したがって，**社会的利益（総余剰）が最大になるという意味での最適供給量は，需要曲線と供給曲線が交わる点の供給量**（図表30－7，図表30－8のQ_e）です。なぜならば，生産量が$Q < Q_e$ならば，需要曲線が供給曲線の上方にあり，社会的限界評価が限界費用より大きいので，その財の追加1単位生産増加により社会的利益（総余剰）を増やすことができます。反対に，生産量が$Q > Q_e$ならば，その財を1単位生産することにより，需要曲線が供給曲線の下方にあり，社会的限界評価より限界費用が大きいので，社会的損失が生じてしまい総余剰は減少してしまうからです。

　この点は，私的財市場も公共財市場も同じです（ただし，前節3の【2】でみたように，市場全体の需要曲線の導き方はそれぞれ違います）。

　なお，**公共財の場合には市場需要曲線は市場全体の限界評価を意味し，各家計の限界評価を縦に合計したもの（総和）です。** したがって，総余剰が最大，すなわち，**最適資源配分となる量は市場需要曲線と市場供給曲線の交点E**です（図表30－8）が，このとき，各家計の限界評価の総和と限界費用が等しくなっています。この「**各家計の限界評価の合**

図表30－7 ● 私的財の最適供給量

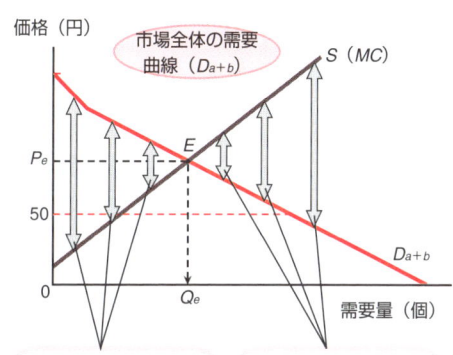

需要曲線（社会的限界評価＝社会でのその商品1個の価値）が限界費用を上回っているので，その差（矢印の部分）は，生産量を1単位増加させたときの社会的利益（総余剰）の増加分。	限界費用が需要曲線（社会的限界評価＝社会でのその商品1個の価値）を上回っているので，その差（矢印の部分）は，生産量を1単位増加させたときの社会的利益（総余剰）の減少分。

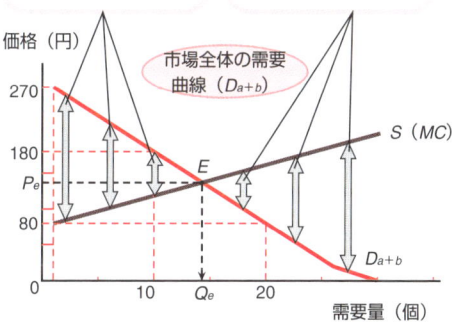

図表30－8 ● 公共財の最適供給量

計＝限界費用」を**リミュエルソンの公共財最適供給条件**といいます。

> 〈サミュエルソンの公共財最適供給条件〉
> **各家計の限界評価の合計＝限界費用**

それでは，公共財の最適供給量を求める計算問題を解いてみましょう。

【問題30−1】（過去トレ・ミクロ p.76問題6−9より）

次の文は，公共財に関する記述であるが，文中の空所 **A**〜**D**に該当する語の組合せとして，妥当なのはどれか。

Movie 194

公共財は，私的財と異なり，消費における A と B という性質を持つ財として定義される。

消費における A とは，ある人の消費が他の人の消費可能性を減らさないことをいい，消費における B とは，対価を支払わない人の消費を妨げることが著しく困難であるということである。この二つの性質を併せ持った財は，純粋公共財といわれ，例として C や D がある。

	A	B	C	D
1.	競合性	排除性	国防	交通
2.	非競合性	非排除性	国防	消防
3.	排除性	競合性	教育	保健
4.	非排除性	非競合性	警察	交通
5.	競合性	排除性	警察	保健

（特別区）

解　説

公共財とは①消費の非競合性と②消費の非排除性をもつ財なので，**A** は消費における 非競合性 ，**B** は消費における 非排除性 。したがって，正解は2とわかります。

例のうち，教育と交通は対価を支払わない人は排除できるので公共財ではありません。

正　解　**2**

【問題30-2】（過去トレ・ミクロ p.77問題6-10より）

次の2人からなる経済を考える。公共財の供給量をGで表すとき，各人の公共財の限界便益MB_1，MB_2はそれぞれ，

Movie 195

$$MB_1 = 10 - \frac{1}{10}G \qquad MB_2 = 20 - \frac{1}{10}G$$

である。この経済に関する次の記述のうち，妥当なものはどれか。

1. 公共財の限界費用が25のとき公共財の最適供給量は25，公共財の限界費用が40のとき公共財の最適供給量は0である。
2. 公共財の限界費用が25のとき公共財の最適供給量は25，公共財の限界費用が40のとき公共財の最適供給量は10である。
3. 公共財の限界費用が25のとき公共財の最適供給量は25，公共財の限界費用が40のとき公共財の最適供給量は50である。
4. 公共財の限界費用が25のとき公共財の最適供給量は50，公共財の限界費用が40のとき公共財の最適供給量は0である。
5. 公共財の限界費用が25のとき公共財の最適供給量は50，公共財の限界費用が40のとき公共財の最適供給量は10である。

（地方上級）

戦　略

公共財の最適供給量を求める典型的問題です。**鉄則20**の手順で計算します。

鉄則20　公共財の最適供給量の計算

Step 1　各家計の需要関数（限界評価関数）を価格（p）=〜，あるいは限界評価（MB：Marginal Benefit，MV：Marginal Value）=〜の形にする。

Step 2　各家計の需要関数（限界評価関数）を合計し社会の需要関数（限界評価関数）を求める。

縦に合計する

$$P\,(MB,\ MV) = P_A\,(MB_A,\ MV_A) + P_B\,(MB_B,\ MV_B)$$

公共財1単位の社　　　家計Aが需要し　　　家計Bが受容し
会全体での価値　　　たときの価値　　　たときの価値

公共財は消費の非競合性より，AとBが
同時に消費することができる。

Step 3　社会的限界評価（=各家計の限界評価の合計）=限界費用の式から最適供給量を求める。

サミュエルソンの公共財最適供給条件　各家計の限界評価の総和=限界費用

Step 1　$MB=\sim$ の形にする

すでに　$MB_1=10-\dfrac{1}{10}G$ …①，　$MB_2=20-\dfrac{1}{10}G$ …②

Step 2　MB_1 と MB_2 を合計し，社会全体の限界評価（MB_{1+2}）を求める

①，②より，社会的限界評価（MB）$=MB_1+MB_2=\left(10+\dfrac{1}{10}G\right)+\left(20-\dfrac{1}{10}G\right)$

$$=30-\dfrac{1}{5}G \ \ …③$$

と計算できるが，公共財の量（G）の範囲に注意する必要があります。

限界評価（MB）は0以上であって，マイナスにはならないので

$MB_1=10-\dfrac{1}{10}G\geqq0$ より $G\leqq100$，$G>100$ では $MB_1=0$

$MB_2=20-\dfrac{1}{10}G\geqq0$ より $G\leqq200$，$G>200$ では $MB_2=0$

したがって，Gの範囲によって，MBの値が変わってきます。

	$0\leqq G\leqq100$	$100\leqq G\leqq200$	$200\leqq G$
MB_1	$10-\dfrac{1}{10}G$ …①	0	
$+$ MB_2	$20-\dfrac{1}{10}G$ …②		0
MB_{1+2}	$\left(10-\dfrac{1}{10}G\right)+\left(20-\dfrac{1}{10}G\right)$ $=30-\dfrac{1}{5}G$ …③	$0+\left(20-\dfrac{1}{10}G\right)$ $=20-\dfrac{1}{10}G$ …④	$0+0=0$

これを図で描くと右図のようになります。

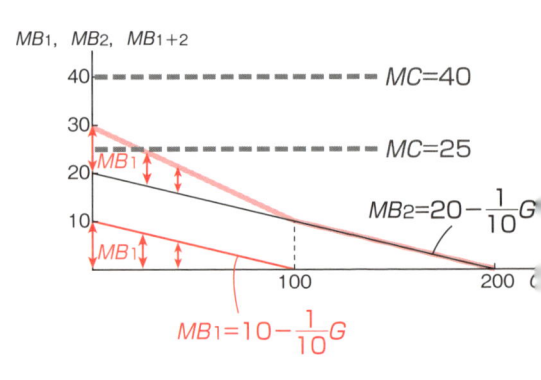

Part 7　市場の失敗

選択肢より *MC*＝25か40です。

(1) *MC*＝40のとき　*MB*は$30-\dfrac{1}{5}G$，$20-\dfrac{1}{10}G$，0のいずれかなので*MC*＞*MB*$_{1+2}$となり，常に社会的限界便益（*MB*$_{1+2}$）より限界費用の方が大きいので，生産しない方がよいことになります。したがって，*G*＝0。

(2) *MC*＝25のとき

　MC＝*MB*$_{1+2}$の式に③を代入すると

　$25=30-\dfrac{1}{5}G$より　*G*＝25（これは$0 \leqq G \leqq 100$を満たしています）。

以上より，正解は1。

正　解　1

5. 市場均衡の効率性

Movie 196

【1】私的財市場

　私的財の場合，完全競争市場であれば，市場は需要曲線（*D*）と供給曲線（*S*）の交点 *E* となり，生産量は図表30－7の最適供給量（Q_e）となります。つまり，完全競争市場であれば，市場に委ねておけば，最適供給量が実現する，すなわち，総余剰は最大で最適資源配分が実現します。

【2】公共財市場

　公共財の場合には，図表30－8の最適供給量（Q_e）は実現しません。なぜなら，公共財はただ乗りができるので，需要者は，ただ乗りをアテにしてしまうので，本当に欲しいと考える量を需要しないからです。皆が他人のものの利用をアテにして少ししか需要しないことにより，最適供給量（Q_e）より過少の需要量しかなくなり，したがって，公共財は最適供給量（Q_e）より過少にしか供給されず，最適資源配分は実現せず，市場の失敗が生じます。

▶▶ 徹底解説 ◀◀

　確かに，政府が最適供給量（Q_e）を正確に把握していれば，公的供給により最適資源配分は実現します。しかしながら，政府が需要曲線（*D*）と供給曲線（*S*）の情報を正しく把握していなければ，正しく Q_e だけ公共財を供給することはできません。公共財の需要者は，ただ乗りができるため，実際に需要したい量を正しく表明しているわけではありません。したがって，政府が国民の需要したい量を正しく把握することはかなり難しいと思われます。もし，政府が正しい Q_e を把握していないと，公的供給を行っても最適資源配分は実現しません。このように，政策によって最適資源配分が達成されないことを政府の失敗といいます。公的供給の場合，政府が正確な情報を把握できず，政府の失敗が起こるのではないかという問題があります。

6. 市場の失敗への対策

Movie 197

　公共財は，市場に任せておいても最適資源配分は実現しません。そこで，市場に任せず，政府が Q_e の量を公的に供給し，その費用を租税で強制的に徴収するという方法が採られています。しかし，以下のような問題点もあります。

① 政府が十分な情報を持っておらず最適供給量がわからない。

② 利益を受ける人が負担をすべきだという受益者負担の原則を適用できない。

▶▶ 徹底解説 ◀◀

　公共財の費用は租税で徴収しますが，租税は支払い能力（所得）に応じて負担するのが通常です。ということは，その公共財をたくさん利用する人でも，所得が少なければ税金は少なく，逆に，大金持ちであれば，その公共財を利用しなくても税金はたくさん負担することになります。つまり，利益を受ける人が負担をすべきだという受益者負担の原則は崩れてしまいます。

7. リンダールの解法

Movie 198

スウェーデンの経済学者リンダールは，需要者が公共財の価値（限界評価）を正しく政府に申告し，その申告に基づいて，政府が公共財の最適供給量だけ供給し，必要な負担も限界評価に基づいて決定すればよいと考えました【リンダールの解法】。

ただし，リンダールの解法は，**需要者が限界評価を正しく政府に申告するという前提が**ありますが，この前提は現実的ではありません。

8. 公共財の ナッシュ均衡

Movie 199

リンダール均衡でも，ただ乗りの問題自体は解決されていません。ですから，公共財の供給を市場に委ねておくと，皆が他人の財にただ乗りすればよいと考えて，公共財を購入せずに，公共財は望ましい数量より過少にしか供給されないおそれがあります。

そのような状況は，ゲームの理論のナッシュ均衡を用いて説明することもできます。ここで，A，B2人しかいない経済を考え，公共財を購入するかしないかを検討しているとしましょう。この公共財の価格は10万円で，1単位しかないとA，Bは2人とも同量だけ消費でき，各々7万円分の効用を得ますが，2単位あるとその2倍の14万円の効用を得ます。そして，公共財がないときには効用は0です。

― 理　由 ―

この交渉は，限界評価が高いほど負担も多くなるので，現実には，本当は限界評価は高いのですが，負担を軽減するために過少な限界評価を申告する可能性，つまり「ただ乗り」が生じる可能性が大きくなります。したがって，正しく需要曲線が表明される可能性は小さいのです。

▶▶ 徹底解説 ◀◀

ですから，A，Bの利得は以下のように計算されます。

まず，2人とも公共財を購入し需要した場合，各々，公共財2単位より14万円分の効用を得ますが，価格を10万円支払うので，利得は14−10＝4万円となります。2人とも購入しない場合，需要できないので効用は0となり，利得は0です。自分だけ購入し相手がただで需要した場合，公共財は1単位なので7万円分の効用を得ますが，価格10万円を支払うので，利得は7−10＝−3万円となります。逆に，自分は購入せず，相手の購入した公共財をただで需要した場合には，公共財1単位から7万円の効用を得，公共財を需要していないので支払いはなく，利得は7万円となります。

以上より，A，Bの利得表を作成すると**図表30−9**のようになります。

図表30−9 ●公共財のナッシュ均衡
（Aの利得，Bの利得）

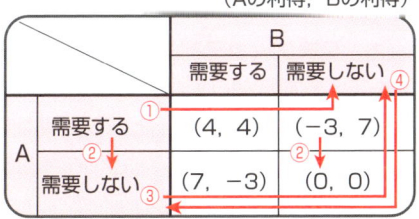

		B	
		需要する	需要しない
A	需要する ①	(4, 4)	(−3, 7) ④
	需要しない ③	(7, −3) ②	(0, 0)

それでは，図表30－9の利得表からナッシュ均衡を求めてみましょう。

<ナッシュ均衡の求め方>

手順① まずAが「需要する」を採用したとする。

そのとき，Bの利得は「需要する」だと4，「需要しない」だと7→ Bは「需要しない」を採用

手順② Bが「需要しない」を採用したとき，Aはどう反応するか？

そのとき，Aは「需要する」であれば－3，「需要しない」であれば0 →Aは「需要しない」を採用

（戦略を「需要する」から変更）→したがって，A「需要する」のときにはナッシュ均衡はない。

手順③ では，Aが「需要しない」を採用したときにナッシュ均衡はあるか？

そのとき，Bの利得は「需要する」だと－3，「需要しない」と0→ Bは「需要しない」を採用

手順④ Bが「需要しない」のときA は「需要しない」を採用する（手順②で検討済み）。

以上より，Bが「需要しない」だとAは「需要しない」を採用し，Aが「需要しない」だとBは「需要しない」を採用する。つまり，（Aが「需要しない」，Bが「需要しない」）という戦略の組み合わせのとき，お互いに相手の戦略に対して最適な戦略を採用しておりナッシュ均衡となります。

そして，**図表30－9**において，AとBの利得の合計は，A，Bともに需要の場合，4＋4＝8となり，Aだけが需要した場合には7－3＝4，Bだけが需要した場合には－3＋7＝4 となり，A，B ともに需要しない場合には，0＋0＝0となります。

つまり，A，Bともに「需要しない」というナッシュ均衡は，AとBの利得の合計を社会全体の利得と考えると，最大化していません。つまり，市場に委ねていては最適資源配分とはならない市場の失敗が生じているのです。

なお，**図表30－9**の利得表のケースはA，Bともに「需要しない」が支配戦略となり，A，Bともに「需要しない」という状態は支配戦略均衡ですが，AとBの利得の合計が最大ではないという囚人のジレンマです。

図表30－9（再掲） ●公共財のナッシュ均衡

（Aの利得，Bの利得）

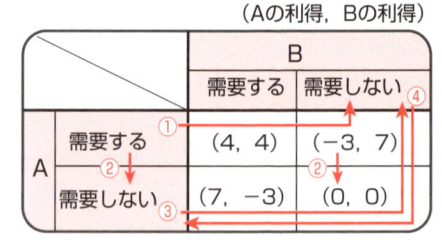

		B	
		需要する	需要しない
A	需要する	(4, 4)	(−3, 7)
	需要しない	(7, −3)	(0, 0)

Chapter **31**

情報の非対称性
—サボリを経済学的に考えると……—

Point

1 逆選択とは，契約前の情報の非対称性によって，当初望まれたものが市場からなくなり，逆のものが市場に流通する現象。

Movie 200

2 モラルハザード（道徳的危険）とは，契約後の情報の非対称性が原因で，注意，仕事などを怠るようになり，資源の浪費を引き起こすこと。

難易度　**A**

出題可能性

国家一般職 (旧Ⅱ種)	**B**
国税専門官	**B**
地方上級・市役所・特別区	**B**
国家総合職 (旧Ⅰ種)	**B**
中小企業診断士	**A**
証券アナリスト	**A**
公認会計士	**C**
都庁など専門記述	**B**
不動産鑑定士	**A**
外務専門職	**B**

　この章では，完全競争市場の条件である情報の完全性が崩れた結果，最適資源配分の実現が阻害される代表例である逆選択とモラルハザードについて学びます。

1. 逆選択

Movie 201

【1】 逆選択とは？

逆選択とは，契約前の情報の非対称性によって，当初望まれたものが市場からなくなり，逆のものが市場に流通する現象をいいます。

【2】中古車市場の逆選択

① レモンの原理とは？

レモンの原理とは，情報の非対称性があると，中古車市場では，良質な中古車がなくなり，傷物しか残らないという原理です。

② 情報の非対称性とは？

供給者には製品の品質がわかる一方，需要者には品質がわからないと仮定します。これは，中古車市場ですから，供給者は今まで乗っていたので車の品質（性能）をよく知っていますが，買う方にはよくわからないという状況を想定しています。

③ 説 明

1）中古車市場には，100万円の価値がある高品質車と50万円の価値しかない低品質車の2種類しかないと仮定します。

2）需要者は品質がわからないので，高品質車と低品質車の間の価格（ここでは70万円としましょう）で購入します。

3）70万円の市場価格では，100万円の価値がある高品質車の供給量は減少し，50万円の価値しかない低品質車は70万円で売れば利益が出るので低品質車の供給量が増えます。

いずれ，需要者も，低品質車の供給が増えていることに気づき，価格は70万円から下落し最終的には低品質車のみが出回り，市場価格は50万円になってしまうでしょう。

補 足

レモンとは，果物のレモンではなく，中古品の傷物という意味です。この原理は，アメリカの経済学者アカロフが発表し，2001年にノーベル経済学賞を受賞しました。

用 語

このように，一方（供給者）には情報があり，他方（需要者）には情報がないことを情報の非対称性といいます。情報の非対称性は情報の不完全の一例です。

4）当初，70万円の市場価格のとき，**需要者は高品質の車を選択したかったにもかわらず，結果として，低品質車のみが出回ることとなるので，逆選択といいます。**

3】医療保険市場における逆選択

① 概　要

保険会社が加入者の健康状態についての情報がなく一律の保険料を設定すると，健康な人は脱退し病気の人しか保険に加入しなくなるというものです。

② 情報の非対称性

医療保険サービスの需要者である加入者は自己の健康状態を知っていますが，供給者である保険会社は加入者の健康状態がわからず，情報の非対称性が生じていると仮定します。

③ 説　明

1）単純化のため，医療保険市場には，ほとんど医療サービスを需要しない健康な需要者と，月10万円の医療サービスを需要する病気がちな需要者の2種類しかいないとします。

2）**供給者は需要者の健康状態がわからないので，健康な需要者と病気がちな需要者の間の価格**（ここでは月5万円の保険料とする）**で供給します。**

3）5万円の市場価格（保険料）では，10万円の支払いがある病気がちな人は得をするので加入が増加し，健康で支払いのない人は損をするので，加入しないでしょう。

4）その結果，加入者はすべて病気がちな人となってしまいます。**保険会社にとっては，健康な人の方が支払いが少ないですから加入して欲しいのですが，結果として，その逆に病人ばかりが加入することになってしまい，逆選択**となります。

▶▶ 徹底解説 ◀◀

完全競争市場であれば，情報完全ですので，高品質車は100万円，低品質車は50万円と，それぞれ，別の市場で取引されます。しかし，情報の非対称性があることにより，逆選択が生じると高品質車の市場は消滅してしまいます。高品質車の市場が消滅してしまうと，総余剰はゼロとなってしまい，最適資源配分は実現できません。

これは，一定期間，高品質車については高品質を保証し無料修理を保証する契約の締結などにより，情報の非対称性があっても需要者側の不安を取り除くことで，高品質車の市場を維持し資源配分を改善することができます。なぜなら，需要者の情報の不完全をいいことに高品質車と偽って低品質者を売りつけられても，需要者は保証契約に基づき修理や交換などを請求できるからです。このように，品質保証を付ければ，信頼して買うことができます。この需要者にわかる品質保証をシグナルといいます。品質そのものがわからなくても，品質保証というシグナルによって，その品質がわかるというものです。

▶▶ 徹底解説 ◀◀

完全競争市場であれば，情報完全ですので，健康な人の保険市場と，病気がちな人の保険市場と2つの市場でそれぞれの保険料が決まります。しかし，情報の非対称性により，逆選択が生じると健康な人の保険は消滅してしまいます。これは，健康な人の保険市場が消滅し，総余剰はゼロとなってしまい，最適資源配分は実現されません。

保険会社は，加入時に健康診断を義務づけ，健康状態に応じた保険料の設定により，健康な人の保険市場を維持し資源配分を改善することができます。

その他にも，**情報が不完全だからといって，一律の価格を設定すると，当初期待していたことと逆の事態が生じる逆選択**の例が多数あります。

【4】労働市場における逆選択

労働市場において，企業が労働者の能力をわからないという情報不完全に直面し，能力のある人に提示する高い賃金（年収1,000万円）と能力の低い人に提示する低い賃金（年収200万円）の中間の賃金（年収600万円）を提示したとしましょう。すると，能力の高い人は600万円では少ないと考え応募せず，能力の低い人は600万円は魅力的であり，能力のない人ばかりが殺到してしまいます。企業は同じ賃金であれば優秀な人を採用したいのに，逆の結果になってしまうのです。

【5】金融市場における逆選択

次に，金融市場において，銀行が融資先（借入人）の信用力がわからないという情報不完全に直面し，信用力のある人に提示する低い金利（4％）と信用力のない人に提示する高い金利（16％）の中間の金利（10％）を提示したとしましょう。すると，信用力のある人は10％では金利が高すぎると考えその銀行からは借りなくなり，信用力の低い人にとっては10％は魅力的であり，信用力のない人ばかりが殺到してしまいます。銀行は，同じ金利であれば，信用力のある人に貸したいのに，逆の結果になってしまうのです。

> **▶▶ 徹底解説 ◀◀**
>
> 学歴や資格などが，この情報の非対称性を部分的に補うシグナルとなります。

> **▶▶ 徹底解説 ◀◀**
>
> 企業は，このような事態にならないように，試験をしたり面接をしたりして能力を確認し，情報の非対称性を解消しようとします。

> **▶▶ 徹底解説 ◀◀**
>
> 銀行は，このような事態にならないように，貸出先の信用力を調査することによって，情報の非対称性を解消しようとします。

2. モラルハザード（道徳的危険）

Movie 202

1】モラルハザードとは？

　モラルハザード（道徳的危険）とは，契約後の情報の非対称性があることが原因で，注意，仕事などを怠るようになり，資源の浪費を引き起こすことをいいます。

2】自動車保険におけるモラルハザード

① 情報の非対称性

　自動車保険サービスの供給者である保険会社が，加入者の加入後の事故率に関する情報を得られないケースです。

② 説　明

　供給者（保険会社）は，保険加入前の事故率を基に価格（保険料）を決定しますが，**保険加入により事故費用は保険会社が支払うので安心し，加入者が注意を怠ると，加入後の事故率が上昇します。**

　このことを保険会社が知ることができれば保険料を引き上げるので，加入者も保険料の引き上げを避けるため，注意を怠らないインセンティブがでてきます。しかしながら，保険会社がその注意怠慢を知ることができないと，加入者の注意の怠慢により事故率が上昇し，事故による資源配分の無駄が大きくなってしまいます。

3】医療保険サービスにおけるモラルハザード

① 情報の非対称性

　医療保険サービスの供給者である保険会社が，加入者の病気の確率に関する情報が不完全で（＝わからない），加入者はある程度わかっているケースです。

たとえば

　上司が気がつかないから仕事をサボるというのは，上司が部下の情報について不完全であると仕事を怠ってしまうということですから，モラルハザードの1つです。

▶▶ 徹底解説 ◀◀

　これに対しては，事故による損害の一定額までは保険会社は責任を負わず，加入者が負担するという免責条項を加え加入者に事故費用の一部を負担させることにより，注意怠慢をある程度防ぐことができます。

② 説　明

　供給者（保険会社）は，保険加入前の確率を基に価格（保険料）を決定するとしましょう。**保険加入により治療費は保険会社が支払うので安心し，加入者が注意を怠ると，病気の確率が上昇します。**このことを保険会社が知ることができれば保険料を引き上げるので，加入者も保険料の引き上げを避けるため，注意を怠らないインセンティブもでてきます。しかしながら，保険会社がその注意怠慢を知ることができないと，加入者の注意の怠慢により病気となる確率が上昇してしまいます。**それによって，本来しなくてもよい治療を行う必要が生じ資源配分の無駄が起こります。**

【4】預金保険によるモラルハザード

① 情報の非対称性

　預金保険による預金保護がなければ，預金者は預金した銀行が破綻したら預金が戻ってこなくなるので，銀行経営に関心を持つでしょう。しかし，**預金保険制度があると，預金者は銀行が破綻しても預金保険によって預金が戻ってくるので安心し，銀行経営に無関心となり情報の非対称性が生じる可能性があります。**

② 説　明

　預金者が銀行経営に関心を持っていれば，銀行経営者は常に監視されており，健全な経営が行われる可能性が高まります。しかし，預金保険があることによって安心し，**銀行経営に無関心となると，銀行経営者は預金者に監視されず，放漫経営が行われるおそれがあります。**その結果，銀行の破綻が起こり，資源が浪費されるおそれが出てきます。

落とし穴

　医療保険加入によるモラルハザードは，その保険が任意保険（加入することもしないことも自由意志による，例：民間の保険）か，強制（加入を義務付けられているもの，例：国民健康保険）かを問わず，保険に加入すればモラルハザードの懸念が生じます。

　これに対して，先ほど説明した，医療保険における逆選択は，任意保険だけで生じ，強制保険では生じません。たとえば，加入が義務付けられている国民健康保険は，病気がちな人も，健康な人も保険料は一律に同じですから，健康な人は保険加入によって損をしていますが，法律で加入を義務付けられているので，保険を止めることができません。ですから，一律の保険料にすると病気がちな人ばかりになってしまうという逆選択は生じないのです。

▶▶ 徹底解説 ◀◀

　なお，治療費の一部は加入者が負担するという免責条項を加え加入者に治療費の一部を負担させることにより，注意怠慢をある程度防ぐことができます。

▶▶ 徹底解説 ◀◀

　預金者は自分の資金の運用を銀行にまかせているという意味で，預金者を依頼人や本人（プリンシパル）と呼び，銀行を代理人（エージェント）と呼ぶことがあります。そして，依頼人と代理人の関係を代理関係（エージェンシー）といいます。**代理人が依頼人の意向に反した行動をして依頼人に損害を与えることをエージェンシーコスト（代理費用）といいます。**

Part 7 市場の失敗

【問題31－1】

　次のA～Eのうち，情報の非対称性がもたらすモラル・ハザードに該当する記述の組み合わせとして，妥当なのはどれか。

Movie 203

　A．粗大ゴミの処理料金を値上げすると，不法投棄が増える。

　B．中古車市場で，性能の良い中古車が姿を消し，性能の悪い中古車ばかりになる。

　C．自動車保険に加入することで，ドライバーが安全運転を怠る。

　D．良質な貨幣が退蔵されて，悪質な貨幣のみが流通する。

　E．公的資金の導入により，金融機関が経営努力を行わなくなる。

1．A，B
2．A，D
3．B，C
4．C，E
5．D，E

（地方中級）

（解説・解答）

　Cは明らかにモラルハザード（○）ですが，AとDはどちらがモラルハザード（○）か迷うところです。

A．×　不法投棄はばれない，つまり情報が不完全であるから行い，情報が完全，つまり，必ずばれるのならば誰も行わないのでモラルハザードと考える人がいるかも知れません。しかし，そう考えてしまうと，見つからないと思って行った犯罪もすべてモラルハザードになってしまいます。経済学でいうモラルハザードとはそこまで広い概念ではなく，自動車保険加入，預金保険加入などの契約（取引）後の情報不完全による注意怠慢等に限定しているので誤りです。

B，D．×　逆選択なので誤り。Dはグレシャムの法則と呼ばれるのもです。

C．○　モラルハザードの代表例です。

E．○　金融機関破綻時に公的資金を投入するということは金融関係の法律で決まることですが，これを金融機関と政府の決めごと（契約に近いもの）と考えると，モラルハザードと考えることができます。

正　解　4

Chapter **32**

期待効用仮説
―ギャンブルに人生を賭ける人，賭けない人―

Point

1 期待効用仮説は，不確実な世界において，家計は期待効用（確率を考慮した効用の平均値)を最大化するように行動すると考える。したがって，2つの選択肢があったとき，期待効用が大きい方を選択する。

2 所得の限界効用が逓減する人が危険回避型，一定である人が危険中立型，逓増する人は危険愛好型。

Movie 204

難易度　B

出題可能性	
国家一般職 (旧Ⅱ種)	**B**
国税専門官	**B**
地方上級・市役所・特別区	**B**
国家総合職 (旧Ⅰ種)	**B**
中小企業診断士	**B**
証券アナリスト	**A**
公認会計士	**A**
都庁など専門記述	**C**
不動産鑑定士	**B**
外務専門職	**B**

　期待効用仮説は，択一試験の計算問題で頻出ですので，【問題32−1】を確実に計算できるように頑張ってください。また，論文試験でも，応用問題として出題されているので，注意が必要です。

期待効用仮説とは，**不確実な世界において，家計は期待効用を最大化するように行動するという考え**をいいます。

➕ 補 足

フォン・ノイマンとモルゲンシュテルンが考えた理論です。

1. 期待効用とは？

Movie 205

期待効用とは，**不確実な効用の期待値（平均値）**をいい，ある結果が起こる確率とその結果から得られる効用の積の合計により求まりますが，それではよくわかりませんので，具体例で考えましょう。

▶▶ 徹底解説 ◀◀

こういうと難しそうですが，0.5の確率で100の効用，0.5の確率で0の効用のとき，確率を考えた平均の効用は0.5×100＋0.5×0＝50となるということです。

まず，家計は所得を50万円だけ持っており，これで宝くじを購入した場合には，当たる確率も外れる確率も $\frac{1}{2}$ ずつで，当たれば2倍の100万円が得られ，外れれば0万円になるとしましょう。当たったときの効用は所得が100のときの効用ですから $U(100)$ とし，外れたときの効用は所得が0のときの効用ですから $U(0)$ とします。ということは，宝くじを買ったとき，効用は $\frac{1}{2}$ の確率で $U(100)$，$\frac{1}{2}$ の確率で $U(0)$ ですので，期待効用＝ $\frac{1}{2}U(100) + \frac{1}{2}U(0)$ となります。一方，宝くじを買わなければ，所得50万円が確実にあるので，効用＝ $U(50)$ となります。

宝くじを買うか買わないかは，宝くじを買ったときの期待効用と買わないときの効用の大小関係により決まりますので，次のようになります。

宝くじを買わないときの効用　宝くじを買ったときの期待効用

$U(50)$ ＞ $\frac{1}{2}U(100) + \frac{1}{2}U(0)$ ➡宝くじは買わない。

$U(50)$ ＝ $\frac{1}{2}U(100) + \frac{1}{2}U(0)$ ➡宝くじを買っても買わなくても同じ。

$U(50)$ ＜ $\frac{1}{2}U(100) + \frac{1}{2}U(0)$ ➡宝くじを買う。

それでは，期待効用仮説を使った計算問題を解いてみましょう。

【問題32－1】

　ある農家の効用関数が次のように与えられている。

$$u = x^{\frac{1}{2}}$$

Movie 206

　ここでuは効用水準，xは1年当たりの農作物収入を表す。この農家には，年間を通じて良い天候に恵まれる場合には900万円，天候不順の場合には100万円の農作物収入があるものとする。また，この農家は期待効用を最大にするように行動するものとする。

　ここで，ある保険会社が天候にかかわらず一定金額の所得h（100万円$\leqq h \leqq$900万円）を保証し，もし農作物収入が保証金額hを上回れば農家が差額（900万円$-h$）を保険会社に支払い，もし農作物収入が保証金額hを下回れば保険会社が差額（$h-$100万円）を農家に支払うとの契約内容の保険を販売する。良い天候に恵まれる確率と天候不順となる確率がそれぞれ50％である場合，この農家は保証金額hがいくら以上であれば保険を購入するか。その最小の値を求めよ。

> 1．　250万円
> 2．　300万円
> 3．　350万円
> 4．　400万円
> 5．　450万円

（国家Ⅱ種）

Chapter 32

期待効用仮説

計算に必要な知識

・期待効用の計算
・保険に入るか入らないかの計算

鉄則21　保険加入の計算

保険未加入時の期待効用　＝　保険加入時の効用
が保険に加入する，しないの境界。

戦　略

Step 1　鉄則21より
保険未加入時の期待効用計算

Step 2　保険加入時の効用を計算

Step 3　両者が等しくなるhを計算

落とし穴

期待効用は効用の期待値（$0.5 \times 3{,}000 + 0.5 \times 1{,}000$）であって，くれぐれも所得の期待値である期待所得（0.5×900万円$+ 0.5 \times 100$万円）と間違えないように気をつけましょう。

Part 7　市場の失敗

計　算

Step 1　期待効用（EU）の計算

問題文を整理すると保険に加入しないときは以下のようになります。

確率	天候	所得	効用
0.5	良い	900万円	$U=\sqrt{900万円}=3{,}000$
0.5	悪い	100万円	$U=\sqrt{100万円}=1{,}000$

$$\to 期待効用（EU）$$
$$=0.5 \times 3{,}000 + 0.5 \times 1{,}000$$
$$=\boxed{2{,}000} \cdots ①$$

Step 2　保険加入時の効用

一方，保険に加入すると問題文より

確率	天候	所得　　保険会社へ支払い	効用
0.5	良い	900万円$-(900-h)=h$	$U(h)=h^{\frac{1}{2}}$
0.5	悪い	100万円$+(h-100)=h$	$U(h)=h^{\frac{1}{2}}$

保険会社からの受取り

$\to$ 確率1で効用は $\boxed{h^{\frac{1}{2}}} \cdots ②$

Step 3　両者が等しくなるhの計算

①と②が等しいときが農家が保険に加入する最低限のときなので，農家が加入するような所得保証額hの最低限です。したがって，

$$2{,}000=h^{\frac{1}{2}}$$

両辺を2乗して

$$h=2{,}000^2=400万円$$

正　解

2. 危険に対する選好と限界効用

Movie 207

それでは，期待効用仮説の考え方を用いて，ある家計が危険を好むか好まないかは所得の限界効用が逓減，一定，逓増によって決まることを，具体例で考えましょう。

1】危険回避型（限界効用逓減）

家計の所得の限界効用が逓減するケースを考えましょう。限界効用が逓減する場合には，効用曲線は**図表32－1**のように左上に凸な曲線になります。

図表32－1のような効用曲線になると，宝くじを買わない場合の効用 $U(50)$ の方が，宝くじの期待効用 $= \frac{1}{2}U(0) + \frac{1}{2}U(100)$ よりも大きくなるので，宝くじを買わないことを好み，宝くじは買いません。つまり，限界効用が逓減している人は**危険（リスク）を負うことは避けようとする**ので，**危険回避型**といいます。

危険回避と限界効用逓減とのつながりがよくわからないかもしれませんが，それは次のように大雑把に考えてみてください。いま，確実に50万円を持っています。もし宝くじを買えば，さらに50万円増えて100万円になるかもしれませんが，逆に50万円減って0になるかもしれません。

限界効用が逓減する人は，さらに50万円増えても凸型の効用曲線にあるように**限界効用が逓減しているので効用の増加は大きくありませんが，50万減って0になる場合には，限界効用が大きい段階なので効用の減少は大きいはずです。したがって，限界効用が逓減する人はリスクを冒して宝くじを買うのは好まず，危険回避型の行動パターンをとる**ことになります。

限界効用とは，**図表32－1**では，横軸の所得が1円増加したときの縦軸の効用の増加分です。これは，効用曲線の傾きとなり，限界効用が逓減とは，効用曲線の傾きも逓減することになります。

図表32－1 ●限界効用逓減＝危険回避型①

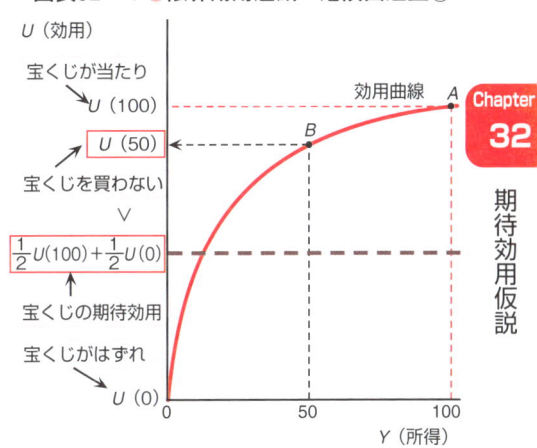

図表32－2 ●限界効用逓減＝危険回避型②

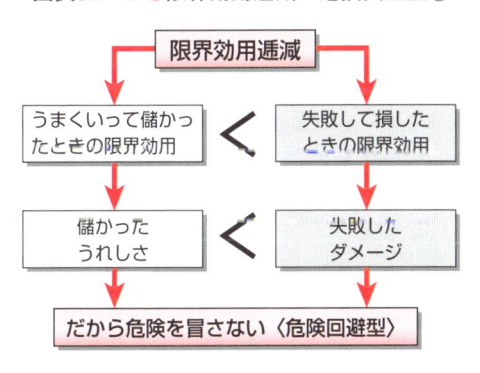

Chapter
32

期待効用仮説

【2】危険中立型（限界効用一定）

家計の所得の限界効用が一定のケースを考えましょう。**限界効用が一定の場合には，効用曲線は図表32－3のように右上がりの直線になります。**

図表32－3のような効用曲線になると，宝くじを買わない場合の効用U（50）と，宝くじの期待効用$= \frac{1}{2}U$（0）$+ \frac{1}{2}U$（100）が等しいので，同じ効用となり，宝くじを買っても買わなくても同じです。つまり，限界効用が一定の人はリスクを負っても負わなくても効用が同じなので，危険中立型といいます。

リスク中立型と限界効用一定とのつながりも，次のように大雑把に考えてみてください。

いま，確実に50万円を持っています。もし宝くじを買えば，さらに50万円増えて100万円になるかもしれませんが，逆に50万円減って0になるかもしれません。

限界効用が一定の人は，さらに50万円増えたときの効用の増加と，50万減って0になる場合の効用の減少は同じはずです。したがって，**限界効用が一定の人は，危険を冒して宝くじを買ったとき，当たったときのプラスと外れたときのマイナスが同じなので，宝くじを買っても買わなくても効用は同じとなり，危険中立な行動パターンとなります。**

補　足

限界効用は効用曲線の傾きなので，限界効用が一定であれば効用曲線の傾きも一定となり直線となります。

図表32－3 ●限界効用一定＝危険中立型①

U（効用）

宝くじが当たり
U（100）

効用曲線

宝くじを買わない
U（50）
＝
$\frac{1}{2}U(100) + \frac{1}{2}U(0)$

B

宝くじの期待効用

宝くじがはずれ
U（0）

0　　　　50　　　　Y（所得）

図表32－4 ●限界効用一定＝危険中立型②

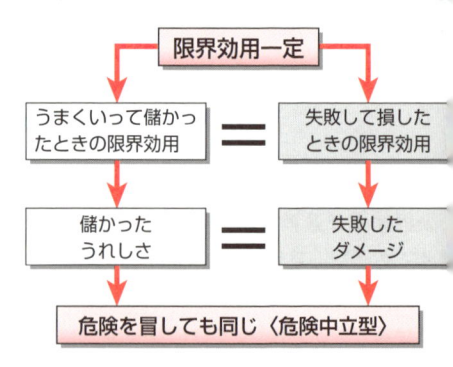

限界効用一定

うまくいって儲かったときの限界効用	＝	失敗して損したときの限界効用
儲かったうれしさ	＝	失敗したダメージ

危険を冒しても同じ〈危険中立型〉

〔3〕 危険愛好型（限界効用逓増）

家計の所得の限界効用が逓増のケースを考えましょう。**限界効用が逓増の場合には，効用曲線は図表32－5のように右上がりで右下に凸な曲線**になります。

図表32－5のような効用曲線になると，宝くじを買わない場合の効用 U（50）より，宝くじの期待効用＝$\frac{1}{2}U$（0）＋$\frac{1}{2}U$（100）の方が大きいので，宝くじを買います。

つまり，限界効用が逓増する人はリスクを負うことを好みますので，危険愛好型といいます。

危険愛好型と限界効用逓増とのつながりも，次のように大雑把に考えてください。いま，確実に50万円を持っています。もし宝くじを買えば，さらに50万円増えて100万円になるかもしれないが，逆に50万円減って0になるかもしれません。

下に凸の効用曲線ですので，**限界効用が逓増する人**はさらに50万円増えたときの効用**の増加は大きいのですが，50万減って0になる場合の効用の減少は少なくなります。**したがって，限界効用が逓増する人は，危険を冒して宝くじを買ったとき，**当たったときのプラスの方が外れたときのマイナスより大きいので，宝くじを買うことを好み，危険愛好型の行動パターンとなります。**

Chapter
32

期待効用仮説

補 足

限界効用は効用曲線の傾きなので，限界効用が逓増すれば，効用曲線の傾きも逓増します。

図表32－5 ●限界効用逓増＝危険愛好型①

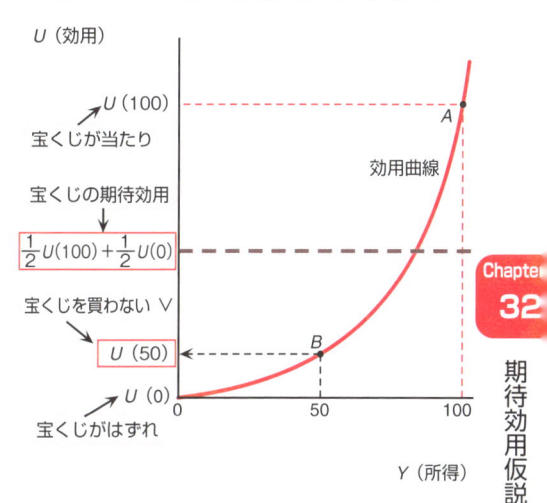

図表32－6 ●限界効用逓増＝危険愛好型②

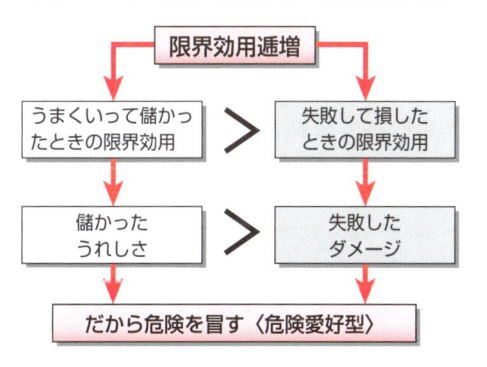

【問題32-2】

右図は個人Aと個人Bの効用関数である。個人Aと個人Bは，確実に110の額が手に入る資産Xか，50%の確率で100の額が手に入り，50%の確率で120の額が手に入る資産Yのどちらかを保有することができる。

個人A，個人Bの行動に関する次の記述で正しいものを選べ。

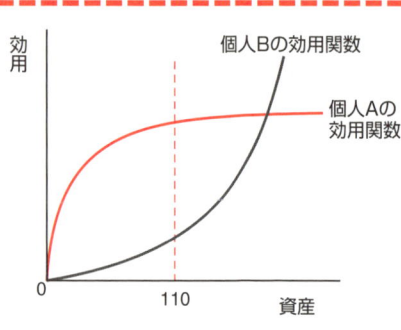

Movie 208

1. 個人Aは危険愛好型なので資産Xを選び，個人Bは危険回避型なので資産Yを選ぶ。
2. 個人Aは危険回避型なので資産Xを選び，個人Bは危険愛好型なので資産Yを選ぶ。
3. 個人Aは危険愛好型なので資産Yを選び，個人Bは危険回避型なので資産Xを選ぶ。
4. 個人Aは危険愛好型で，個人Bは危険回避型だが，両個人は共に資産Yを選ぶ。
5. 個人Aは危険回避型で，個人Bは危険愛好型だが，両個人は共に資産Xを選ぶ。

（地方上級）

解答・解説

鉄則22をあてはめます。

鉄則22　限界効用とリスクへの態度
所得（資産）の限界効用逓減　⇒　危険回避型
一定　⇒　危険中立型
逓増　⇒　危険愛好型

Aは左上に凸な効用曲線であり，資産の増加にともない効用曲線の傾き，すなわち，限界効用が逓減しています。限界効用逓減は危険回避型なので，安全資産Xを選びます。一方，Bは右下に凸な効用曲線であり，資産の増加にともない，効用曲線の傾き，すなわち，限界効用は逓増しています。限界効用逓増は危険愛好型なので，危険資産Yを選びます。したがって選択肢2が正解になります。

正　解　2

3. プロスペクト理論

Movie 209

　株式投資などの相場の世界においては，多くの人が，利益はすぐに確定したがるが，損失についてはなかなか確定したがらず損失を取り戻そうとする」ということが知られています。

　これは，利益が出ているときにはリスクを冒さずに利益を確定するのでリスク回避型ですが，損失が出ているときにはリスクを冒して損失の回復を待つのでリスク愛好型です。

　以前は，このような行動パターンは一貫性がなく非合理的だと考えられていました。しかし，トバツキーとカーネマンは，図表32－7のように，利益が出ているときには限界効用が逓減し，損失を被っているときには限界効用が逓増する効用曲線の人が多いということだと説明しました【プロスペクト理論】。

図表32－7 ● プロスペクト理論の効用曲線

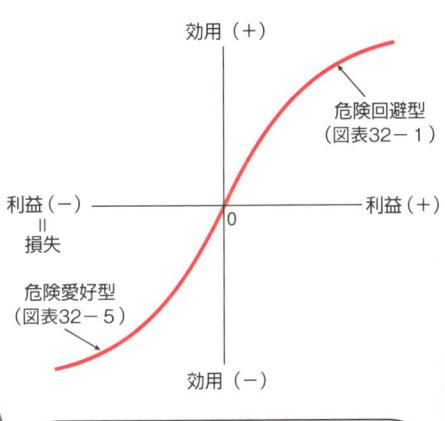

補　足

　非合理な行動パターンとして，従来は経済学では取り扱われなかった側面を分析する学問分野を行動経済学といいます。

期待効用仮説

Part 8

Movie 210

貿易の理論

―自由貿易は世界を幸せにするか？―

　さあ，いよいよ最後です！　この第8部では，貿易が輸出国だけではなく輸入国にも利益をもたらすことを学びます。また，輸出する財と輸入する財がどのような要因で決まるのかを考えます。そして，最後に，自由貿易に制限を加える保護貿易の考え方を学び，効率性の観点から評価します。

　TPP（Trans-Pacific Partnership：環太平洋経済連携協定）への参加問題が大きな課題として浮上し，貿易の問題が大きく取り上げられるようになってきました。このような時期には，出題可能性は高まりますので，今まで以上に注意しましょう。

　特に，自由貿易の利益と関税の経済効果に関する余剰分析，比較生産費説，ヘクシャー＝オーリンの定理をしっかりマスターしましょう。

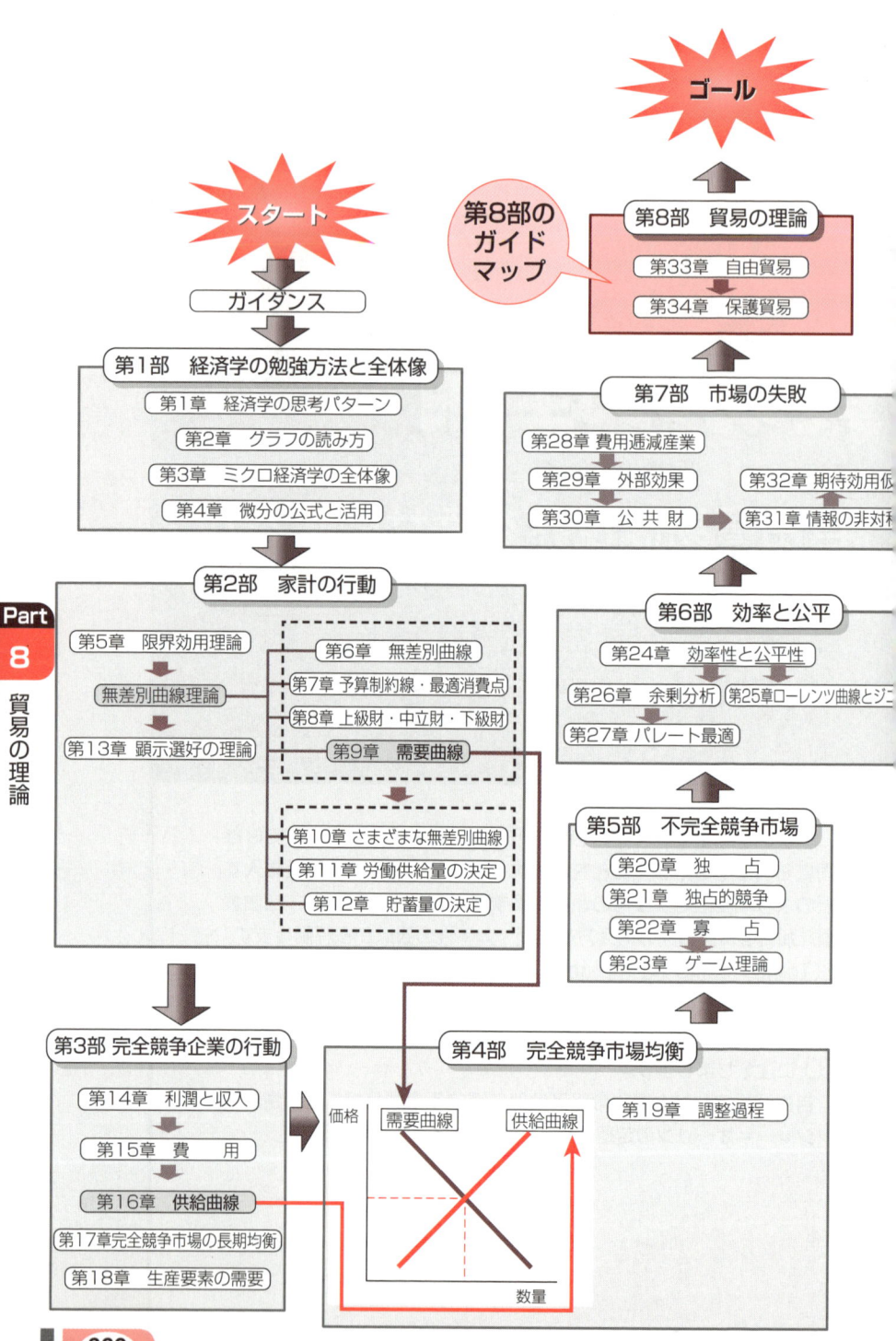

第8部の登場人物・舞台とストーリー

舞　台

　この部では，国境を超えた財の取引市場が舞台となります。

登場人物（経済主体）

　国内の供給者と需要者の他に，外国の需要者，供給者が登場します。政府も登場し，税金をかけたり，補助金を支給したりします。

全体像の中での位置づけ

　今までは，国内経済だけを考えてきましたが，第8部では外国との取引も考えます。

　貿易の効率性を考える際に，第2部で学んだ無差別曲線理論や第6部で学んだ余剰分析を使います。

> **用 語**
>
> 　議論の単純化のため，外国との関係を考えず，国内経済だけを考える理論モデルを閉鎖経済といいます。

ストーリーの流れ（構成）

第8部では，貿易，について考えます。

用 語

国境を越えた財の取引をいいます。

第33章では，まず，自由貿易によって，輸出国だけではなく，輸入国にも利益があることを余剰分析，比較生産費説，無差別曲線理論という3つの方法で説明します。そして，輸出する財と輸入する財はどのように決まるのかということを学びます（ヘクシャー＝オーリンの定理など）。

第34章では，保護貿易について学びます。

用 語

貿易に制限をかけることをいいます。

まずは，保護貿易の手段として，関税，輸入数量規制，生産者補助金について学びます。最後に，保護貿易の根拠として，幼稚産業保護，産業調整コスト，外部不経済などを学びます。

Part 8 貿易の理論

第8部 貿易の理論

- 第33章 自由貿易
  - 自由貿易の利益
    - 余剰分析
    - 比較生産費説
    - 無差別曲線理論
  - 輸出する財の輸入する財はどのように決まるのか？
    - ヘクシャー＝オーリンの定理
- 第34章 保護貿易
  - 手　段
    - 関　税
    - 輸入数量規制
    - 生産者補助金
  - 根　拠
    - 幼稚産業保護
    - 産業調整コスト
    - 外部経済など

Chapter 33

自由貿易
―農業自由化は日本の利益か？―

Movie 211

Point

1 余剰分析，比較生産費説，無差別曲線理論によって，輸出国，輸入国両方に利益があることを説明できる【自由貿易の利益】。

2 比較生産費説とは，リカードの提唱した貿易理論で，各国とも外国に対し比較生産費の低い（比較優位にある）財を輸出し，比較生産費の高い（比較劣位にある）財は自国で生産せず輸入することによって経済的利益が大きくなるという考え。

3 ヘクシャー＝オーリンの定理とは，資本豊富国は資本集約財に比較優位を持ち，労働豊富国は労働集約財に比較優位を持つという定理。

4 同一産業内での貿易を水平貿易，異なる産業間での貿易を垂直貿易という。

難易度　B

出題可能性

国家一般職（旧Ⅱ種）	B
国税専門官	B
地方上級・市役所・特別区	A
国家総合職（旧Ⅰ種）	A
中小企業診断士	A
証券アナリスト	C
公認会計士	B
都庁など専門記述	B
不動産鑑定士	B
外務専門職	A

　この章では，輸出や輸入などの貿易はどうして起こるのか，また，どのような貿易体制が望ましいのかについて考えます。

　自由貿易の利益と関税の経済効果に関する余剰分析，比較生産費説，ヘクシャー＝オーリンの定理をしっかりマスターしましょう。

　この章では，自由貿易を行うことにより，総余剰が最大となり社会全体の利益が最大になるので望ましいということを説明します。

【1】定　義

　自由貿易とは国家の介入のない貿易をいいます。

【2】仮　定

　以下の分析においては，ある財Xについて，小国A，Bの２国について分析します。

① **A，Bともに国際価格に影響を与えることはできず，国際価格を受け入れるだけのプライステーカー〈小国モデル〉**

② **国内市場は完全競争市場**

③ **市場の需要曲線は右下がり**

④ **市場の供給曲線は右上がり，とし**

⑤ **貿易に関する輸送費および諸費用はゼロ**

⑥ A国の国内価格をP_a，B国の価格をP_b，国際価格をP_iとし，**閉鎖経済時（貿易前）には，$P_a>P_i>P_b$であったとします。**

> **用　語**
>
> 　国際価格に影響を与えず，受け入れるだけの存在の国を小国といいます。ですから，この仮定をおいた分析モデルを小国モデルといいます。小国モデルでは，国際市場に需要者も供給者も多数であり，A，Bは多数の国々の２つにすぎません。
> 　一方，国際価格に影響を与える国の場合には大国モデルといいます。

Part 8
貿易の理論

図表33－1 ●小国モデルによる自由貿易の利益

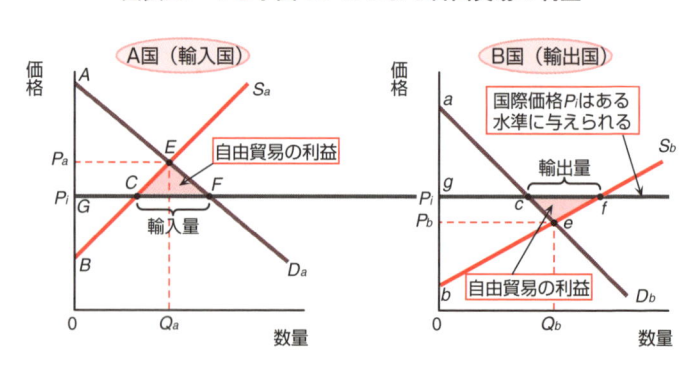

3】貿易前（閉鎖経済時）

閉鎖経済時のA，B両国では，国内の需要曲線（D_a，D_b）と供給曲線（S_a，S_b）の交点E，eで均衡し，価格はそれぞれ，P_a，P_bであるとします（**図表33−1**）。総余剰はA国がABE，B国がabeです。

4】自由貿易後

自由貿易を行うと，A国では国際価格P_iは国内価格P_aより低いので輸入が起こり，B国では，国際価格P_iは国内価格P_bより高いので輸出が起こり，A，B両国とも価格はP_iとなります。

その結果，A国（輸入国）では，価格P_iで需要量は**図表33−1**のGFとなります。しかし，価格P_iのときの国内供給量は供給曲線（S_a）よりGCです。つまり，A国ではP_iの価格では，国内需要量GFに対し国内供給量GCと国内で超過需要がCFだけ生じます。このCFを輸入，つまり，外国からの供給でまかなうことになります。

一方，B国（輸出国）では，価格P_iで需要量は**図表33−1**のgcとなります。しかし，価格P_iのときの国内供給量は供給曲線（S_b）よりgfです。

つまり，B国ではP_iの価格では，国内需要量gcに対し国内供給量gfと国内で超過供給がcfだけ生じます。このcfが輸出，つまり，外国への供給にあたります。

これらの貿易により，**A国（輸入国）の総余剰は消費者余剰（AGF）＋生産者余剰（BCG）＝$ABCF$となり，閉鎖経済時のABEよりCFEだけ増加**します。これが輸入国Aの自由貿易の利益です。

一方，**B国（輸出国）の総余剰は消費者余剰（agc）＋生産者余剰（bfg）＝$abfc$となり，閉鎖経済時のabeよりcfeだけ増加**します。これが輸出国Bの自由貿易の利益です。

➕ 補 足

なお，A，B両国とも小国なので，国際価格P_iには影響を与えません。

😵 落とし穴 ✖

A国の輸入量CFとB国の輸出量cfが等しいという間違いが多いので要注意です！

国際市場におけるA，B両国の存在は小さく，A国の輸入量CFとB国の輸出量cfは一致する必然性はありません。なぜなら，AはB国からのみ輸入しているわけではなく，B国もA国へのみに輸出しているわけではないからです。

👆 Point!

このように，輸入国，輸出国の双方が自由貿易の利益を享受できます。通常，輸出国は利益を得る一方輸入国は損をすると思われがちですが，輸入国も利益を得るという点がポイントです。

自由貿易

〈2国モデル【図表33−2】〉

　なお，貿易当事国がA，Bの2国しか存在しないという「2国モデル」の場合には，Aが輸入国，Bが輸出国とすると，Aの輸入はBの輸出によるのですから，**Aの輸入量＝Bの輸出量となる水準に国際価格が決定**されます（図表33−2）。

図表33−2 ● 2国モデルによる自由貿易の利益

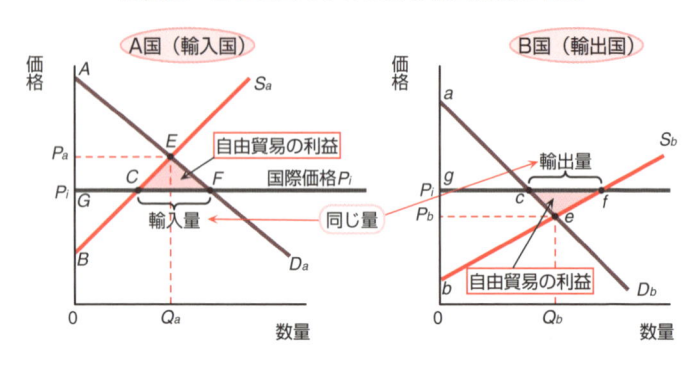

2. 自由貿易の利益② 比較生産費説

Movie 213

【1】概　要

　比較生産費説とは，リカードの提唱した貿易理論で，**各国とも外国に対し比較生産費の低い（比較優位にある）財を輸出し，比較生産費の高い（比較劣位にある）財は自国で生産せず輸入することによって経済的利益が大きくなるという考え**です。

【2】仮　定

　説明に際し，以下の仮定をおきます。

① 単純化のためA，B2国のみとし，財はX，Yの2財のみとします。

② **生産要素は労働のみで，財の価値は労働投入量により測定される**とします。

③ X，Yともに規模に関して収穫一定。

④ 財の輸送費などはゼロ。

いま，A，B両国において，X，Yを1単位
生産するために必要な労働力は図表33－3
にします。

3】絶対生産費説

比較生産費説の前に，私たちが通常考える
絶対生産費説について説明しましょう。

通常，図表33－3から，X財，Y財それぞ
れについて，A国とB国を比べるでしょう。
つまり，X財はB国が少ない人数で生産でき，
Y財はA国が少ない人数で生産できるので，
BがXを生産しAがYを生産すべきだという
ことがわかります。

しかし，この考えだと，図表33－4のよ
うに，X財もY財もB国の必要労働力が少な
い場合には貿易ができなくなってしまいま
す。

4】分　析

このように，絶対生産費説においては貿易
がなされないという場合であっても，比較生
産費説は，貿易によって2国とも利益を得る
ことができることを説明します（図表33－
5）。比較生産費説は3つのステップがある
ので，ステップ毎に説明しましょう。

Step 1 比較生産費を求める

**比較生産費とは，同じ国内におけるX財と
Y財の費用の比較**です。

● A　国

図表33－4より，A国では，X財20人に対
してY財は40人です。X財の費用（20人分
の賃金）はY財の費用（40人分の賃金）の
$\frac{20}{40}$＝0.5です。ですから，A国のXの比較生
産費は0.5です。一方，A国のY財（40人分
の賃金）は20人分の賃金であるX財の費用
の2倍（$\frac{40}{20}$）なので，A国のY財の比較生
産費は2です。

図表33－3 ●絶対生産費説

	A 国	B 国
X 財	40人 ＞	20人
Y 財	15人 ＜	30人

これは，わざわざ，比較優位
を持ち出さなくてもわかる！

図表33－4 ●必要労働力

	A 国	B 国
X 財	20人	10人
Y 財	40人	15人

用 語

このようなケースは絶対的な数字を見
れば誰でもわかるものであり，絶対生産
費説といいます。なお，絶対生産費が低
いことを絶対優位，高いことを絶対劣位
といいます。図表33－3では，A国はX
財は絶対劣位，Y財は絶対優位，B国は
X財は絶対優位，Y財は絶対劣位です。
図表33－4では，X財，Y財ともに，A
国が絶対劣位，B国が絶対優位となり，B
国は輸出するものがなくなってしまいま
す。

図表33－5 ●比較生産費説

	A 国	B 国
X 財	$\frac{20}{40}$＝0.5 ＜	$\frac{10}{15}＝\frac{2}{3}$
Y 財	$\frac{40}{20}$＝2 ＞	$\frac{15}{10}$＝1.5

Point!

A国とB国の国どうしの生産費（絶
対生産費）を直接比較するものでは
ないという点に注意しましょう。

② B 国

図表33－4より，B国では，X財の費用（10人分の賃金）はY財の費用（15人分の賃金）の$\frac{10}{15}=\frac{2}{3}$です。ですから，B国のXの比較生産費は$\frac{2}{3}$です。一方，B国のY財（15人分の賃金）は10人分の賃金であるX財の費用の1.5倍（$\frac{15}{10}$）なので，B国のY財の比較生産費は1.5です。

▶▶ 徹底解説 ◀◀

B国におけるY財の比較生産費が1.5とは，Y財を1単位生産すると15人使うので，X財1.5個分が作れなくなるということを意味します。つまり，比較生産費とは，その財を1単位生産したときに犠牲にしなくてはならない他の財の生産量をいうのです。

Step 2　比較生産費を外国と比べる

X財の比較生産費は，A国が$\frac{1}{2}$とB国の$\frac{2}{3}$より小さくなっています。X財の比較生産費が0.5のA国と$\frac{2}{3}$のB国が貿易をすれば，費用の低いA国が輸出し，費用の高いB国が輸入することになります。

Y財の比較生産費は，B国が1.5とA国の2より小さくなっています。Y財の比較生産費が2のA国と1.5のB国が貿易をすれば，費用の低いB国が輸出し，費用の高いA国が輸入することになります。

Step 3　貿易による利益

X財の比較生産費が0.5のA国と$\frac{2}{3}$のB国が貿易をすれば，X財の国際価格はその間に決まります。たとえば，0.6（$=\frac{3}{5}$）であったとしましょう。A国は0.5の費用で生産し0.6で輸出すれば0.1利益を得ます。一方，B国も，$\frac{2}{3}$で生産するより0.6で輸入した方がその差の分だけ利益を得ます。

Y財の比較生産費が2のA国と1.5のB国が貿易をすれば，Y財の国際価格もその間に決まります。すると，X財同様に，輸入するA国も輸出するB国も利益を得ます。

Point!

X財，Y財ともに絶対生産費の高いA国が，比較生産費の低いX財の生産に特化し，貿易することによって利益を得ているという点がポイントです。すべての産業が弱い国でも貿易によって利益を得ることができるのです。

▶▶ 徹底解説 ◀◀

これは，貿易に限りません。たとえば，コピー取りと企画書作成という2つの仕事があり，新入社員とベテラン社員がいたとします。どちらも，ベテラン社員の方が得意でしょうが，ベテラン社員がすべて行うのではなく，ベテラン社員は企画書作成に専念し，新入社員がコピー取りに専念することによって，お互いに利益になるということと同じです。

▶▶ 徹底解説 ◀◀

比較生産費説には，次のような問題点もあります。
① 生産要素を労働のみと仮定し資本を考えていません。
② 労働の投入量に比例して商品の価値が決まるとしていますが，現実には商品の価値は消費者がどれだけの効用を得ることができるかで決まります（効用価値説）。

3. 自由貿易の利益③ 無差別曲線理論

Movie 214

1】概　要

　ある国の生産可能曲線と無差別曲線を用いて，一国の効用最大となるX財とY財の量を求めます。そして，閉鎖経済時に比べ，自由貿易の方が効用が大きくなることを説明します。

2】前　提

　まず，単純化のため，X財とY財しかないものとします。次に，A国の社会的無差別曲線を想定し，通常の形状を想定します。

　A国は，X財とY財を生産しており，限界変形率は逓増すると仮定します。

　限界変形率とは，**X財を１単位生産するために犠牲にしなくてはならないY財の量**です。通常，X財の限界費用は円で表されますが，これをY財何個分なのかで表したものです。したがって，「限界変形率は逓増する」とは，イメージとしては，限界費用を円ではなく，Y財の個数で表したものが，Xの生産量の増加とともに増加していくということです。

　この限界変形率逓増の仮定より，図表33－6のように，生産可能曲線は原点に対し凹になります。

　図表33－6の点AはA国が，Xを作らずYだけを作ったらY_0個生産できることを意味します。そして，Xを１個増やすにつれて，Yは0.1個，0.5個，２個と減っていきます。そして，Z点は，Yは作らず，Xだけを生産するとX_0個生産できることを意味します。

　生産可能曲線のAZは，A国の生産能力の上限なので，A国の生産可能領域は網かけ部分の扇型OZAになります。

補　足

　①無数に存在，②右下がり，③原点に対し凸，④互いに交わらない，⑤上方（右方）にあるほど効用が大きい，という性質を持ち，図表33－7のU_0，U_1，U_2，U_3のように描けると仮定します。

Chapter **33**

自由貿易

図表33－6 ●生産可能領域

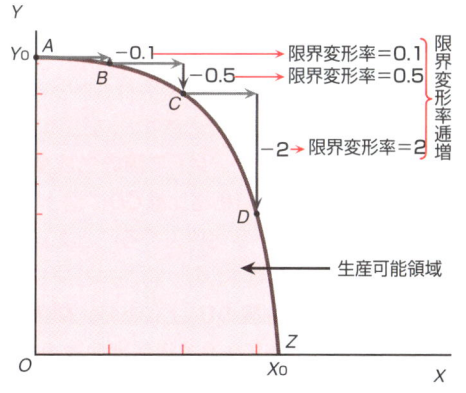

【3】 閉鎖経済

図表33-7に，図表33-6の生産可能曲線と無差別曲線を同時に描きます。**A国は，入手可能領域OAZのなかで，効用最大，すなわち，最も右上方の無差別曲線であるU_1上の点E（X_e, Y_e）を選択**することになります。

【4】 自由貿易

ここで，A国が自由貿易を行うとしましょう。X財とY財の国際市場での交換比率は1：2であると仮定します。

自由貿易を行うと，X1個に対して，Y2個の交換ができるということです。

これは，Xを1個売れば（＝輸出すれば），Y2個を得る（＝輸入する）ことができ，逆に，Yを2個売れば（＝輸出すれば），X1個を得る（＝輸入する）ことができるということです。なお，X1個に対して，Y2個の交換ということは，価格はXの価格がYの価格の2倍ということです。

図表33-8にあるように，自由貿易となると，X1個手放して輸出すると，Yを2単位輸入して得ることができます。したがって，図表33-8において，**点Fで国内生産量を（X_f, Y_f）とし，国際価格比線CDに沿って，**Xを1個輸出しYを2個輸入することを繰り返していくと，点E'（X_e', Y_e'）となります。E'は無差別曲線のU_2上にあり，閉鎖経済時の最適消費点Eを通る無差別曲線のU_1より右上方にあるので，効用が大きくなっている**ことがわかります。つまり，自由貿易によって，閉鎖経済時より効用が大きくなっており，自由貿易の利益があることがわかります。

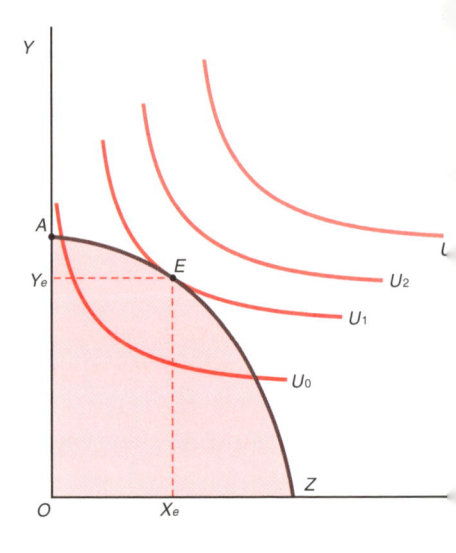

図表33-7 ● 閉鎖経済

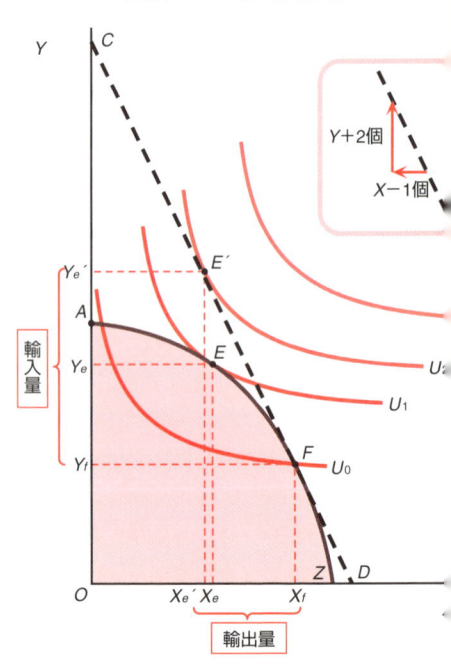

図表33-8 ● 自由貿易

Part **8**

以上をもう一度説明しましょう。点Fは生産可能曲線上にあるので，A国にとって生産可能です。点Fから，Xを1個輸出して代わりにYを2個もらうという貿易を繰り返していくと，点Fから国際価格比線のCDに沿ってXとYの量を変えることができます。つまり，**貿易ができることにより，点Fで生産す**れば，**入手可能領域が**$\triangle ODC$**になったこと**になります。

この**入手可能領域**$\triangle ODC$**内で，最も効用が大きい，すなわち，無差別曲線が最も右上方にあるのは，**CDとU_2の接点E'となります。

なお，**生産点が**$F(X_f, Y_f)$**なのに，消費点が**$E'(X_e', Y_e')$**であり，**Xは生産量より消費量が少なく，その差$= X_f - X_e'$がXを**輸出し，海外に手放した量です。また，Yは生産量より消費量が多く，その差$= Y_e' - Y_f$がYを**輸入し，海外から得た量です。

補　足

ちなみに，点$E(X_e, Y_e)$は，閉鎖経済時の貿易前の消費点であり，かつ，生産点でもある点です。閉鎖経済時には，生産した分しか消費できないので，生産点＝消費点となります。

4. ヘクシャー＝オーリンの定理

Movie 215

【1】定　　義

ヘクシャー＝オーリンの定理とは，**資本豊富国は資本集約財に比較優位を持ち，労働豊富国は労働集約財に比較優位を持つという定理**です。

比較生産費説は生産要素を労働のみとしていましたが，この定理では労働のみならず資本も考慮しています。そして，比較優位の原因を生産要素の存在量に求めています。

なお，労働のレンタル価格を**賃金率**といい，**資本（機械）のレンタル価格を利子率**という

ことにします。

補　足

この利子率の考えは，古典派の利子の考え方です。

【2】理　　由

資本よりも労働の方が相対的に多く存在する労働豊富国は，賃金率が利子率より相対的

に低いので労働を多く必要とする財（労働集約財）の比較生産費が低くなり比較優位となります。一方，労働よりも資本の方が相対的に多く存在する資本豊富国は，利子率が賃金率より相対的に低いので資本を多く必要とする財（資本集約財）の比較生産費が低くなり比較優位となります。

【3】 レオンチェフの逆説

レオンチェフは資本豊富国であるアメリカが，実際には労働集約財を輸出していることを実証しました。これは，ヘクシャー＝オーリンの定理とは逆の結果であり，**レオンチェフの逆説**と呼ばれます。

しかし，このレオンチェフの逆説はヘクシャー＝オーリンの定理そのものを否定するものではなく，単純な労働者の数ではアメリカは資本豊富で労働不足かもしれないが，その熟練度などによる能力を考えると，決して労働者は不足していないという解釈ができます。

【4】 ヘクシャー＝オーリンの定理に関連する考え

① 要素価格均等化命題

労働豊富国は，賃金率が相対的に低く，労働集約財に比較優位があります。したがって，労働集約財を輸出するので，労働需要は増加し，当初低かった賃金率は上昇していきます。一方，資本豊富国は，利子率が相対的に低く，資本集約財に比較優位があります。したがって，資本集約財を輸出するので，資本需要は増加し，当初低かった利子率は上昇していきます。

補 足

レオンチェフの分析したときはアメリカの黄金期であり，アメリカの労働者の生産性はズバ抜けていました。したがって，アメリカの労働者の数が少なくても，実際の能力という意味では，他国の労働者の何倍もの労働能力があったので，アメリカは能力まで考慮すると，労働不足国ではなく，労働豊富国だという考えです。

用 語

このように，貿易により，各国の生産要素価格比 $\left(\dfrac{賃金率}{利子率}\right)$ は均等化していきます。これを**要素価格均等化命題**あるいは，**ヘクシャー＝オーリンの第二定理**ともいいます。

② リプチンスキーの定理

労働は一定で資本量が増加すると，資本豊富国となり，ヘクシャー＝オーリンの定理より，資本集約財が比較優位となり資本集約財の生産を増加させるはずです。逆に，資本量は一定で労働が増加すると，労働豊富国となり，ヘクシャー＝オーリンの定理より，労働集約財が比較優位となり労働集約財の生産を増加させるはずです。

> **用 語**
>
> このように，ある生産要素の増加はその生産要素をたくさん用いる財の生産量を増加させ，他の生産要素をたくさん用いる財の生産を減少させます。これが，リプチンスキーの定理です。

③ ストルパー＝サミュエルソンの定理

資本集約財の価格が上昇すると，資本集約財の生産量が増加し，資本の需要が増加し，利子率は上昇します。逆に，労働集約財の価格が上昇すると，労働集約財の生産量が増加し，労働の需要が増加し，賃金率は上昇します。

> **用 語**
>
> このように，ある生産要素をたくさん用いる財の価格が上昇すると，たくさん使われる生産要素の価格も上昇します。これを，ストルパー＝サミュエルソンの定理といいます。

---

5. 垂直貿易と水平貿易

【1】定　義

同一産業内での貿易を水平貿易，異なる産業間での貿易を垂直貿易といいます。

Movie 216

すでにお話しした，リカードの比較生産費説やヘクシャー＝オーリンの定理は垂直貿易をうまく説明できます。

しかし，先進国間の工業製品の貿易のような水平貿易は説明が困難です。なぜなら，先進国は双方とも資本豊富国でしょうから，なぜ，貿易するのか説明できないのです。

水平貿易を説明する理論として，プロダクト＝サイクル仮説と代表的需要の理論があります。

> **たとえば**
>
> 先進国間の工業製品どうしの貿易は水平貿易，先進国と発展途上国の工業製品と農作物の貿易は垂直貿易です。

> **たとえば**
>
> 途上国が労働力をたくさん使って農作物を輸出し，先進国が資本をたくさん使って工業製品を輸出していれば，「資本豊富国は資本集約財に比較優位を持ち，労働豊富国は労働集約財に比較優位を持つ」というヘクシャー＝オーリンの定理で説明できます。

【2】プロダクト＝サイクル仮説

　プロダクト＝サイクル仮説とは，ヴァーノンが考えた，**商品の生成・成熟・規格化という循環によって貿易が生じ，貿易パターンが変わることを説明する理論**です。商品の生成期には高度の技術と試行錯誤が必要であり，開発国が生産し，輸出します。やがて，生産技術も確立し大量生産が行われ，他の先進国も生産し輸出するようになります（成熟期）。そして，生産技術の規格化が進むと，コストの低い発展途上国で製造，輸出されます（規格化期）。**この理論により，工業製品どうしの水平貿易も技術の国際的波及によって説明することができます。**

【3】代表的需要の理論

　他にも，リンダールの**代表的需要の理論**でも部分的に水平貿易を説明できます。この理論は，規模の利益と各国の需要者の嗜好の差異を前提とし，**競争力のある輸出財が存在するためには，貿易前からその国にかなりの量の需要（これを代表的需要と呼びます）がなくてはならないという理論**です。

> ### たとえば
>
> 　カラーテレビは，はじめアメリカで開発，生産され，成熟期には日本で生産され，規格化期の今ではマレーシア，中国などの途上国で生産されています。また，日本では次世代DVDレコーダーなどの新商品が生成期として生産されています。プロダクト＝サイクル仮説は，各国での経済を牽引する主力製品の変遷などを非常にうまく説明することができます。

> ### たとえば
>
> 　フィンランドの携帯電話の輸出（山国で電話線が引けず，国内で携帯電話の需要が大きかったから）やオーストリアのスキー板の輸出（雪国で国内のスキー板への需要が大きかったから），米国の航空産業（国土が広いので航空需要が大きかった）等の事例を説明できます。

Chapter **34**

保護貿易
―農業自由化は日本の利益か？―

Movie 217

難易度 　B

出題可能性

国家一般職（旧Ⅱ種）	B
国税専門官	C
地方上級・市役所・特別区	B
国家総合職（旧Ⅰ種）	B
中小企業診断士	B
証券アナリスト	C
公認会計士	A
都庁など専門記述	B
不動産鑑定士	B
外務専門職	A

Point

1 小国モデルでは，輸入国が輸入品に関税をかけると，輸入国の総余剰は，関税収入の左右の三角形の分だけ減少する。

2 関税と同じ輸入量に数量規制すると，余剰の損失は関税と変わらない【関税と輸入数量規制の等価命題】。

3 関税や輸入数量と同じ国内供給量とするために補助金を支給すると，余剰の損失は関税や輸入数量規制よりも少ない。

4 現在は比較劣位産業であるが，将来的には比較優位となる産業を幼稚産業という。幼稚産業は，将来，利益をもたらすのであるから，現在は保護すべきと保護貿易の根拠として主張される【幼稚産業保護論】。

この章では，保護貿易の根拠と経済効果について学びます。自国の産業保護のために輸入財に関税をかけると，輸入国の総余剰がかえって減ってしまうという点をしっかり理解しましょう。

1. 保護貿易

【1】定　義

　保護貿易とは，国家による規制の存在する**貿易**をいいます。

【2】保護貿易の手段

　輸出入の数量規制や，関税をかける方法，国内生産者へ補助金を支給し輸入を抑える方法などがあります。なお，保護貿易といった場合，自国の産業保護のため輸入制限を行う場合がほとんどですので，輸入制限について説明します。

① 輸入全面禁止

　輸入国であるA国が輸入を全面禁止すれば，閉鎖経済と同じですので，図表34－1の輸入国の自由貿易の利益△CFEだけ総余剰が減ってしまいます。

② 関　税

　図表34－1において，**輸入品1単位につきt円だけ関税をかけると，輸入品を需要者が最終的に購入する価格は，関税分高くなり，$P_i + t$円となります。その結果，国内価格も$P_i + t$円に上昇します。**

　価格が$P_i + t$円に上昇すると，需要曲線より，需要量は点KのQ_kとなり，国内の供給量は供給曲線S_aより，点JのQ_jとなります。輸入量はその差のJKとなります。すると，**消費者余剰は△AHKとなり，生産者余剰は△BJHとなり**，両者の合計はABJKとなります。

　また，関税をかけたときの輸入量がJKで，1単位あたりt円の課税ですので，関税収入（政府余剰）は，JKにtをかければ良いので，JLMKとなります。

　したがって，**関税をかけたときの総余剰＝ABJK＋JLMK**となり，自由貿易の総余剰ABCFに比べて，（△JCL＋△KMF）だけ余

補　足

　国家による規制のない自由貿易に対する概念です。

図表34－1 ●関税の効果（小国モデル）

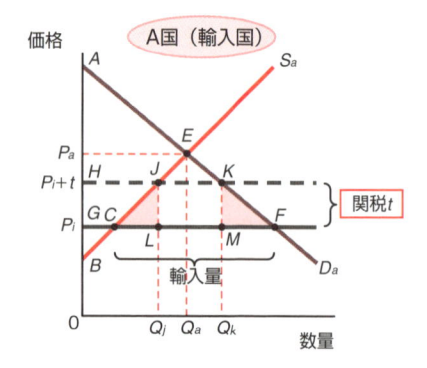

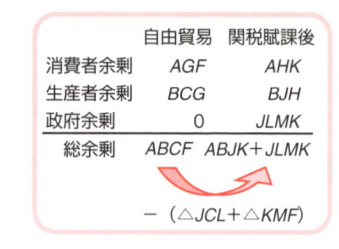

	自由貿易	関税賦課後
消費者余剰	AGF	AHK
生産者余剰	BCG	BJH
政府余剰	0	JLMK
総余剰	ABCF	ABJK＋JLMK

　　　　　　　　－（△JCL＋△KMF）

…の損失が発生しています。つまり，輸入国
（A国にとって，関税をかけて保護貿易を行う
こ）とは，好ましくないということになります。

　なお，ここではA国は小国という仮定をお
（い）ていますので，関税前のA国の輸入量CF
（に）比べ関税後の輸入量はJKと減少してい（ま）
（す）が，A国の輸入量減少が国際価格（P_i）に
（影）響を与えることはありません。

3】 輸入数量規制

　図表34－1のJKと同じ輸入量に制限する
（場）合を考えましょう（図表34－2）。

　輸入量をJKに制限すると，国内の供給量
（に）**輸入量を合計した供給曲線は，国内の供給**
（曲）**線（S_a）に輸入量（JK）分だけ右シフト**
（し）**たS_a'となります。**

　その結果，**新たな市場均衡点は需要曲線**
（D_a）**と新たな供給曲線（S_a'）の交点Kと**
（な）**り，価格はP_{i+t}，取引量はQ_kとなります**
（図表34－1の関税のときと同じです）。

　このとき，**消費者余剰**は需要曲線（D_a）
（と）市場価格（P_{i+t}）に囲まれた△**AHK**となり，
（国）内の）**生産者余剰**は国内の供給曲線（S_a）
（と）価格（P_{i+t}）に囲まれた△**BJH**となります。

　さらに，この商品を輸入した輸入者は，国際
（価）格（P_i）で購入し，P_{i+t}で国内で販売でき
（る）ので，1個につきt円だけ利益を得ていま
（す）。輸入量はJKなので，**輸入者の利益**の合
（計）は$t×JK＝$**$JLMK$**の面積となります。

　また，**輸入数量規制を行ったときの総余**
（剰）**＝$ABJK＋JLMK$となり，関税をかけたと**
（き）**の総余剰（図表34－1）と同じになりま**
（す）**【関税と輸入数量規制の等価命題】。**

　もっとも，関税では$JLMK$は政府余剰です
（が），輸入数量規制では輸入者の利益（輸入者
（余）剰）となる点がちがいます。

図表34－2 ● 輸入数量規制

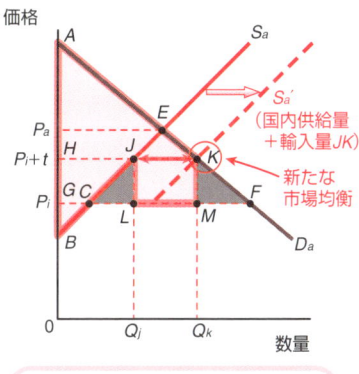

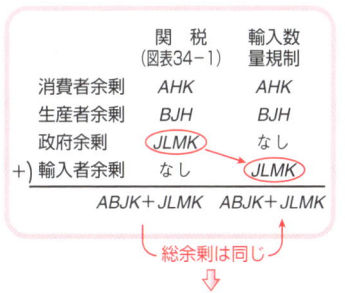

	関税 （図表34-1）	輸入数 量規制
消費者余剰	AHK	AHK
生産者余剰	BJH	BJH
政府余剰	$JLMK$	なし
+）輸入者余剰	なし	$JLMK$
	$ABJK＋JLMK$	$ABJK＋JLMK$

└ 総余剰は同じ ┘
⇓
関税と輸入数量規制の等価命題

【4】生産者補助金

　今度は、国内の供給者の供給量を、関税のときと同じHJ（$=GL$）に保つために、国内供給者（生産者）に補助金を支給するケースを考えましょう。

　この場合、関税をかけないので**国内価格**（P）は**国際価格**（P_i）まで低下します。国内価格がP_iのときに、国内の供給量をHJ（$=GL$）にするためには、（国内の）供給曲線をS_aからS_a'にシフトさせる必要があります。そのためには、政府は、供給量1単位につきJLの分だけ補助金を支給する必要があります。この補助金JLは関税tと同じです。これは、関税によってt円だけ国内価格を上昇させれば、生産者はt円だけ利益を得るので、補助金を同額もらうのと同じだということです。

　このとき、**消費者余剰は**需要曲線（D_a）と市場価格（P_i）に囲まれた△AGFとなり、**生産者余剰は**供給曲線（S_a'）と市場曲線（P_i）に囲まれた△$B'LG$となります。また、政府が1単位につきJLだけ補助金を支給しており、支給は国内の供給量GL（Q_j個）まで行われるので、補助金の総額＝$JL × GL = BB'LJ$となります。これは政府の支払いなので、**政府余剰は**$−BB'LJ$となります。

　つまり、**国内生産者（供給者）に補助金を支給したときの総余剰**＝△AGF＋△$B'LG$−$BB'LJ$＝$ABJLF$となります。これは**関税や輸入数量規制のときより、FKMだけ余剰の損失が少ないので望ましい（効率的である）**と考えることができます。

図表34-3 ●生産者補助金支給の効果

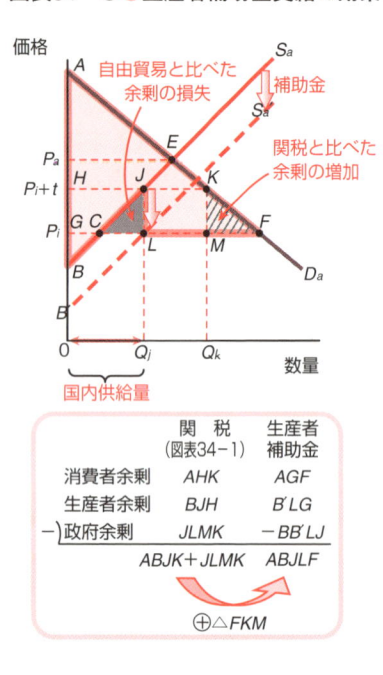

	関　税 （図表34-1）	生産者 補助金
消費者余剰	AHK	AGF
生産者余剰	BJH	$B'LG$
−）政府余剰	$JLMK$	$−BB'LJ$
	$ABJK+JLMK$	$ABJLF$

$⊕△FKM$

✚　補　足　　⟨⬚⟩

　関税とは、輸入品にかける税金です。したがって、国内の供給者にはかからないので、国内の供給者の限界費用は変化せず、供給曲線も変化しません。ここが、従量税や従価税とは根本的に異なる点です。関税の影響を受けるのは、輸入品の価格だけです。

【問題34−1】（過去トレ・ミクロ p.87 問題7−8より）

　ある小国について，ある財の国内の需要曲線と供給曲線が以下のとおりであるとする。

Movie 219

　　需要曲線：$d=17-p$

　　供給曲線：$s=p-1$　　〔d：需要量，s：供給量，p：価格〕

　この財の国際価格は4で，当初，自由貿易が行われていたとする。そののち，この財の輸入に際して財1単位当たり2の関税が課せられたとすると，この国の社会的厚生は自由貿易が行われていたときと比較してどのように変化するか。

> 1．12減少する。
> 2．　8減少する。
> 3．　4減少する。
> 4．　4増加する。
> 5．12増加する。

（国税専門官・労働基準監督官）

計算に必要な知識

・関税の効果

鉄則23　関税の効果

1単位につきt円の関税 → 国産製品には → （国内供給者の）
　　　　　　　　　　　　かからない　　　供給曲線は変化しない

→ 輸入品にかかる → 輸入品価格＝国際価格は＋t円上昇

戦　略

Step 1　鉄則23を用いてグラフで余剰の損失を特定
Step 2　余剰の損失の計算に必要なものを特定
Step 3　計算する

Step 1　余剰の損失の特定（図）

需要曲線 $d = 17 - P$　→　$P = 17 - \boxed{d}$　→　$P = 17 - \boxed{x}$

供給曲線 $s = P - 1$　→　$P = 1 + \boxed{s}$　→　$P = 1 + \boxed{x}$

d, s は数量なので x で統一します

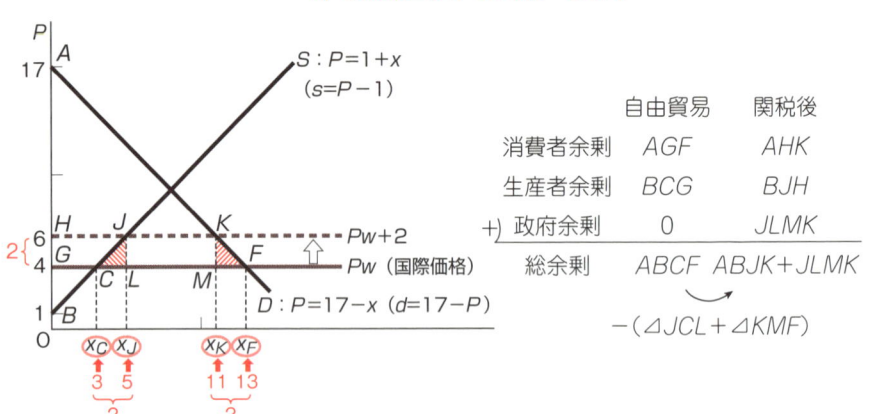

	自由貿易	関税後
消費者余剰	AGF	AHK
生産者余剰	BCG	BJH
+）政府余剰	0	$JLMK$
総余剰	$ABCF$	$ABJK + JLMK$

$$-(\triangle JCL + \triangle KMF)$$

Step 2　余剰の損失に必要なものを特定

上図の $\triangle JCL$ と $\triangle KMF$ だけ社会的厚生（総余剰）が減少します。$\triangle JCL$, $\triangle KMF$ ともに高さは2であるので底辺 CL, MF がわかればよいのです。したがって x_J, x_C, x_F, x_K を求める必要があります。

Step 3　計算する

点 C は高さ $P = 4$ で $s = P - 1$ を通るので，$s = 4 - 1 = 3$　←x_C

点 J は高さ $P = 6$ で $s = P - 1$ を通るので，$s = 6 - 1 = 5$　←x_J

点 K は高さ $P = 6$ で $d = 17 - P$ を通るので，$d = 17 - 6 = 11$　←x_K

点 F は高さ $P = 4$ で $d = 17 - P$ を通るので，$d = 17 - 4 = 13$　←x_F

したがって $\triangle JCL = (X_J - X_C) \times 2 \times \dfrac{1}{2} = (5 - 3) \times 1 = 2$

$\qquad\triangle KMF = (X_F - X_K) \times 2 \times \dfrac{1}{2} = (13 - 11) \times 1 = 2$

$\quad\triangle JCL + \triangle KMF = 2 + 2 = 4$

したがって，正解は3。

正　解　3

2. 保護貿易の理論的根拠

すでに自由貿易が望ましいという自由貿易
の利益を勉強しましたが，ここでは，保護貿
易が望ましいという理論的根拠について説明
し，評価したいと思います。

【1】経済的弱者保護

輸入国が輸入財の国内生産者保護のために
保護貿易を行い，輸入を制限すべきという意
見です。

○評　価

弱者保護のための保護貿易は，輸出国の利
益が減少するのみならず，輸入国においても，
国内価格を上昇させ，消費者の利益を大きく
損ない，輸入国全体での利益も減少しますの
で，両国にとって得策ではありません。

市場経済において効率性を追求するなら
ば，競争によって弱者（＝敗者）は淘汰され
るべきと考えるべきでしょう。

【2】幼稚産業

幼稚産業とは，**現在は比較劣位産業ですが，
将来的には比較優位となる産業**をいいます。
幼稚産業については，将来，利益をもたらす
ものであるから，現在は保護すべきと主張され
ます。

○評　価

**幼稚産業として保護する価値のあるものは
民間企業が継続させるはずなので，政府によ
る保護貿易は不要**と考えます。

【3】産業調整コスト

**輸入財の国内生産業者が廃業し，輸出財生
産企業へ労働者が速やかに移動せず，多数の
労働者が長期間失業して遊休してしまう**可能
性があります。このとき，多くの労働力・資
本などの生産要素が遊休化し，無駄が生じま
す。したがって，このような場合，産業調整

たとえば

アメリカが競争力の弱くなったアメリカ
の自動車メーカーを保護するため日本の自
動車の輸入を規制しようとしたり，日本が
競争力が弱い農業を保護するために農作物
の保護を行おうとしたりするケースです。

▶▶ 徹底解説 ◀◀

現在儲からなくても，将来の利益が大き
いというのであれば，現在自由貿易で赤字
となっても，民間企業が将来の利益を得る
ために供給を継続するはずです。現在，赤
字だから撤退するということは，現在の赤
字に対し，将来の利益が少ないと企業が見
込んでいるからであり，この場合には政府
が幼稚産業として保護する根拠がありませ
ん。

しかしながら，民間企業が資本不足で，
幼稚産業として赤字でも継続したいと考え
ているものの，当面の赤字に耐えられない
場合，幼稚産業を根拠とした保護貿易は正
当化されるという意見があります。しかし，
この考えは，資本不足を前提とすれば妥当
というだけで，資本不足自体が国際資本移
動規制により生じているのならば，国際資
本移動を自由化し，資本不足を解消すべき
です。国際資本移動が自由であれば，その
国の企業が資本不足であっても，外国から
資本が流入して，将来の儲けのために当面
の赤字を支えてくれるはずなので，政府が
介入する必要はありません。

用　語

このような状態を「**産業調整コスト**が
大きい」といいます。

Chapter
34

保護貿易

コストを小さくし，効率性を向上させるために，保護貿易が正当化される可能性があります。

○評　価

① 産業の調整コストが大きい場合には，現在の貿易体制の枠組みでも，例外的に緊急輸入制限（セーフ・ガード）として保護貿易の根拠として認められています。

② ただし，この場合，保護貿易が固定化し，既得権益保護とならないように期間を限定して行う必要があります。

【4】外部効果

輸入財産業にプラスの外部効果（外部経済）がある場合，輸入国は輸入財産業を保護し生産を国内に残すことによって外部経済を国内で享受し，自国の経済的利益を向上させる可能性があります。

○評　価

したがって，輸入国1国の経済的利益を高めるという目的では，外部経済は保護貿易の根拠となりえます。

しかしながら，ある国で外部経済をもたらす産業は，他国でも外部経済をもたらす可能性が大きいはずです。そうであるならば，世界全体の経済的利益の点からは，その産業が，どの国にあるかは関係なく，保護貿易によって自由貿易の利益を減少した分だけ世界全体での経済的利益は減少します。

用　語

　自由貿易を推進する国際機関として世界貿易機関（ＷＴＯ：World Trade Organization）があります。

✚　補　足

　食糧や石油を自国で生産していると，万一の時，備えとなります【安全保障】。しかし，万一の備えを目的として食糧や石油を生産しているわけではなく，万一のときの利益は取引当事者に限らず，その他の国民にも及ぶのですから，外部経済と考えることができます。したがって，外部効果と同じ議論になりますが，現実には国家は安全保障のための外部経済は，かなり大きいと認識しているようです。

索　引

《著者略歴》

石川　秀樹　（いしかわ　ひでき）

　昭和38年生まれ。上智大学法学部国際関係法学科卒業。筑波大学ビジネス科学研究科経営システム科学専攻修了（ＭＢＡ）。2005－6年英国政府チーブニング奨学生としてロンドン大学 Institute of Educationに留学。

　新日本製鐵株式会社資金部，鋼管輸出部などを経て，現在，石川経済分析取締役社長。サイバー大学教授，SBI大学院大学客員教授。日本経営品質賞審査員（2004年度，2007年度，2008年度）。地域活性学会監事。

著書

　『試験攻略入門塾　速習！マクロ経済学』（中央経済社）

　『試験攻略入門塾　速習！ミクロ経済学』（中央経済社）

　『試験攻略入門塾　速習！経済学 基礎力トレーニング（マクロ＆ミクロ）』（中央経済社）

　『試験攻略入門塾 経済学 過去問トレーニング 公務員対策・マクロ』（中央経済社）

　『試験攻略入門塾 経済学 過去問トレーニング 公務員対策・ミクロ』（中央経済社）

　『試験攻略　新・経済学入門塾』シリーズ（中央経済社）

　『ケーススタディーで学ぶ入門ミクロ経済学』（ＰＨＰ研究所）

　『単位が取れるマクロ経済学ノート』（講談社）

　『単位が取れるミクロ経済学ノート』（講談社）

　『単位が取れる経済数学ノート』（講談社）

　『経済学とビジネスに必要な数学がイッキにわかる!!』（学習研究社）

　『１項目３分でわかる石川秀樹の経済学入門ゼミ』（日本実業出版社）

　『６色蛍光ペンでわかる経済』（ダイヤモンド社）

　『これ以上やさしく書けない経済のしくみ』（ＰＨＰ研究所）

　『不動産鑑定士Ｐシリーズ　過去問集 経済学』（早稲田経営出版）

　『名フレーズでわかる「勝者のロジック」』（共著，講談社）

試験攻略入門塾

速習！ ミクロ経済学 2nd edition

2011年 5 月15日　第 1 版第 1 刷発行	
2018年 8 月20日　第 1 版第64刷発行	
2019年 4 月 1 日　第 2 版第 1 刷発行	
2021年 4 月15日　第 2 版第16刷発行	

著　者　石　川　秀　樹

発行者　山　本　　　継

発行所　㈱中　央　経　済　社

発売元　㈱中央経済グループ
　　　　パ ブ リ ッ シ ン グ

〒101-0051　東京都千代田区神田神保町 1 - 31 - 2
電　話　03 (3293) 3371 (編集代表)
　　　　03 (3293) 3381 (営業代表)
https://www.chuokeizai.co.jp
製版／㈲イー・アール・シー
印刷／三 英 印 刷 ㈱
製本／誠 製 本 ㈱

©2019
Printed in Japan